基於語料庫的

秦漢簡帛

用字研究

張再興 劉艷娟 林嵐 等著

廣西師範大學出版社

·桂林·

項目資助

教育部人文社會科學研究一般項目(19YJA740081)

上海市哲學社會科學規劃課題(2018BYY007)

教育部人文社會科學重點研究基地重大項目(13JJD770029)

教育部人文社會科學重點研究基地重大項目(22JJD740024)

作者及單位名稱(以下爲正文出現順序)

張再興　華東師範大學

林　嵐　華東師範大學

丁卓宇　中國海洋大學

姜　慧　上海辭書出版社

陳怡彬　南京大學

劉艷娟　温州大學

孫　濤　中國石油大學(華東)

王斯泓　集美大學

目　録

總　論

秦漢簡帛用字習慣研究的若干認識 *

張再興 林 嵐

　　近年來,學界對出土文獻的用字研究日漸重視,諸多學術成果不斷涌現,但秦漢時期的用字研究成果相對較少。而這一時期的用字情況具有特殊的地位。在秦漢共 400 多年的歷史中,漢字發展經歷了隸變和草化兩個重要階段,用字也呈現出迅速的變化。同時,社會上經歷了秦火與漢初時典籍的重現,再加上幾次大規模的典籍整理工作,導致秦漢時期用字面貌變得更加複雜。秦漢簡帛豐富的文獻類型同樣展現了多樣的用字面貌。因此,有必要對秦漢時期的用字,尤其是用字習慣的演變情況進行系統梳理與研究。①

　　我們以詞爲基點,將秦漢時期的用字置於整個漢字記詞用字發展的歷史中進行考察。總體上,用字習慣的變化可以分爲趨勢性變化和非趨勢性變化兩大類型。

一、 用字習慣的趨勢性變化

　　所謂用字習慣的趨勢性變化,是指一種記詞用字爲後世所接受的演變

---

*　　原載《中國文字研究》第三十五輯,華東師範大學出版社,2022 年。

①　　本文所討論的用字,包含一般認爲的假借字、古今字、分化字和部分異體字等,但不包括訛字。

趨勢。這種變化一般不是偶然性、臨時性的改變,而是語言文字系統内部字詞關係的調整,因此需要我們進行系統性的考察。例如,從出土文獻考察,疑問代詞{何}①的記詞用字經歷了從先秦以"可"爲主到漢代以後以"何"爲主的過程。其用字轉移的原因,應與兩字的常用程度及記詞功能的複雜程度有關。②又如,表示嫁娶之{嫁},屬於戰國末期的睡虎地秦簡多用"家",少用"嫁";其餘秦簡及西漢早期簡帛則多用"嫁",少用"家";西漢中晚期及東漢僅見用"嫁"。{嫁}的記詞用字,在秦漢簡帛中呈現出由習用"家"向習用"嫁"轉變的過程,並在西漢中晚期完成了用字的轉移。再如,表示應許之{諾},秦及西漢早期僅見用"若";西漢中晚期時,"若""諾"並見;東漢時,"諾"的使用已經明顯超過"若"。

(一) 趨勢性變化的總體方向

　　用字習慣的趨勢性變化在不同層面上表現爲不同的發展方向。總體上看,在字的記詞功能方面向明確化方向發展,在詞的用字形式上趨向穩定化,在字形的選擇上有形聲化傾向。

1. 字的記詞功能明確化

　　在文字的使用過程中,有些詞的不同義項在某一時期同時使用多種用字形式。而其中部分詞的多個義項在語言中皆較常使用,爲了使文字更準確地記錄語言,會在不同義項上出現用字的明確化分別,通過不同用字形式區别語義。例如,表示木柴義或刑徒名的{薪},秦及西漢早期皆可用"薪"或"新",二者的使用没有明顯區别。而西漢早期以後,"薪""新"的使用有語義功能上的差異,表示刑徒名基本只用"新"。③

---

① 爲方便討論,用"{ }"標記詞以明確字與詞的區别。

② 張再興、姜慧:《基於出土文獻語料庫的疑問代詞{何}的用字定型過程研究》,《語言科學》2018 年第 4 期。

③ 西漢中晚期,"鬼薪"共見 10 例,僅居延新簡 EPT59:327 中 1 例用"薪",且該字圖版殘泐,難以判斷是否確爲"薪"字。東漢簡牘石刻材料中,"鬼薪"共 5 例,皆用"新"。

2. 詞的用字形式穩定化

　　裘錫圭先生指出:"從理論上説,一字多音義的現象是無法消滅的,一詞多形的現象基本上是可以消滅的。"①由於文字表達語言的明確性需要,文字系統内部對於不同用字形式亦有取捨。通常情況下,會在某一特定時期産生一種較爲常用的用字形式,作爲這一時期的習慣用字。習慣用字産生後,有些會被後世繼承並固定作爲該詞的習用字,而其他形式則很少或不再使用。例如,表示凶咎義之{凶},秦及西漢早期"凶""兇"並見,但用"凶"的頻率皆略高於"兇"。西漢中晚期"凶""兇"的使用頻率爲 62/6,"凶"字遠高於"兇"。東漢時期,表示凶咎義已不見用"兇"。秦至東漢,記{凶}的用字朝着用"凶"的定型化發展,並在東漢時基本完成。

3. 字形選擇的形聲化

　　學界普遍認爲,形聲化是漢字發展的總體趨勢之一。漢字逐漸遠離象形階段之後,文字體系演變爲主要使用義符、音符和記號。②黄德寬先生認爲,"同聲通假的普遍存在,實質上是形聲結構處於蓬勃發展階段的産物,是漢字體系發展演進所呈現出的景象"③。古文字中,記詞用字形體與意義時常追求高度契合的狀況,在秦漢文字中有了明顯改變,用字選擇更加傾向語音的契合。在這一時期,以音爲記詞的主體,字形的表意性退居到次要地位。受到文字體系演變的影響,聲符的地位大幅度提高。因此,從用字結構的角度上看,秦漢時期,記詞的習慣用字向形聲字轉變,與漢字發展的系統性相符。例如,説謂之{謂}的習慣用字形式,自秦至東漢時期,呈現出從借用"胃"到使用後起形聲字"謂"的發展過程,東漢時已不見用"胃"來表示{謂}。

---

① 裘錫圭:《文字學概要》(修訂本),商務印書館,2013 年,第 250 頁。
② 同上書,第 15 頁。
③ 黄德寬:《同聲通假:漢字構形與運用的矛盾統一》,《中國語言學報》1999 年第 9 期。後收入《漢字理論叢稿》,商務印書館,2006 年,第 163 頁。

（二）趨勢性變化的發展類型

從字詞對應的角度上看，語言文字系統中字與詞的對應關係十分複雜。用字習慣變化總體向明確和穩定的角度發展，在字詞關係上呈現出字的記詞功能逐漸清晰明確、詞的用字形式逐漸固定的趨勢。但這並不意味着字與詞之間産生完全一一對應的關係，而是表現爲單一化和多樣化兩種發展趨勢。

1. 單一化趨勢

在歷時視角下，用字習慣雖然在不斷變化，但總的趨勢是向穩定使用某一用字形式轉變，主要的習慣用字形式仍然具有單一性。這種變化方式按發展路徑可劃分爲轉移、分工、定型三種。

（1）用字轉移

用字形式的轉移，反映的是一個詞所用來記録的字從一個字轉移到了另一個字。轉移前後的字之間有些具有分化關係，主要是用字形式由習慣用母字向習慣用分化字轉移。例如，表示成熟或煮熟，秦及西漢早期多用“埶”，東漢時期才出現確定可釋爲“熟”的字。[1]同時，東漢簡牘及碑刻中亦用“埶”。東漢時是記{熟}用字由母字向分化字轉移的開始。

有些轉移前後的字之間則屬於同音借用關係。這種轉移的表現較爲複雜，既有本字向借字轉移的例子，亦有借字向本字轉移的例子。本字向借字轉移。例如，格鬥的{格}，《説文解字》（以下簡稱《説文》）作“挌”，而傳世典籍中罕用“挌”，一般用“格”。秦漢簡帛中情況正好相反，均作“挌”，不用“格”。從歷時的角度看，{格}的用字經歷了由本字“挌”向借字“格”轉移的過程，這一過程的發生當在秦漢以後。借字向本字轉移。例如，欺詐之{詐}，秦及西漢早期簡帛中習慣用《説文》訓爲“懟語”的“詐”字記録，秦簡中還偶見借用“酢”“作”“阻”等字。西漢早期以後僅見用“詐”[2]。西漢中晚期

---

[1]　馬王堆帛書《五十二病方・加（痂）》363/353 有一字，整理者釋爲“熟”，但該字圖版下部殘泐，難以確認。

[2]　劉艷娟：《秦漢簡帛文獻中欺騙義字詞計量考察》，《現代語文》2019 年第 10 期。

時,｛詐｝的記詞用字已完成了由借字向本字轉移的過程。同音借用還有借字向借字轉移的例子。例如,表示第二人稱代詞的｛汝｝,秦簡牘中皆借用"女";西漢早期簡帛亦多借"女",另有 1 例借"如"。西漢中晚期,開始借用表示地名的"汝"來記錄。東漢時期,除了熹平石經中仍沿用"女",其他簡牘碑刻材料中皆已改用"汝"。從秦至東漢,｛汝｝的記詞用字基本完成了由借"女"向借"汝"轉移的過程。①

　　考察轉移所經歷的過程,除了由一個字轉移到另一個字的簡單形式外,還有兩種比較複雜特殊的轉移形式。

　　第一種是交叉轉移。

　　裘錫圭先生曾指出,文字在經歷彼此混用和職務交互集中的過程後,可能會出現職務互易的現象,即"各自所表示的意義是另一個字原來所表示的意義"②。從用字發展的角度看,我們可以將這一現象稱爲用字的交叉轉移。例如,《說文》本義爲"醶也"之"酢",秦漢簡帛文獻中皆用來記錄酬酢之義,此義其餘用字形式亦皆從"乍"聲。而《說文》中表示"客酌主人"之義的"醋"字在先秦兩漢出土文獻中皆未見,產生的時代可能很晚。但西漢早期時已見使用從昔聲之"渚"字表示酸義,與從乍聲之字表示酬酢義區別。徐鍇《說文解字繫傳》"酢"字條下云:"今人以此爲酬醋字,反以醋爲酒酢,時俗相承之變也。"可見這種交叉轉移至遲在西漢早期已經出現。

　　第二種是接力轉移。

　　對具有密切相關性的幾個詞進行系統考察時可以發現,在這幾個詞之間,用字的轉移並非孤立發生,有時是接力式進行的。例如,秦漢簡帛文獻中,豆子義由用"荅"逐漸轉向用"豆";應答義由用"合"轉向用"荅(答)"。這一系列轉移過程的流行時間大致在西漢中晚期。③又如,表示竭盡義由用"渴"轉向用"竭",而表示揭舉義由用"竭"轉向用"揭"。這一系列轉移過程

①　孫濤:《東漢出土文獻用字習慣研究——以石刻和簡牘文獻爲中心》,碩士學位論文,華東師範大學,2019 年,第 184 頁。

②　裘錫圭:《文字學概要》(修訂本),第 231 頁。

③　張再興:《從出土秦漢文獻看"豆""荅""合"的記詞轉移》,《語文研究》2018 年第 3 期。

大概在西漢早期開始,但在西漢中晚期尚未全部完成。

（2）用字分工

用字分工是指兩個詞的記詞用字在前代常混用,在某一時段不同詞的用字習慣則趨向單一化,出現用字上的分工。例如,表示有無之﹛有﹜和表示副詞的﹛又﹜,在先秦時期用字形式並不固定,記﹛有﹜習用"又",記﹛又﹜時"又""有"並用。秦簡牘中二詞皆習慣用"有"記録。西漢早期,記﹛有﹜基本固定用"有";東漢時,記﹛又﹜亦基本固定用"又"。[①]﹛有﹜﹛又﹜二詞用字上的分工在兩漢時基本完成。

（3）用字定型

秦漢簡帛文獻中,在某一斷代内,記録一個詞時使用多種同聲符用字形式的情況並不罕見。但這種情況的流行時間通常不會很久,常常很快固定使用某一種用字形式,這反映了記詞用字發展較早階段,用字形式的多種嘗試與定型過程。

定型過程中,可以見到兩種傾向:一是從嘗試使用的多種用字形式中選擇一個作爲習用字通行,也可稱之爲用字形式的合并。例如,表示奴婢之﹛婢﹜,嶽麓秦簡中"婢""卑"共用[②];漢代已僅見用"婢"。二是選擇了另一種用字形式,原先的多種形式皆被淘汰。例如,表示鳥名的﹛鵪﹜,西漢早期用"雗""陰";西漢中晚期用"離"。但後來二者皆不用,而改用從奄聲的"鵪"。

2. 多樣化趨勢

有些詞的用字形式不具有單一化傾向,而在發展趨勢上呈現出多樣化的特點。有時甚至在同一時期並行使用多種用字形式,且未有明顯的習慣傾向。造成這種多樣化的原因主要有歷時層面的用字累積與共時層面的用字混同。

（1）歷時累積

在語言文字發展過程中,一個詞往往不斷産生新的用字形式。同時,舊

---

① 林嵐:《西漢早期簡牘（18 種）用字習慣研究》,碩士學位論文,華東師範大學,2021 年,第127—129 頁。

② 劉艷娟:《秦簡牘文獻用字習慣研究》,博士學位論文,華東師範大學,2021 年,第 47—48 頁。

的用字形式也繼續使用。從歷時角度看，新舊用字形式的功能相同，皆可用來表示同一個詞，造成了用字形式的逐漸累積。例如，虛詞〔唯〕在先秦時主要用"隹"，秦漢時主要用"唯"，這是一個用字轉移過程。而戰國至秦漢時期，另一種用字形式"維"的使用頻率不斷增長。西漢中晚期又增加了"惟"，並在東漢成爲主流用字形式。幾種用字形式在使用上並無語法功能等方面的差異，僅是不同時期用字形式的不斷累加。①

　　有時不斷累積的多種用字形式在某一時期的具體語境中可能有所分工。例如，表示買賣義的〔沽〕，秦簡中僅用"酤"字異體"䤖"；西漢早期用"沽"；西漢中晚期及東漢時"酤""沽"並用，且後者成爲主流用字形式。在表示買賣酒時，二者皆可使用，但表示買賣他物時，僅見用"沽"。②

　　用字累積的原因多樣。從歷時層面上看，多次抄寫的古書容易累積多種用字形式，造成用字形式的多樣化。秦漢用字發展變化過程中，不同時代的習慣用字也會累積下來。許多具有時代性和嘗試性的用字形式，在後世已不使用，但有時會遺留在熟語中被保存下來，成爲固定的表達，這也可看作一種累積。例如，"流言蜚語"中的"蜚"，就是漢代記〔飛〕的流行用字形式"蜚"的遺留。從共時層面上看，用字發展過程中對記詞用字的多種嘗試，也容易造成用字的多樣化累積。

　　（2）共時混同

　　因同音借用、字形混同、同源通用、意義相關等原因會產生記詞用字的混同。例如，陵越、凌駕、侵凌等義當爲"夌"字超越義之引申，後借本義並不相同的"淩""凌""陵"三字，遂致文獻中的使用混亂。這種混同產生的時間可能早至秦漢之際，"慈下勿陵"在睡虎地秦簡《爲吏之道》中用"陵"；而在嶽麓秦簡《爲吏治官及黔首》中用"淩"。同樣的意義，銀雀山漢簡則用"凌"。

---

①　張再興、劉艷娟：《出土先秦兩漢文獻中虛詞〔唯〕用字考察》，《漢語史學報》第二十五輯，上海教育出版社，2021 年，第 71—81 頁。

②　劉艷娟：《秦漢簡帛文獻用字考察二則》，第六屆全國語言學核心期刊主編與青年學者對話論壇暨唐文治誕辰 155 周年學術研討會論文，上海交通大學，2020 年 10 月，第 305—319 頁。

　　"淩""凌"兩字的記詞混同,除了讀音相同的原因外,字形近似也是功能混同的重要原因。漢簡中由於形體相近混同的情況並不罕見,如從艸與從竹之字常相混同。又如,秦漢簡帛中從广與從广之字亦常相混。因此,表示瘦弱之"瘦"與搜索之"廀"常混用。敦煌馬圈灣漢簡 41:"羸廀(瘦)困亟(極)",即用"廀"表示{瘦};而肩水金關漢簡 T23:238:"乃自開閉獨瘦(搜)索人力不及",則用"瘦"表示{搜}。這種情況下,"瘦"與"廀"既可看作通用,又可看作一組異體字。

　　同源的字有時也會造成記詞用字的混同。例如,表示單衣之義,《説文》以"襌"爲本字,徐鍇《説文解字繫傳》:"今俗皆借單字。"王力先生認爲二者同源,"襌"爲後起形聲字。①秦漢簡帛中,各個時期"單""襌"皆並見,但秦及西漢早期多用"襌",西漢早期以後多用"單",整體上用字呈現由"襌"向"單"過渡的傾向。同時,由於二者在表示單衣時混用無別,這種混同似乎還蔓延到表示單獨義的用字上,如上孫家寨漢簡 209 有"皆襌(單)行",用"襌"表示單獨之義。但由於"單"字的強勢使用,這種用字現象僅是偶見。

　　有些情況下,意義相關的詞亦會造成用字的混同。例如,文獻中稱爲"虎落"的防禦設施,西北屯戍漢簡中常稱"彊落",或簡稱"落"。"落"字可借"格""笿""洛"字,又有作"蕗"者。"蕗"字既可以看作是"笿"字因構件"竹"與"艸"混同而成的異體字,也可以看作是"格"綴加"艹",這種綴加在秦漢文字中也很常見;還可以看作是"落"字替換聲符形成的異體字。"格""笿""落"皆可表示籬笆。而無論是在製作的材料上,還是在功用上,彊落與籬笆都是很相似的。這種意義上的相關性,導致該詞用字的混同情況十分常見。

二、　用字習慣趨勢性變化中的過渡性特徵

　　用字習慣的變化雖然有其總體趨勢,但這一目標並非一開始就是明確的。用字固定前,往往會經歷一個用字選擇和並行使用的過程,用字習慣就

---

① 王力:《同源字典》,商務印書館,1982 年,第 562 頁。

是在不斷嘗試中逐漸定型的。秦漢時期正是許多詞的用字習慣變化發展的關鍵階段,呈現出明顯的過渡性特徵。

（一）新舊用字形式共存

用字習慣的演變過程中,不同的詞用字變化發展的過程有快有慢。例如,{何}的記詞用字由"可"過渡到"何"所經歷的時間很短;而{謂}的記詞用字從用"胃"到穩定用"謂"所經歷的時間則很長。雖然有些詞的用字形式能很快穩定下來,但也並非一蹴而就的,存在新舊用字形式或其他用字形式共存的階段。在這個階段中,後世通用用字形式逐漸占據主導地位。例如,表示增加之{加},秦簡牘中習用"駕"。西漢早期,典籍類文獻多用"加",文書類文獻多用"駕"。且在文書類文獻中,{加}皆見於律令類文獻。其中,秦簡牘中《置後律》亦用"駕";而《具律》、《告律》及《置後律》的內容暫未見於秦文獻。張家山漢簡《具律》、睡虎地漢簡《告律》皆用"駕";《置後律》則用"加"。用"駕"是具有秦代特色的用字習慣;到了西漢早期,"駕""加"兩種用字形式正處於並行的使用狀態,且後者的使用有了上升趨勢。西漢早期以後用"加"已有顯著優勢,但"駕"仍偶見使用。

（二）多種用字形式不斷嘗試

在用字習慣的趨勢性發展過程中,所使用的用字形式常常具有暫時的多樣性,這反映了用字選擇的多種嘗試,特別是形聲字選擇的嘗試。秦漢時期,當用來記錄同一個詞時,不同用字形式之間常有緊密的語音關係。隨着形聲字比例的大幅度提高,常呈現出聲符較爲固定,而義符比較隨意的用字特點。例如,鳳凰山漢簡中,六座墓葬間記錄同一個詞時常用不同的用字形式。其中,所使用的用字形式間聲符相同而義符不同的共有 22 個詞;用字形式選用了不同聲符的僅有 5 個。[①]

---

① 林嵐:《鳳凰山漢墓所出文書用字差異考察》。具體參看本書第 140—162 頁。

1. 形聲字義符的嘗試

　　用字習慣形成過程中,根據來源的不同,用字形式對義符的嘗試性選擇有多種表現。一是不同用字形式是從原來形體中增加不同義符所分化的新字形。例如,脊背義的{背}之用字在從"北"向"背"轉移的過程中,在西漢早期時還使用了增加不同義符的分化字"伓""肶"等。二是不同用字形式可以看作借用聲符相同的他字。例如,表示器具之名的{盂},西漢早期雖然習用"盂",但用所從爲其他義符之字亦不罕見,如鳳凰山八號墓漢簡用"竽"、鳳凰山一六八號墓漢簡用"杅"、馬王堆一號墓及三號墓遣策皆用"圩"。三是多種情形並存。例如,表示病愈之義,秦簡牘中最常用詞爲{瘳}{已};西漢早期時,新出現了{愈};西漢中晚期,{愈}成爲表示病愈義的最常用詞。而{愈}的用字形式,也由西漢早期時的"俞",發展爲用"愈""偷""愉"等多種字形。①又如,西漢早期人們在記{飛}時進行了多種嘗試,使用了多個從非聲的形聲字,共見於銀雀山漢簡和馬王堆簡帛的從鳥非聲之"䨻",與僅見於馬王堆簡帛的從羽非聲之"翡",應該都是這種嘗試。只是最後"蜚"取得了優勢地位,成爲漢代的習用字。②

2. 形聲字聲符的嘗試

　　用字形式對聲符的嘗試性選擇,主要體現在對於某些産生不久的詞,會出現使用多種聲符不同之字的嘗試。例如,表示扁壺之義,戰國時期稱爲{鈚},裘錫圭先生指出:"在漢代一般已經不再把扁壺稱爲'鈚'了。當時,扁壺的通用名稱是《説文》訓爲'酒器'的'榼'","'盍''甲'古音相近,所以漢代人時常把'榼'寫作'柙'"。③西漢早期,大墳頭木牘中仍記有{鈚},同一時

---

① 劉艷娟、王斯泓、張再興:《秦漢簡帛文獻中病愈義字詞計量考察》,《中國文字研究》第二十九輯,上海書店出版社,2019 年,第 81—88 頁。

② 張再興:《簡帛材料所反映的漢代特色用字習慣》,*Journal of Chinese Writing Systems*,2019 年第 4 期。

③ 裘錫圭:《説鈚、榼、椑榼》,《中國歷史博物館館刊》1989 年總 13—14 期。後收入裘錫圭《裘錫圭學術文集·雜著卷》,復旦大學出版社,2012 年,第 18、19 頁。

期的鳳凰山漢簡中則皆稱｛梐｝。這一時期應是此類器物名稱由｛鈚｝向｛梐｝過渡的階段。鳳凰山漢簡中,記錄｛梐｝時使用了聲符不同的兩個字,八號墓及九號墓皆用"梐";十號墓、一六七號墓、一六八號墓皆用"枈"。西漢早期以後,從"盍"聲的字迅速占據優勢,共出現 8 例｛梐｝,皆用"梐"記錄。

3. 其他音同或音近字的嘗試

有時,用字形式還嘗試使用音同或音近之字。例如,表示山名的｛太｝｛泰｝,太行之｛太｝在秦簡中用"大"字記錄,而在馬王堆簡帛和睡虎地漢簡中則作"泰行"。泰山之｛泰｝在秦簡牘中皆作"泰",在西漢早期簡帛中卻皆作"大山"。而西漢中晚期簡牘多作"泰山","大山"僅 1 見。可見,用"泰"記"太行"、用"大"記"泰山"的習慣基本只在西漢早期流行。[①]

三、　用字習慣的非趨勢性變化

用字習慣的非趨勢性變化,是指由各種原因造成的、不爲後世所接受的臨時性差異。上文所討論的趨勢性變化的過渡性特徵中,有許多情況也可看作特殊類型的非趨勢性變化。非趨勢性用字習慣的流行時間有長有短,流行範圍有廣有狹,使用比例有高有低,對後世的影響有大有小。非趨勢性的用字習慣變化原因複雜多樣,需要多重視角的考察才能發現,有些原因甚至很偶然。例如,馬王堆帛書《戰國縱橫家書·李園謂辛梧章》中有 1 例用"勺"來記錄的｛趙｝,見於第 279 行:"割勺(趙)必采(深)"。該章其餘的｛趙｝皆用"趙"字,此處用"勺",是因原寫時脫漏,後"以小字補寫"[②],受書寫空間限制,寫了一個字形簡單且常借來記錄｛趙｝的"勺"字。我們在這裏僅以舉例的形式討論常見的幾類。

---

① 　林嵐:《西漢早期簡牘(18 種)用字習慣研究》,第 152—156 頁。

② 　裘錫圭主編,湖南省博物館、復旦大學出土文獻與古文字研究中心編纂:《長沙馬王堆漢墓簡帛集成》(叁),中華書局,2014 年,第 260 頁。

（一）時代特色

　　有些用字習慣表現出明顯的時代特色，是某一時期所特有的，後世或不再使用，或僅保留在熟語中。不同時代的特色用字流行時間並不一致，有些通行時間很長，例如，用"臧"記錄藏匿之｛藏｝的習慣通行於整個秦漢時期。有些流行時間較短，例如，用"祭"記｛察｝基本只見於秦簡牘文獻；用"賁"記｛奔｝只是西漢早期的特色用字習慣①；用"榦"記｛韓｝的習慣僅見於西漢中晚期②；用"倉"記｛蒼｝的習慣流行於東漢③。若僅考慮某一時期，上舉的各種用字習慣其實都可以看作一種固定用法。但從整個時間發展上看，這些用字習慣在語言文字發展歷史中，無疑只屬於階段性的使用。

（二）地域差異

　　戰國時期，各系文字間用字和書寫差異較爲明顯。④秦漢簡帛文獻中，也存在一些由於地域不同造成的用字差異。例如，馬王堆帛書中《陰陽五行》甲篇保留了大量戰國楚文字的寫法⑤，其中的"道"作"衍"即具有楚地的特色。又如，戰國時期表示代詞｛其｝時，秦系文字多用"其"，與六國文字多用"亓（元）"的使用習慣相反，呈現出明顯的地域特色。直到西漢早期，依然呈現出錯綜複雜的用字面貌。⑥

---

① 張再興：《簡帛材料所反映的漢代特色用字習慣》，*Journal of Chinese Writing Systems*，2019 年第 4 期。

② 林嵐、張再興：《秦漢出土文獻記｛韓｝用字考察》，《中國文字研究》第三十四輯，華東師範大學出版社，2021 年，第 72—79 頁。

③ 孫濤：《東漢出土文獻用字習慣研究——以石刻和簡牘文獻爲中心》，第 72—74 頁。

④ 詳參周波《戰國時代各系文字間的用字差異現象研究》，綫裝書局，2012 年。

⑤ 裘錫圭主編，湖南省博物館、復旦大學出土文獻與古文字研究中心編纂：《長沙馬王堆漢墓簡帛集成》（伍），第 66 頁。

⑥ 張再興：《基於兩周秦漢出土文獻數據庫的"亓（元）"、"其"關係考論》，《中國文字研究》第二十四輯，上海書店出版社，2016 年，第 35—44 頁。

（三）　書手差異

　　書手的個人習慣，是用字習慣在同一斷代下表現出明顯差異的重要原因。例如，表示存在之｛在｝，睡虎地秦簡《封診式》中用"才""在"，二者在篇章分布上有前後差異，應與《封診式》後半篇更换了書手有關。①又如，表示勺子的｛勺｝，在西漢早期其他文獻中皆用"勺"。而鳳凰山漢簡中，八號墓用"杓"，見於簡113"木杓（勺）一"；一六九號墓用"釣"，見於簡28"銅釣（勺）一"。結合其材質，"杓""釣"皆可看作"勺"字的語境異體字，只是書手個人偶然的書寫。②

（四）　文獻類型差異

　　不同類型文獻間，常常表現爲不同的用字習慣。古書類文獻歷經傳抄，保留早期用字習慣的可能性較大。而文書類文獻更可能切合書寫當時的用字習慣。在古書類文獻中，不同種類的文獻，也常有不同的用字習慣。例如，表示貝朋與朋友之｛朋｝，西漢早期典籍類文獻習用"崩"；用"倗"僅見於《周易》類文獻。西漢早期以後，文書類文獻皆用"朋"，典籍類文獻多用"崩""倗"，且"倗"的使用已不局限於《周易》。③又如，馬王堆帛書中，表示｛聰｝時，《老子》甲本卷後古佚書用"悤""嚶"，《養生方》與三號墓醫書簡等醫書類文獻則皆用"蔥"。

（五）　文獻來源差異

　　古書類的文獻中，同一類型文獻亦常有用字習慣的差異，這往往是由其

---

① 張再興、姜慧：《基於出土文獻語料庫的"才"、"在"、"存"遞嬗考》，《華西語文學刊》2016年第2期。
② 林嵐：《鳳凰山漢墓所出文書用字差異考察》。具體參看本書第140—162頁。
③ 林嵐：《西漢早期簡牘（18種）用字習慣研究》，第113—115頁。

所依據的底本差異造成的。這種文獻來源上的差異表現爲兩個層面。一是同一文獻的不同版本差別。例如,馬王堆帛書中《老子》《刑德》等篇皆有多個版本,各本的用字差異顯著。其原因既與各本所據底本有關,又受到各本抄寫年代的影響。①二是同一篇文獻中,不同篇章的來源差異。例如,馬王堆帛書《戰國縱橫家書》中,{攻}{趙}{與}{爭}等詞的用字,在第 15 章前後皆有差異,這與該書底本至少由兩部分來源不同的内容拼合而成有關。②

（六）官民差異

同一斷代下,文書類文獻中有時還呈現出官方書寫與民間書寫的用字差異。例如,表示喝的{飲},在西漢中晚期時寫作"歙"共 120 例。這一時期寫作"飲"僅 8 例,其中 1 例見於敦煌漢簡 1788,屬章奏文書,且文中稱"臣",很大可能是向皇帝上奏的疏章;1 例見於居延新簡 EPT59.40A,是禁止酤酒及群飲的規定③;另有 6 例見於北大漢簡的典籍類文獻,其中有 1 例出自《蒼頡篇》。可見這一時期,官方書寫應仍與前代相同,傾向作"歙",但民間書寫時更習慣寫作較簡便的"飲"。④

（七）語境差異

語境差異亦會造成用字的區別,有時表現爲語義搭配上的用字差異。例如,西漢早期在表示剩餘之{餘}時,後文若直接跟數詞搭配,則皆不用"餘",而用"余""徐"。⑤這種用字差別背後有時還有更爲深刻的歷史原因。例如,在秦簡牘文獻中,記録"士伍"用"五",記録"伍人"則都用"伍"。"五"

---

① 陳怡彬:《馬王堆簡帛用字研究》,碩士學位論文,華東師範大學,2020 年,第 116—137 頁。

② 陳怡彬:《〈戰國縱橫家書〉内部用字習慣差異》。具體參看本書第 163—174 頁。

③ 肖從禮:《居延新簡集釋(五)》,載張德芳主編《甘肅秦漢簡集釋》,甘肅文化出版社,2016年,第 247 頁。

④ 林嵐:《西漢早期簡牘(18 種)用字習慣研究》,第 141 頁。

⑤ 同上書,第 144 頁。

“伍”的語義搭配差異,一方面可能是爲了避免“五人”與“伍人”的意義混淆;另一方面則與秦國推行商鞅變法後的社會改革有關,“士五”在産生後隨即被用作没有爵位的成年男子之專稱。簡牘書寫者在記録時承襲了這種源於初始的固定用字。①

語境差異有時也表現爲篇章中特殊位置的用字差別。例如,張家山漢簡《算數書》中,記録{漆}{圓}的用字在算題名與算題内容中有所區别,題名中用寫法較爲簡單的字,正文則用寫法繁複的字。②

（八）字形混同

字形混同有時也會導致用字的差異。例如,表示强奸之{奸}1、奸邪之{奸}2,典籍文獻中常混用“奸”“姦”二字。秦漢簡帛中,“奸”字可用來記録{奸}1與{奸}2,“姦”字産生之初即記{奸}2。二字在西漢早期開始分工,“奸”僅記{奸}1,“姦”僅記{奸}2,東漢時亦未見混用。東漢以後“姦”出現異體“奵”,又可簡寫作“奸”,與表示{奸}1的“奸”字同形,從而造成了典籍中的混用。③又如,東漢時,由於字形簡寫,導致了表示粗糙等義的“麤”字形體與“姦”混同難别。從歷時層面上看,在記録{麤}時,就産生了“麤”“姦”兩種用字形式。④

（九）行政手段

秦漢時期,“書同文”政策的推行和王莽改制,是在行政上推動用字變化的兩次典型事件。前者可在里耶 8-461 號木方中見到直觀的記載,如“吏如

---

① 姜慧、張再興:《秦漢簡牘文獻用字習慣考察三則》,《古漢語研究》2017 年第 1 期。

② 劉艷娟、張再興:《基於語料庫的秦漢簡帛文獻用字研究二則》,《語言研究》2020 年第 1 期。

③ 劉艷娟:《秦漢簡帛文獻用字考察二則》,第六屆全國語言學核心期刊主編與青年學者對話論壇暨唐文治誕辰 155 周年學術研討會論文,上海交通大學,2020 年 10 月,第 305—319 頁。

④ 孫濤:《釋“蔜米”——兼傳世文獻以“姦”記{麤}校讀例舉》,《漢語史學報》第二十五輯,上海教育出版社,2021 年,第 241—249 頁。

故,更事"。後者所改可以看作用字的例子不多,在出土文獻中可見者如武威漢簡《儀禮》甲本内所有記於簡末的簡序"七",皆作"柒"。①

四、 用字習慣研究需要注意的問題

對秦漢簡帛用字習慣考察的實踐啓示我們,今後進行這方面的研究有幾個問題需要引起重視。

(一) 用字習慣考察的歷史觀

時代明確的出土文獻爲用字習慣的歷時研究提供了良好的條件。出土文獻數量豐富,類型衆多,語言環境大多完整,且未經後世加工改造,保留了抄寫時的文字使用原貌,能夠較全面地呈現某一時期的用字面貌。目前所見的秦漢簡帛文獻,基本可以劃分爲秦、西漢早期、西漢中晚期、東漢四個斷代,有助於我們研究秦漢時期用字習慣的歷時演變。

只有從歷時角度進行考察,才能區分出用字習慣的趨勢性變化與非趨勢性變化。趨勢性變化的過程中,用字習慣的轉移、分工、定型、累積、混同等,在共時上都會造成用字習慣的差異,需要我們對用字的整體發展演變情況有更全面的認識。非趨勢性變化的用字習慣差異產生的原因複雜,我們應當在考察過程中詳細分析各種用字形式的使用特點和分布情況,以期能較爲全面地歸納出差異產生的各方面原因。

歷時視角下,需要我們儘量精確判斷用字習慣變化的時間。一方面,需

① 雖然已有多位學者指出,用"柒"記{七}還見於王莽之後的時期,但武威漢簡《儀禮》所出墓葬中同時發現有王莽時的泉布,因此我們仍贊同陳邦懷之説,認爲甲本《儀禮》抄寫於王莽時期。詳見焦天然《新莽簡判斷標準補説——以居延新簡爲中心》,《中國國家博物館館刊》2016年第11期;黄艷萍《新莽簡在語言文字上的時代特徵補議》,《上海交通大學學報》(哲學社會科學版)2018年第5期;陳邦懷《讀〈武威漢簡〉》,《考古》1965年第11期。

要明確更短的斷代內的變化。秦漢時期,用字習慣也在經歷着歷時的變化,深入更短的時間段,不同斷代間的變化過程、特點和原因都值得深入探討。只有更加關注不同斷代內的用字習慣差異,才能更好地把握每個斷代的用字特點與面貌,更加準確地對不同歷史時期的用字變化過程進行描寫。例如,歡喜之{歡},在秦簡牘中用"讙";西漢早期簡帛中用字形式豐富,但多用"驩";西漢中晚期基本用"驩";東漢時"歡""懽"的使用明顯增加,有代替"驩"的趨勢。整個秦漢時期,{歡}的用字習慣經歷了由"讙"到"驩",並向"歡""懽"過渡的過程。①

　　另一方面,需要區分用字變化發展的不同階段。用字習慣的變化過程中,根據用字頻率的高低變化,可以區分爲發生期、流行期、消亡期。各個階段間所經歷的時間不等,有些用字習慣從產生到流行的過程很短,有些則很長。有些用字習慣從流行到消亡的時間跨度很短,僅在成語中留存,甚至在傳世文獻中不見踪迹。有些流行時間很長,一直沿用至今。例如,用"復"字表示誠信、信用之{孚},目前始見於西漢早期,且迅速成爲這一時期的習慣用字。而戰國時期已開始使用的本字"孚",在東漢時期才重新成爲習慣用字。用"復"記{孚}的習慣僅流行於西漢早期,這種用字習慣並未被後世繼承,且很快消失,《古字通假會典》所收錄的傳世文獻中亦未見用"復"記{孚}的文例。②又如,表示判決之{決},秦統一前的文獻如睡虎地秦簡多用"夬";秦統一後的文獻中開始多用"決"。③這種用字習慣仍流行於今天的繁體字中。通過對用字習慣演變的不同階段的分析,能夠更加明確地把握用字習慣的形成和發展過程。

（二）用字習慣考察的系統觀

　　用字習慣的變化常具有系統關聯性,有其內在的動因和邏輯,而非孤立

---

①　張再興:《秦漢出土文獻中{歡}的記詞用字考略》,《龍岩學院學報》2018 年第 1 期。

②　林嵐:《西漢早期簡牘(18 種)用字習慣研究》,第 149—150 頁。

③　劉艷娟:《秦簡牘文獻用字習慣研究》,第 166、529 頁。

發生的。

　　從功能系統上看,用字習慣的變化涉及字詞關係的系統調整,包含了詞的用字形式系統、字的記詞功能系統、語義場中用詞與用字形式的系統等多個層次的系統及其變化,而不僅僅是單個字與詞的改變。前文討論的趨勢性變化往往具有系統性特徵,這就要求我們在考察某種用字習慣時,還須同時考慮與之相關的字、詞乃至同一語義場内多個詞的協同變化。

　　例如,嶽麓秦簡中區分明晰的刑傷義之"刑"與罰罪義之"荆",由於後來罰罪義也轉移到"刑"字之上,導致典籍中"荆"字的消失。又如,"女"字由於記詞功能複雜,且多種記詞功能皆較爲常見,導致記錄第二人稱的功能轉移到記詞功能相對單一的"汝"字上。再如,"豆""荅(答)""合"之間的接力轉移,使一個字原有的記詞功能轉移到另一個字上,導致語義空心化後產生的字詞關係系統的連鎖調整。

(三) 用字習慣考察的定量觀

　　窮盡統計手段是用字習慣研究的重要方法。舉例的形式往往只能説明用字現象的存在與否,而難以反映用字形式在當時的地位,更無法反映用字習慣的不同發展階段和變化趨勢。窮盡性的數據統計才能較爲明確且全面地反映具體詞的用字習慣演變情況。

　　定量視角下的用字習慣考察,不僅僅要關注用字形式的使用總量,還要求我們多角度、多層次地進行分析,從文獻分布、時代差異等方面對比不同用字形式的使用頻率差異。有時,同一種類的不同版本、同一篇文獻的不同章節、同一章節的不同部分,甚至同一行間都會有所區別,需要我們更加細緻地進行考察。

　　秦漢簡帛文獻共計約百萬字,要在如此龐大的數據量中充分地運用定量方法進行研究,則需要數據庫等現代信息技術作爲基礎。

秦漢簡帛用字研究綜述

林　嵐　丁卓宇

　　20 世紀初以來,隨着大量秦漢簡帛材料的發現和公布,學界對秦漢時期的用字研究日漸重視,涌現了諸多學術成果。裘錫圭先生曾指出:"我們所説的用字方法,指人們記録語言時用哪一個字來表示哪一個詞的習慣。"①我們所討論的"用字"即遵從此觀點,指在出土秦漢簡帛文獻中,使用哪些字來記録某個詞。

　　歷年來的秦漢簡帛用字研究,總體上呈現定量的特徵,在以單種文獻爲研究對象時表現得更爲明顯,舉隅類的文章則較少。根據側重點的不同,目前主要有四個角度:一是文字視角的研究範式;二是字詞對應關係視角的研究範式;三是依託數據庫,充分運用定量統計方法,對用字的實際使用和系統演變進行動態考察的研究範式;四是以用字爲手段解决其他問題的價值視角。我們在下文對這四個視角下的研究成果分别進行梳理。需要説明的是,許多研究是綜合性的考察,我們把其中的主要角度進行分類説明。

---

① 裘錫圭:《簡帛古籍的用字方法是校讀傳世先秦秦漢古籍的重要根據》,《兩岸古籍整理學術研討會論文集》,江蘇古籍出版社,1998 年。後收入裘錫圭《裘錫圭學術文集·語言文字與古文獻卷》,復旦大學出版社,2012 年,第 464 頁。

一、文字視角的用字研究

　　這一視角的研究興起時間最早，研究成果也最爲豐富。在研究方法上，主要側重於考察各種材料中字與字之間的關係。字際關係的判斷是用字研究的基礎，這類研究提供了詳盡的用字數據，有些還進行了細緻的分類。

　　從字際關係類型上看，這類研究可分爲通假字（有些文章中稱作通借字、假借字等）、異體字、綜合類等三種。從研究的材料上看，可分爲對單種文獻的研究和對多種文獻的綜合研究兩類。

　　針對單種材料的文字研究成果豐碩，以通假字爲主的有王美宜《〈睡虎地秦墓竹簡〉通假字初探》①，羅福頤《臨沂漢簡通假字表》②，汪啓明《銀雀山漢墓竹簡〈孫臏兵法〉通假字分析》③，劉元春《馬王堆帛書〈周易〉本經通假字研究》④，沈祖春《〈馬王堆漢墓帛書［壹］〉假借字研究》⑤，孔德琴《定州漢墓竹簡〈論語〉中的通假字》⑥，范紅麗《〈銀雀山漢墓竹簡［貳］〉通假字研究》⑦，王姣《敦煌漢簡通假字文字學初探》⑧，李真真《〈睡虎地秦簡〉假借字研究》⑨，劉雨林《〈嶽麓書院藏秦簡〉［壹—叁］通假字研究》⑩，雷黎明《敦煌

---

①　王美宜：《〈睡虎地秦墓竹簡〉通假字初探》，《寧波師專學報》（社會科學版）1982 年第 1 期。

②　羅福頤：《臨沂漢簡通假字表》，《古文字研究》第十一輯，中華書局，1985 年，第 55—73 頁。

③　汪啓明：《銀雀山漢墓竹簡〈孫臏兵法〉通假字分析》，《楚雄師專學報》1988 年 Z2 期。

④　劉元春：《馬王堆帛書〈周易〉本經通假字研究》，碩士學位論文，復旦大學，2006 年。

⑤　沈祖春：《〈馬王堆漢墓帛書［壹］〉假借字研究》，碩士學位論文，西南大學，2006 年。

⑥　孔德琴：《定州漢墓竹簡〈論語〉中的通假字》，《合肥師範學院學報》2012 年第 5 期。

⑦　范紅麗：《〈銀雀山漢墓竹簡［貳］〉通假字研究》，碩士學位論文，西南大學，2012 年。

⑧　王姣：《敦煌漢簡通假字文字學初探》，《文藝生活（藝術中國）》2013 年第 12 期。

⑨　李真真：《〈睡虎地秦簡〉假借字研究》，碩士學位論文，青島大學，2015 年。

⑩　劉雨林：《〈嶽麓書院藏秦簡〉［壹—叁］通假字研究》，碩士學位論文，湖南大學，2016 年。

馬圈灣漢簡新見通假字通釋》和《敦煌馬圈灣漢簡通假字系統量化研究》①，
顧慧《馬王堆漢墓帛書〈周易經傳〉通假字研究》②等。以異體字整理與分類
討論爲主的文章有張顯成、余濤《論銀雀山漢簡中的俗字——兼論簡帛俗字
研究的意義》③，何茂活《武威漢代醫簡異體字補議》④，徐莉莉《武威漢代醫
簡異體字考》⑤，張顯成《〈武威醫簡〉異體字初探》⑥，楊艷輝、張顯成《敦煌漢
簡的異體字——兼論異體字的認定問題》⑦，王建民《〈馬王堆漢墓帛書〉
[肆]俗字研究》⑧，趙久湘《張家山漢簡異體字研究》⑨，葉聲波《〈居延漢簡〉
異體字研究》⑩，王錦城《〈岳麓書院藏秦簡（壹）〉文字整理研究》⑪，黃艷萍
《〈肩水金關漢簡〉（壹—肆）異體字研究》⑫，文姝茸《武威漢簡異體字研究》⑬
等。綜合研究某種文獻中的多種字際關係的文章有吳九龍《銀雀山漢簡中
的古文、假借、俗省字》⑭，余濤《〈銀雀山漢墓竹簡[壹]〉特殊用字研究》⑮，

---

①　雷黎明：《敦煌馬圈灣漢簡新見通假字通釋》，《西部學刊》2017 年第 7 期；《敦煌馬圈灣漢簡
　　通假字系統量化研究》，《西北師大學報》（社會科學版）2019 年第 5 期。

②　顧慧：《馬王堆漢墓帛書〈周易經傳〉通假字研究》，碩士學位論文，哈爾濱師範大學，
　　2018 年。

③　張顯成、余濤：《論銀雀山漢簡中的俗字——兼論簡帛俗字研究的意義》，《漢語史研究集
　　刊》第四輯，巴蜀書社，2001 年，第 257—273 頁。

④　何茂活：《武威漢代醫簡異體字補議》，《甘肅廣播電視大學學報》2007 年第 1 期。

⑤　徐莉莉：《武威漢代醫簡異體字考》，《天津師範大學學報》（社會科學版）2005 年第 1 期。

⑥　張顯成：《〈武威醫簡〉異體字初探》，《中國文字研究》第六輯，廣西教育出版社，2005 年。

⑦　楊艷輝、張顯成：《敦煌漢簡的異體字——兼論異體字的認定問題》，《中國文字研究》第九
　　輯，大象出版社，2007 年，第 144—150 頁。

⑧　王建民：《〈馬王堆漢墓帛書〉[肆]俗字研究》，碩士學位論文，西南師範大學，2002 年。

⑨　趙久湘：《張家山漢簡異體字研究》，碩士學位論文，西南大學，2008 年。

⑩　葉聲波：《〈居延漢簡〉異體字研究》，碩士學位論文，西南大學，2008 年。

⑪　王錦城：《〈岳麓書院藏秦簡（壹）〉文字整理研究》，碩士學位論文，西南大學，2013 年。

⑫　黃艷萍：《〈肩水金關漢簡〉（壹—肆）異體字研究》，博士學位論文，華東師範大學，2016 年。

⑬　文姝茸：《武威漢簡異體字研究》，碩士學位論文，西北師範大學，2018 年。

⑭　吳九龍：《銀雀山漢簡中的古文、假借、俗省字》，載國家文物局古文獻研究室編《出土文獻
　　研究續集》，文物出版社，1989 年，第 197—224 頁。

⑮　余濤：《〈銀雀山漢墓竹簡[壹]〉特殊用字研究》，碩士學位論文，西南師範大學，2000 年。

李具雙《〈武威漢代醫簡〉的用字特點》①，趙立偉《〈睡虎地秦墓竹簡〉通假字、俗字研究》②，何茂活、程建功《武威漢代醫簡中的古今字和異體字》③，孟美菊《武威漢簡〈儀禮〉異文研究》④，何茂活、謝繼忠《武威漢代醫簡中的通假字和訛誤字》⑤，汝鳴《銀雀山漢墓竹簡異文研究》⑥，吳雲燕《馬王堆漢墓帛書通用字研究》⑦，何麗敏《馬王堆史書、醫書通假字研究》⑧，孔德琴《定州漢墓竹簡〈論語〉的用字問題》⑨，何茂活《武威醫簡用字與今習用字偏旁歧異類析》⑩，馬玉萌《定縣漢墓竹簡〈論語〉異文研究》⑪，陳要男《銀雀山漢簡〈孫臏兵法〉用字研究》⑫，段曉華《孔家坡漢簡文字研究二題》⑬，金育峰《阜陽漢簡〈周易〉異文研究》⑭，馬芳《嶽麓書院藏秦簡（壹、貳）整理與研究》⑮，王姣《敦煌漢簡用字研究》⑯，廖燕《里耶秦簡通假字、古今字研究》⑰，蔡慧婕《竹簡本〈晏子〉異文研究》⑱，李桂玲《北大簡〈老子〉用字研究》⑲，劉媛岑

---

① 李具雙：《〈武威漢代醫簡〉的用字特點》，《中醫文獻雜志》2001 年第 2 期。

② 趙立偉：《〈睡虎地秦墓竹簡〉通假字、俗字研究》，碩士學位論文，西南師範大學，2002 年。

③ 何茂活、程建功：《武威漢代醫簡中的古今字和異體字》，《河西學院學報》2003 年第 6 期。

④ 孟美菊：《武威漢簡〈儀禮〉異文研究》，碩士學位論文，西南師範大學，2003 年。

⑤ 何茂活、謝繼忠：《武威漢代醫簡中的通假字和訛誤字》，《甘肅聯合大學學報》（社會科學版）2004 年第 3 期。

⑥ 汝鳴：《銀雀山漢墓竹簡異文研究》，碩士學位論文，華東師範大學，2006 年。

⑦ 吳雲燕：《馬王堆漢墓帛書通用字研究》，碩士學位論文，華東師範大學，2006 年。

⑧ 何麗敏：《馬王堆史書、醫書通假字研究》，碩士學位論文，西南大學，2007 年。

⑨ 孔德琴：《定州漢墓竹簡〈論語〉的用字問題》，《湖北第二師範學院學報》2009 年第 5 期。

⑩ 何茂活：《武威醫簡用字與今習用字偏旁歧異類析》，《甘肅中醫學院學報》2010 年第 5 期。

⑪ 馬玉萌：《定縣漢墓竹簡〈論語〉異文研究》，碩士學位論文，華東師範大學，2010 年。

⑫ 陳要男：《銀雀山漢簡〈孫臏兵法〉用字研究》，碩士學位論文，新疆師範大學，2012 年。

⑬ 段曉華：《孔家坡漢簡文字研究二題》，碩士學位論文，西南大學，2012 年。

⑭ 金育峰：《阜陽漢簡〈周易〉異文研究》，碩士學位論文，廈門大學，2013 年。

⑮ 馬芳：《嶽麓書院藏秦簡（壹、貳）整理與研究》，博士學位論文，華東師範大學，2013 年。

⑯ 王姣：《敦煌漢簡用字研究》，碩士學位論文，西北師範大學，2014 年。

⑰ 廖燕：《里耶秦簡通假字、古今字研究》，碩士學位論文，吉首大學，2015 年。

⑱ 蔡慧婕：《竹簡本〈晏子〉異文研究》，碩士學位論文，遼寧師範大學，2017 年。

⑲ 李桂玲：《北大簡〈老子〉用字研究》，碩士學位論文，青島大學，2017 年。

《〈張家山漢簡〉醫學文獻用字研究》①,周曉麗《從定州漢墓竹簡〈論語〉異文看漢初用字特點》②,劉賀、王禪宇《〈馬王堆漢墓帛書(叁)〉特殊用字現象研究》③,邢華《簡帛日書用語研究》④,楊靜《〈戰國縱橫家書〉與傳世文獻異文研究》⑤,禹雅潔《北大漢簡〈妄稽〉集釋與用字研究》⑥等。

　　針對多種文獻的綜合研究,通常僅着眼於對某一類字際關係的全面整理。例如,錢玄《秦漢帛書簡牘中的通借字》⑦即是以通假字爲主要着眼點的多種文獻綜合研究。而張顯成、王玉蛟《秦漢簡帛異體字研究》⑧則對 16種秦漢簡帛文獻中的異體字進行了系統的整理研究。類似的研究多見於學位論文,主要有趙平安《秦漢簡帛通假字的文字學研究》⑨,常麗馨《秦簡異體字整理研究》⑩,李迎莉《秦簡三種之異體字研究》⑪,王玉蛟《兩漢簡帛異體字研究》⑫,李志文《馬王堆漢墓帛書〈老子〉與王弼本異體字對比研究》⑬,王叢慧《秦簡通假字研究》⑭,陳子君《〈睡虎地秦簡〉與〈張家山漢簡〉通假對比研究》⑮,孟嬌《西漢出土文獻中的地名通假用字考察》⑯。針對某一斷代時間內的綜合研究成果較少,朱翠萍《秦代簡帛用字研究》⑰整理了秦代多

---

① 劉媛岑:《〈張家山漢簡〉醫學文獻用字研究》,碩士學位論文,西南大學,2017 年。

② 周曉麗:《從定州漢墓竹簡〈論語〉異文看漢初用字特點》,《北方論叢》2018 年第 1 期。

③ 劉賀、王禪宇:《〈馬王堆漢墓帛書(叁)〉特殊用字現象研究》,《名作欣賞》2018 年第 11 期。

④ 邢華:《簡帛日書用語研究》,博士學位論文,西南大學,2020 年。

⑤ 楊靜:《〈戰國縱橫家書〉與傳世文獻異文研究》,碩士學位論文,四川外國語大學,2020 年。

⑥ 禹雅潔:《北大漢簡〈妄稽〉集釋與用字研究》,碩士學位論文,揚州大學,2021 年。

⑦ 錢玄:《秦漢帛書簡牘中的通借字》,《南京師大學報》(社會科學版)1980 年第 3 期。

⑧ 張顯成、王玉蛟:《秦漢簡帛異體字研究》,人民出版社,2016 年。

⑨ 趙平安:《秦漢簡帛通假字的文字學研究》,《河北大學學報》1991 年第 4 期。

⑩ 常麗馨:《秦簡異體字整理研究》,碩士學位論文,西南大學,2011 年。

⑪ 李迎莉:《秦簡三種之異體字研究》,碩士學位論文,西南大學,2013 年。

⑫ 王玉蛟:《兩漢簡帛異體字研究》,碩士學位論文,西南大學,2013 年。

⑬ 李志文:《馬王堆漢墓帛書〈老子〉與王弼本異體字對比研究》,碩士學位論文,西南民族大學,2017年。

⑭ 王叢慧:《秦簡通假字研究》,碩士學位論文,遼寧師範大學,2017 年。

⑮ 陳子君:《〈睡虎地秦簡〉與〈張家山漢簡〉通假對比研究》,碩士學位論文,中山大學,2018 年。

⑯ 孟嬌:《西漢出土文獻中的地名通假用字考察》,《中國文字學報》第十一輯,商務印書館,2021 年,第 187—196 頁。

⑰ 朱翠萍:《秦代簡帛用字研究》,光明日報出版社,2015 年。

種文獻中存在的各類字際關係;張林《西漢早期簡牘字量研究》①則對西漢早期的 17 種簡牘材料的異體字進行了分析。

另外,劉鈺、袁仲一《秦文字通假集釋》、王輝《古文字通假字典》、白于藍《簡帛古書通假字大系》等工具書中亦整理出許多秦漢簡帛中的用字現象,是進行用字研究的重要參考。②

二、 字詞對應關係視角的用字研究

這類研究主要側重於對字際關係與字詞關係的整理,如一字對應多詞(有些學者亦稱作音義)、一詞對應多字等,通過對材料進行窮盡性統計,側重對字與字、字與詞之間的相互關係進行描寫。有些還在此基礎上從字用角度考察單字本用、借用、兼用、誤用等職用屬性。

這類文章較多窮盡性統計,較少舉例性闡述,且更多見於學位論文中。從研究材料上看,這類成果主要集中在窮盡性整理某一種或某一類材料中的字詞對應關係,而較少對某一斷代文獻的綜合整理。如周朋升、肖慶峰《〈銀雀山漢墓竹簡[貳]〉用字習慣考察》③,梳理了《銀雀山漢墓竹簡[貳]》一書中的字與詞、詞與字之間的具體對應關係。針對單種文獻的考察還有葛紅麗《〈居延新簡〉用字調查》④,周朋升《阜陽漢簡〈詩經〉用字習慣考察》《張家山漢墓竹簡用字習慣考察》及《馬王堆古醫書用字現象考察》⑤,趙菁

---

① 張林:《西漢早期簡牘字量研究》,碩士學位論文,華東師範大學,2017 年。

② 劉鈺、袁仲一編著:《秦文字通假集釋》,陝西人民教育出版社,1999 年;王輝編著:《古文字通假字典》,中華書局,2008 年;白于藍編著:《簡帛古書通假字大系》,福建人民出版社,2017 年。

③ 周朋升、肖慶峰:《〈銀雀山漢墓竹簡[貳]〉用字習慣考察》,《大慶師範學院學報》2017年第 1 期。

④ 葛紅麗:《〈居延新簡〉用字調查》,《西安建築科技大學學報》(社會科學版)2013 年第 4 期。

⑤ 周朋升:《阜陽漢簡〈詩經〉用字習慣考察》,《學術交流》2013 年第 5 期;周朋升:《張家山漢墓竹簡用字習慣考察》,《語言科學》2014 年第 3 期;周朋升:《馬王堆古醫書用字現象考察》,《古籍整理研究學刊》2014 年第 6 期。

華、吳吉煌《〈老子〉簡本與帛書乙本異文用字比較研究》①，申月《〈張家山漢簡〉用字研究》②，孟紅蕾《居延漢簡用字整理與研究》③，吳琳《〈張家山漢簡〉法律文獻用字研究》④，張世珍《北大漢簡〈老子〉異文研究》⑤，何家興、王冰清《銀雀山漢簡用字探源》⑥，胥紫翼《〈嶽麓書院藏秦簡〉（壹—肆）字形與音義關係研究》⑦，張晗《出土戰國秦漢〈詩〉類文獻用字現象研究》⑧，蔡宏煒《放馬灘秦簡字詞關係及相關問題研究》⑨，王輝《〈天水放馬灘秦簡〉字用及字詞關係研究》⑩，徐亦磊《〈嶽麓書院藏秦簡[壹—伍]〉字詞關係研究》⑪。

　　描寫秦漢時期某一斷代内字詞對應關係的主要有周波《戰國時代各系文字間的用字差異現象研究》⑫，周朋升《西漢初簡帛文獻用字習慣研究（文獻用例篇）》⑬，李園《秦簡牘詞彙研究》⑭，李園、張世超《社會歷史變遷對字詞關係的影響——以秦簡牘爲語料的分析》⑮。周朋升、肖慶峰《西漢初簡帛

① 趙菁華、吳吉煌：《〈老子〉簡本與帛書乙本異文用字比較研究》，載李運富主編《漢字職用研究·使用現象考察》，中國社會科學出版社，2016年，第488—502頁。該文由趙菁華《郭店楚簡〈老子〉及馬王堆帛書〈老子〉用字比較研究》改寫而成。見趙菁華《郭店楚簡〈老子〉及馬王堆帛書〈老子〉用字比較研究》，碩士學位論文，北京師範大學，2000年。

② 申月：《〈張家山漢簡〉用字研究》，碩士學位論文，青島大學，2016年。

③ 孟紅蕾：《居延漢簡用字整理與研究》，碩士學位論文，聊城大學，2017年。

④ 吳琳：《〈張家山漢簡〉法律文獻用字研究》，碩士學位論文，西南大學，2017年。

⑤ 張世珍：《北大漢簡〈老子〉異文研究》，碩士學位論文，河南大學，2017年。

⑥ 何家興、王冰清：《銀雀山漢簡用字探源》，《孫子研究》2018年第3期。

⑦ 胥紫翼：《〈嶽麓書院藏秦簡〉（壹—肆）字形與音義關係研究》，碩士學位論文，湖南大學，2018年。

⑧ 張晗：《出土戰國秦漢〈詩〉類文獻用字現象研究》，碩士學位論文，哈爾濱師範大學，2019年。

⑨ 蔡宏煒：《放馬灘秦簡字詞關係及相關問題研究》，碩士學位論文，鄭州大學，2020年。

⑩ 王輝：《〈天水放馬灘秦簡〉字用及字詞關係研究》，碩士學位論文，西北師範大學，2020年。

⑪ 徐亦磊：《〈嶽麓書院藏秦簡[壹—伍]〉字詞關係研究》，碩士學位論文，河北師範大學，2020年。

⑫ 周波：《戰國時代各系文字間的用字差異現象研究》，綫裝書局，2012年。

⑬ 周朋升：《西漢初簡帛文獻用字習慣研究（文獻用例篇）》，博士學位論文，吉林大學，2015年。

⑭ 李園：《秦簡牘詞彙研究》，博士學位論文，東北師範大學，2017年。

⑮ 李園、張世超：《社會歷史變遷對字詞關係的影響——以秦簡牘爲語料的分析》，《西南交通大學學報》（社會科學版）2018年第3期。

文獻中複雜的用字習慣研究》①等。

　　另外,李運富主編的《漢字職用研究·使用現象考察》一書中收録了諸多聚焦漢字職能的考察文章。這些文章主要關注某一職能在漢語中的存否和演變,對研究傳世文獻中漢字的使用情況用力頗多,其中也涉及對部分秦漢簡帛文獻的分析,但未對全部出土文獻進行數據統計。②

三、 系統演變視角下的用字研究

　　與字詞對應關係視角的用字研究相比,這種研究更傾向於考察具體語境中字詞的實際用法,及其在相關語言文字中的系統演變。該研究採用定量統計的方法,歸納記詞時不同用字形式的使用頻率和分布情況,進而總結其用字特點與規律。該類研究方法注重探究用字習慣在不同時代、不同材料中的文獻分布和演變情況。從字的角度,重點研究某字記詞功能的變化和發展;從詞的角度,一方面研究某詞用字形式的共時分布和歷時演變,另一方面研究同一語義場內各個詞的歷時演變與用字情況。

　　這類研究的單篇文章主要集中在舉例考察字或詞的時代特徵與發展演變情況。字視角的研究成果較爲豐富,如不少學者分別對不同時期和不同地域中"殹""也"兩字的用法進行考察,認爲"殹"是秦國方言詞已成共識。③張再興、姜慧《基於出土文獻語料庫的"才"、"在"、"存"遞嬗考》,系統考察了商周金文與秦漢簡帛文獻中表示存在義時,使用"才""在""存"的交替過

---

①　周朋升、肖慶峰:《西漢初簡帛文獻中複雜的用字習慣研究》,《牡丹江師範學院學報》(哲學社會科學版)2020 年第 2 期。

②　李運富主編《漢字職用研究·使用現象考察》,中國社會科學出版社,2016 年。

③　黄德寬:《説"也"》,第三屆國際中國古文字學研討會論文集,香港中文大學,1997 年,第823—832 頁;[日]大西克也著,任鋒譯,宋起圖校:《"殹""也"之交替——六國統一前後書面語言的一個側面》,《簡帛研究二○○一》,廣西師範大學出版社,2001 年,第 614—626頁;姜允玉:《出土文獻中的語氣詞"也"》,《古文字研究》第二十四輯,中華書局,2002 年,第 490—493 頁;張玉金:《出土戰國文獻中的語氣詞"殹"》,《殷都學刊》2011 年第 3 期。

程。金文和戰國楚簡{在}更多用"才"字記録，"在"字在西周早期金文中就已出現，但在秦簡牘文獻中才開始普遍使用並超過"才"，這一緩慢的更替過程大約在西漢初期完成。"存"字在戰國秦文字中出現，秦簡牘中開始出現"在""存"兩字長期共存、相互競爭的局面。①同樣考察具體字在記詞功能上的歷時演變情况的文章還有姜慧、張再興《秦漢簡牘文獻用字習慣考察三則》②，陳斯鵬《説"買""賣"》③，張再興《從出土秦漢文獻看"豆""荅""合"的記詞轉移》與《基於秦漢簡帛語料庫的"倍""背"記詞變化考察》以及《簡帛材料所反映的漢代特色用字習慣》④，劉艷娟《秦漢簡帛文獻用字習慣考察二則》⑤，趙岩《"可盜所"還是"何盜所"——以"可、何"用字習慣的時代性爲中心的考察》⑥，翁明鵬《秦簡牘和張家山漢簡中"澹""法"分流現象試説》⑦，沈澍農《中藥破碎加工術語叢考——以簡帛到卷子爲中心》⑧，王挺斌《"妬""妒"正俗考》⑨，田煒《説"叚""假"》⑩，李丹鳳《戰國秦漢間"古""欲""俗"分流中的文本用字變遷——以簡本、傳本〈緇衣〉爲中心的考察》⑪，劉艷娟、張

① 張再興、姜慧：《基於出土文獻語料庫的"才"、"在"、"存"遞嬗考》，《華西語文學刊》2016 年第 2 期。

② 姜慧、張再興：《秦漢簡牘文獻用字習慣考察三則》，《古漢語研究》2017 年第 1 期。

③ 陳斯鵬：《説"買""賣"》，《中國文字學報》第七輯，商務印書館，2017 年。後收入陳斯鵬著《卓廬古文字學叢稿》，中西書局，2018 年，第 64—72 頁。

④ 張再興：《從出土秦漢文獻看"豆""荅""合"的記詞轉移》，《語文研究》2018 年第 3 期；張再興：《基於秦漢簡帛語料庫的"倍""背"記詞變化考察》，《勵耘語言學刊》第 1 輯，學苑出版社，2019 年；張再興：《簡帛材料所反映的漢代特色用字習慣》，*Journal of Chinese Writing Systems*，2019 年第 4 期。

⑤ 劉艷娟：《秦漢簡帛文獻用字習慣考察二則》，《語言科學》2018 年第 6 期。

⑥ 趙岩：《"可盜所"還是"何盜所"——以"可、何"用字習慣的時代性爲中心的考察》，《古文字研究》第三十二輯，中華書局，2018 年，第 601—610 頁。

⑦ 翁明鵬：《秦簡牘和張家山漢簡中"澹""法"分流現象試説》，《勵耘語言學刊》第 2 輯，學苑出版社，2019 年。

⑧ 沈澍農：《中藥破碎加工術語叢考——以簡帛到卷子爲中心》，《現代中醫藥》2020 年第 2 期。

⑨ 王挺斌：《"妬""妒"正俗考》，《語文研究》2020 年第 2 期。

⑩ 田煒：《説"叚""假"》，《出土文獻》2021 年第 1 期。

⑪ 李丹鳳：《戰國秦漢間"古""欲""俗"分流中的文本用字變遷——以簡本、傳本〈緇衣〉爲中心的考察》，《民俗典籍文字研究》第二十七輯，商務印書館，2021 年，第 162—170 頁。

再興《基於秦漢簡帛語料庫的"材""財"記詞考察》①，孫濤《釋"蓋米"——兼傳世文獻以"蓋"記｛糲｝校讀例舉》②，祝永新、楊懷源《〈蒼頡篇〉定名研究——以出土漢簡爲新材料》③等。以某個詞爲基點進行考察的文章有姜慧、張再興《秦簡牘文獻用字習慣計量研究》④，張再興《秦漢出土文獻中｛歡｝的記詞用字考略》⑤，張再興、姜慧《基於出土文獻語料庫的疑問代詞｛何｝的用字定型過程研究》⑥，何余華《出土文獻｛樹｝的用字差異與斷代價值論考》⑦，劉艷娟、張再興《基於語料庫的秦漢簡帛文獻用字研究二則》和《基於秦漢簡帛語料庫的記｛杯｝用字考察》⑧，鄧亞楠《｛敵｝一詞用多字用字習慣考察》⑨，翁明鵬《秦簡牘專造字釋例》⑩，張再興、劉艷娟《出土先秦兩漢文獻中虛詞｛唯｝用字考察》⑪，張再興、張磊《秦漢文字中｛痛｝之用字及相關問題》⑫，林嵐、張再興《秦漢出土文獻記｛韓｝用字考察》⑬等。從語義場的角

① 劉艷娟、張再興：《基於秦漢簡帛語料庫的"材""財"記詞考察》，《簡帛》第二十二輯，上海古籍出版社，2021年，第183—192頁。

② 孫濤：《釋"蓋米"——兼傳世文獻以"蓋"記｛糲｝校讀例舉》，《漢語史學報》第二十五輯，上海教育出版社，2021年，第241—249頁。

③ 祝永新、楊懷源：《〈蒼頡篇〉定名研究——以出土漢簡爲新材料》，《漢語史研究集刊》第三十輯，四川大學出版社，2021年，第158—181頁。

④ 姜慧、張再興：《秦簡牘文獻用字習慣計量研究》，《語言研究》2017年第4期。

⑤ 張再興：《秦漢出土文獻中｛歡｝的記詞用字考略》，《龍岩學院學報》2018年第1期。

⑥ 張再興、姜慧：《基於出土文獻語料庫的疑問代詞｛何｝的用字定型過程研究》，《語言科學》2018年第4期。

⑦ 何余華：《出土文獻｛樹｝的用字差異與斷代價值論考》，《漢字漢語研究》2019年第3期。

⑧ 劉艷娟、張再興：《基於語料庫的秦漢簡帛文獻用字研究二則》，《語言研究》2020年第1期；劉艷娟、張再興：《基於秦漢簡帛語料庫的記｛杯｝用字考察》，《簡帛研究二〇二〇（春夏卷）》，廣西師範大學出版社，2020年，第123—133頁。

⑨ 鄧亞楠：《｛敵｝一詞用多字用字習慣考察》，《開封文化藝術職業學院學報》2020年第5期。

⑩ 翁明鵬：《秦簡牘專造字釋例》，《漢字漢語研究》2021年第1期。

⑪ 張再興、劉艷娟：《出土先秦兩漢文獻中虛詞｛唯｝用字考察》，《漢語史學報》第二十五輯，上海教育出版社，2021年，第71—81頁。

⑫ 張再興、張磊：《秦漢文字中｛痛｝之用字及相關問題》，《中醫藥文化》2021年第6期。

⑬ 林嵐、張再興：《秦漢出土文獻記｛韓｝用字考察》，《中國文字研究》第三十四輯，華東師範大學出版社，2021年，第72—79頁。

度進行考察的文章較少,如劉艷娟《秦漢簡帛文獻中欺騙義字詞計量考察》①,劉艷娟、王斯泓、張再興《秦漢簡帛文獻中病愈義字詞計量考察》等文章,分別梳理了秦漢時期表示欺騙義與病愈義兩個語義場内用詞與用字的系統演變情況。②胡波《先秦兩漢"打獵"義動詞更替考——基於出土文獻、傳世文獻與異文材料的綜合考察》,梳理了各類材料中打獵義用詞的演變情況,認爲該語義場内的常用詞在戰國晚期時由{田}轉向{獵},這種更替與語言的"多義衝突"和秦"書同文字"政策有關。③

　　關於這方面研究的學位論文,主要集中在斷代視角下的綜合性考察。通過對某一時期或某一大宗材料的窮盡性統計,分析共時和歷時視角下具體詞的用字演變情況與用字差異現象,主要有孫濤《東漢出土文獻用字習慣研究——以石刻和簡牘文獻爲中心》④,王斯泓《北大漢簡用字研究》⑤,陳怡彬《馬王堆簡帛用字研究》⑥,劉艷娟《秦簡牘文獻用字習慣研究》⑦,林嵐《西漢早期簡牘(18種)用字習慣研究》⑧,趙國群《居延地區出土漢代簡牘用字研究》⑨。

四、　價值視角的用字研究

　　除了對文獻中所反映出來的用字現象進行多角度的整理與研究之外,

---

① 劉艷娟:《秦漢簡帛文獻中欺騙義字詞計量考察》,《現代語文》2019年第10期。

② 劉艷娟、王斯泓、張再興:《秦漢簡帛文獻中病愈義字詞計量考察》,《中國文字研究》第二十九輯,上海書店出版社,2019年,第81—88頁。

③ 胡波:《先秦兩漢"打獵"義動詞更替考——基於出土文獻、傳世文獻與異文材料的綜合考察》,《語文研究》2022年第2期。

④ 孫濤:《東漢出土文獻用字習慣研究——以石刻和簡牘文獻爲中心》,碩士學位論文,華東師範大學,2019年。

⑤ 王斯泓:《北大漢簡用字研究》,碩士學位論文,華東師範大學,2019年。

⑥ 陳怡彬:《馬王堆簡帛用字研究》,碩士學位論文,華東師範大學,2020年。

⑦ 劉艷娟:《秦簡牘文獻用字習慣研究》,博士學位論文,華東師範大學,2020年。

⑧ 林嵐:《西漢早期簡牘(18種)用字習慣研究》,碩士學位論文,華東師範大學,2021年。

⑨ 趙國群:《居延地區出土漢代簡牘用字研究》,碩士學位論文,華東師範大學,2021年。

以用字爲手段解決其他問題的進一步研究成果亦很豐富，以下僅從三個方面簡單介紹。

（一）據秦漢簡帛用字習慣校讀出土文獻和傳世先秦古籍中的不當之處

裘錫圭先生指出，簡帛古籍的用字方法，在傳世先秦秦漢古籍的校讀方面具有重要作用。一種用字方法的啓發，甚至能解決一系列問題。[1]例如，裘錫圭《考古發現的秦漢文字資料對於校讀古籍的重要性》一文，根據馬王堆帛書和銀雀山漢簡中用“伒”記｛恥｝、用“炅”記｛熱｝、用“篹”記｛選｝的現象，指出傳世古籍中原先未被正確釋讀的字。[2]裘錫圭《古文獻中讀爲“設”的“埶”及其與“執”互譌之例》《再談古文獻以“埶”表“設”》兩篇文章，即通過出土文獻習慣用“埶”記｛設｝，指出傳世的漢以前古籍和出土簡帛文獻中，有不少“埶”字當是用來記｛設｝；並指出古籍中有些用來記｛設｝的“埶”字已被誤讀爲“勢”或譌作形近的“執”字。[3]陳劍《據出土文獻説“懸諸日月而不刊”及相關問題》，歸納了秦漢出土文獻中“縣”“縣”的字形和用字習慣，認爲“縣”字本從“縣”字分化而來，兩字在漢代長期共用某些字形，徹底分化開來至少在東漢以後，並據此認爲部分秦漢簡帛和先秦古籍中一些“縣”字應讀爲“縣”。[4]蔡偉《誤字、衍文與用字習慣》一書亦有部分相關研究，如用“鬼”記｛褱｝等。[5]孫濤《説“旱

---

[1] 裘錫圭：《簡帛古籍的用字方法是校讀傳世先秦秦漢古籍的重要根據》，《兩岸古籍整理學術研討會論文集》，江蘇古籍出版社，1998年。後收入裘錫圭《裘錫圭學術文集·語言文字與古文獻卷》，第464—468頁。

[2] 裘錫圭：《考古發現的秦漢文字資料對於校讀古籍的重要性》，《中國社會科學》1980年第5期。後收入裘錫圭《裘錫圭學術文集·語言文字與古文獻卷》，第347—377頁。

[3] 裘錫圭：《古文獻中讀爲“設”的“埶”及其與“執”互譌之例》，《東方文化》（1998年第36卷第1、2號合刊），2002年。裘錫圭：《再談古文獻以“埶”表“設”》，《先秦兩漢古籍國際學術研討會論文集》，社會科學文獻出版社，2011年。兩篇文章後皆收入裘錫圭《裘錫圭學術文集·語言文字與古文獻卷》，第451—460、484—495頁。

[4] 陳劍：《據出土文獻説“懸諸日月而不刊”及相關問題》，《嶺南學報》2018年第2期。

[5] 蔡偉：《誤字、衍文與用字習慣——出土簡帛古書與傳世古書校勘的幾個專題研究》，花木蘭文化事業有限公司，2019年。

殤”》通過考察秦漢簡帛文獻中｛早｝的用字情況及“旱”字的記詞情況，認爲“旱殤”一詞中的“旱”不當爲“早”的訛字，並從社會背景、語義關係、同義詞等方面進行考察，認爲“旱殤”應爲秦漢時代的固定語，有時也作“殤旱”，指旱災導致未成年人早夭的現象。①孟蓬生《“反繼（絶）爲纝（繼）”成因試探》，通過對先秦兩漢出土文獻中“繼”“纝”與相關之字的用例分析，認爲“反繼（絶）爲纝（繼）”是秦漢之際將“纝（纘）”同義換讀爲“纝（繼）”的結果。②

（二）據秦漢簡帛用字習慣判斷出土文獻的抄寫年代

部分用字習慣具有鮮明的時代特征，有許多學者根據這些特征，對出土文獻的抄寫年代、底本來源等進行探討。例如，田煒《談談北京大學藏秦簡〈魯久次問數於陳起〉的一些抄寫特點》，根據該篇｛諸｝｛事｝｛予｝等詞的用字及部分用語和特殊寫法，判斷該篇爲戰國晚期秦國抄本，底本則是用戰國楚文字抄寫的。③田煒《談談馬王堆漢墓帛書〈天文氣象雜占〉的文本年代》，通過該篇中｛向｝｛野｝｛事｝｛諸｝的用字情況，認爲《天文氣象雜占》的底本年代可能在秦占領楚地以後、統一全國以前。④蘇建洲《論〈北大漢簡（叁）·周馴〉的抄本年代、底本來源以及成篇過程》通過《周馴》中以“述”記｛遂｝的用字習慣及文字形體、時代慣用詞語、虛詞用法和文本對比等方面，認爲該篇存在戰國底本；並通過｛大｝｛太｝｛恥｝等詞的用字情況，聯繫其他用語和字形，認爲其成篇過程中經過秦漢時人的改寫，甚至可能存在全由秦漢人所編寫的內容。⑤田煒《馬王堆漢墓帛書〈陰陽五行甲篇〉抄寫者身份和抄寫

① 孫濤：《説“旱殤”》，《出土文獻研究》第十八輯，中西書局，2019 年，第 302—313 頁。

② 孟蓬生《“反繼（絶）爲纝（繼）”成因試探》，《語文研究》2022 年第 1 期。

③ 田煒：《談談北京大學藏秦簡〈魯久次問數於陳起〉的一些抄寫特點》，《中山大學學報》（社會科學版）2016 年第 5 期。

④ 田煒：《談談馬王堆漢墓帛書〈天文氣象雜占〉的文本年代》，《古文字研究》第三十一輯，中華書局，2016 年，第 468—473 頁。

⑤ 蘇建洲：《論〈北大漢簡（叁）·周馴〉的抄本年代、底本來源以及成篇過程》，《出土文獻》第十一輯，中西書局，2017 年，第 266—294 頁。

年代補説》從用字習慣等角度説明該篇的抄寫者是不熟悉楚文字的秦人，抄寫時間最可能在秦始皇二十六至二十八年（公元前 221 年—前 219 年）。①田煒《論秦始皇"書同文字"政策的内涵及影響——兼論判斷出土秦文獻文本年代的重要標尺》，認爲秦"書同文字"政策包含了正字形、正用字和正用語三個方面。文章對統一前後的秦簡牘中｛假｝｛太｝｛償｝｛事｝｛鄉｝｛向｝｛諸｝｛酒｝｛廢｝｛予｝｛野｝等詞的用字情況進行統計，並根據這些詞的用字情況判斷部分秦印及秦簡牘的抄寫年代是否在統一前。②翁明鵬《從〈禹九策〉的用字特徵説到北大秦簡牘諸篇的抄寫年代》一文研究了北大秦簡中出現的楚系用字特徵，並從用字習慣和書寫風格方面，對北大秦簡諸篇的抄寫年代進行考察。文章認爲，《算書》丙種、《算書》甲種、《日書》乙組、《田書》甲種、《道里書》、《醫方》、《禹九策》、《祓除》、《祠祝之道》、《從政之經》、《教女》等篇的書寫年代在秦統一前；而《日書》丙組、《田書》乙種、《公子從軍》、《雜祝方》、《隱書》、《泰原有死者》、《備作文書》、《酒令》等篇的書寫年代大致在秦統一後。③王貴元、李潔瓊《秦"書同文"告令頒布具體時間考》，通過紀年簡中的用字情況，認爲秦"書同文"告令頒布的具體時間在秦王政二十六年七月至八月十三日之間。④趙立偉《秦漢時期"迹"字聲符的歷時演變——兼談錫、鐸兩部通轉及相關問題》，通過對不同時期材料中"迹"字所從聲符由"朿"到"亦"的變化過程梳理，認爲西漢晚期時已出現錫鐸旁轉的現象。⑤

---

① 田煒：《馬王堆漢墓帛書〈陰陽五行甲篇〉抄寫者身份和抄寫年代補説》，載復旦大學出土與古文字研究中心編《戰國文字研究的回顧與展望》，中西書局，2017 年，第 271—277 頁。

② 田煒：《論秦始皇"書同文字"政策的内涵及影響——兼論判斷出土秦文獻文本年代的重要標尺》，《"中研院"歷史語言研究所集刊》第八十九本第三分，2018 年。

③ 翁明鵬：《從〈禹九策〉的用字特徵説到北大秦簡牘諸篇的抄寫年代》，《文史》第一輯，2020 年，中華書局。

④ 王貴元、李潔瓊：《秦"書同文"告令頒布具體時間考》，《學術研究》2021 年第 1 期。

⑤ 趙立偉：《秦漢時期"迹"字聲符的歷時演變——兼談錫、鐸兩部通轉及相關問題》，《漢字漢語研究》2020 年第 3 期。

（三）據秦漢簡帛用字考察古音

這方面的研究成果豐富，限於篇幅，我們僅簡單舉幾個例子。如周祖謨《漢代竹書和帛書中的通假字與古音的考訂》，首次以馬王堆帛書和銀雀山漢簡中的通假字爲材料，對其所反映的上古音的聲韻系統進行了概括性描述。①李玉《秦漢簡牘帛書音韻研究》，根據簡帛文獻中 6 800 餘對通假字及其他旁證材料，對簡帛文獻所反映的秦漢時期的聲、韻、調情況進行詳細考察。②張潔《張家山漢簡通假字所反映的西漢時期聲母特點》，對張家山漢簡中的通假字做窮盡性收集整理，以《切韻》音系爲標準，將相互通假的兩字讀音進行比較分析，列出了張家山漢簡通假字所反映出的聲母特點。③謝榮娥《秦漢時期楚方言區文獻的語音研究》和楊建忠《秦漢楚方言聲韻研究》，都將馬王堆帛書中所反映的楚方言特點與傳世文獻中的楚方言結合起來，考察秦漢時期的楚方言情況。④葉玉英《據秦楚用字之異考察複聲母在戰國秦楚方言中的留存》，通過比較秦楚記錄共見詞時的用字差異，認爲楚方言比秦方言更保守，楚方言保留了成套的複聲母，秦方言卻幾乎消失殆盡。⑤鄭偉《簡帛〈老子〉通假字音韻釋例》，討論了馬王堆帛書本、傳世本《老子》所見 9 組通假字所反映的音韻問題，對與見組語音相關的章組和來母、與明母語音相關的泥母和日母、與日母語音相關的透母、與從母語音相關的禪母的上古音構擬提出新見解，並認爲在韻母層面，反映出歌微相通、歌佳

①　周祖謨：《漢代竹書和帛書中的通假字與古音的考訂》，載《周祖謨語言文史論集》，浙江古籍出版社，1988 年，第 42—68 頁。

②　李玉：《秦漢簡牘帛書音韻研究》，當代中國出版社，1994 年。

③　張潔：《張家山漢簡通假字所反映的西漢時期聲母特點》，《簡帛語言文字研究》第二輯，巴蜀書社，2006 年，第 181—194 頁。

④　謝榮娥：《秦漢時期楚方言區文獻的語音研究》，高等教育出版社，2011 年。楊建忠：《秦漢楚方言聲韵研究》，中華書局，2011 年。

⑤　葉玉英：《據秦楚用字之異考察複聲母在戰國秦楚方言中的留存》，《復旦學報》（社會科學版）2017 年第 3 期。

魚相通、談東相通等。①李豪《結合古文字和文獻用字論"兕""第""雉"等字的上古聲母》，通過對這幾個字字形和文獻用字的分析，認爲這三個字的上古聲母相同。②洪颺《古文字考釋通假關係研究》和蔡一峰《出土文獻與上古音若干問題探研》亦討論了部分秦漢簡帛材料中所反映出來的古音情況。③

_____

① 鄭偉：《簡帛〈老子〉通假字音韻釋例》，《語言科學》2020 年第 5 期。

② 李豪：《結合古文字和文獻用字論"兕""第""雉"等字的上古聲母》，《出土文獻》2021 年第 1 期。

③ 洪颺：《古文字考釋通假關係研究》，福建人民出版社，2008 年；蔡一峰：《出土文獻與上古音若干問題探研》，博士學位論文，中山大學，2018 年。

《秦漢簡帛文獻斷代用字譜》前言

張再興

經漢代人大規模整理和歷代屢次傳抄刊刻,傳世先秦兩漢典籍已經無法完全反映漢代的實際記詞用字狀況。二十世紀初以來,大量發現的秦漢簡帛,爲我們展示了以隸書、草書爲主要書體的實際書寫面貌,成爲秦漢時期用字研究最爲重要的資料。

隨着學術界對出土文獻用字研究的日漸重視,結合秦漢簡帛用字研究的實踐,編纂一部以提供窮盡性用字數據爲目標、能夠比較系統全面反映秦漢簡帛用字資料的新型工具書已十分必要。我們多年來的秦漢簡帛語料庫建設爲這一工具書的編纂提供了現實可能性。由於首次編纂此類工具書,我們有必要就本書編纂的相關問題進行說明。

一、 概 述

(一) 關於"用字"的定義

裴錫圭先生多次提到出土文獻的用字問題。他指出:"我們所説的用字方法,指人們記錄語言時用哪一個字來表示哪一個詞的習慣。"①本書所謂的"用字"即遵從此觀點,指文獻書寫時,使用哪些不同的字來記錄某個詞。

在確定是否爲用字現象時,我們主要有兩個着眼點。

第一,不同的字記錄的是同一個詞。如果所記錄的是不同的詞則不屬於用字現象。

例如,同義詞的意義相同,但是由於記錄的不是一個詞,而是一組同義詞,所以不屬於用字現象。西北屯戍簡的地名"甲渠",王莽時期改作"甲溝","渠""溝"屬於同義詞。居延新簡 EPT44.8B"謹候望",《居延新簡釋粹》注"即警候望"②,敦煌漢簡 1162B"驚(警)蓬(烽)火、謹候望","警""謹"並列使用,兩字意思雖相類,但所記錄的並非一個詞。典籍異文中同義詞換用很常見,一般不屬於用字現象。如馬王堆帛書《周易》卷後佚書《繆和》024下引《詩》"蚤夜在公","蚤"字爲"早"之借字,"蚤"記錄早晨的{早}屬於用字現象;今本作"夙",則屬於同義詞的換用。

但是在實際操作過程中,由於秦漢時期單音節詞依然是詞彙的主體,詞在形式上與字常常是一致的。因此,要區分兩個字所記錄的是不是同一個詞並不是一件很容易的事情,特別是一些讀音相同或相近且意義相同的字。

例如,"侯""何"兩字所記的虛詞,通假字工具書常作爲通假字收錄。③然而對於馬王堆帛書《戰國縱橫家書》第十九章 203 行"君欲成之,侯不使人胃(謂)燕相國曰",《長沙馬王堆漢墓簡帛集成》注認爲:"'侯'字下原釋文括注'何',以與《秦策三》文相牽合。秦漢古書中表'爲何''何故'義的疑問詞'侯'常見(參看楊樹達《詞詮》,中華書局,一九七九年第二版,第一一七頁),

① 裴錫圭:《簡帛古籍的用字方法是校讀傳世先秦秦漢古籍的重要根據》,《兩岸古籍整理學術研討會論文集》,江蘇古籍出版社,1998 年。後收入裴錫圭《裴錫圭學術文集·語言文字與古文獻卷》,復旦大學出版社,2012 年,第 464 頁。

② 甘肅省文物考古研究所編,薛英群、何雙全、李永良注:《居延新簡釋粹》,蘭州大學出版社,1988 年,第 41 頁。

③ 王海根:《古代漢語通假字大字典》,福建人民出版社,2006 年,第 55 頁。馮其庸、鄧安生:《通假字匯釋》,北京大學出版社,2006 年,第 66 頁。

不必從《秦策三》讀爲‘何’,今從《釋文》(第二二頁)取消括注。"①這種是否作通假的爭議,正是判斷是否爲同一個詞的困難之處。

　　針對具體情況,有的時候我們不得不暫時權宜處置。例如,"舍/捨"古音書母魚韻,"釋"古音書母鐸韻,兩字聲部相同,韻部陰入對轉,讀音非常接近。《古字通假會典》收有大量典籍中"舍""釋"通用的例子。②朱駿聲《説文通訓定聲》"釋"字下有假借爲"舍"的用法,所舉例證多有捨棄之義;"舍"字下也有假借爲"釋"的用法。其中《儀禮·大射儀》"獲而未釋獲","釋"指放下,鄭玄注"古文釋爲舍"。這樣看,用作動詞讀爲"捨"的"舍"與"釋"均有捨棄、放下等義,所記録的應該是相同的詞。今本《儀禮·大射儀》中,與"執弓"相對的有多例"釋弓"以及"釋獲",這些"釋"字在武威漢簡《儀禮》甲本《泰射》中,有 2 例作"擇",34 例作"澤",明顯即"釋"之借字。另有 5 例作"舍",語境完全一致,與"澤""擇"所記也是一詞,通假字工具書多將此收作通"釋"。③但是這樣一來,秦漢簡帛文獻中同樣意義的"舍"和"釋"也需要同樣處理。例如,定州漢簡《論語·先進》0303—0304"舍瑟而作"的"舍"字表示放下,意義與"釋弓"完全一致。然而這個"舍"字一般整理者都只讀作"捨",不會讀作"釋"。因此,另外一種處理方式就是將"舍/捨"和"釋"看作是音近義同的兩個詞,即武威《儀禮》中的"舍"統一不讀作"釋"。如何調和其中的矛盾頗費斟酌。本書採取並不能令人滿意的折中處理方式,只將《儀禮》中可以讀作"釋"的"舍"收録,其餘用法相同的"舍"則不收録。

　　而從歷時變化的角度看,不同的字所記録的是否爲同一個詞還存在不同時代的認識差異問題。如"有些音義皆近或音近義同的字,由於語音演變,成了同音字,因此被後人看作同一個詞的不同書寫形式"④。例如,同義換讀的"俛"和"俯",換讀前應該是同義詞,後常被用來記録同一個詞。對這

①　裘錫圭主編,湖南省博物館、復旦大學出土文獻與古文字研究中心編纂:《長沙馬王堆漢墓簡帛集成》(叁),中華書局,2014 年,第 244 頁。
②　高亨纂著,董治安整理:《古字通假會典》,齊魯書社,1989 年,第 839—840 頁。
③　白于藍編著:《簡帛古書通假字大系》,福建人民出版社,2017 年,第 292 頁。
④　裘錫圭:《文字學概要》(修訂本),商務印書館,2013 年,第 249 頁。

種情況我們作爲用字收録。

第二,用來記録一個詞的不同字形是不同的字。如果只是一個字的異體,不屬於用字現象。原則上我們將一個詞的不同用字形式和一個字的不同書寫形式區分開來。例如,記録{明}的字形秦漢簡帛中常作"明",只是"明"字的不同書寫形式,因此不看作用字。

但是在實際情形中,這一點操作起來也並不容易。特別是書寫形式牽涉到同形等情況時,往往既可看作一個詞的不同用字形式,也可以看作是一個字的不同書寫形式,即異體。例如,居延新簡 EPF22.30"廷卻書"的"卻"寫作 郤,可以隸定作"郤"。"郤"左所從"去"由"谷"演變而來,一般直接釋"卻",即看作異體。其構件"阝"與"卩"在西北屯戍漢簡中常混用,如"叩"常寫作"邱"。而根據字形右從"阝",也可以釋作"郤",借用作"卻"。

(二)關於"詞形用字"的概念

用字研究涉及字詞關係,既研究一個字記録哪些詞,也研究一個詞用哪些字來記録。因此,從形式上需要對詞有一個明確的指稱形式,實際上也就是要以用字的形式表示某個詞。爲了與記詞的"字"相區别,實際使用中往往加上符號標記,如裘錫圭先生提出並被學術界廣泛認可的符號"{ }"。

詞的指稱形式從表達明確的角度來講,自然是使用兩個或兩個以上的字組成複音詞來指稱更加精確,不易混淆。例如,"虛假"和"假借"兩個詞用一個單音節的"假"字來指稱就難以區分這兩個詞。但是如果我們採用多個字組成多音節的形式指稱一個詞,多音節的詞形與單音節的用字形式之間存在差距,這樣又難以進行詞的用字形式之間的統計和比較。因此,爲了研究的方便,我們依然採用單字的形式指稱一個詞。以單個字表示詞,由於一字多詞現象的普遍存在,會削弱詞義區别度,如"盛(chéng)放"和"茂盛(shèng)"都用"盛"字表示,從單字字形上就難以區分兩個詞。但是在具體文獻中可以從具體語境進行區分,在研究討論中還可以用複音詞進行必要的説明,如"虛假"的{假}和"假借"的{假}。上古漢語以單音節詞爲主,一個詞往往就是一個字,這一特徵也爲使用單個字表示一個詞提供了實際的可能性。

　　如何指稱一個詞的多種用字形式中代表這個詞的字,在傳統文字學中有不同的術語可供參考。裘錫圭先生在《文字學概要》中討論了多種與用字形式相關的術語。

1. "本字"和"借字"

　　對於假借字而言,裘先生使用"本字"這個術語,並認爲這是一個跟"假借字"相對的名稱,這個"本字"與指一個字的比較原始的書寫形式的"本字"以及指分化字所從出的母字而言的"本字"都不相同。他的定義爲:"用來表示自己的本義或引申義的字,對假借來表示這一意義的字而言就是本字。從詞的角度來看,把一個詞作爲本義或引申義來表示的字,對這個詞的假借字而言就是這個詞的本字。"①

2. "分化字"和"母字"

　　在討論文字的分化時,裘先生説:"分散多義字職務的主要方法,是把一個字分化成兩個或幾個字,使原來由一個字承擔的職務,由兩個或幾個字來承擔。我們把用來分擔職務的新造字稱爲分化字,把分化字所從出的字稱爲母字。"②

3. "通用字"

　　裘先生説:"文字學上所説的'通用',指不同的字在某種或某些用法上可以相替代的現象。可以通用的字就是通用字。文字學者講通用,往往着眼於漢字從古到今的全部使用情況。所以他們所説的通用字並不限於現在可以相通用的字。曾經相通用的字,以至雖然具有某種或某些共同用法,但並未同時使用過的字,也都可以稱爲通用字。如果要跟現行的通用字相區別,可以把它們稱爲歷時通用字。"③根據這樣的觀點,除了訛字之外,其餘的用字形式都可以看作是通用字。這個所謂的"通用"是互相通用的意思。

---

①　裘錫圭:《文字學概要》(修訂本),第 174—175 頁。
②　同上書,第 214 頁。
③　同上書,第 251 頁。

另外一種意思，就是《現代漢語通用字表》之"通用"的意思。因此裘先生認爲："'通用字'也有兩種不同意義，因爲一般把古今所有的漢字里現在在使用的那部分字也稱爲通用字。爲了避免混淆，我們把那種意義的通用字改稱爲通行字。"①

4. "習用字"

裘先生認爲講文字學的人根據《説文解字》來講的"正字"没有多大意義，並提出了"習用字"的概念："在可以用來表示同一個詞的不同文字里，通常總有一個字是比較經常地用來表示這個詞的。這就是我們所説的習用字。習用字跟正字可以是重合的，也可以是兩個字。在不同的時代里，作爲習用字的字可能不相同。"②

上述術語主要是從字的視角探究的。對於用字研究來講，作爲代表某個詞的字，這些術語在涵蓋範圍及與用字研究目標的契合性等方面存在一定的不足。

首先，用字研究所涉及的字際關係包含通假字、古今字等類型。"本字/借字""分化字/母字"均不能涵蓋所有的用字類型。對通假字而言，還有許多借字無法確定本字或者没有本字。例如，古代漢語中的第二人稱代詞{汝}，傳世文獻習慣用"汝"記録。先秦古文字習慣用"女"，這一形式在秦漢簡帛中依然大量使用，但已有少量的"汝"，秦漢簡帛中的這兩種用字形式都是借字。因此，雖然"本字"是一般通假字工具書最爲常用的術語，我們依然不用它來表示詞的指稱形式。

其次，本書的主要目標是提供用字的數據，並不注重説明各種用字形式之間具體的字際關係。因此，"本字/借字""分化字/母字"等注重字際關係的術語並不適合用作詞的指稱形式。只有在考察各種用字形式之間關係的時候，纔使用這些術語。如從用字形式歷時發展變化的角度來説，有分化字和母字的區別、古字和今字的區別；從用字形式與文獻使用意義之間的關係來説，有本字和借字的區別。

相對而言，用字研究從文字使用的角度，使用"習用字"或"通行字"指稱

---

①　裘錫圭：《文字學概要》（修訂本），第 252 頁。

②　同上書，第 246 頁。

一個詞的代表字形是比較合適的選擇。這兩個概念其實有内在的相通性。從操作性的角度來講，"習用字"可以通過頻率統計的方式得出，也便於操作。但是正如裘先生所指出的那樣，一個詞的用字形式隨着時代的變化而不同。秦漢時期的習用字並不一定是後世的習用字。例如，秦漢簡帛中飛翔的｛飛｝習慣使用"蜚"①。另外，本書中用來表示詞的字並不完全是習用字，也有本字和後世通行字，具體見下文詞形用字的確定標準。因此，"通行字"和"習用字"也不完全適合作一個詞的指稱用字。

鑒於以往文字學相關術語並不完全適合指稱一個詞的多種用字形式用來代表這個詞的字，爲了指稱的方便，我們將用來代表某個詞的字稱爲"詞形用字"，而詞形用字本身也是這個詞的一種用字形式。這個術語排除字際關係、通行時間、通行程度等特征，只專注於表達其記詞功能。由於詞形用字是直接用來指稱這個詞的，因此本書《文獻分布頻率對照表》將"詞形用字"直接簡稱"詞"，即使這個詞形用字可能兼表多個詞。同時，在簡帛文獻中實際使用的記録詞的字，我們稱爲"用字形式"，或簡稱"用字"。而就一個字的記詞方式來説，所記的詞我們稱之爲"記詞形式"或"記詞功能"。例如，馬王堆帛書中，正常、平常的｛常｝用"常""掌""當""尚"等字記録。我們稱"常"爲詞形用字，稱"常""掌""當""尚"爲用字形式。"當"字又可記録嘗試的｛嘗｝。｛常｝｛嘗｝均是"當"字的記詞形式或記詞功能。

（三）秦漢簡帛文字材料在用字研究中的價值

裘錫圭先生對秦漢簡帛文字材料在用字研究中的價值有過論述。他指出："秦漢文字材料裏表現出來當時人的用字習慣，有時與保存在傳世古書裏的已被遺忘的用字方法相合，可以幫助我們通讀這些古書。"②他還認爲：

---

① 張再興：《簡帛材料所反映的漢代特色用字習慣》，*Journal of Chinese Writing Systems*，2019 年第 4 期。

② 裘錫圭：《考古發現的秦漢文字資料對於校讀古籍的重要性》，《中國社會科學》1980 年第 5 期。後收入裘錫圭《裘錫圭學術文集·語言文字與古文獻卷》，第 372 頁。

"研究古今字,不能完全依賴傳世古書","要重視各個時代直接遺留下來的文字資料,不能輕信屢經後人傳抄刊刻的古書"。①除了古今字外,對於其他類型的用字研究來說,秦漢簡帛文獻同樣具有不可替代的價值。

1. 爲用字研究提供了充分的最新語料

用字研究對於材料的語言環境有比較高的要求。作爲秦漢時期最主要的出土文獻,簡帛材料數量豐富,目前已經發表的文獻總字數近 100 萬字。這些材料中,既有傳抄古書,又有當時的公私文書等,類型衆多,語言環境大多完整,是秦漢時期用字研究最重要的資料。

2. 全方位呈現秦漢時期的用字全貌

秦漢簡帛材料未經後世加工改造,保留了抄寫時的文字使用原貌。例如,"刑""荆",根據《説文解字》,兩字有區別。然傳世先秦兩漢典籍並不見後者。②實際上,秦漢實物文字資料顯示了完全不一樣的用字面貌。熹平石經使用"荆"字,秦漢簡帛也少見"刑"字。"馬王堆帛書中'刑''荆'二字用法似已分化,表割、殺義作'刑',表罰辠義作'荆'。"③嶽麓秦簡中也可以看到兩者之間同樣的區別,其用法與《説文解字》所釋本義大致相同。④

3. 記録並動態呈現秦漢時期用字習慣的歷時演變

秦漢時期是用字習慣變化的重要時期。這個時期的文字形體經歷了隸

---

① 裘錫圭:《文字學概要》(修訂本),第 258 頁。

② 李富孫《説文辨字正俗》指出:"今經傳皆通用刑,無有作荆者。"邵瑛《説文解字群經正字》:"而荆字,要爲荆罰正字,其用爲最繁……而今經典轉以刑爲荆,而荆字竟廢不用。"

③ 劉釗主編,鄭健飛、李霜潔、程少軒協編:《馬王堆漢墓簡帛文字全編》,中華書局,2020 年,第 488 頁。

④ 《説文解字·刀部》釋"剄"的"刑",嶽麓秦簡中字形從"开",見於《嶽麓書院藏秦簡》第三冊第二類 137、139、140、151、163 等簡,均表示刑傷義。《説文解字·井部》釋"罰辠"的"荆"字形從"井",見於《嶽麓書院藏秦簡》第四冊第一組 024、038、073、082 及第二組 217、264、276 等 7 例,第五冊第一組 007、第三組 312 等 2 例,均表示刑罪義。

變、草化等快速變化發展,這一變化不可避免地影響了字際關係,也影響了用字習慣,致使秦漢簡帛中的用字形式極其豐富。從總量上看,用字數量衆多,本書收録秦漢簡帛及東漢石刻用字記録共計 60 828 條,用字組共計8 337組。從整個秦漢簡帛的材料來看,10 種以上記詞形式的字有 30 餘個,如"辟""齊""與"等。同時,也有大量的詞有很豐富的用字形式,如{愈}{彼}{施}等。字與詞之間呈現出錯綜複雜的關係。例如,敵人的{敵},除了常用的用字形式"適"外,還有"敵""啻""倜""翟""狄"等形式,"倜"有可能是此義的專字。而"適"字除了主要記録{敵}外,還記録貶謫的{謫}、嫡庶的{嫡}等。

此外,後世的諸多用字習慣在秦漢時期正處在形成過程中。如疑問代詞{何}的用字形式,經歷了從"可"到"何"的定型過程,這一過程在西漢早期基本完成①;動詞{謂},從借用"胃"到使用後起本字"謂",在東漢時期已經完成;虛詞{唯}的多種用字形式"唯""維""惟"在漢代逐步纍積②;等等。

4. 揭示秦漢時期獨特的用字習慣及其地位

例如,秦簡牘中習慣以"鼠"記給予的{予};漢簡帛中習慣以"䪞"記歡喜的{歡},以"蜚"記飛翔的{飛},以"信"記伸展的{伸},以束脩的"脩"記録修飾的{修}等。③又如,西漢早期簡帛材料中,習慣以"復"記誠信的{孚},以"大"記泰山的{泰}。秦漢簡帛材料中,表示塗料的{漆}用"桼""髹""漆","桼""髹"使用時間最長,貫穿整個秦漢時期;而"漆"在西漢早期材料中開始用來記{漆}。記表示形狀的{圓}時,秦至西漢早期主要用"員""圜",西漢中晚期則用"圓"。④

---

① 張再興、姜慧:《基於出土文獻語料庫的疑問代詞{何}的用字定型過程研究》,《語言科學》2018 年第 4 期。

② 張再興、劉艷娟:《出土先秦兩漢文獻中虛詞{唯}用字考察》,《漢語史學報》第二十五輯,上海教育出版社,2021 年。

③ 秦漢簡帛石刻中用"脩"字記録{修}者有 200 多例,"修"字則非常罕見,僅見敦煌漢簡2091、2395 中的 3 例,且不能完全確認。

④ 劉艷娟、張再興:《基於語料庫的秦漢簡帛文獻用字研究二則》,《語言研究》2020 年第 1 期。

5. 保留傳世文獻的用字情況，助益古書校讀

不管是用古文字寫的諸如壁中書等出土文獻，還是當時經師口耳相傳記錄下來的文獻，都很有可能用當時通行的寫法改寫了原來的用字。從與傳世文獻對應的秦漢簡帛文獻中，可以看到不一樣的用字面貌。例如，武威漢簡《儀禮》中有一個專門表示祭祀用牲體部分義的字，共出現 9 例，均作"肫"，如甲本《特牲》51"右肩臂臑肫胳"；今本《儀禮》中，與簡本相對應的文字使用了多種用字形式，《有司徹》4 例，《特牲饋食禮》1 例也作"肫"；《少牢饋食禮》4 例則作"膞"。

出土古書的多種抄本還能夠呈現不同版本、不同書手的用字習慣以及更顯多樣的用字形式。例如，灾殃義的{殃}，帛書《刑德占》用"盎"，《刑德》甲篇用"央"。帛書《周易》的有些用字與《經典釋文》所引相同，如 48 上《謙》卦的"嗛"，《經典釋文》："子夏作嗛。"《坤》卦的"坤"，帛書作"川"，《經典釋文》："本又作巛。""巛"即"川"之異體。

（四） 本書的設計理念

對於用字研究，我們持有以下觀點：第一，用字研究不僅僅需要瞭解某種用字形式存在與否，還需要把握其地位和發展變化。第二，詞的不同用字形式在同一個時期內的地位存在明顯的差異，這種差異需要通過頻率對比反映出來。用字形式的頻率差異反映了該用字的通行程度，高頻用字形式往往是當時的主流用字。第三，詞的用字形式隨着時間而變化，這種變化趨勢和過程也可以通過頻率的歷時對比予以反映。

基於此觀點，爲了最大限度地發揮秦漢簡帛材料在用字研究中的價值，我們設定了本書的目標，即在秦漢簡帛這個相對封閉且保持原始書寫面貌的文獻系統內，提供秦漢時期不同斷代簡帛文獻用字的窮盡統計數據。從詞的角度來看，就是某個詞用了哪些字來記錄，各自的用字頻率是多少，即一個詞在不同斷代的用字狀況；從字的角度來看，則是某個字記錄了哪些詞，各自的記詞頻率是多少，即一個字在不同斷代的記詞狀況。

　　鑒於這樣的目標設定,我們在設計本書時遵循基於數據庫的斷代窮盡頻率統計的理念。

1. 窮盡性統計

　　本書力在提供窮盡的頻率統計數據,而不是零星的舉例研究。舉例性質的用字情況只能反映是否存在這種用字現象,卻不能反映這種用字形式在當時是主流用字現象還是僅爲個別用例。從歷時的角度來看,也無法反映一種用字形式的發展變化趨勢。爲了明晰用字的多種形式、在某個時期的地位以及各種用字形式的歷時發展,需要通過用字頻率的對比來考察。用字的一些其他特徵,如文獻差異等,也需要通過頻率統計才能看到。

　　例如,秦漢時期歡喜的{歡}雖然擁有"歡""懽""讙""讙"等衆多用字形式,但是最通行的用字形式是"驩"。[1]秦代日書中的術語{破},使用"彼"的比例最高,其次是"被"。進一步分析可以發現,不同文獻的使用習慣不同。睡虎地秦簡 13 例用"被"字,1 例用"波"字,而放馬灘秦簡 29 例均用"彼"字。馬王堆帛書《老子》甲乙本的用字習慣也有所不同。多餘義的{餘}甲本多用"餘",乙本多用"余"。減損義的{損},甲本用"敨",乙本用"云"。《戰國縱横家書》不同内容和筆迹的三個部分,用字也具有明顯的統計差别。例如,趙國的{趙},第 1 章及第 15 章以後習慣用"趙",第 2 章至第 13 章則習慣借"勺",這反映了其文獻來源或抄寫者的用字習慣差異。[2]

2. 斷代式並現

　　用字習慣有一個變化發展的過程。裘錫圭先生指出:"用字習慣從古到今有不少變化。"[3]段玉裁在《説文解字注》里就常有"某字行某字廢"的説

---

[1]　張再興:《秦漢出土文獻中{歡}的記詞用字考略》,《龍岩學院學報》2018 年第 1 期。

[2]　詳參陳怡彬《馬王堆簡帛用字研究》第三章,碩士學位論文,華東師範大學,2020 年。

[3]　裘錫圭:《簡帛古籍的用字方法是校讀傳世先秦秦漢古籍的重要根據》,《兩岸古籍整理學術研討會論文集》,江蘇古籍出版社,1998 年。後收入裘錫圭《裘錫圭學術文集·語言文字與古文獻卷》,第 464 頁。

法,其中許多反映了文獻用字的變化。在秦漢時期近 250 年的時間里,很多用字習慣也同樣發生了巨大的變化。從斷代的角度整理各個時代的用字情況,將爲用字習慣變化的研究提供比較可靠的數據基礎。通過斷代的統計,對用字變化的具體時間和過程可以有更深入的瞭解。

　　例如,第二人稱代詞⟨汝⟩,先秦古文字中均寫作"女"。秦漢簡帛中的用字情況見表 1。

表 1　⟨汝⟩在秦漢簡帛中的用字情況

用字	總計	秦	西漢早期	西漢中晚期	東漢
女	122	1	21	90	
汝	44			20	24

　　從表中數據可以看出,使用"女"的情況一直到西漢中晚期仍然占主流。不過此時"汝"的使用也已經比較常見。目前所見東漢簡牘中已不見用"女"字,但東漢熹平石經依然有 17 例"女",可見作爲流傳的古書,依然保留了早期的用字形式。

　　秦漢簡帛中嫁娶的⟨嫁⟩的用字形式有"家"、"嫁"和"稼"等。"家"只在睡虎地秦簡中占了主流地位,秦和西漢早期均已很少見。而"嫁"字在睡虎地秦簡中的使用尚不及"家"字的 1/4,且只見於《日書》乙種,但是秦和西漢早期迅速取代了"家"成爲主流用字形式。其變化發展定型的速度與"汝"有很大的差別。具體數據見表 2。

表 2　⟨嫁⟩在秦漢簡帛中的用字情況

用字	總計	戰國—秦①	秦	西漢早期	西漢中晚期	東漢
家	27	22	2	3②		
嫁	162	5	15	81	54	7
稼	1		1			

---

① 睡虎地秦簡的抄寫時間可能早至戰國末期,此例中用字形式與其他秦簡有較大不同,故此分列。

② 此 3 例見於印臺漢簡。

（五）本書的基本框架結構

基於前面討論的設計理念,結合秦漢簡帛用字的特征,傳統分組列舉形式的通假類工具書並不完全符合我們的要求①,本書在體例上與此類工具書有很大的差別。本書的編排體例和主體結構設計如下。

1. 編排體例

爲了突出用字的斷代特征,本書首先根據斷代分卷,爲秦簡牘卷、西漢早期簡帛卷、西漢中晚期簡牘卷、東漢簡牘卷(附東漢石刻)四個分卷。

2. 主體結構

（1）文獻分布頻率對照表

此表的作用是直觀地展示詞的用字形式及其頻率差異。以詞形用字(表中直接簡稱爲"詞")爲單位,以表格形式列出詞的每種用字形式在各種文獻中的分布數量,展現各用字形式在不同文獻中的使用差異。同時,附列詞形用字在文獻中的實際使用數量(見表5)以及各用字形式的本用例的數量(見表6)。

表3　文獻分布頻率對照表示例

詞	字	總計	字頻	詞頻	睡	龍	里	周	放	嶽	王	北	散
情	請	22	132		4	1			1	16			
晴	星	2	29									2	
求	救	4	6	180						4			

（2）辭例

此部分主要呈現字的記詞形式及不同文獻中的具體用例分布。以各用

---

① 例如,秦漢簡帛中常見的"兇"與"凶"的通用,所表示的意義相同。通假字工具書常根據文獻中實際用字的不同,分"兇—凶""凶—兇"兩組通假字列舉,而不是作爲同一個詞的兩種用字形式。

字形式爲單位，窮盡列舉用字形式的每種記詞功能的所有出處，提供該記詞功能的具體語言環境。

表 4　辭例示例

若　諾		0001　敢曰若（諾）	嶽・叁・一 058
		0002　更曰若（諾）	嶽・叁・一 066
		0003　朵曰若（諾）	嶽・叁・一 077
箬	0001	以若（箬）便（鞭）毄（擊）之	睡・日甲 048B.3
	0002	以若（箬）便（鞭）毄（擊）之	睡・日甲 049B.3

（3）附録

附録一爲“詞形用字用例出處總表”。詞形用字實際上也是一種用字形式。例如，記録嫁娶的｛娶｝，秦漢簡帛中的主要用字形式爲“取”，此外還有少量的“聚”“冣”“娶”。本書主體部分收録了用字形式“取”“聚”“冣”，但是不收録作爲詞形用字“娶”的例子。例如，居延新簡 EPF22.826“毋（無）嫁娶過令者”，武威漢簡《儀禮》甲本《服傳》013“父必三年然后（後）娶”等。

這樣的編排設計一方面是由本書的體例所決定的，另一方面也是由於部分詞形用字的數量過於龐大而做出的選擇。例如，“又”字常記録｛有｝，而秦漢簡帛中的“有”字達 6 000 多例。如此巨大的數量明顯不適合與其他用字形式並列收録，但是在研究用字時，詞形用字的使用情況往往又是必不可少的材料。爲了彌補這方面的不足，本表提供詞形用字的所有出處，以便讀者與本書所收録的用字形式進行比較研究。

表 5　附録一示例

鼻（22）：

睡 12	答問 083/封診 053/封診 066/封診 070/封診 071/封診 072/封診 088/日甲 070B/日甲 072B/日甲 080B/日甲 158B
里 1	館 9-2346Z
周 1	病方 346
放 7	日乙 209/日乙 210/日乙 218/日乙 227/日乙 228/日乙 232/日乙 238
北 1	問數 04-147

附録二爲“用字本用例出處總表”。所謂的“本用例”是指本書所收的某

個用字形式,除了書中所收録的記詞功能以外,其他無須改讀的用例。本書所收的例子均可以看作是"他用"。例如,"河"字,除了本書所收録的記録{苛}{何}{酒}{荷}{呵}等記詞功能之外,秦漢簡帛中尚有 700 多例無須改讀的、表示其本義或地名等的用例。這 700 多例即"本用例",本表提供這些用例的所有出處,以便讀者查檢。

此表的價值主要體現在以下幾個方面。

第一,在考察一個字的記詞功能時,常需要比較各種功能的數量比例。不同字的本用和他用比例差别很大,反映了其記詞功能的差别。

例如,"去"字在秦漢簡帛中有多種記詞功能。在馬王堆帛書《陰陽五行》甲篇中記録二十八宿的星名{虚},銀雀山漢簡《曹氏陰陽》中記録張口義的{呿},張家山漢簡《引書》中記録啓闔義的{闔}①,西北屯戍漢簡中記録筊簏義的{笮}。此外,更多的則是其本用功能,表示來去、除去等義,占其所有用例的 97％,可見其主要的記詞功能還是本用。也有一些字在秦漢簡帛中反映出的主要記詞功能並非本用。例如,"諒"字,《説文解字·言部》解釋其本義爲"信也",但是秦漢簡帛中大多記録笞掠義的{掠},未見本用的功能。由於本書只收録其記録其他詞的情況,其餘本用例未予收録,導致無法進行這方面的比較研究,故而以此表作爲補充。

第二,從詞的用字形式視角來看,也具有同樣的補充作用。

例如,措置義的{措},簡本《儀禮》作"措",今本作"錯",我們以"措"爲措置義的詞形用字,所以簡本《儀禮》的這種用例在本書中就不會作爲用字組出現。此附録中列舉詞形用字"措"的出處即可供讀者對比。

第三,有些詞形用字本身即是某一時期的習慣用字。我們在此附上用字本用例,有助於更全面地把握秦漢簡帛的用字面貌。

例如,爭鬥、戰鬥義的{鬥},本書中僅收録詞形用字之外的"斲""斗"。但"鬥"自秦至東漢的簡帛碑刻材料中皆有使用。秦簡牘中多用"斲",共 44 例,但睡虎地秦簡中亦見用"鬥",共 17 例。西漢早期用"斲"仍多見,共 29 例,但已習慣用"鬥",共 49 例。西漢中晚期,用"鬥"占了絶對的優勢,共 42

---

① 陳斯鵬:《張家山漢簡〈引書〉補釋》,《江漢考古》2004 年第 1 期。

例;用"斝"僅 2 例;另有 1 例用"斗"。東漢簡牘及碑刻中則僅見用"鬭",共 17 例。通過比較〈鬭〉的各種用字形式在不同時期的使用情況可以發現,秦漢簡帛及碑刻文獻時期,記〈鬭〉的用字習慣是從用"斝"向用"鬭"動態演變的過程。我們以"鬭"爲詞形用字,所以"鬭"的用例在本書中就不作爲用字組出現,但亦是研究〈鬭〉的用字演變的重要部分。

需要説明的是,秦漢簡帛中有不少字的意義在學術界仍然存在爭議,在難以決斷的情況下,我們未作爲用字收錄。另外,由於斷簡、殘篇等原因,語境缺失也導致部分字的意義難以確定,即使按照當時的習慣,基本應該是記錄某個詞的,出於謹慎,我們暫不作爲用字收錄。此附錄即可補充這些字的具體出處,以供查驗。雖然我們已經努力採取各種手段儘量窮盡地標注收錄字的記詞形式,但是限於學識,遺漏在所難免。此附錄所提供的完整本用例出處,也便於讀者展開進一步的審核。

表 6　附録二示例

刃(6):

| 睡 5 | 答問 090/答問 124/封診 056/封診 058/封診 067 |
| 里 1 | 貳 9-1351Z |

從功能上講,這兩個附録所收用例及出處與正文相互補充,具有同樣重要的用字研究價值。但是由於篇幅過大,不宜以紙質方式呈現,故作爲附録,以電子書的形式供讀者下載使用。

3. 用字頻率斷代對照總表

此表提供本書所收所有用字形式的總頻率以及四個斷代各自的頻率,以便直觀展現各種用字形式在不同斷代的變化。本表附在《東漢簡牘卷(附東漢石刻)》之後。

表 7　"用字頻率斷代對照總表"示例

詞	字	總計	1	2	3	4
非	飛	1			1	
飛	裴	7		7		

詞	字	總計	1	2	3	4
飛	蜚	42	1	20	21	
飛	蕭	3		2	1	
飛	非	11	2	5	3	1
飛	肥	1		1		
飛	斐	1			1	

二、 詞形用字的確定原則

（一） 討論詞形用字選擇的必要性

之所以需要討論詞形用字的選擇，主要有兩個方面的原因。

首先，用字統計的需要。用字統計要求對詞形進行歸一性處理，需要選擇一個合適的用字作爲詞形用字，用來固定指稱某一個詞，否則在用字研究中無法進行以詞爲單位的統計。關於這一點，將在下文"詞形用字的唯一性"中做詳細的討論。

其次，用字組判斷的需要。詞形用字的選擇不僅是一個詞的代表字形問題，有時詞形用字的不同選擇還直接關係到用字組的認定，從而影響用字組的數量和具體辭例。

例如，格鬥的⟨格⟩，後世通行用"格"字，秦漢簡帛中都用"挌"字。據《説文解字·手部》，"挌，擊也"，"挌"是本字。如果以《説文解字》本字作爲詞形用字，那秦漢簡帛中的這個"挌"就不用作爲用字例對待。但在實際處理過程中，我們將後世通行字"格"作爲詞形用字，故"挌（格）"作爲一組用字組收錄在本書中。

再如，表示單層衣物的⟨單⟩，《説文解字·衣部》本字作"襌"："衣不重。"段玉裁《説文解字注》："此與'重衣曰複'爲對。"徐鍇《説文解字繫傳》："今俗皆借單字。"秦漢簡帛中"襌""單"並見，"單"字被後世所繼承，"襌"字不再通行。就居延新簡的用例來説,居延新簡中"禪"11例,"單"45例。如果以本字"禪"爲詞形用字,用"單"字記録的45例應該作爲用字例收録。而如果以後世通行字"單"作爲詞形用字,收進本書的用字例就是寫作"禪"的11例。兩種處理方式的差别很大。根據下文我們所定的原則,我們採用後世通行的"單"作爲詞形用字。

　　值得注意的是,有些字所表示的意義一些學者往往認爲是本有其義,無需改讀,從而不作爲用字現象。然而如果我們換一個視角,以詞爲基點,從記詞用字的角度來看,同一個詞後世使用了不同的字來記録,而我們使用另一個後世通行的字作爲詞形用字,則還是可以看作用字現象。

　　例如,"卒"字表示倉促、突然等義,《漢語大字典》不標注通假作"猝",引《玉篇・衣部》:"卒,急也。"《廣韻・没韻》:"卒,遽也。"倉促之"猝",《説文解字・犬部》:"犬從艸暴出逐人也。"段玉裁《説文解字注》:"叚借爲凡猝乍之稱。""猝乍"之義應該是犬暴出義的泛化引申。以"卒"記{猝},治《説文解字》諸家以爲借字。段玉裁《説文解字注》"猝"字條:"古多叚卒字爲之。"朱駿聲《説文通訓定聲》也有"卒"假借爲"猝"之例。諸通假字典亦多收"卒""猝"相通之例。①因此,我們也作爲用字組對待。

　　秦漢簡帛中以"卒"記{猝}有近30例。"猝"字僅阜陽漢簡《倉頡篇》C011"猝遇弗虞"1例,此例圖版不是很清晰。"猝"字記録倉促義的用法普及時間可能很遲。《漢語大字典》"猝"下所收例證最早爲《資治通鑑》。《玉篇・犬部》:"猝,犬從草中暴出也。言倉猝暴疾也,突也。今作卒。"可見,其時仍流行用"卒"。《漢書》顔師古注有31例"卒讀曰猝"的記録。如《漢書・匈奴傳》"卒有它變",顔師古注:"卒讀皆曰猝。"②按照訓詁通例,訓釋字"猝"應該已經是當時的通行用字形式。《廣韻・没韻》:"猝,倉猝,暴疾也。"以"倉猝"釋"猝",可見"猝"字已常用。

---

① 高亨纂著,董治安整理:《古字通假會典》,第572頁。王海根:《古代漢語通假字大字典》,第120頁。馮其庸、鄧安生:《通假字彙釋》,第22頁。白于藍編著:《簡帛古書通假字大系》,第857頁。

② 班固:《漢書》,中華書局,1962年,第11册,第3805頁。

再如,“趣”記録催促、急促的{促}。《説文解字・走部》:“趣,疾也。”《説文解字・人部》:“促,迫也。”《漢語大字典(第二版)》“趣”字條將督促、催促以及副詞趕快等意義置於第二個讀音 cù 下,此音來自《集韻・燭韻》的“趨玉切”,《集韻》釋“速也”。《漢語大字典》的這些意義均未標注與“促”具有通假關係。《漢語大字典》的副詞“速,趕快”義項下所引《漢書・曹參傳》:“蕭何薨,參聞之,告舍人趣治行,‘吾且入相’。”顏師古注:“趣,讀曰促,謂速也。”我們在《漢書》顏師古注中檢索到 40 例“趣讀曰促”。通假字典中多將它看作通假。①《現代漢語詞典》:“〈古〉又同‘促’。”②

秦漢簡帛中的“趣”用作“促”的例子不少。例如,銀雀山漢簡《孫臏兵法》365:“今治卒則後重而前輕,陳(陣)之則辨(辦),趣之適(敵)則不聽人,治卒不法矢也。”這裏的“趣”諸家讀“促”。③又如金關簡 T23:658“趣”即有督促義。秦漢簡帛中的“趣”字有上百例,“促”字則只有十例左右,數量差異巨大。結合《漢書》顏師古注中的 40 例注,可以肯定秦漢時期多使用“趣”,而隋唐時期可能已習用“促”。

另外,詞義引申而造成的分化字,分化前的母字一般都有分化字所記録的詞義。這種情況更容易被看作本有其義無須改讀,從而不作爲用字現象看待。

例如,“道”記録引導的{導}。“道”,《説文解字・辵部》:“所行道也。从辵从𩠐。一達謂之道。䢑,古文道,从𩠐寸。”桂馥《説文解字義證》認爲“䢑”即“導”。“道”字在文獻中常表示疏導、引導之{導},當是其引申義,這一意義的後世習用字爲“導”。《説文解字・寸部》:“導,導引也。”段玉裁《説文解

① 高亨纂著,董治安整理:《古字通假會典》,第 352—353 頁。鄭權中、涂中濤、王兆祥、崔志遠:《通借字萃編》,天津古籍出版社,2008 年,第 691 頁。馮其庸、鄧安生:《通假字彙釋》,第 850 頁。王海根:《古代漢語通假字大字典》,第 835 頁。白于藍編著:《簡帛古書通假字大系》,第244 頁。

② 中國社會科學院語言研究所詞典編輯室編:《現代漢語詞典》(第 7 版),商務印書館,2016 年,第 1081 頁。

③ 詳參張妍《〈銀雀山漢墓竹簡[壹]・孫臏兵法〉集釋》,碩士學位論文,吉林大學,2012 年,第 205—206 頁。

字注》則認爲"經傳多假道爲導,義本通也"。《漢語大字典》(第二版)未將此類意義的"道"作爲通假字處理,也未標注後作"導"。《漢書》顏師古注"道讀曰導"有 53 例。《古字通假會典》收有 89 條"道""導"通用的記録。①洪成玉先生認爲:"道、導本爲一字,'導'是後起字。"②因此,我們也作爲用字對待。如敦煌漢簡 0847:"有以開道(導)之。"

(二) 詞形用字的選擇標準

從理論上看,記録某個詞的所有用字形式都可以有作爲詞形用字的資格,特別是一些本字,理所當然可以作爲詞形用字。例如,杜絕的{杜},《說文解字·支部》本字作"斁":"閉也。"作爲本字,"斁"顯然可以作爲{杜}的詞形用字,但是這個字後世並不常用。後世通行的是本指甘棠的"杜",用來記録杜絕的{杜}顯然是借用。段玉裁《説文解字注》:"杜門字當作此,杜行而斁廢矣。"李富孫《説文辨字正俗》:"今斁塞字多叚杜爲之矣。"因此,本字"斁"和後世通行借字"杜"都可以作爲詞形用字。再如,燃燒的{燃},《説文解字·火部》本字作"然","燃"是"然"主要借用作虛詞之後産生的後起本字。"然"和"燃"都可以作爲燃燒的{燃}的詞形用字。

詞形用字的選擇有的時候很明確,例如,武威漢簡《儀禮》用"州"記録酬賓的{酬},傳世本作"酬",自然以{酬}爲詞形用字。但是有的時候則很難選擇,例如,表示大義的"洪"與"鴻""宏""弘",所記録的應該是一個詞,由於這些用字形式都比較常用,以哪個字作爲詞形用字就不太好確定。

聯綿詞、疊音詞的詞形本來只是記音,因此用字形式更加複雜。有的時候較爲容易決定詞形用字。例如敦煌漢簡 0128 的"駱驛",後世習慣作"絡繹";居延漢簡 231.92 的"丁寧",後世習慣作"叮嚀"等。但是,也有的時候很難決定詞形用字。例如,帛書《陰陽十一脈灸經》甲本 016/050—017/051:"是勤(動)則病:耳聾煇煇脖脖,嗌穜(腫),是耳眿(脈)主治。"整理小組注:

---

① 高亨纂著,董治安整理:《古字通假會典》,第 776 頁。

② 洪成玉:《古今字》,語文出版社,1995 年,第 29 頁。

“《靈樞·經脈》作‘渾渾焞焞’,《太素》卷八作‘渾渾淳淳’。《太素》楊上善注:‘耳聾聲也。’形容聽覺混沌不清。”①“煇煇膞膞”,《陰陽十一脈灸經》乙本008作“煇煇諄諄”,張家山漢簡《脈書》29作“耳煇煇焞焞”。它們所記録的顯然是同一個詞,但是幾種文獻中的用字並不相同。“淳”“膞”“焞”“諄”都只是記音的借字,很難決定哪個應該作爲詞形用字。根據整理小組的釋義,這個詞很可能就是典籍中的“渾渾沌沌”。“沌”與從“享”諸字古音均爲文韻字,聲亦相近,可以通用。毛詩《大雅·抑》“誨爾諄諄”,齊詩“諄”作“忳”。文獻中“混混沌沌”一詞的意義與上述簡帛中聽覺混沌類似。《吕氏春秋·大樂》“陰陽變化,一上一下;合則成章,渾渾沌沌”,指天地開闢前元氣未分、模糊一團的狀態。《孫子兵法·勢》“紛紛紜紜,鬥亂而不可亂也;渾渾沌沌,形圓而不可敗也”,指陣形的渾沌一體,不可分割。《莊子·在宥》“渾渾沌沌,終身不離”,郭象注“渾沌無知而任其自復,乃能終身不離其本”,則指糊塗無知。

　　因此,在一個詞的衆多用字形式中,究竟選擇哪個字作爲詞形用字來代表這個詞才是最合適的,是這裏需要討論的問題。

　　從現代研究的視角來看,在一個詞的衆多用字形式中,可供選擇的用字形式有以下幾個方面:首先,秦漢簡帛實際用字體系中的不同用字形式;其次,主要以《説文解字》爲標準的本字字形體系;最後,後世通行用字體系。②例如,病愈的{愈},後世習用“愈”,《説文解字·疒部》則作“瘉”,釋“病瘳也”,秦漢簡帛中則有“偷”“褕”“愈”“諭”“俞”等多種用字形式。③這三種體系都具有比較明顯的客觀性,由於後兩個體系的用字形式不一定實際出現在目前所見的秦漢簡帛文獻中,故可以看作是用字形式選擇的參照體系。

　　裘錫圭先生在討論通用字講到解釋古書字義時,爲了使讀者容易理解,

---

① 　馬王堆漢墓帛書整理小組編:《馬王堆漢墓帛書〔肆〕》,文物出版社,1985年,第11頁。

② 　需要説明的是,後世通行用字體系不包括當代的簡化字。

③ 　劉艷娟、王斯泓、張再興:《秦漢簡帛文獻中病愈義字詞計量考察》,《中國文字研究》第二十九輯,上海書店出版社,2019年。

一般都以習用字充當訓釋字，“至於它是不是正字，那是無關緊要的”①。如顏師古注《漢書》，就常用當時的習用字改讀《漢書》中的字。如喜悦的｛悦｝，《漢書》作“説”，顏師古都注“説讀曰悦”。“説”是漢代的習用字，“悦”應該已經是顏師古時代的習用字。因此，在選擇詞形用字時，訓詁的兩條基本原則也可以參考：以今語釋古語，以通語釋方言。“方言”我們可以變通理解作某個人的、某種文獻的、臨時性的、不帶普遍性的用字形式。

1. 詞形用字選擇的第一標準：後世通行字

　　這個後世通行字是通假字中的本字還是借字，抑或是分化字中的分化字還是母字，我們不作考慮。②

　　（1）敚—奪、挩—脱

　　奪取義和解脱義。前者《説文解字·攴部》本字作“敚”：“彊取也。”段玉裁《説文解字注》：“此是爭敚正字，後人假奪爲敚，奪行而敚廢矣。”可見《説文解字·奞部》釋“手持佳失之也”的“奪”是一個後來通行的借字。後者《説文解字·手部》本字作“挩”：“解挩也。”段玉裁《説文解字注》：“今人多用脱，古則用挩，是則古今字之異也。今脱行而挩廢矣。”可見《説文解字·肉部》釋“消肉臞也”的“脱”也是一個後來通行的借字。我們分別以後世通行字“奪”和“脱”作爲詞形用字。

　　（2）繆—謬

　　謬誤義。《説文解字·言部》本字作“謬”：“狂者之妄言也。”秦漢簡帛及傳世典籍中或借“繆”。《説文解字·糸部》：“繆，枲之十絜也。一曰綢繆。”一直到現代漢語“紕繆”，還可以寫作“繆”，但“謬”依然是後世通用字。因此，我們用本字“謬”作爲詞形用字。

　　（3）但—袒

　　袒露義。《説文解字·人部》：“但，裼也。”《説文解字·衣部》：“裼，袒也。”段玉裁《説文解字注》：“今之經典凡但裼字，皆改爲袒裼矣。”“袒”，《説

---

① 　裘錫圭：《文字學概要》（修訂本），第 254 頁。

② 　治《説文解字》學者時常認爲後起字形是錯的。例如“痛”，徐鉉注：“今別作愈，非是。”

文解字·衣部》："衣縫解也。"徐鍇《説文解字繫傳》："今俗作綻字。"其本義
爲綻裂,借用作袒露義。如銀雀山漢簡《晏子》0596:"休(述—遂)但(袒)
免。"敦煌漢簡497:"解印綬肉但(袒)自護。"西漢中晚期屯戍漢簡中,"但"
字已大量用作副詞,這可能是袒露義借用"袒"的契機。武威漢簡《儀禮》的
不同篇章已出現不同寫法,甲本《泰射》14例仍作"但",甲本《燕禮》2例已作
"袒",今本均作"袒"。熹平石經《聘禮》也與今本同,有可能其時"袒"字已經
通用。大徐本《説文解字》"贏(裸)""裎""裼"三字均以"袒"字爲釋義用語,
段玉裁《説文解字注》則改作本字"但",而國家圖書館藏宋刻元修本《宋本説
文解字》前二字的釋義用語爲"袒",後一字的釋義用語爲"但",呈現出不一
樣的用字面貌。①我們以後世通行字"袒"爲詞形用字。

(4)徧—遍

周遍義。《説文解字·彳部》訓"帀也"的"徧"是其正字。②《廣韻·線
韻》以"遍"爲"徧"之俗字,這個俗字成爲了後世的通行字。我們以後世通行
的"遍"字作爲詞形用字。

(5)禽—擒

擒拿義。本作"禽",甲骨文寫作Ψ(甲骨文合集10514)、Ψ(甲骨文合集
79)③,象一種捕獵用的器具。金文增從"今"聲。"禽"字《説文解字·内部》釋爲
"走獸總名",當是後起的意義。西周金文不其簋、多友鼎指俘獲、俘虜等義。馬
敘倫《説文解字六書疏證》認爲"禽"就是"擒"的初文;洪成玉説"禽"是"擒"的古
字。④秦漢簡帛文字中,"擒"都用"禽"記録,如居延漢簡10.9的"禽寇燧",根
據燧名命名理據當即"擒寇"。這種用字形式一直延續到東漢時期的五一廣
場漢簡。我們使用後世通行的"擒"作爲擒拿的〈擒〉的詞形用字。

(6)頃—傾

傾斜義。本作"頃"。《説文解字·匕部》:"頃,頭不正也。"由頭不正引

---

① 許慎:《宋本説文解字》,國家圖書館出版社,2017年,第138頁。

② 《干禄字書》以"遍"爲通,以"徧"爲正。

③ 劉釗、洪颺、張新俊:《新甲骨文編》,福建人民出版社,2009年,第769頁。

④ 洪成玉:《古今字》,第38頁。

申表示傾斜之{傾}。文獻中"頃"可以表示傾斜。《詩經·周南·卷耳》："采采卷耳,不盈頃筐。"居延漢簡 214.82："地蓬(烽)干(杆)頃(傾)。"傾斜之義後世多用"傾"字,"頃"多用作面積單位,或表示往時,不再表示傾斜義。段玉裁《說文解字注》："頃,引申爲凡傾仄不正之稱,今則傾行而頃廢。"《說文解字·人部》："傾,仄也。从人,从頃,頃亦聲。"據此,其本義即傾斜。朱駿聲《說文通訓定聲》則認爲"頃","實即傾之古文"。從秦漢文字資料來看,"頃"字的使用比較早,如張家山漢簡《蓋廬》"頃(傾)其社稷"。而"傾"字始見於東漢時期,數量也很少,如《長沙尚德街東漢簡牘》214"消息傾側"。《漢語大字典》"頃"字"傾斜;偏側"義下標注"後作'傾'"。我們以"傾"字作爲傾斜之{傾}的詞形用字。

(7) 漪—俉—妵—奇—僑

日月旁氣義,多作"倍僑"。"僑"字古書用字多樣。秦漢簡帛也有多種用字形式。帛書《刑德》甲篇《日月風雨雲氣占》004、《刑德》乙篇《日月風雨雲氣占》063 作"漪",銀雀山漢簡《占書》2092 作"俉"、2094 作"妵",北大漢簡《雨書》002 作"奇"。以上例子整理者均未括注讀法,然所記當爲一詞。《集韻·術韻》："僑,日傍氣也。呂不韋説。通作奇。"《集韻》所載"僑"應該是當時比較通行的字,我們以此爲詞形用字。

有不少的詞後世已經被別的詞所替代,不見使用,這種情況下,自然也沒有後世的通行字可以作爲詞形用字。因此,我們依次採取兩種詞形用字的選擇標準:首先是《說文解字》本字標準,其次是秦漢簡帛中的習用字標準。

2. 詞形用字選擇的第二標準:《說文解字》本字

此標準以《說文解字》所收本字作爲詞形用字。

(1) 兩—緉

車輛義的{輛},秦漢簡帛中寫作"兩",後世通用"輛"字,"輛"字不見於《說文解字》。我們使用"輛"作爲詞形用字符合後世通行字的標準。而成雙的鞋襪的量詞也作"兩",後世已經不用這個詞了。《說文解字·糸部》:"緉,履兩枚也。""緉"是"兩"的本字,因此,表示成雙鞋襪的詞我們用"緉"作爲詞形用字。

（2）諛—敻

北大漢簡《倉頡篇》021："坐譽（遷）諛（敻）求。""諛"字《説文解字·言部》釋"流言也"。《廣雅·釋詁三》："諛，求也。"王念孫《廣雅疏證》："敻與諛同。"《説文解字·旻部》："敻，營求也。"據此，我們以"敻"爲此詞形用字。

後世不再通行的詞的多種用字形式，也存在都可以作爲詞形用字的情況，大多是音近義通的一類字，則需要根據情況加以選擇。

例如，西北屯戍漢簡中常見的"斥呼"，表示物體破裂。這個詞後世不再通行。"呼"字《説文解字·口部》釋"外息"，破裂義當是借用。《集韻·禡韻》將"呼"作爲開裂義的"罅"字的或體，應該只是借用後的混同。《説文解字·缶部》："罅，裂也。从缶虖聲。缶燒善裂也。"段玉裁《説文解字注》："引伸爲凡裂之稱。"《説文解字》還有一個字也與此義相關。《説文解字·土部》："墲，坼也。"段玉裁《説文解字注》："與缶部之罅音義皆同。"王筠《説文解字句讀》："與罅同。或彼主言器之破，此則地之坼裂、牆之隙壞乎？""呼""墲""罅"三字古音相同，均爲曉母魚韻。"呼"爲借字，"墲""罅"均可能是破裂義的本字，從而可以作爲此義的詞形用字。《現代漢語詞典》收"罅"，未收"墲"。[①]我們以"罅"爲詞形用字。實際上，"墲""罅"很有可能是一個字的異體，所從構件"土"和"缶"一表材質，一表功用，可以相通，《説文解字》乃强行分别。

3. 詞形用字選擇的第三標準：秦漢簡帛中的習用字

即通過秦漢簡帛中實際出現的頻率確定習用字，以此作爲詞形用字。適用於無法確定後世通行字及《説文解字》本字的情況。

例如，敦煌漢簡中的地名"大煎都"，"煎"或作"前""泉"。根據我們目前的統計，作"煎"55 例，作"前"2 例，作"泉"3 例。因此，我們用"煎"作爲詞形用字。

---

① 中國社會科學院語言研究所詞典編輯室編：《現代漢語詞典》（第 7 版），第 1416 頁。

（三）詞形用字的唯一性

所謂詞形用字的唯一性，就是一個詞只用一個字形作爲詞形用字。本書的目標之一是提供詞的各種用字形式的詳盡使用頻率，注重以詞爲單位的用字關聯。作爲關聯核心的詞形用字如果不認同爲一個字形單位，用字統計數據將會出現偏差。因此，詞形用字的唯一性是保證用字統計數據準確的必要前提。但是在實際的秦漢簡帛整理情形中，違反唯一性的情況並不少見。我們需要根據不同的情況進行唯一性的加工。

1. 因用字混同造成後世通行字一詞多字

有些詞的多種用字形式在後世典籍的通行程度差異不大，我們考察其用字的發展變化過程時需做出相應的選擇。例如，虛詞﹛唯﹜，典籍中除了"唯"之外，還常用"維""惟"等用字形式。[1]從出土文獻來看，"唯"的使用時間最長，秦漢簡帛中的使用頻率最高。我們統一以"唯"作爲詞形用字。[2]

超越、凌駕、欺侮等義，文獻中"陵""淩""凌"並用，都是"夌"的借字。《玉篇·夂部》："夌，越也，遲也。今作陵。"段玉裁《説文解字注》"夌"字條："今字概作陵矣。"可見典籍中曾經通用"陵"字。《現代漢語詞典》將"淩"字標記爲"凌[1]"字的異體字，所涉及義項有①侵犯；欺侮。②逼近。③升高；在空中。"凌[2]"下的義項只有"冰（多指塊狀或錐狀的）"，並標記爲方言。[3]而"陵"字下的"欺侮；侵犯"義，標注爲書面語。[4]按照《現代漢語詞典》的這種處理方式，超越、欺侮等類義項的詞形用字需要用"凌"，因此我們統一將"凌"作爲詞形用字。

---

① 段玉裁《説文解字注》"惟"字條："經傳多用爲發語之詞。《毛詩》皆作維，《論語》皆作唯，古文《尚書》皆作惟，今文《尚書》皆作維。"

② 張再興、劉艷娟：《出土先秦兩漢文獻中虛詞﹛唯﹜用字考察》，《漢語史學報》第二十五輯，上海教育出版社，2021年。

③ 中國社會科學院語言研究所詞典編輯室編：《現代漢語詞典》（第7版），第829頁。

④ 同上書，第830頁。

2. 釋文整理、注釋中所標注的歧異讀法

秦漢簡帛文獻數量衆多。由於各整理者的原則、體例、認識、目標等不同，不同的秦漢簡帛整理者所使用的讀法標注的用字時常存在差異。排除學術方面意義解釋的分歧，仍有一些不符合唯一性要求的地方。從文義釋讀的角度來看，這些不一致並不會造成理解上的差異，甚至有時可以說無足輕重，但是對於以定量統計爲目標的用字數據來說，卻會造成巨大的差異，需要進行歸一處理。

（1）穈—䆘—麋

西北屯戍漢簡中的一種糧食，各家或釋“穈”，或釋“䆘”，其實是同一種東西，簡文中常與“粟”等其他糧食並列。從簡文中的實際書寫形體來看，下所從既有作“米”“禾”形者，也有作“未”形者，甚至有寫作“木”形者。這些應該都是構件書寫上的差異，當是一個字的異體，而不應該看作是“穈”通假作“䆘”。這些形體當即《説文解字·黍部》中的“䅓”字，《説文解字》中“䅓”與“穄”互訓，“䅓”字的本義即指一種糧食作物。《吕氏春秋·本味》“陽山之穄”，高誘注：“穄，關西謂之䅓。”玄應《一切經音義》卷十五引《説文解字·禾部》：“穄，䆘也。似黍而不黏者，關西謂之䆘。”其引文中的“䆘”即“䅓”。

秦漢簡帛中未見寫作“䅓”者。“穈”“䆘”當是“䅓”之省寫形體。這種省寫在漢代常見。“香”字小篆從“黍”，漢印、漢碑中即可省從“禾”。類似的“麋”字在漢簡、漢碑中也省寫作“摩”。《現代漢語詞典》以“䆘”爲正體，“穈”“麋”爲異體。[1]由於“穈”的常用義爲穈爛、肉穈、粥等意，爲了更好地區別意義，我們統一將“穈”作爲表示糧食義的詞形用字，以便與“麋”作區別。

（2）楊—暘—煬

馬王堆帛書《養生方·☐巾》082/082：“巳（已）漬，楊之，乾，復漬。”此處“楊”字《長沙馬王堆漢墓簡帛集成》括注“暘”。此字在《養生方·除中益氣》128/127—130/129 又見 5 例，均括注作“煬”。這些用例的語境應當相同，如 129/128：“有（又）復漬楊如前，盡汁而巳（已）。”“暘”“煬”本義不同，但都

---

① 中國社會科學院語言研究所詞典編輯室編：《現代漢語詞典》（第 7 版），第 898 頁。

有使乾燥義。《説文解字·火部》:"煬,炙燥也。"本義爲烘烤使乾燥,引申有曝曬義。《方言》卷十三:"煬,暴也。"《廣雅·釋詁二》:"煬,曝也。"《説文解字·日部》:"暘,日出也。"引申有曬乾義。《玉篇·日部》:"暘,日乾物也。"因此,我們將此詞形用字統一作"煬"。

(3) 柎—樸—朴

馬王堆帛書《五十二病方》和《養生方》中的藥名厚柎之"柎",或讀作"樸",或讀作"朴"。我們統一作"朴",以區別於馬王堆簡帛《老子》甲本、《老子》乙本、《相馬經》、定州漢簡《文子》中,表示未加工成器的木料、樸素等義的{樸}。

(4) 柫—拂—弼

銀雀山漢簡《論政論兵之類·十官》1261:"名曰輔柫臣。"整理者括讀"拂",所引書證爲《荀子·臣道》:"……功伐足以成國之大利,謂之拂。故諫爭輔拂之人,社稷之臣。"[1]北大漢簡《儒家説叢》002:"……衆,而矯柫(拂)我者寡也。"整理者括讀"拂",注謂:"'矯柫',即'矯拂'。"所引書證有二:一爲《荀子·臣道》句,一爲《後漢書·吕强傳》:"競相放效,莫肯矯拂。"李賢注:"矯,正也。拂,戾也。"[2]銀雀山漢簡、北大漢簡中的此2例讀作"拂"的"柫"其實都是輔弼之{弼}。《荀子》楊倞注:"拂讀爲弼。"《廣雅·釋詁四》:"拂,輔也。"王念孫《廣雅疏證》:"拂讀爲弼。"《漢語大詞典》"輔弼"亦作"輔拂"。《古字通假會典》收有多條"拂"讀作"弼"的例證。[3]馬王堆帛書《衷》038下:"【武人】又(有)柫(弼),文人有輔,柫(弼)不橈,輔不絶,何不吉之又(有)?"《長沙馬王堆漢墓簡帛集成》即直接括讀作"弼"。"弼"爲後世通行字,我們以此爲詞形用字。

　　或爲了表述明確,或是由於取捨的不易,各簡帛釋文及注釋中有時會並舉數種讀法。這種做法對於理解文義頗多益處,但不符合本書的要求。此外,同一個詞的不同用字形式有時會很多,往往也是標舉不完的。因此,我

---

① 銀雀山漢墓竹簡整理小組編:《銀雀山漢墓竹簡[貳]》,文物出版社,2010年,第167頁。

② 北京大學出土文獻研究所:《北京大學藏西漢竹書[叁](下)》,上海古籍出版社,2015年,第211頁。

③ 高亨纂著,董治安整理:《古字通假會典》,第602頁。

們儘量根據實際情況選擇一個詞形用字。

（1）趍—恑—詭

“趍”，銀雀山漢簡《爲國之過》1070：“亓（丌—其）所欲與亓（丌—其）端計相趍也。”整理者認爲“趍”爲“跪”字異體，讀作“詭”。①馬王堆帛書《要》篇014上：“不趍亓（丌—其）辤（辭）。”《長沙馬王堆漢墓簡帛集成》引張政烺注：“讀爲‘恑’或‘詭’。”因此，釋文中括注作“詭/恑”。②“詭”“恑”均有詭變之義。但是這種多重標注不符合詞形用字的唯一性原則。《説文解字·心部》：“恑，變也。”“恑”當是詭變義的本字。本義爲“責”的“詭”則是借字。朱駿聲《説文通訓定聲》釋“恑”爲“譎詐怪異之意”，並稱“史書皆以詭爲之”。可見，“詭”是後世的通行字，故我們統一以“詭”爲詞形用字。

（2）仿—坊—防

馬王堆帛書《昭力》010下：“教之以義，仿（防）之以荆（刑）”，“仿”字《長沙馬王堆漢墓簡帛集成》括注“防/坊”，注：“‘仿’讀爲‘防’若‘坊’，即《禮記·坊記》多見的‘以此坊民’之‘坊’。”③雖然在堤防、防禦義上，《廣韻》將“坊”“防”看作異體，不過兩者並非全同異體字。“坊”字《廣韻》仍有獨立的坊巷義。《説文解字·𨸏部》：“防，隄也。埅，防或从土。”《説文解字·土部》新附：“坊，邑里之名。古通用埅。”鄭珍《説文新附考》：“按：《説文》防或从土作埅，本訓隄也。”“漢人去‘𨸏’移‘土’成‘坊’字，後人乃以爲邑里專名。”在堤防、防禦義上，後世的習慣用字形式是“防”，因此，我們將這裏“仿”的讀法標記作“防”。

即使是同一個詞形用字，書寫形式上採用了不同的異體，也屬於違背唯一性的情況，會影響統計的結果。例如，《古字通假會典》“瞏”“睘”分别見。《説文解字·目部》：“瞏，目驚視也。”《正字通·目部》：“睘，同瞏，俗省。”兩者分别統計與經過歸一性處理後的統計結果就不一樣。秦漢簡帛中有不少這樣的例子。如莅臨的{莅}，秦漢簡帛中使用“立”“位”“泣”等字記録，各家釋文所括注的讀法有“蒞”“莅”“涖”等，這些都屬於一字異體，《現代漢語詞典》以“莅”

---

① 銀雀山漢墓竹簡整理小組編：《銀雀山漢墓竹簡［貳］》，第144頁。

② 裘錫圭主編，湖南省博物館、復旦大學出土文獻與古文字研究中心編纂：《長沙馬王堆漢墓簡帛集成》（叁），第116—117頁。

③ 同上書，第151頁。

爲正體,"蒞""涖"爲異體。①我們統一用"莅"作爲詞形用字的字形。

3. 古書類簡帛與傳世典籍的用字差異

古書類簡帛時常有傳世典籍異文可以對照。一般釋文往往直接括注典籍異文。對於我們進行用字統計來講,這種括注的異文並不一定適合作爲詞形用字。我們根據用字差異的不同情況分別舉例説明。

一是簡帛文獻用字和傳世文獻存在差異。很多時候典籍用字是借字,而簡帛中依然保留了本字。例如:

(1)没—殁

定州漢簡《論語·子罕》0214"文王既殁",今本作"没",整理者注:"殁借爲没。"②"殁"爲亡殁義之本字。《説文解字·歺部》:"歾,終也。殁,歾或从殳。""殁",文獻習作"殁"。段玉裁《説文解字注》:"殁死字当作此。"用"没"爲借字。《説文解字·水部》:"没,沈也。"朱駿聲《説文通訓定聲》:"叚借爲殁。"《現代漢語詞典》"没"字下最後一個義項爲書面語同"殁"③。表示亡殁義的"没""殁"兩字,我們以"殁"爲詞形用字。只將表示亡殁義的"没"標記爲"殁"的形式,而不將定州漢簡《論語》的"殁"如整理者讀作"没"。不然的話,這個詞就出現了兩種詞形用字,影響數據統計的準確性。

(2)匪—非

"匪"用作"非"④,在傳世的《周易》《詩經》等文獻中比較常見,秦漢簡帛中則很少見。目前所見只有額濟納簡 99ES16ST1:14A"普天莫匪(非)新土"和"【莫】匪(非)新臣"2 例。傳世本《周易》中寫作"匪"的字,在秦漢簡帛中都寫作"非",如阜陽漢簡、馬王堆帛書等。各種整理本中往往將"非"標注讀作典籍中對應的"匪"。"非"是後世通行字,我們作爲詞形用字,而簡帛中

---

① 中國社會科學院語言研究所詞典編輯室編:《現代漢語詞典》(第 7 版),第 806 頁。
② 河北省文物研究所定州漢墓竹簡整理小組編:《定州漢墓竹簡·論語》,文物出版社,1997年,第 45 頁。
③ 中國社會科學院語言研究所詞典編輯室編:《現代漢語詞典》(第 7 版),第 921 頁。
④ "匪"字段玉裁《説文解字注》"匪"字條:"有借爲非者,如《詩》'我心匪鑒,我心匪石'是也。"

的這些"非"均不作爲用字收録。

（3）錫—賜

馬王堆帛書《周易》006 上"或賜之般（鞶）帶",《長沙馬王堆漢墓簡帛集成》根據傳世王弼本括注"錫","錫"爲借字。《說文解字・貝部》:"賜,予也。"後世通行本字"賜",我們以"賜"爲詞形用字,故此例不作爲用字例收録。

（4）挩—說—脫

解脫義,武威漢簡《儀禮》11 例均作"挩",其語境有"挩決拾""挩屨（履）""挩絰帶"等。據《說文解字》,"挩"爲本字。這些用例今本《儀禮》均作"說",乃爲借字。由於這兩種用字形式後世均不再通行,我們以後世通行字"脫"爲詞形用字。

有時典籍用字和簡帛用字都是借字,需要重新確定詞形用字。如果只依據典籍異文標注讀法,並不符合本書的要求。

（5）竿—干—豻

武威漢簡《儀禮》甲本《泰射》作"竿侯"的"竿"共有 5 例,東漢《校官潘乾碑》、今本《儀禮》均作"干"。鄭玄注讀"干"作"豻",謂"豻侯者,豻鵠豻飾也",即指用豻皮裝飾的箭靶。此詞後世不再通行,因此,武威漢簡《儀禮》中的"竿"、漢碑中的"干"均以"豻"爲詞形用字標注。

二是傳世本異文本身就有不同的用字形式。簡帛整理如果直接標注對應的異文,就會出現詞形用字不一致的情況,需根據實際情況選擇詞形用字。例如:

（1）繆—穆

馬王堆帛書《繆和》018"秦繆公",典籍並見"繆""穆"。①我們以典籍中常見的"穆"爲詞形用字。

（2）枇—朼—匕

"匕栖"之｛匕｝,今本《儀禮》"匕""朼""枇"錯出。②武威漢簡《儀禮》亦如

---

① 《古字通假會典》（高亨纂著,董治安整理）第 750—750 頁收録有大量"繆""穆"異文。

② 張煥君、刁小龍:《武威漢簡〈儀禮〉整理與研究》,武漢大學出版社,2009 年,第 107 頁引沈文倬說。

此。如甲本《特牲》14：“贊者措组（俎），加枇（匕）。乃比（匕）。佐食升塱〈甑〉，密（稐）之，埶（設）于作（阼）階西。卒載，加枇（匕）于鼎。主人升，入復位。”我們均以“匕”爲詞形用字標記。簡本作“匕”，而今本作“枇”（如甲本《有司》10、11、13 簡）者，則不作爲用字收録。

三是簡帛文獻和對應傳世文獻均有不同的用字形式。

（1）酢—醋

酬酢之“酢”，《説文解字·酉部》作“醋”：“醋，客酌主人也。”而醋醷之“醋”，《説文解字·酉部》作“酢”：“酢，醶也。”“醶，酢漿也。”徐鍇、段玉裁、朱駿聲等均已指出後世用字正好與《説文解字》本字相反。武威漢簡《儀禮》中酬酢義的用字比較複雜，共有“酢”5 例，“詐”4 例，“昨”3 例，“作”6 例。今本《儀禮》對應各篇酬酢之“酢”的用字有不同的特點：《特牲饋食禮》“酢”7例，“醋”2 例；《有司徹》“醋”6 例，“酢”1 例；《大射禮》2 例均作“酢”。我們統一以後世通行字“酢”作爲詞形用字。

傳世文獻的異文中，有些專名由於意義無法明確，純爲借音。詞形用字的確定尤其困難。一般僅依據整理者的觀點，或者使用典籍中較爲通行的字形。

（2）睪—浩—暤—昊

馬王堆帛書《刑德》諸篇及《五星占》中的“大（太）睪”“小（少）睪”“大（太）浩”“少浩”，“睪”“浩”傳世典籍或作“暤”“昊”。我們以比較通行且見於秦漢簡帛的“昊”爲詞形用字。

（3）斧—輔—補

銀雀山漢簡《孫臏兵法·見威王》0255“神戎（農）戰斧遂”，“斧遂”爲國族名。“斧”字整理者引《戰國策·秦策一》作“補”。我們以“補”爲詞形用字，其他典籍中的“輔”不再考慮。①

4. 違反唯一性的情況及處理方式

我們在處理過程中儘量避免出現違反詞形用字唯一性的情況，但有的時候確實難以避免。主要有以下幾種情況：

---

① 諸祖耿：《戰國策集注彙考》，鳳凰出版社，2008 年，第 126—127 頁。

（1）訛寫與據音借用同時出現

這類情形占了大多數。簡帛中的訛字如果要改讀，則依然需要保留這個作爲中介的正字。例如，武威漢簡《儀禮》甲本《泰射》102"請〈諸—庶〉子正徹公粗（俎）"，"請"當是"諸"之訛，"諸"讀作"庶"，本書詞形標記爲"諸—庶"。張家山漢簡《脈書》035、041"者〈耆—嗜〉臥"的"者"是"耆"之訛，"耆"讀作"嗜"，本書詞形標記爲"耆—嗜"。馬王堆帛書《陰陽五行》乙篇《天一》18："士（仕）者，不遷，定。""定"字《長沙馬王堆漢墓簡帛集成》括注"〈㙴（廢）〉"。帛書中的字形"定"是"㙴"之訛，"㙴"《説文解字·廌部》爲"灋（法）"之古文，此處讀作"廢"。因此，本書詞形標記爲"㙴—法—廢"。類似的例子還有馬王堆帛書《十六經》的"尤〈旡—炁—氣〉"。

（2）可以同時看作兩個同義詞

例如，"汈"，讀作"丹""彤"均可，兩者是一組同義詞，本書詞形標記爲"丹/彤"。帛書《五行》8/177"思〖不〗睛（精/清）不察"，《長沙馬王堆漢墓簡帛集成》括注"精/清"，兩種解釋均能成説。

（3）出中間字形幫助疏通文例

從秦漢簡帛的用字習慣來講，需要一個中介字形才能更好地理解某組用字的讀法。例如，馬王堆三號墓醫書簡《十問》008："民何失而靁〈顔〉色鹿（麤—粗）䪾（貍—黧），黑而蒼？""鹿"爲"麤"字省寫，精粗之｛粗｝我們以"粗"爲詞形用字，所以我們將詞形用字標注爲"麤—粗"。又如，張家山漢簡《脈書》008："朹（矢—屎）段（瘕）殹（也）。"秦漢簡帛中習慣以"矢"記｛屎｝，"朹"當是以"矢"爲聲符的一個字。我們標注其詞形用字爲"矢—屎"。

針對上述違反唯一性的情況，我們在統計詞形用字的使用頻率時，將標注中出現的這部分字分別進行統計。如"睛"標注爲"精/清"，統計頻率時分別以"精"和"清"爲單位進行統計，而不將"精/清"整體作爲一個單位統計。

三、　本書收録用字類型例説

根據用字的定義，原則上只要用來記録同一個詞的不同字，都應包含在本書收録的範圍内,即裘錫圭先生所説的"一詞多形"的大多數情况,如通假字、部分異體字、通用字等。①

一方面,由於字際關係以及字詞關係的複雜性,要在用字和非用字之間劃一條涇渭分明的界綫,其實是不可能的。各類用字之間關係性質的確定也同樣存在很大的難度。因此,字形之間的關係有時會比較模糊,使學者在分析時常常有不同的關係認識。對於這類情况,裘錫圭先生有過若干論斷:"在形聲字的同形現象跟假借現象之間很難劃出一條截然分明的界綫。"②"有些用來表示同一個詞的不同書寫形式,既有人看作一字的異體,也有人看作通用字……這兩種看法各有它的道理。"③"由於字形訛變、文字本義失傳以及引申跟假借不易區分等原因,往往很難確定通用字之間的關係","所以我們往往只能滿足於指出某兩個字是通用字,而無法進一步指出它們的具體關係"。④

秦漢簡帛中相應的例子並不少見。例如,金關漢簡 T23:692"骸骨"的"骸"寫作"胲"。《説文解字·肉部》:"胲,足大趾毛也。"據此,我們可以看作是借"胲"作"骸"。但是如果换一個角度,着眼於結構,"月(肉)"作爲表義構件,與"骨"意義相近,無疑也可以看作是更换義近形旁而産生的異體字。因而在實際用字的考察過程中,往往難以截然區分字形之間的關係,從而導致學者認識上的差異。又如"斥",用作"坼",《集韻·陌韻》引《説文解字·土部》釋"裂也","亦作斥"。《漢語大字典》據此用術語"同"標記爲異體,實際上這只是一種借用。再如敦煌漢簡 1780"茭(交)酒泉郡",《中國簡牘集成》注"茭"爲"交"的錯別字。⑤"茭"從"交"聲,其實看作據音借用更加合適。敦煌漢簡 1780"察地荆(形)",《中國簡牘集成》直接釋"刑",注以爲"形"的錯別字⑥,桂馥《説文解字義證》"形"字條:"开聲者,當爲井聲。"兩者當也是據

---

① 裘錫圭:《文字學概要》(修訂本),第 198、244—264 頁。

② 同上書,第 207 頁。

③ 同上書,第 251 頁。

④ 同上書,第 252—253 頁。

⑤ 中國簡牘集成編輯委員會編:《中國簡牘集成》(第 3 册),敦煌文藝出版社,2001 年,第 246 頁。

⑥ 同上書。

音借用。

　　另一方面,從歷時的角度來看,秦漢時期延續時間較長,字形變化迅速,字際關係處在複雜的變化與發展過程中,在用字和非用字之間也很難用同一個標準貫穿整個秦漢時段。

　　但是,本書的編纂需要我們有一個可操作的原則,用來確定本書的收錄範圍。鑒於秦漢簡帛龐大的數量以及較長的時間跨度,我們的原則既要考慮合理性,又要具備可操作性。考慮到本書的目標是給用字研究提供儘量完備的材料,因此在收錄的實際操作中,將用字的性質認定與本書收錄範圍的認定分開來考慮。本書的收錄範圍以略寬爲原則,儘量做到不遺漏材料,某些不完全符合用字定義的情況也可能在本書的收錄範圍內。

　　王貴元先生提出用字研究重點關注的六個方面:異寫字、異構字、據音借用字、同源通用字、同形字、形近混用字。[1]需要說明的是,本書的目標只力求呈現用字現象,着眼於當時的實際用字狀況,不特別注重用字形式之間的理據關係,不糾纏具體的字際關係類型區分;所分的類型可能會有交叉重疊,也可能不在同一個層面上。下面通過分類舉例的方式說明本書的收錄範圍。

(一) 據音借用字

　　據音借用主要指一般所說的通假,語音關係包括音同和音近。這應該是最無異議的用字類型,無須多作說明。雖然有學者強調通假必須本字與借字共存,但對於用字研究來講,其實本字是否與借字共存並不是關鍵。有本字而不用、本字後起、借字替代本字、一直無本字等情況都可能屬於同一個詞的不同用字形式。例如:

　　(1) 適—敵

　　《說文解字·攴部》:"敵,仇也。"秦漢簡帛中多借"適"字。如銀雀山漢簡《孫子兵法·形(甲)》0028:"不可勝在己,可勝在適(敵)。"

---

①　王貴元:《簡帛文獻用字研究》,《西北大學學報》(哲學社會科學版)2008 年第 3 期。

（2）淵—弭

敦煌漢簡 0689："承弩一，傷一中淵（弭）。"西北屯戍漢簡中常見的弓部位名"淵"，爲"弭"的借字。《玉篇·弓部》："弭，弓上下曲中。"《集韻·先韻》："弭，弓隈也。通作淵。"《釋名·釋兵》："簫弣之間曰淵，淵，宛也，言宛曲也。"

（3）彊—强

《説文解字·弓部》："彊，弓有力也。"引申表示有力。而"强"字《説文解字·虫部》釋"蚚也"，本義爲蟲名，借表有力。定州漢簡《儒家者言》0965："彊（强）於行弱於辭（辭）。"

（4）欬—咳

《説文解字·口部》："咳，小兒笑也。"《欠部》："欬，屰（逆）气也。"邵瑛《説文解字群經正字》："今作咳，沿俗譌。"居延新簡 EPT68.5："病欬（咳）短氣。"簡文用本字本義，後世通行借字"咳"。

同音借用除了語音相同或相近之外，大部分並不一定有特別的原因，高頻的借用更多的可能是因爲使用習慣。但是有一些借字的產生具有特殊的原因，如王莽改字中用"桼"代替數字"七"，兩者古音相同，記錄的是同一個詞。

有些借用的流行，也會導致被借字退出使用，其記詞功能並入借字。例如：

（1）堅—望

《説文解字·壬部》："朢，月滿與日相朢，以朝君也。从月从臣从壬。壬，朝廷也。𡧳，古文朢省。"《亡部》："望，出亡在外，望其還也。从亡，朢省聲。"對於這兩個字的關係，裘錫圭先生認爲瞭望之｛望｝本用"朢"表示，加"月"分化出"朢"表示月望之｛望｝。"'望'本是'朢'的異體或分化字，是把'朢'字的'臣'旁改爲形近的聲旁亾（亡）而成的。後來'朢'和'朢'都廢棄不用，只用'望'字。"[1]《現代漢語詞典》已直接將"朢"標記作"望"的異體字。[2]秦漢簡帛中絕大多數寫作"朢"。西北屯戍漢簡有些字的寫法比較潦草，所

---

① 裘錫圭：《文字學概要》（修訂本），第 131 頁。

② 中國社會科學院語言研究所詞典編輯室編：《現代漢語詞典》（第 7 版），第 1356 頁。

從的構件"臣"寫得比較簡單，如金關簡 T30∶070 作、T37∶1151A 作、居延漢簡 551.1 作，形體已經與"望"並無二致，這種寫法更有可能是構件"臣"進一步的草化書寫導致的。

（2）辤—辭

《說文解字·辛部》："辤，不受也。从辛从受。受辛宜辤之。辝，籀文辤从台。"此字本義即辤讓。又，"辭，訟也。从𤔔，𤔔猶理辜也。𤔔，理也。𤔩，籀文辭从司"，此字本義即訟辭。兩字在傳世文獻中一直混同。段玉裁《說文解字注》"辤"字條："按經傳凡辤讓皆作辭。說字固屬叚借，而學者乃罕知有辤讓本字。"裘錫圭："'辝'與'辭'古通用。"① 秦漢簡帛中一般作"辤"，後世通用"辭"，兼表辤讓和訟辭、言辭義。

（3）鴈—雁

《說文解字·隹部》："雁，鳥也。讀若鴈。"《鳥部》："鴈，䳉也。"段玉裁《說文解字注》："鴈與雁各字……蓋雁鴈不分久矣。"秦漢簡帛中多寫作"鴈"，如北大漢簡《節》001："癕（雁）始登。"漢簡"疒""广""厂"常不分，"癕"即"鴈"，北大漢簡《蒼頡篇》056 即作"鴈"。

（4）殙（殟）—殘

《說文解字·歺部》："殟，禽獸所食餘也。"又，"殘，賊也"。據此，兩字本義不同。《玉篇》中已經混同。《玉篇·歹部》："殘，賊也。義也。惡也。食餘也。或爲'殟'。""殟，禽獸所食餘也。或作脧殟。"段玉裁《說文解字注》"殘"字條："今俗用爲殟餘字。按許意殘訓賊，殟訓餘，今則殘專行而殟廢矣。"龍崗秦簡 090"得殟"之"殟"，字形作，整理者注："後寫作'殘'。"② 北大漢簡《蒼頡篇》044 字，整理者隸定作"殟"，謂即《說文解字·歺部》"殟"字，字通"殘"，義即殘餘。③

也有一些借用導致了本字與借字在使用中的混同。例如：

兇—凶。《說文解字·凶部》："兇，擾恐也。从人在凶下。""凶，惡也。

---

① 　裘錫圭：《文字學概要》（修訂本），第 170 頁。

② 　中國文物研究所、湖北省文物考古研究所編：《龍崗秦簡》，中華書局，2001 年，第 104 頁。

③ 　北京大學出土文獻研究所：《北京大學藏西漢竹書[壹]》，上海古籍出版社，2015 年，第 112 頁。

象地穿交陷其中也。"《集韻·鍾韻》:"凶,惡也。通作兇。"兩者早在睡虎地秦簡中即已混用。如"百事兇",《日書》甲種作"凶",乙種作"兇"。秦漢簡帛中"凶"的使用比例逐漸提高,從西漢早期的大致相當,到西漢中期以後成爲主流用字形式,"兇"已只有零星的例子。

(二) 古今字與分化字

古今字是指一個詞的不同書寫形式,通行時間往往有前後。①例如,《禮記·曲禮下》"予一人",鄭玄注:"余、予,古今字。"段玉裁《説文解字注》"余"字條:"凡言古今字者,主謂同音,而古用彼今用此異字。若《禮經》古文用'余一人',《禮記》用'予一人'。余、予本異字異義,非謂予、余本即一字也。"秦漢簡帛文字中的許多用字組能夠看出比較明顯的時代差異。

鴻—鴻。《説文解字·隹部》:"雄,鳥肥大雄雄也。鴻,或从鳥。"《鳥部》:"鴻,鴻鵠也。"歷代學者多認爲兩字具有古今關係。錢坫《説文解字斠詮》:"今通用鴻。"承培元《廣潛研堂説文答問疏證》"仉"條中釋"鴻":"今皆用鴻。"《史記·司馬相如傳》"鴻鵠鸕鴇",《漢書·司馬相如傳》作"鴻鸕鵠鴇",顏師古注:"鴻,古鴻字。"因此我們可以將二者看作是一組古今字。從秦漢簡帛文字材料中可以看出兩字的使用頻率變化即具有明顯的時代先後差異:"鴻"字的使用主要見於西漢早期,西漢中期以後明顯減少;"鴻"字則出現於西漢中晚期以後材料中。東漢時期"鴻"字只見於熹平石經《周易》,應該是典籍中所保留的早期寫法。

分化字是古今字中比較重要的一類。伴隨着隸變,秦漢時期成爲漢字分化發展的重要時期。不過具體到不同的字,其分化發展的時間可能存在巨大的差異。我們根據秦漢時期分化發展的狀態可以將分化字分爲三種情況來討論:第一種是秦漢時期已經分化定型,並一直延續至今;第二種是秦漢時期正處在分化發展的過程中;第三種是秦漢時期尚未開始分化。

第一種,秦漢時期已經分化定型,並一直延續至今。由於此時的分化已

---

① 裘錫圭:《文字學概要》(修訂本),第 256 頁。

經完成,所以秦漢材料中已經不見使用分化前的字,不存在用字的問題,或者僅僅只有分化前用字形式的個別遺留。例如,古文字借"母"表示"毋",秦漢時期已經普遍使用"毋"字,只遺留有少量以"母"作"毋"的例子。①

第二種,秦漢時期正處在分化發展的過程中。這一部分的例子相當豐富。當然,秦漢時期分化完成的時間也有早有晚。

較早的例子如:

(1)乍—作

商周金文中,製作的"作"基本都用"乍"字。而到了秦漢簡帛中,"乍"字只剩下寥寥 5 例,且最晚的 1 個例子是西漢中期定州漢簡《論語》。用爲"作"者則只有香港中文大學藏《日書》中的 1 例"田乍(作)"。而"作"則已有上千的例子。睡虎地秦簡《日書》甲種"乍陰乍陽"的句式,在孔家坡漢簡《日書》、北大漢簡《荊決》中均改爲了"作"。

(2)介—界

《説文解字·八部》:"介,畫也。"段玉裁《説文解字注》:"畫部曰:'畫,畍也。'按,'畍也'當是'本作介也'。介與畫互訓。田部畍字蓋後人增之耳。介、畍古今字。"《説文解字·田部》:"畍,境也。"段玉裁《説文解字注》改"境"爲"竟",云:"界之言介也。介者畫也,畫者介也,象田四界,聿所以畫之。介、界古今字。"徐灝《説文解字注箋》:"古疆畍字,祇作介。《周頌·思文》篇'無此疆爾介'是也。後乃增田旁,別爲疆畍字。""畍""界"爲構件移位異體。秦漢簡帛中"界"字常見,"介"字已很少使用。如嶽麓秦簡中,用"介"字僅 1 例,而用"畍(界)"字則有 10 例。西漢中晚期用作"界"的"介"字略多,則有比較特殊的原因。西北屯戍漢簡中的地名"界亭"在居延漢簡中有兩類寫法:"界亭"和"介亭"。前者數量略少,見於 505.23A、506.10B。反而是後者的數量略多,見於 495.15 + 495.28 + 495.13、495.19、495.21、502.1A、502.9A + 505.22A、503.1、505.6、506.5 等簡,這些例子原釋作"不今"。這種情況更有可能是下文所討論的省寫字,即"界"字省"田",寫作"介"。相應地,"亭"字也常省略中間部分,剩下上面的點和下面的"丁",寫

---

①　裘錫圭:《文字學概要》(修訂本),第 217 頁。

作 ⿰(116.27)、 ⿰(502.1A)等。而"界"字不省寫的兩個例子中,"亭"字也不省寫。

較晚的例子如:

(1) 責—債

"債"字見於《説文解字·人部》新附。秦漢簡帛中,"債"字的使用很晚,數量也很少。目前所見居延新簡 EPT59.875 有 1 例,東漢的甘谷漢簡 12A 有 1 例,直到東漢中期的五一廣場漢簡才見比較多的例子。而依然使用"責"的則有 300 多例。

(2) 庸—傭

"傭"字《説文解字·人部》釋"均直也",段玉裁《説文解字注》改作"均也,直也",認爲"均之義有未盡,故更言直也。直謂無枉曲也","役力受直曰傭,此今義也"。徐灝《説文解字注箋》:"庸傭古今字","直者,庸力受直之義。傭役字古亦作庸……後加人旁作傭,以別於庸常之義"。秦漢簡帛中"庸"字有 100 多例,而"傭"只有敦煌漢簡 1462 中的 1 例,字形作⿰,從"彳",秦漢文字中構件"彳""亻"時見混用。

(3) 烕—滅

《説文解字·火部》:"烕,滅也。"《水部》:"滅,盡也。从水,烕聲。"王筠《説文解字句讀》:"滅者,烕之絫增字。"從秦漢簡帛統計數據看,"烕"與"滅"的分布呈現比較明顯的時代規律。西漢早期直到中期的北大漢簡主要用"烕",西漢中晚期以後則主要用"滅"。馬王堆帛書《周易》《繫辭下傳》《二三子問》7 例用"滅",呈現出不一樣的用字面貌;而同一時期的阜陽漢簡《周易》以及東漢熹平石經《周易》均用"烕"。

第三種,秦漢時期尚未開始分化。秦漢簡帛中,可能只使用這部分用字分化前的字,亦可能同時使用分化前後的字。例如:

(1) 巳—已

"已"字《説文解字》未收。《玉篇·巳部》:"已,畢也。"裘錫圭先生作爲文字分化的例子,已然之"已"借辰巳之"巳"表示。[1]他指出:"'巳''已'本爲

---

① 裘錫圭:《文字學概要》(修訂本),第 217 頁。

一字,在漢代尚未分化。"①

(2) 猷—猶

《説文解字·犬部》:"猶,玃屬。""猷"字《説文解字》未收。《爾雅·釋詁上》:"猷,謀也。""猷""猶"本同字。《玉篇·犬部》:"猷,亦與猶同。"王筠《説文解字句讀》:"猷、猶一字。"《爾雅·釋言》:"猷,圖也。"郝懿行《爾雅義疏》:"猷與猶同。"在典籍中,段玉裁《説文解字注》謂:"今字分猷謀字犬在右,語助字犬在左,經典絶無此例。"王筠《説文解字句讀》:"凡謀猷,《尚書》作猷,《毛詩》作猶。"徐灝《説文解字注箋》:"《尚書》多用猷爲歎詞。"邵瑛《説文解字群經正字》:"據《説文》祇有此猶字。又假借爲猶如、猶尚、勳猷、謀猷等義。今經典有猶字,又有猷字。猶大抵皆猶如、猶尚之辭,而猷則爲勳猷、謀猷字。然勳猷、謀猷亦有作猶者……猶正猷之本字也。自後人别立猷字,猶猷遂截分爲二義,不相通用。"秦漢簡帛文字中,"猶""猷"的使用尚未見明顯區别。如"猷"字常表猶如、猶尚等義,石經《詩經》"謀猷"作"猶"。張家山漢簡《奏讞書》人名"史猶",又寫作"史猷"。裘錫圭先生指出:"銀雀山竹書中'猷'和'猶'的用法毫無區别。"②

(三) 訛字

訛字是由於種種原因,一個字錯寫成了另一個字。例如,馬王堆帛書《春秋事語·衛獻公出亡章》058:"亡者欲傅弄(寵),將以疑君。""傅"爲"傳"之訛寫,《長沙馬王堆漢墓簡帛集成》括注作"〈傅—專〉"。而同行下一句"居者疾亓(丌—其)功,必傷以傅(專)君",則没有訛寫。《馬王堆漢墓簡帛文字全編》分别歸入"傅""傳"兩個字頭。③

從文字發展的角度來看,漢字隸變之後,字形理據破壞嚴重,在實際文

① 裘錫圭:《〈居延漢簡甲乙編〉釋文商榷》,《文史雜志》1982 年 2—5 期、1983 年 1—4 期。後收入裘錫圭《裘錫圭學術文集·簡牘帛書卷》,復旦大學出版社,2012 年,第 136 頁。

② 裘錫圭:《文字學概要》(修訂本),第 215 頁。

③ 劉釗主編,鄭健飛、李霜潔、程少軒協編:《馬王堆漢墓簡帛文字全編》,第 902、911 頁。

字書寫過程中,字形的結構理據明顯減弱。這體現在兩個方面:一是形體相近或相關的構件使用相對比較隨意。如馬王堆帛書《春秋事語·齊桓公與蔡夫人乘舟章》042 行的三個"蔡"字,前面一字所從"祭"的右上部分作"犬",後面兩字除了此構件外,還把下面的"示"寫成了"火"。《長沙馬王堆漢墓簡帛集成》注:"'蔡'所從'祭'的'又'訛作'犬',帛書下文的'蔡'所從的'祭'旁進一步訛變爲'燚(然)'。"①《馬王堆漢墓簡帛文字全編》注:"'蔡'字訛體,與《集韻》訓'野豆'的'蒸'字同形。"②二是有些字的字形非常相似,在形體上本身就很難區分。特別是西漢中晚期書寫比較潦草的西北屯戍漢簡,字形的相似度常常很高,其字形時常難以作爲區分字的依據。此時,語境則成爲文字區別的重要手段。也就是説,有些字僅僅靠字形幾乎無法區別,只有在實際語境中才能明確。

　　因此,以下兩類情況本書不作爲訛字收録。

1. 一個字的構件訛寫成另一個構件,構件訛寫後不另成他字

　　這種情況常出現在字形嚴格隸定中。例如,《戰國縱橫家書》047"可以被〈報〉王",《長沙馬王堆漢墓簡帛集成》注:"'報'字右半原訛作'皮',今嚴格隸定。"③類似的例子還有《周易》43 下的"夻〈禽〉"、《戰國縱橫家書》288 的"葆〈葆—保〉"、《春秋事語》037 的"臤〈賢〉"、《戰國縱橫家書》069 的"察〈察〉"、《戰國縱橫家書》033 的"惥〈憂〉"、《戰國縱橫家書》098 的"堅〈朢—望〉"、《戰國縱橫家書》249 的"蚤〈蚤—早〉"等等。這種嚴格隸定字形後面的通用字形雖然在形式上也用〈〉標記,與大多數整理體例的訛字標記符號一樣,但本書看作書寫範疇的變異,屬於訛體,不作爲用字的訛字一類收録。

　　這種訛體時常會造成書寫上的同形。例如,帛書《老子》甲本"然""祭"二字均有寫作"燚"的訛體。《五行》186、226、227 讀作"哀"的"衣",《明君》417 讀作"充"的"衣",《周易》54 上、70 下讀作"克"的"哀"、《周易》5 上讀作

①　裘錫圭主編《長沙馬王堆漢墓簡帛集成》(叁),第 182 頁。

②　劉釗主編,鄭健飛、李霜潔、程少軒協編:《馬王堆漢墓簡帛文字全編》,第 87 頁。

③　裘錫圭主編《長沙馬王堆漢墓簡帛集成》(叁),第 209 頁。

“充（中）”的“袞”，字形實際相同，分別是“袞”“充”“克”的訛體，《馬王堆漢墓簡帛文字全編》分別歸入這三個字頭。金關簡中的“斷”寫作 （T21：245）、 （T31：149）。前一形左所從的“幺”均省寫作豎點，後一形左所從寫作“齒”形，則字形與“斷”同形。

2. 形體非常接近的字在書寫過程中造成的同形

《戰國縱橫家書》126 行的 字，《長沙馬王堆漢墓簡帛集成》引裘錫圭先生說：“‘事’上一字從帛書原文字形看，既可釋‘旡’，也可釋‘先’，因爲帛書中‘旡’‘先’二字往往混而不別……從文義看，此字似當釋爲‘先’。上引帛書文的上一句……‘先’字寫法與此字無別。”①

秦漢簡帛中這些總體字形區分度非常小的字組並不少，如“入—人”“士—土—出”“左—在”等。②這一類情況有時整理者會作爲訛字處理。西北屯戍漢簡中由於書寫草化明顯，這些字的寫法大多更加接近，所以不再作爲訛字處理。即使是在比較規範的隸書寫法中，這些字也常有混同的情況，如武威漢簡《儀禮》中的“入”和“人”，雖然大多數寫法有區別，但僅僅從字形上看，也不乏互訛者。以“入”“人”爲構件的字也同樣不易區分形體，如弘農郡的“陝”和潁川郡的“陝（郟）”。武威漢簡《儀禮》中，《泰射》《有司》《少牢》諸篇中的“司土”，部分寫法下畫較上畫長，且有波磔，與大部分的“士”寫法不同，單從字形上看應該是“土”。居延漢簡 175.9“出糸（絲）承弦十八”，“出”寫作 ，與“土”的形體也非常接近。

另外，由於隸變的理據破壞，加之草化等書寫便捷性追求對字形造成的巨大影響，一些本不相近的字形也在書寫中變得同形。例如，金關簡 73EJT1：1 的“五”字寫作 ，73EJT1：3 的“壬”字寫作 ，形體就非常相近。再如金關簡 73EJF3：267 的“曰”字作 ，中間的兩短橫簡化成兩點後，如

---

① 裘錫圭主編，湖南省博物館、復旦大學出土文獻與古文字研究中心編纂：《長沙馬王堆漢墓簡帛集成》（叁），第 225 頁。

② “漢簡左、在不分。”見甘肅省博物館、中國科學院考古研究所編著《武威漢簡》，文物出版社，1964 年，第 147 頁。

▣（T21:213）、▣（T10.115B），又連寫成一豎，結果與"山"同形，看成訛字顯然並不合適。這種情況在西北屯戍漢簡等草化比較嚴重、書寫相對比較隨意的民間書寫文獻中非常突出。以上具有普遍性的書寫情況，從性質上看，只是書寫形式的差異，因此我們均看作書寫異形，直接根據語境釋字，不作爲用字形式進行考慮。同時，從操作層面來講，這種情況數量巨大，完全區分起來也無法做到。例如，"豐"和"豊"兩字從先秦古文字開始就存在形體區分困難的情況。在西北屯戍漢簡中，要從形體區分兩者幾乎是不可能的。因此，直接根據語境釋字，不作爲訛字處理。同樣，字形規範的漢碑中也常出現兩者混同的情況，如《曹全碑》的"豐"字寫作"豊"，也不作爲訛字處理。

由於筆劃增減造成的常見的書寫異形，字形也能區分，雖然能構成另一個字，也不看作訛字。例如，秦漢簡帛中常見"易""昜"互作，兩者只是中間多一橫少一橫的區分，如北大漢簡中的"易"就常加一橫。這個例子時常被秦漢簡帛整理者看作訛字，兩者作爲構件時同樣也常不加區別。因此，我們不看作訛字。但是，《陰陽十一脈灸經》甲本 011/045"心腸"，讀"惕"，而 029/063 的"心腸〈惕〉"，意義與《陰陽十一脈灸經》乙本 012 作"心易（惕）"相同，讀作"惕"。根據整理者的隸定，由於義符不同，我們作爲訛字收錄。這個隸定作"腸"的字右所從很可能其實就是"易"。

此外，金關簡 T23:633"雞鳴時"，"鳴"寫作▣，從"隹"。雖然構件"鳥""隹"意義相同，在一些字中可以作爲同義構件換用，但是"唯""鳴"二字區分明顯，而且上一字"雞"作▣，似是涉上而訛。

排除上述情況後，本書收錄的訛字範圍相對就比較窄，一般僅僅包括一個字錯寫成另一個字的情況。這種訛字結合語境相對比較容易確認，如張家山漢簡《算數書》140"命曰各〈多〉而少三"的"各多"，字形作▣。干支、數字等由於意義相關，錯訛的比例比較高，前者常可通過干支的排比確認，後者在算數類書中常可通過計算確認。

（四）省寫字

省寫是指書寫過程中，省略部分構件或整字用簡略的符號代替。個別筆劃的省略不影響整字結構者,不包含在本書的範圍裏。西北屯戍漢簡中,烽燧的"燧"常作🔲(居延漢簡478.4),下所從或寫作"灬",四點有時省寫作一點,如🔲(居延新簡 EPT52.230)、🔲(居延新簡 EPF22.271)。馬王堆帛書《五行》23/192"亓(丌—其)絲=(繼)愛人"之"繼"字寫作🔲,應該也是一種省寫形式,並且使用"="表示省略。

1. 構件省寫

秦漢簡帛文字中,有些字在書寫過程中會直接省略一個構件。從總體數量上看,涉及這類省寫的字並不少見,就單個字來講,有些省寫的字形比例也不低。構件省寫之後有兩種不同的結果:一是省寫後的形體未見字書,明顯只能看作是省寫的異體,或稱省體;二是省略之後的形體與別的字同形,我們作爲一種特殊的用字形式加以收錄。

前一種未見字書構件省寫的情況,例如"爍",馬王堆帛書《周易》091上該字省構件"木"寫作"燦"。"勞",馬王堆醫書簡《天下至道談》033/044省一"火"寫作"芳"。"幾",所從的"丝"帛書常省作"幺"。鳳凰山八號墓的"笱",所從的"竹"省一半,作"旬"。傳世文獻中的孔子弟子"子貢"之"貢",馬王堆帛書寫作"贛",定州漢簡《論語》《儒家者言》則均寫作"貪",應該是省略了左邊構件的形體。此形未見於字書,應該只是當時的習慣省寫方法,因此我們看作"贛"之異體,用作"貢"。《爾雅·釋詁》:"貢,賜也。"郝懿行《爾雅義疏》:"貢者,贛之叚音也。《説文》云:'贛,賜也。'今經典贛字多借作貢。"

後一種情況如西北屯戍漢簡中很常見的地名"觻得","觻"字大多不省寫,不過也有少量的省寫情況,省作"角"和"樂"。[①]前者見於金關簡13例,地灣簡2例;後者見於金關簡4例。由於"樂"是"觻"字的聲符,省作"樂"者可以看作是"觻"的同音通假,但是省作"角"者恐怕不能看作通假。以上兩種省寫的性質其實是一致的,所以我們都作爲用字現象。"居攝"的"攝"字,

① 有學者認爲,"角得""樂得"是觻得縣在王莽時期地名改易的結果。詳參李健雄《簡帛材料中的歷史地理信息研究——從張掖郡觻得縣的稱謂變化説起》,《檔案》2017年第7期。

省寫作"耴"者見於敦煌簡、居延新簡、居延舊簡、金關簡、地灣簡,共 55 例,數量超過了不省寫的"攝"字。省寫的"耴"與《説文解字·耳部》從二"耳",訓"安也"的"耴"字同形。懸泉漢簡《元康四年雞出入簿》中的雞"一隻"與"一枚"相對,胡平生、張德芳先生認爲應是"雙"之省,並引《文物》1976 年第 10 期《鳳凰山一六七號漢墓遣策考釋》一文:"'雙'簡省作'隻',蓋漢代習俗。"①

此類省寫的情況在字際關係認定上存在一定的分歧。從語音關係上看,省寫形式是原先字形的聲符,可以看作據音借用,如上述"㰍"省寫作"樂"。有的省寫形式則不是聲符,不能看作據音借用,如"㰍"省寫作"角"、金關簡中"襲"省寫作"龍"等。里耶秦簡 9-1622"小男子"的"男"寫作"田",整理者釋文作"田(男)"②,陳偉先生改作"田〈男〉",看作訛字。③帛書《老子》甲本 121、《老子》乙本 057/231 上的"安以動之","安"字寫作"女",整理者釋作"女〈安〉"。④這種情況看作省寫其實也並無不可。

2. 合文直接釋字

有些合文中常見省略兩字中的共見構件,例如馬王堆帛書中的"婺女"寫作"婺 ="。這種省略一般不作爲用字收録。而"觜觿"兩字,馬王堆帛書既有非合文的"此觿"的寫法,也有從此從巂的合文寫法,這種寫法我們作爲省略"角"的用字形式"此(觜)巂(觿)"收録。北大漢簡中既有非合文的"此畦"的寫法,也有從此從隹和從此從言的合文寫法。我們也作爲用字收録,前者作"此(觜)隹(觿)",後者作"訾(觜)觿"。

3. 整字省寫成另一形體

這類例子比較少。敦煌等西北漢簡書信用語中自稱某常寫作"厶",如

---

① 胡平生、張德芳:《敦煌懸泉漢簡釋粹》,上海古籍出版社,2001 年,第 79 頁。

② 湖南省文物考古研究所編:《里耶秦簡(貳)》,文物出版社,2017 年,第 60 頁。

③ 陳偉主編《里耶秦簡牘校釋(第二卷)》,武漢大學出版社,2018 年,第 337 頁。

④ 國家文物局古文獻研究室編:《馬王堆漢墓帛書〔壹〕》,文物出版社,1980 年,第 11 頁、第 96 頁。

敦煌漢簡 0060：“厶（某）再拜言。”相應地，也有直接作“某”的情況，如金關簡 T04：137：“□□□某家大福某頓首幸。”《玉篇·厶部》：“厶，厶甲也。”《敦煌馬圈灣漢簡集釋》：“厶，不定代詞，古‘某’字。《陔餘叢考》卷二十二：‘今人書厶爲某，皆以爲俗從簡便，其實即古某字也。’”①我們也作爲用字處理。②

（五）異體字

　　異體字的定義和範圍一直具有廣泛爭議。學術界關於異體字的定義有十幾種。我們這裏採用裘錫圭先生的“廣義異體字”定義。裘錫圭先生認爲：“狹義異體字跟部分異體字合起來，就是廣義異體字。所謂廣義異體字，從詞的角度來説就是同一個詞的各種不同書寫形式。狹義異體字大體上相當於一字的異體，部分異體字大體上相當於通用字。”③

　　同樣，用字研究是否該包含異體字也頗具爭議。不少的用字研究論著至少將一部分異體字包含在内，古文字通假字工具書也常常不嚴格排除異體。根據前面的用字定義，用字是多個字記録一個詞，而異體字則是一個字的多個字形。因此，從原則上説，異體字自然不應該包含在用字範圍内。特別是一些共時的狹義異體字，如果全部收録，顯然有違本書的目標和體例。例如：

　　（1）只是筆勢差異的異寫字

　　如草化寫法中的連筆、省筆等。如“雒”的構件“隹”省寫一豎筆作 ![雒字草寫] （金關 T37：1109）、“觻”的構件“角”省寫豎筆作 ![觻字草寫] （金關 T23：661）等。

---

① 張德芳：《敦煌馬圈灣漢簡集釋》，載《甘肅漢簡牘集釋》，甘肅文化出版社，2013 年，第 383 頁。

② 于豪亮認爲“厶”可讀爲“某”，是公文草稿中的寫法。見《居延漢簡叢釋》，載《于豪亮學術文存》，中華書局，1985 年，第 188 頁。儲小旵認爲“厶”來源於“麽”的省寫，是“某”的音借字。見儲小旵《“厶”字考》，《漢語史學報》第十一輯，上海教育出版社，2011 年。李成晴認爲這個“厶”只是符號，不能認爲是“某”之古字。見李成晴《作爲中古文本標識符號的“厶”字——陸游〈老學庵筆記〉“近人書某爲厶”條斠理》，《語言科學》2018 年第 5 期。

③ 裘錫圭：《文字學概要》（修訂本），第 252 頁。

（2）能夠基本確認是全同異構字者

如蟁—宝、朙—明、輿—轝、踈—疏、膌—喉、䏶—臕、樞—区、韮—韭、帬—裙、烽—𤈦—燧、冐—肯、救—捄、敵—戜等。

（3）前面已經討論過的訛體、省體等

值得注意的是，鑒於異體字的複雜性，相當於通用字的一部分異體字也可以包含在用字的範圍之內。一部分屬於古今字的異體字顯然也可以包括在內。①再比如，裘錫圭先生提到“異體字分工也使有關的詞的不同書寫形式的性質成了問題”②，而這個分工的時間有的時候很難判斷。在不是很明確的情況下，也作爲用字看待不失爲一種比較穩妥的做法。一些廣義的異體字形反映了書寫的歷時變遷，這種變化有時會影響到字際關係。從更加宏觀的時間和材料範圍來看，這種異體實際也是用字變化的一個方面。

因此，我們將部分實際上是異體的情況也包含在本書的收錄範圍裏面。這些異體情況大體上主要是特殊地域、特殊時間、特殊用法等，下面我們通過舉例加以必要的說明。

1. 歷時更替的廣義異體字

它們在結構上有比較大的變化，如形聲與會意的變化，至少是構件的更替。這部分異體字在時間上具有明顯的前後相承關係，且秦漢時期正處於發展變化的過程中，秦漢以後才完成定型。例如：

（1）距—拒

《說文解字·止部》：“距，止也。”段玉裁《說文解字注》：“許無拒字，距即拒也。此與彼相抵爲拒。相抵則止矣。”《廣韻·語韻》：“拒，捍也。”“距”字馬王堆帛書《刑德占》3 例用作距離之“距”，敦煌漢簡 3 例用作抗拒之“拒”，如 0098：“距（拒）恭奴，遮焉者，殄滅逆虜。”“拒”字秦漢簡帛中已見 1 例，見於金關簡 H02：048B“顠（願）留意依儴拒財不可已（已）事”，意義尚不明確。

---

① 參見裘錫圭《文字學概要》（修訂本），第 256、198—199 頁。

② 同上書，第 251 頁。

（2）灪—讞

《説文解字・水部》：“灪，議皋也。”目前所見秦漢簡帛中均用“灪”，偶見用“獻”。傳世文獻則用“讞”，《漢書》“讞”17 例，未見“灪”。①《古字通假會典》未收“灪”“讞”間的異文。《玉篇・言部》：“讞，獄也。”《廣韻・獮韻》：“讞，議獄。”《字彙・水部》：“按此字有從言者從水者。從言，以言議罪也。從水，議罪如水之平也。義各有取。”“讞”應該是較晚出的字。

（3）塈—墍

《説文解字・土部》：“塈，白涂也。”典籍中多作“塈”，秦漢簡帛中塗抹義多作“墍”，如敦煌漢簡 0218“若塗墍（塈）社”。金關簡 73EJF3：236“麤（粗）塗不塈”，字形作 塈 。

（4）歙—飲

《説文解字・歙部》：“歙，歠也。从欠，酓聲。”段玉裁《説文解字注》、王筠《説文解字句讀》：“隸作飲。”桂馥《説文解字義證》：“歙，或作飲。”《玉篇・欠部》：“歙，古文飲。”周寶宏先生認爲：“飲字形體到目前爲止最早見於戰國初年的金文，習見於戰國古璽文和漢隸，是戰國東方之國文字的寫法。”②從秦漢簡帛用字情況來看，“歙”和“飲”的使用具有明顯的前後相承關係。以西漢中期的北大漢簡、定州漢簡爲界，西漢早期和北大漢簡幾乎都用“歙”，定州漢簡及西漢中晚期乃至東漢基本用“飲”。

（5）絝—褲

《説文解字・糸部》：“絝，脛衣也。”段玉裁《説文解字注》：“今所謂套袴也。左右各一，分衣兩脛。古之所謂絝，亦謂之褰，亦謂之襗。”《釋名・釋衣服》：“絝，跨也，兩股各跨別也。”説明其命名之源。除了褲子義外，“絝”還有絆絡義，《玉篇・糸部》：“絝，絆絡也。”“絝”，典籍中或作“袴”，《玉篇・衣部》：“袴，脛衣也。亦作絝。”秦漢簡帛中都作“絝”，後世通行字爲“褲”。《王力古漢語字典》説“褲”是“‘絝’‘袴’的晚起俗字”。③所舉最早例子爲宋代張

①　海柳文：《〈漢書〉字頻研究》下册，花木蘭文化出版社，2013 年，第 226 頁。
②　李學勤主編《字源》，天津古籍出版社、遼寧人民出版社，2012 年，第 773 頁。
③　王力：《王力古漢語字典》，中華書局，2000 年，第 1229 頁。

端義《貴耳録》。"綺"字只在後世一些詞語中有所保留,如"紈綺"。

2. 特殊地域的字形

如馬王堆帛書《陰陽五行》甲篇中的"道"作"衍","失"作"遙",均爲源自楚文字的形體。

3. 語境異體字

或稱"專字",其字形結構與語境中的使用意義密切相關。例如:

(1)偸—愈

病愈之{愈}秦漢簡帛常作"偸""愈",西漢中晚期或從人作"偸",當是病愈的"愈"的語境異體字。

(2)脉—熱

"熱"字漢簡帛中常作"炅",爲病名。身熱之"炅",金關簡 73EJC:538 作"脉",從肉,當是語境異體字。

(3)倚—敵

敵人之{敵},秦漢簡帛中常借"適"。銀雀山漢簡從人作"倚",可能是敵人之{敵}的語境異體字。《集韻·麥韻》"倚,無憚也",當是同形字。

(4)腂—塊

金關簡 2 例"脯—塊","塊"作"腂",當是語境異體字。

(5)衍—行

馬王堆帛書《陰陽五行》甲篇《諸神吉凶》013 下的"衍",是行神之"行"的語境異體字。

4. 在秦漢簡帛中的記詞功能比較複雜的異體字

馬王堆帛書中的"胕",《馬王堆漢墓簡帛文字全編》歸入"腐"字頭下。秦漢簡帛中的"胕"用法比較多。除了用作"腐"之外,《陰陽十一脈灸經》乙本還用作"跗",張家山漢簡還用作"肘",後兩種用法均不見於"腐"字。因此,本書也將此"胕"的三種用法作爲用字形式收録。

馬王堆帛書中的"灂",《馬王堆漢墓簡帛文字全編》分別歸入"漑"和

“暨”兩個字頭下。除了這兩種用法外，秦漢簡帛中還常用作“既”，張家山漢簡還用作“概”。因此，我們也將這些用法作爲用字形式收錄。

“梅”字，馬王堆漢墓遣策、鳳凰山漢墓遣策等秦漢簡帛中多寫作“栂”，此形體應該就是“梅”的異體。這個形體在帛書《周易》中還用作“拇”，如61上咸卦的“欽（咸）元（丌—其）栂（拇）”。這種情況當然可以看作“栂”是“梅”的異體，通假作“拇”。但是這樣似乎就掩蓋了另外一種可能性，即秦漢簡帛中“木”“扌”兩個構件常因形體相近而混同。因此，我們將“栂”單立，“梅”和“拇”均作爲用字例收錄。

（六）　構件的混用和構件形體的混同

秦漢簡帛文字中的構件經過隸變與草化，一些古文字階段理據不同而形體區分度明顯的構件形體變得混同，典型的例子如“艸”與“竹”的混同。同時，由於構形理據重要性的降低，形體相近的構件也時常出現混用的情況，如“彳”與“亻”、“疒”與“广”、“力”與“刀”等。

從字際關係上看，由於聲符相同，義符混同的情況在關係的認定方面往往是兩可的，既可看作是形體變化造成的同形，從而歸入異體字的範疇；又可看作是同聲符字的借用，歸入用字範疇。這就直接涉及用字組的收錄數量。因此，有必要對這一問題進行比較詳細的説明。

在判斷構件混用和形體混同的字是否作爲本書的收錄範圍時，我們主要遵循以下幾個原則。

一是歷時發展原則。構件的混同往往是一個從無到有，從偶然到大量規律發生的發展變化的過程。例如，構件“艸”與“竹”在秦文字中的區分尚比較明顯，到了西漢中晚期以後就難以區分了。而在這個變化過程中不僅存在形態模糊的情況，也存在多種形態同時共見的情況。

例如，北大漢簡《周馴》048：“節（即）有天下……茚（即）扁（遍）封之。”兩個讀作“即”的字，前者作 節，整理者釋“節”，後者作 茚，整理者釋“茚”，兩者寫法有比較明顯的區別，可以看出變化的軌迹。混同初始，偶然性的構件混同作爲用字現象看待具有相當的合理性，但是具有普遍性的構件混同作爲用字現象看待則似乎不是很妥當。這種高頻混用,説明在書寫者和閲讀者心目中的區別度很小,可以認爲混用頻率與字際區分度成反比。因此,在不同的發展階段,採取不同的處理原則就顯得很有必要,而不是所有發展階段都絶對一刀切統一處理。

二是形體區別原則。根據構件形體的混同程度,能區分則區分,不能區分則不硬性區分。例如,構件"艸""竹",秦和西漢早期區分尚較清楚,如"苟",嶽麓秦簡《爲吏治官之道》作 𦭞,明顯從"竹",可以釋"筍"讀"苟",看作用字。馬王堆帛書《戰國縱橫家書》047 作 𦭞,《長沙馬王堆漢墓簡帛集成》也釋作"筍(苟)",其實這個字形所從已經與"艸"非常接近了。完全混同後形體無法區分,則直接依據語境釋字,不看作用字,如西北屯戍漢簡中構件混同後的"薄"和"簿"。

三是文獻證據原則。根據字形是否見於字書採取不同的認定。如果字形有時代相近的字書、傳世文獻等有書證的可看作獨立的字,否則只看作異體。如構件"亻""彳"混用,"假""徦"均見於《説文解字》,我們根據字形作爲兩個字看待,兩者間字形互作視爲用字。而未見於字書或時代很後的字書中有不常用的字形,且只是某字的異體時,則只看作與其同形的異體。這類情況必要時在釋文中嚴格隸定,以保留字形原貌。

根據形體區分度的標準,分別舉例討論幾種情況。

1. 混同之後構件形體没有區分

此類情況以構件"艸"和"竹"的形體混同最爲典型。"艸"小篆寫作𦫳,"竹"小篆寫作𥫗,中間的弧筆有向上彎曲及向下彎曲的區分。隸變之後,弧筆都出現了平直化的趨勢,寫成橫筆,使得兩個構件的形體十分接近。橫筆又連寫成一筆,即變成了跟後世的"艹"頭一樣的寫法。因此,一般隸定時都直接隸定作"艹"頭。

這種混同的産生時間比較早,西漢早期簡帛中就能夠見到。例如,帛書《周易繫辭上傳》014 下"籍(藉)用白茅"的"藉"作 𦭞。鳳凰山八號墓 88 簡"簿籍"的"籍"字作 𦭞、𦭞。下面以兩種文獻中的"管"字爲例,比較形體上的混同。

銀雀山漢簡《齊桓公與管子》中"管"字的書寫形態見表 8。

表 8　《齊桓公與管子》中"管"字的書寫形態

似"艹"的形體	1380　1392
似"竹"的形體	1384　1390　1396
似中間狀態的形體	1373　1394　1398

北大漢簡中"管"所從"竹",可寫成"艹"形。"菅"所從"艸"則保留篆意。因此,兩者的形體其實是有區別的(見表 9)。

表 9　北大漢簡中"管"字的書寫形態

管	似"艹"的形體	儒家説叢 003　周馴 162
	似"竹"的形體	周馴 158　周馴 158　周馴 161
菅		蒼頡篇 064　節 048

對於漢隸中構件"艸""竹"的同形現象,學者多有討論。學者們對"竹"常寫作"艸"的認識沒有太大分歧。如裘錫圭先生指出:"漢隸'艸'頭'竹'頭往往不分"①,"'菅''管'二字漢隸多不分,在此似當讀爲'棺'"②。敦煌馬圈灣漢簡 0557,張德芳先生注:"河西漢簡中從'竹'之字大都從'艸'。"③

秦漢簡帛中構件"竹"寫法與"艹"相同,具有相當的普遍性,應該不是草化寫法形成的混同。例如,居延漢簡 336.14 爲《急就篇》抄本,是十分工整的隸書。雖然殘了一半,但可以看出 B 面各字均從"艹",整理者釋文即據形體從"艸"。④而相對應的今本《急就篇》作"笔篝箯筥萁算籌"。因此,"艸"

①　裘錫圭:《關於新出甘露二年御史書》,《考古與文物》1981 年第 1 期。後收入《裘錫圭學術文集·簡牘帛書卷》,第 46 頁注 5。

②　裘錫圭:《漢簡零拾》,《文史》第十三輯,中華書局,1982 年。後收入裘錫圭《裘錫圭學術文集·簡牘帛書卷》,第 55 頁。

③　張德芳:《敦煌馬圈灣漢簡集釋》,載《甘肅秦漢簡牘集釋》,第 521 頁。

④　簡牘整理小組:《居延漢簡(肆)》,"中研院"歷史語言研究所,2017 年,第 36 頁。

“竹”的混同即使是在規整的隸書中也出現,熹平石經等書寫規範的碑刻中亦是如此。

這種混同在大多數情況下,根據具體的語言環境,對於文獻的釋讀並没有太大的影響,少數情況可能會有影響,例如,《説文解字》釋樂器之名的“管”和釋“茅也”的“菅”,西漢中晚期字形都從“艸”。武威漢簡的“菅屨(屨)”、金關簡的“菅草袍”、居延新簡 EPT5.190“☐ 楗(鍵)閉,慎管☐”,意義理解都没有問題。但是居延漢簡的“菅(棺)槥”的“菅”是個借字,顯然釋作“菅”“管”都可以。敦煌漢簡 1642“猒胡燧長菅敢言之”,金關簡 T37:713“河南雒陽茝(芷)陽里大夫菅從”,作爲人名或姓氏,兩種釋讀也都可以,因爲“菅”“管”都可以作爲姓氏。這種時候只好根據字形釋字,不看作是用字。而定州漢簡的“管中(仲)”則只能釋讀爲“管”。

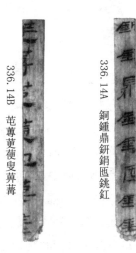

336.14B　芑蓴蓂葀叟萁

336.14A　銅鍾鼎銒銷匜銚釭

但是對於所涉及字的字際關係認定,則頗爲棘手,在各種整理者釋文中也常常有錯出的情況。例如,肩水金關漢簡 T37:1543 中“瓦箕”的“箕”,字形作![字形],整理者直接釋作“箕”。而 T23:731B 中的“搒筆”,字形作![字形],則釋作“菙”。“菙”,《集韻·紙韻》釋作“木名”,當非此處之義。此字實即“箠”,段玉裁《説文解字注》:“箠,所以擊馬也。”簡中“搒箠”爲同義連用。

不同字組的處理原則也時常存在不一致的情況。“簿籍”的“簿”,學者一般會根據語境而不是字形,直接釋“簿”。但是西北屯戍漢簡中常見的“蘭冠”的“蘭”字,義指盛箭矢的器具,即《説文解字·竹部》的“籣”字,釋“所以盛弩矢,人所負也”,學者則大多不直接釋作“籣”,而是釋作“蘭”,讀作“籣”。

肩水金關漢簡 T01:135 中作爲里名的 崔 字,從字形上看可以釋作“萑”,整理者則直接釋“筐”。“萑”字《方言》卷十三釋“隨也”,《廣韻·陽韻》釋“草名”。“筐”字《説文解字·匚部》作爲“匡”字的或體,釋爲“飯器”。從語境上我們無法判斷是何字,根據漢簡中“竹”常作“艸”的情況,整理者直接釋“筐”應該也無不妥。

綜合以上,構件“艸”和“竹”混同所形成的字組,根據各自的使用,有以下幾種情況:

第一類從“竹”與從“艸”的形體都可獨立成字,並且都比較常用,有些在漢代出土文獻中可以同時見到。例如:

(1) 簿—薄

西北屯戍漢簡中寫作“薄”的字,大部分是“簿”。但是也有少量的是厚薄之“薄”,如金關簡 T21:199B“薄酒”,與“濃酒”相對。

(2) 籍—藉

秦漢簡帛中大部分是簿籍之“籍”,也有少量是“藉”。關於字形的釋讀,裘錫圭先生指出:“漢隸‘艸’頭‘竹’頭每不別,此簡‘籍’字皆從‘艹’頭,釋‘籍’或‘藉’均可,釋文‘藉’‘籍’錯出是不妥當的。”[1]關於“藉”“籍”的關係,學者多有看作通假者。[2]

(3) 蕈—蕈

《説文解字·艸部》:“蕈,桑葚。”《玉篇·艸部》:“蕈,地菌也。”《五十二病方》279—280 的 3 例“柳蕈”,與“艾”並列,指香蕈類植物[3],字形明顯從

---

[1]　裘錫圭:《〈居延漢簡甲乙編〉釋文商榷》,《文史雜志》1982 年 2—5 期、1983 年 1—4 期。後收入《裘錫圭學術文集·簡牘帛書卷》,第 109 頁。

[2]　張靜:《定州漢墓竹簡和上孫家寨漢墓木簡集釋》,碩士學位論文,吉林大學,2014 年,第 552 頁。

[3]　方成慧、周祖亮:《簡帛醫藥詞典》,上海科學技術出版社,2018 年,第 200 頁。

“艸”。武威漢簡《儀禮·服傳》甲、乙本的 2 例“寢（寢）藆（苫）枕塊”之“藆”，今本作“苫”，“苫”是蓋屋之編草，亦用以喪主寢身之藉。簡本作“藆”，《集韻·覃韻》：“藆，艸名。”《淮南子·詮言訓》：“席之先藆。”是藆亦可作藉身之用。

《説文解字·竹部》：“簟，竹席也。”西漢早期廣西貴縣羅泊灣漢墓 M1：161 的“簟席”“簟長席”，上所從“竹”形體已近於“艹”。金關簡 T23：663A“簟一，直（值）十八”，字形作█，上所從明顯是“艹”形，但從語境來看，應當是席子一類的器物。

（4）芘—筢

尹灣六號墓竹簡 130：“魚鱉得於芘筍。”《説文解字·艸部》：“芘，艸也。一曰芘茉木。”非此處意義。此當可直接釋爲“筢”字。《廣雅·釋器》：“簊、筌謂之筢。”“筢”“筍”同義連用。

（5）萩—籔

上孫家寨漢簡 19：“☒ ☐應鼓萩應金☒ 。”整理者釋“萩”。《中國簡牘集成》注：“萩，通籔……漢簡中從竹之字或從艸。”[1]《説文解字·竹部》：“籔，吹筩也。”字可直接釋“籔”，無須通假。

（6）藾—籟

水泉子漢簡暫 35：“鼓冒冒藾瑟琴簧師廬（曠）。”“藾”當即“籟”，《説文解字·竹部》：“籟，三孔龠也。大者謂之笙，其中謂之籟，小者謂之箹。”

第二類是從“艸”的形體有不太常見的同形字。這些同形字多出現在當時或後世的字書中，在秦漢出土文獻一般未見。如：

（1）“第”，漢簡常作“苐”

“苐”，《集韻·齊韻》收作“茦”的或體，《干禄字書·去聲》收作“次第”之“第”的俗字。裘錫圭先生指出：“‘苐’其實就是‘第’的簡寫。”[2]

（2）“箭”，漢簡常作“茍”

“茍”，《説文解字·艸部》釋“苺”（字形據段玉裁《説文解字注》本）。《爾

---

① 中國簡牘集成編輯委員會編：《中國簡牘集成》（第 17 册），敦煌文藝出版社，2001 年，第 1357 頁。

② 裘錫圭：《關於新出甘露二年御史書》，《考古與文物》1981 年第 1 期。後收入裘錫圭《裘錫圭學術文集·簡牘帛書卷》，第 46 頁注 5。

雅·釋草》:"菗,山莓。"

（3）"節"，漢簡常作"莭"

"莭"，《類篇·艸部》釋"草約也"，其實與《説文解字·竹部》釋"竹約"的"節"相同，《類篇》可能是强行分別，《干禄字書》即以"莭"爲"節"之俗字。

第三類是從"艸"的形體不獨立成字，也没有其他同形字，只能看作是從"竹"形體的異體字。如"芌"，即"等"字；北大漢簡《反淫》032 的"萠"字，即"筋"。《漢語大字典》按語:"萠當爲筋之隸變。"其説不當。

以上第一類情況由於兩字都比較常用，同時聲符相同，讀音相近，比較容易被看作通假。事實上，看作是通假也没有問題。但是在構件混同，形體難以區別的情況下，我們根據語境直接釋字，不作爲用字看待。第二、三類情況只看作異體，一般不作爲用字收録。

因此，本書所收涉及"艸""竹"兩個構件的用字數量很少，如放馬灘秦簡《日書》乙種的"蕭（簫）挨（篌）"等。此外，應答的"答"字，由於字形比較晚起，武威漢簡《儀禮》及東漢石刻中常見的字形"荅"均作爲用字收録。

2. 構件的形體區分度很小，時常難以區別

（1）木—扌—牛

構件"木"和"扌"在漢隸中非常相似，許多字中的形體很難區分。這種情況依據語境直接釋字或遵從整理者的釋讀。

例如，武威漢簡《儀禮》中的"拾"，甲本《泰射》058、059、060 中"枱取"的"枱"與 049、050、051 的"拾"在形體上幾乎没有區別。

定州漢簡《儒家者言》0923、0963"牘主"，"牘"字摹本寫作𤳷，左所從似"扌"，整理者直接釋"牘"。

金關簡 T10:173"牡"字作𤘔，左所從似"扌"。香港中文大學藏《河隄簡》225 整理者釋"社瓦"的"社"，實際上就是"牡"字，也是構件形近而混的例子。

（2）手—毛

尹灣六號墓出土木牘《武庫永始四年兵車器集簿》中整理者所釋的 3 例"摩"字，張顯成、周群麗注:"摩，指揮旗。《説文解字·手部》:'摩，旌旗，所

以指麾也。'段玉裁注:'俗作麾。'《廣韻·支韻》:'摩,亦作麾。'"①青海大通
上孫家寨木簡中的3例"摩(麾)干(杆)"中的"摩",整理者釋"摩",當即"麾"
的同形字。我們依據整理者釋"摩",讀作"麾"。

3. 構件形體有比較明確的區分度,但是時常混用

秦漢文字中有些形體相近的構件雖然能夠區分構件形體,但是在實際使用
中時常混用。這些構件所構成的字有些看作用字收錄,有些則只是看作異體,
需要根據具體情況區別對待。這種情況的構件有好幾組,略舉兩組以明其例。

(1) 疒—广/厂

① 兩種形體均爲見於字書之常用字形,則依據實際形體釋字。兩者之
間可見單向或雙向混用,兩者有時還會有相同的記錄其他詞的功能,我們均
作爲用字形式收錄。如:

瘦—廋。《説文解字·疒部》:"瘦,臞也。"《玉篇·广部》:"廋,隱匿也。
求也。索也。限也。亦作搜。"消瘦的{瘦},既用"瘦"記錄,也用"廋",目前
所見秦漢簡帛中的數量大致相當。同時,兩者均可記錄搜索的{搜}。

瘷—廉。《説文解字·广部》:"廉,仄也。"《玉篇·疒部》:"瘷,痳瘷也。"
"瘷"字馬王堆帛書2例用作"廉",里耶秦簡09-0782則用作人名。

廖—瘳。《説文解字·疒部》:"瘳,疾瘉也。"《説文解字·广部》新附:
"廖,人姓。"秦漢簡帛中病瘳之{瘳}、姓氏之{廖}、殺戮之{戮}等詞兩種用
字形式均見。

癘—厲。《説文解字·疒部》:"癘,惡疾也。"《説文解字·厂部》:"厲,旱
石也。"秦漢簡帛中既有"厲"用作"癘"的例子,也有"癘"用作"厲"的例子。

② 字書意義不明或者是別的字的不常用異體,直接看作異體,不作爲
用字形式收錄。如:

痏—庮。《字彙補·广部》:"庮,以授切,音右。義闕。"《漢語大字典》:
"按:'广''疒'形近易混,'庮'疑即'痏'的俗字。"

序—庍。《中華字海》收朝鮮本《龍龕手鑑》,義未詳。

---

① 張顯成、周群麗:《尹灣漢墓簡牘校理》,天津古籍出版社,2011年,第46頁。

痹—㾺。《正字通・广部》:"㾺,同庳。從庳爲正。"

③ 字書中爲異體字,也不作爲用字形式收録。如:

應—癏。《字彙補・广部》:"癏,應本字。"

鴈—癋。《字彙補・广部》:"癋,與鴈同。"

④ 不見於字書,不作爲用字收録。如:

厀(瘷)、痿(瘻)、庭(瘂)、厭(瘷)、疝(疝)、靡(癱)等。

(2) 彳—亻

① 混同構件涉及的兩個字均是常用字,作爲用字收録。如:

假—徦。《説文解字・彳部》:"徦,至也。"《説文解字・人部》:"假,非真也。一曰至也。"秦漢簡帛常用"徦"作"假"。

傲—徺。《説文解字・彳部》:"徺,循也。"《玉篇・人部》:"傲,傲行也。"秦漢簡帛常用"傲"作"徺"。

侍—待。《説文解字・彳部》:"待,竢也。"《説文解字・人部》:"侍,承也。"秦漢簡帛中的"待""侍"二字均有從"彳""亻"兩種寫法。

徑—俓。《説文解字・彳部》:"徑,步道也。"《玉篇・人部》:"俓,急也。"秦漢簡帛中"俓"既用作"徑",也用作人名等。

② 字書中作爲異體的例子,如不見於字書,均不作爲用字收録。如:

役—伇。"役",《説文解字・殳部》古文作伇。馬王堆帛書中有數例"役"寫作"伇"。

優—傻。《玉篇・彳部》:"傻,傻游也。"《廣韻・尤韻》:"傻,傻游,本亦作優。"《説文解字・人部》:"優,饒也。"

又如偶(徶)、脩(徟)、備(備)、德(徝)、條(徠)、僕(僕)等。

(七) 同形字

"不同的字,如果字形相同,就是同形字。"①秦漢簡帛中存在相當數量的同形現象。這種情況下,一個字形既是某個字或其異體,同時又是另外一

———————————————

① 裘錫圭:《文字學概要》(修訂本),第 201 頁。

個字或其異體。由於牽涉到兩個字之間的關係，因此也存在是否看作用字現象收録的問題。同形問題其實只是另外一個視角，所涉及的字有前面討論的省寫、異體、構件混用及構件形體混同等多種情况，前文已經討論過處理方法。

　　從產生原因來看，同形現象可以分爲理據同形和書寫同形兩類。本書根據具體情况決定是否作爲用字收録。

1. 理據同形

　　有些同形字可以在結構理據上進行解釋。字形與所代表的兩個字、記録的兩個詞之間均可找到内在的理據聯繫。這種形體與别的字具有理據同形關係者，包含在本書收録的範圍内。

　　(1) 恿—勇/痛

　　"恿"字字書所見功能頗複雜。《説文解字·力部》以爲古文"勇"字，《集韻·東韻》作爲"恫"之或體。秦漢簡帛中也常用"恿"來記録痛苦之﹛痛﹜。"恿"字從心，無論看作是"勇"的異體，還是"痛"的異體，在理據上均可講得通。因此，既可以看作是兩個字的異體在理據上同形，也可以看作是一個獨立的"恿"字，分别記録兩個詞。我們作爲後一種情况收録。

　　(2) 聭—餌

　　"聭"字，《孫臏兵法》0416："所以聭(餌)敵也。"《戰國縱横家書》034："除群臣之聭(恥)。"二字形同實異，爲同形字。我們依據形體獨立爲一字，看作兩種記詞功能。

　　(3) 炅—熱

　　秦漢簡帛中的"熱"常寫作"炅"。于豪亮先生認爲："炅是熱字，當系從火從日會意。炅字和熱字可能在相當長的時期内一直並行使用，在秦和西漢時，炅字似乎比熱字用得更爲普遍。大約在東漢初，熱字取代了炅字，炅字也有了其他的讀音和涵義，炅是熱字也就不爲人所知了。"[1]此形與《説文解字·火部》訓"見也"的"炅"字同形。

---

① 于豪亮：《居延漢簡釋叢》，載《于豪亮學術文存》，中華書局，1985年，第172頁。

（4）坑—瓨

"坑"字,馬王堆一號墓與三號墓遣策共 18 例,作爲量詞使用。陳劍先生指出此類"坑"字皆與見於《玉篇》《廣韻》等的"阬"字俗體(《説文解字・自部》大徐本"阬"字下説"今俗作坑")無關,而是着眼於"(陶)土製"器物角度爲"瓨"所造的異體字。①

（5）桉—案

《説文解字・木部》:"案,几屬。"從性質來看,秦漢時期的"桉"應該就是"案"的異體,與現代桉樹的"桉"同形。《字彙・木部》:"桉,同案。"《後漢書・王渙傳》:"渙喪西歸,道經弘農,民庶皆設槃桉於路。"《集韻・翰韻》:"案,木名。或書作桉。"此木名是否是現代所謂的桉樹尚不明確。

秦漢文字中的"桉"有兩種主要用法:一是槃案的"案",見於《蒼山畫像石題記》:"玉女執尊、杯、桉(案)、柈(盤)。"二是用作動詞"按",見於里耶秦簡、馬王堆帛書《老子》乙本前 140 上等。第一種用法,我們可以看作是構件移位所致的異體,但是第二種用法就無須看作是"案"的異體再讀作"按",而可以直接讀"按"。從形體上説,"桉"與"按"也很可能是構件"木""扌"相近所致。因此,我們收録"桉"與"案"作爲用字組。

（6）嘿—默

北大漢簡《妄稽》072"瀟(寂)蓼(寥)皆嘿(默)","嘿"字爲"默"字異體。《玉篇・口部》:"嘿,與默同。"《墨子・貴義》:"嘿則思,言則誨,動則事。"畢沅校注:"默字俗寫從口。""嘿"字《集韻》有兩個同形字,一釋"楚人謂欺曰嘿屎";一釋"欨",爲"歟"之或體。我們將"嘿"與"默"作爲用字組收録。

2. 書寫同形

書寫同形是在書寫過程中形成的相同形體,與結構理據沒有太大關係。此類情況根據所涉及字形的情況採取不同的方式。

如果所涉及的兩個字均爲常用字,我們作爲用字收録。例如,"菨"字《説

---

① 陳劍:《試説戰國文字中寫法特殊的"亢"和從"亢"諸字》,《出土文獻與古文字研究》第三輯,復旦大學出版社,2010 年。

文解字·艸部》釋"艸,出吳林山",而東漢五一廣場漢簡 304、409、646＋587 的"蓊",指鞋子,這是《説文解字·艸部》釋"艸履"的"蘆"字省寫後造成的同形字。①再如構件移位所致的"障"和"鄣",《説文解字·𨸏部》:"障,隔也。"西北屯戍漢簡中常見"障",義爲防守邊關用的小城堡。簡中往往寫作"鄣",與《説文解字·邑部》訓"紀邑也"之"鄣"同形。《漢語大字典》"鄣"用作"障",使用術語"同"。由於"障""鄣"同從"章"聲,古音相同,也有人看作是通假,《古字通假會典》收有典籍異文多例。②秦漢簡帛中的"障"幾乎都寫作"鄣"。

而如果構件移位形體未見於字書,或在字書中就是異體,則不收録。如鄥(隖)、郭(障,見嶽麓簡《爲吏治官及黔首》019)、陌(邭,見龍崗秦簡 120"千(阡)邭(陌)")、鄰(隣,《廣韻·真韻》:"鄰,俗作隣。")等。

除了構件移位外,構件更替所致的同形,也採取相同的原則。當同形字出現在很後起的字書,並且這個同形字也是另外一個字的異體字時,很明顯不適合看作用字。如長沙東牌樓漢簡私信 0035"窒貧"之"窒"寫作"窒"。而《正字通·穴部》:"窒,古文塞。以土窒穴也。見《古文奇字》。"我們將東牌樓的形體看作是構件"工"訛寫作"土",從而與《正字通》的"窒"字同形,不作爲用字收録。

(八)《説文解字》重文

《説文解字》重文的來源和性質都比較複雜③,需要區別對待。大部分的重文可以看作比較單純的一字異體,不在本書的收録範圍之内。例如:

(1)誖—悖

《説文解字·言部》:"誖,亂也。悖,或从心。"金關漢簡 T23:878:"伯陽慶所犯悖天逆理。"金關簡字形"悖"即爲後世通行字。

---

① 孫濤:《釋"蓊米"——兼傳世文獻以"蓊"記{蘆}校讀例舉》,《漢語史學報》第二十五輯,上海教育出版社,2021 年。

② 高亨纂著,董治安整理:《古字通假會典》,第 307 頁。

③ 張曉明:《從〈説文〉重文看漢字字際關係的研究》,《山東理工大學學報》2004 年第 4 期。

（2）幝—襌

《説文解字·巾部》：“幝，憿也。襌，幝，或从衣。”《現代漢語詞典》以重文“襌”爲正體字頭。①漢簡中兩形均見，且數量差異不大。

（3）缾—垪—瓶

《説文解字·缶部》：“缾，甖也。瓶，或从瓦。”邵瑛《説文解字群經正字》：“今經典多從或體。”漢代簡帛中寫法多樣，居延漢簡350.55A寫作“缾”，馬王堆帛書《周易》029上作“垪”，鳳凰山八號墓簡119、北大漢簡《妄稽》076作“瓶”，都是更換義符而形成的異體。

（4）𥁕—兆

《説文解字·卜部》：“𥁕，灼龜坼也。从卜、兆，象形。兆，古文𥁕省。”邵瑛《説文解字群經正字》：“今經典從古文。”段玉裁《説文解字注》：“按古文祇爲象形之字。小篆加卜，非古文減卜也。”秦漢簡帛多作“兆”，馬王堆帛書《繆和》及北大漢簡各有2例作“𥁕”。

（5）綫—線

《説文解字·糸部》：“綫，縷也。線，古文綫。”《干禄字書》以“綫”“線”並爲正字。秦漢簡帛中未見正篆“綫”。《説文解字》的古文“線”見於居延漢簡26.18：“第三（四）十隊（燧）卒線（綫）回。”應是姓氏。意義明確的“綫”，秦漢簡帛中寫作“縼”，見銀雀山漢簡《守法守令等十三篇》0898：“鍼縼（綫）。”“縼”，《集韻·僊韻》收爲“綫”之異體。也寫作“錪”，見馬王堆帛書《相馬經》008下“亓（丌—其）中有細錪（線）”、056上“中有錪〈錪—線〉”，當是借字。

（6）醬—牆—𤖕—醬

《説文解字·酉部》：“醬，盬也。从肉、酉，酒以和醬也，爿聲。𤖕，古文。”段玉裁《説文解字注》改“盬”作“醢”，云“今俗作醬”。《集韻·漾韻》謂“古省”。此類形體已見於戰國中山王器，秦漢簡帛文字中也有用例，如睡虎地秦簡、馬王堆帛書《五十二病方》等作“牆”，金關簡中多作“牆”，T23：294B作“𤖕”，與《説文解字》古文同。

---

① 中國社會科學院語言研究所詞典編輯室編：《現代漢語詞典》（第7版），第765頁。

　　而有一部分重文則可以作爲用字予以收錄，如重文分化、重文同形等情況。

1. 重文分化

　　重文分化的情況並不少見。一部分的重文後世分化成不同的字，在秦漢簡帛所反映的當時實際使用情況中，有些用法已經完全分化，有些則正處於分化的過程中。使用已經分化者，其實所記錄的已經不是一個詞，一般不存在用字的情況。這一類的例子比較多，如御—馭、其—箕、求—裘等。有時它們都有借用記錄另一個詞的情況，例如北大漢簡《周馴》"嗚呼"一詞，089 簡作"烏"，135 簡作"於"，兩個字都記錄"嗚呼"的{嗚}。

　　而有些重文尚在分化的過程中，需要根據實際使用情況看作用字。

　　（1）常—裳

　　《說文解字·巾部》："常，下帬也。裳，常或从衣。"段玉裁《說文解字注》："今字裳行而常廢矣。"秦漢簡帛中"裳"多作"常"，大部分都是秦和西漢早期的例子。西漢中晚期的例子有北大漢簡《妄稽》3 例，定州漢簡 1 例，尹灣漢簡 2 例。另外還有武威漢簡《儀禮》中的 30 例，作爲傳抄古書，可能是早期底本寫法的遺留。而"裳"字只有 3 例：江蘇揚州胥浦 101 號漢墓木牘（M101:82）"禪裳一領……複裳二領"，爲平帝時期。居延漢簡 210.35"辨衣裳"，爲新莽時期。從秦漢簡帛中的使用來看，"裳"的使用數量既少，時間又遲，其通用當在西漢晚期以後。

　　（2）匡—筐

　　《說文解字·匚部》："匡，飲器，筥也。筐，匡或从竹。"秦漢簡帛中，器物之"筐"與匡正之"匡"已經開始分化。馬王堆帛書記錄器物之"筐"兩種寫法均見。"女承筐无（無）實"一句，《周易》38 上作"筐"，《繆和》43 下則寫作"匡"。阜陽漢簡、北大漢簡《蒼頡篇》"筐篋籢笥"均寫作"筐"。匡正之"匡"，阜陽漢簡《春秋事語竹簡》有"壹匡天下"，馬王堆帛書《經法》《十六經》等也作"匡"。作爲人名時，兩者也均見，無法判斷是否仍是一字，如尹灣漢簡 YM6D5"曲陽尉夏筐"，居延新簡人名常見"匡"。此種情況均依字形釋讀。

2. 重文同形

有些重文性質上應該是異體，但是存在與其他字同形的情況。本書也適當予以收録。

（1）筥—朹

《説文解字·竹部》：“黍稷方器也。朹，古文筥。”秦漢簡帛中“朹”字有用作“筥”的例子，如阜陽漢簡《詩經》0142：“每食八朹（筥）。”居延新簡EPT43：102：“入朹（筥）百。”也有其他用法的例子，如銀雀山漢簡《晏子》0570 簡用作“救”：“正勢（徹）而朹（救）竆（窮）。”《爾雅·釋木》：“朹，檕梅。”郭璞注：“朹樹狀似梅，子如指頭，赤色似小柰，可食。”則“朹”爲木名，與“筥”之重文同形。

（2）户—牀

《説文解字·户部》：“户，護也。半門曰户。牀，古文户从木。”“牀”，字書又指窗户。玄應《一切經音義》卷十六引《字書》：“牀，窗也。”《廣韻·嗛韻》：“牀，牖也。”漢簡中也有不同用法。金關簡 T24：268B“牀（户）主”，用作“户”。《長沙五一廣場東漢簡牘》第二册 620 的“牀（榮）印”，用作“榮”，可能是一種省寫。因此，宜看作用字現象。

3. 重文借字或其他特殊情況

（1）四—亖

《説文解字·四部》：“四，陰數也。亖，籀文四。”裘錫圭先生認爲“四”用來表示數詞｛四｝“大概是假借用法”，“數詞｛四｝，西周以前都用‘亖’字表示，春秋戰國時代‘亖’‘四’並用，秦以後基本上用‘四’字，只有新莽時代曾恢復用‘亖’字”。[1]新莽簡中都用“亖”表示｛四｝。因此，無論是從字形關係，還是從使用的發展變化過程來看，都有必要將“四”“亖”看作用字收録。

（2）処—處

《説文解字·几部》：“処，止也，得几而止。處，或从虍聲。”秦漢簡帛

中多作"處",共 560 餘例。作"处"者 55 例,見於阜陽漢簡和馬王堆帛書。
兩種寫法在這兩種文獻中的數量差異不算太大。阜陽漢簡《周易》兩種寫
法均見,分布並無明顯的規律。而帛書中,不同寫法的分布比較有規律。
作"處"39 例,主要見於《老子》甲本及卷後古佚書、《戰國縱橫家書》、《五
十二病方》、《五星占》等。作"处"48 例,主要見於《老子》乙本及卷前古佚
書、《春秋事語》、《相馬經》等。三號墓醫書簡《十問》作"處",《天下至道
談》作"处"。《周易》卷後佚書《二三子問》作"處",其餘作"处"。其中《經
法・四度》45 上:"亓〈失〉主道離人理,处(處)狂惑之立(位)处〈而〉不吾
(悟),身必有瘳(戮)。"第二個"处"整理者疑爲"而"之誤字。①《長沙馬王
堆漢墓簡帛集成》僅在注中引了原注的意見,未在釋文中括讀。鑒於上
述複雜的使用情況,我們收錄此例,並以後世通行的或體"處"爲詞形
用字。

(九) 傳世典籍異文

傳世典籍異文的性質也非常複雜。簡帛文獻整理者爲了便於理解文
意,往往將傳世典籍異文括注在簡帛字形之後。其中,音義關係明確、記錄
的是同一個詞、符合我們所定義的用字範圍者,自然屬於用字收錄範圍。例
如,北大漢簡《老子》簡 6"天得一以精","精"字帛書、傳世本均作"清",故可
以讀作"清"。有些不屬於用字的情況我們酌情予以排除。

1. 簡帛用字與傳世典籍中的異文是意義相同或相近的同義詞

例如,武威漢簡《儀禮》甲本《士相見之禮》002"某非敢爲儀","非"字今
本作"不"。007"某使某","使"字今本作"命"。甲乙本《服傳》中的"蓋弗成
也",今本"弗"作"未"。秦漢簡帛中"三十""四十"多寫作"卅""卌"。定州
漢簡《論語》《儒家者言》作"卅""卌",今本《論語》作"三十""四十"。

有些異文的情況比較複雜。"而/爾"與"女/汝"作爲第二人稱代詞,在

---

① 國家文物局古文獻研究室編:《馬王堆漢墓帛書〔壹〕》,文物出版社,1980 年,第 52 頁。

秦漢簡帛石刻文字中均較常見。《古字通假會典》除了不少"爾與女""爾與汝"異文的例子外,也有少量"而/爾"與"汝"的異文例子。①古注中也有大量以"汝"釋"而/爾"的例子,這說明它們之間的意義關係很密切。但是對於兩組字之間的關係,學術界的看法不太一致。

有通假字典將兩組字看作通假。馮其庸、鄧安生《通假字彙釋》"而"字條下有通"汝"項,"爾"字下無。②王力先生在《漢語史稿》中認爲第二人稱只有一個系統,"相互間是雙聲的關係,靠着韻母起曲折作用","'汝'(女)、'爾'、'若'、'戎'相互間的界限,還沒有人能夠劃分清楚","就現有的史料觀察,還看不出'汝'和'爾'的分別來","在個別作品中,'汝'和'爾'嚴格地區別開來"。③《同源字典》以"汝""爾"爲"魚歌通轉","都是第二人稱代詞,實同一詞"。④既然是一個詞,自然應該看作用字。

洪成玉先生則認爲:"'汝''而''爾''若''乃''戎''你',音近義通,爲同源字。"⑤王海根《古代漢語通假字大字典》"而"字條:"通'爾',汝,你(第二人稱代詞)。按:《小爾雅·廣詁》:'而,汝也。''而''汝'古同聲通用。""爾"字條下無用作"汝"的義項。⑥其說有些模棱兩可,似乎是將"而/爾"與"女/汝"看作通用字。《漢語大字典》"爾""而"兩字下的第二人稱代詞義項均未標注通"女/汝"。

而簡帛文獻整理中,一般不將"而/爾"讀作"女/汝"。例如,武威漢簡《儀禮》甲本《少牢》002:"假(嘏)女(汝)大筮有常",今本"女"作"爾",一般只改讀作"汝"。馬王堆帛書《周易·頤》018上:"初九,舍而靈龜。"《長沙馬王堆漢墓簡帛集成》注:"'而',阜陽漢簡本同,王弼本作'爾',上博出竹書本作'尔'。"⑦《老子》甲本卷後古佚書《五行》83/252:"搗(剴)而(爾)四體

---

① 高亨纂著,董治安整理:《古字通假會典》,第549、398頁。

② 馮其庸、鄧安生:《通假字彙釋》,北京大學出版社,2006年,第710頁、第10頁。

③ 王力:《漢語史稿》,中華書局,1980年,第258—261頁。

④ 王力:《同源字典》,商務印書館,1982年,第157—159頁。

⑤ 洪成玉:《古漢語常用同義詞疏證》,商務印書館,2018年,第639頁。

⑥ 王海根:《古代漢語通假字大字典》,福建人民出版社,2006年,第695頁。

⑦ 裘錫圭主編,湖南省博物館、復旦大學出土文獻與古文字研究中心編纂:《長沙馬王堆漢墓簡帛集成》(叁),第18頁。

（體），予女（汝）天下，弗爲也。搞（剮）如（汝）兄弟，予女（汝）天下，弗悉（屑）也。""而（爾）"與"女（汝）"並列使用。因此，我們也將"而/爾"與"女/汝"看作是一組同義詞。

2. 異文歧異無法確定者酌情處理

定州漢簡《論語·里仁》"事父母幾諫"之"幾"，今本作"幾"，《中國簡牘集成》讀"敬"，釋"恭敬、謹慎"。①學者或以爲"幾""幾"略有差異，或以爲通假，或以爲義近。②我們暫時依據典籍異文讀作"幾"，作爲用字收錄。

四、 用字數據處理方法說明

出土秦漢簡帛文獻數量十分龐大。根據我們的統計，目前正式發表的文獻總字數已經超過 100 萬字。在如此龐大的數量面前，如何努力做到用字數據的準確是我們面臨的巨大挑戰。

（一）構建秦漢簡帛文獻數據庫是本書編纂的必備基礎

本書以秦漢簡帛文獻數據庫作爲研究的基礎。經過多年的建設，我們的秦漢簡帛文獻數據庫已經基本囊括了所有 2019 年上半年前已發表的秦漢簡帛文獻。數據庫内容主要包含文獻時代、釋文、原始圖版等，尤其注重對釋文的審讀和標注，包括字形的隸定、文獻中的用法、古書類文獻對應的傳世文獻異文等。

依托此數據庫，本書編纂的每一個步驟都在數據庫中進行，包括多種路徑的用字審核以及本書各個部分的編撰和打印輸出等。

---

① 中國簡牘集成編輯委員會編：《中國簡牘集成》（第18册），敦煌文藝出版社，2001年，第1432頁。

② 張靜：《定州漢墓竹簡和上孫家寨漢墓木簡集釋》，碩士學位論文，吉林大學，2014年，第78—79頁。

（二）數據庫對於文獻語料信息的要求

　　數據庫對於其中的文獻語料信息具有一定的要求，否則無法發揮數據庫的强大功能。這種要求包括數據具有一定的格式，數據形式相互統一等。但是秦漢簡帛文獻的原始數據非常複雜，需要我們根據本書的目標要求進行相應的數據處理。

　　第一，各種簡帛文獻整理者的釋文處理原則、整理符號不完全一致，整理的完善程度也不盡相同。有時由於集體工作的緣故，同一種文獻的處理也有不盡一致的地方。這包括字形上的隸定寬嚴標準，異體字形的使用，文獻中的改讀，對應傳世文獻的異文、斷句等。例如，能看出部分筆劃的殘字，有些直接釋讀，有些則加"□"符號標記。又如，"巳"讀作"已"，西漢早期的許多整理者釋文如馬王堆標注了讀法，但是西北屯戍漢簡的整理者釋文幾乎均直接釋"已"。再如《老子》，馬王堆帛書和北大漢簡的整理者對同一個字的讀法時有不同。

　　第二，從秦到東漢，時代跨度很長，不僅文字形體變化巨大，書體種類多樣，字際關係也處在變化發展的過程中。因此，在處理簡帛文獻用字數據時，需從動態的視角具體分析不同時代、書體以及文獻的用字情況。

　　第三，材料性質複雜。古書類文獻幾乎涵蓋了《漢書·藝文志》所著録的所有分類，文書類文獻則包括更加豐富的各公私文書。①這些材料在書寫格式、書寫規範性等方面都不盡一致，例如，秦和西漢早期日書中常見的圖表類簡、西北屯戍漢簡中常見的各種簿籍等都有比較獨特的格式。有些格式還影響到用字，例如，張家山漢簡《算數書》中的標題用字與正文用字時有不同。②

　　要將如此複雜的材料整合到一起，具有相當的處理難度。處理過程中，我們本着實事求是的原則，除了對各家整理者的處理原則進行統一以外，對

---

① 詳參駢宇騫、段書安《二十世紀出土簡帛綜述》第七、八章，文物出版社，2006年。

② 劉艷娟、張再興：《基於語料庫的秦漢簡帛文獻用字研究二則》，《語言研究》2020年第1期。

於材料、時代差異造成的一些文字本身的差異，不作硬性的統一，這樣也符合當時文字變化發展的實際。

（三）減少錯誤的技術措施

本書試圖提供窮盡性的用字例證和統計數據。爲了儘量減少錯誤，包括用字標注的錯誤、遺漏等，我們主要採取了以下措施。

第一，以文獻爲單位對釋文逐字審核。在秦漢簡帛基礎數據庫的建設中，對照原始圖版和整理者釋文，進行逐字審讀。根據本書編撰的要求，標注用字。

第二，跟踪學術界的研究現狀，不斷完善數據。以放馬灘秦簡爲例，原始整理者的圖版清晰度不夠，釋文問題較多。2013年孫占宇先生所著《天水放馬灘秦簡集釋》，2014年孫占宇、晏昌貴兩位先生合著，收入《秦簡牘合集》的《放馬灘秦墓簡牘》這兩種著作，不僅發表了更加清晰的圖版，改進了釋文，對内容章節也進行了不少的調整。

第三，利用數據庫的關聯功能、排序功能、匹配功能、統計功能等，對字的隸定、歸併、讀法等進行歸一性檢查，儘量消除標注的不一致情況。例如，詞形用字按音序排列後可以發現一些不同的讀法標記其實是一個詞。如嶽麓秦簡《占夢書》044"【夢見】彭者"，"彭"字整理者注讀"簜"，笞擊義。①"簜"字未見於秦漢簡帛，此義之"簜"實與"搒"同音通用。"搒"字秦漢簡帛有數例。因此，我們將此例以及居延新簡中"搒笞""搒箠"的"搒"統一讀作"搒"。

第四，以字爲單位，對秦漢簡帛中每個字的所有用例進行審核，以減少讀法標注的遺漏。例如，部分有傳世文獻對照的簡帛文獻，如果僅依據傳世文獻異文標注，用字情況就會對用字頻率的統計產生巨大影響。如武威漢簡《儀禮》中"壹拜""壹發"之"壹"，簡本均作"壹"，而今本只有對應《士相見禮》簡6的"壹拜其辱也"作"一"。如果僅依據此異文，則用字只有1例。其實其餘5例的意義是一樣的，也應讀作"一"。各篇鄭玄均注"古文壹爲一"。

---

① 陳松長主編《嶽麓書院藏秦簡（壹—叁）》（釋文修訂本），上海辭書出版社，2018年，第70頁。

《有司徹》篇阮元校勘記："徐本、集釋同。毛本古作今。按,全部注内壹爲一,並云古文。"①則"壹""一"的使用爲今古文的差異。

　　第五,體例上儘量完善。雖然我們已經盡最大努力通過多種技術手段防止問題的出現,但是錯誤和遺漏總還是難以完全避免。爲此,對於用字譜中所涉及的字,不管是原始文獻實際用字,還是我們確定的所記録詞的詞形用字,我們都將在《詞形用字用例出處總表》和《用字本用例出處總表》兩個附録中列舉這些字的所有用例出處,提供相對完整的數據,以便讀者查驗。讀者如有需要,可以根據這個出處,審核本書中未收的材料里是否還有相應的記詞功能及用字形式。

（四）　可能影響用字組數據的一些釋讀原則

　　第一,意義明確,但字形不清晰時,直接釋作通行字,即詞形用字。例如,烽燧之"燧",漢簡中寫作隊、隧、㸌、㸌、爨等形。字形不清晰時,直接作"燧"。

　　第二,材料只發表了釋文,未見圖版者,只能依據整理者釋文。例如,記虛詞之﹛哉﹜,西漢早期簡帛中多用"才""弋"。秦簡牘中僅1例,見於王家臺秦簡《歸藏》189："□咸占之曰果哉。"但由於這部分圖版尚未完全公布,我們依據整理者釋文作"哉"。則秦簡牘中記﹛哉﹜僅見用"哉"。

　　第三,有些文句殘缺,但能根據辭例推斷的用法進行標注。例如,金關簡 T04:171B"□足下善毋(無)☒",下當殘"恙","善毋(無)恙"爲當時書信習語。如果無法推斷用法則不進行標注,即使根據當時的習慣有某種讀法。

　　第四,除了有傳世文獻對照的人名、地名外,一般其用字不根據當時用字習慣改讀。命名理據比較明確者根據理據標注,例如,人名中的"李驩(歡)",西北屯戍漢簡中常見的燧名"禽(擒)寇""卻適(敵)""驩(歡)喜"等。

　　第五,雖然記詞明確,但是字形只能認出一半構件者,由於實際用字形式無法確定,故不予收録。例如,尹灣漢簡《神烏賦》117簡的"枏",讀作"材",112簡

①　《四部精要・儀禮注疏》第1册,上海古籍出版社,1993年,第1218頁。

的"嘖"讀作"奮"等。整個字形殘缺不見但是記詞明確者也不收錄。例如,帛書《老子》乙本《德經》007/181 上:"是故人之所教,□(亦)義(我)而□(教)【人】。"

五、 斷代分卷説明及各分卷收録文獻簡介

(一) 斷代分卷依據

本書編纂用字材料分四個斷代:秦、西漢早期、西漢中晚期、東漢。在具體材料的分期中,既考慮分期的學術理據,也考慮其可操作性。在材料分卷中需要説明幾個問題。

第一,睡虎地秦墓竹簡的抄寫時間可能早至戰國末期的秦國,一並歸入秦簡牘卷。

第二,關於西漢早期與西漢中晚期的分界,歷史學界將漢武帝以前歸入西漢早期。①考古學界則進一步以元狩五年(公元前 118 年)始鑄五銖錢爲西漢早中期墓葬的分界。②鑒於簡帛材料同樣爲出土材料,我們參考考古學界的斷代方法,將漢武帝初年的江陵高臺木牘、荆州松柏簡牘以及年代下限爲漢武帝初年的銀雀山漢簡均歸入西漢早期卷。這樣的分期與文字材料的書寫風格也大體一致。西漢中期的文字材料如定州漢簡、北大漢簡等的隸書已趨於成熟,書寫風格與西漢早期隸書的差異較大。以西北屯戍漢簡爲代表的西漢中晚期民間書寫中,草書也逐漸發展成熟。

第三,馬王堆帛書材料的斷代問題,其中部分醫書的抄寫年代或認爲是秦代。爲了方便處理,我們一律歸入西漢早期簡帛卷。

---

① 王雲度:《西漢史分期芻議》,《徐州師範學院學報》(哲學社會科學版)1995 年第 4 期。

② 肖健一通過比較《西安龍首原漢墓甲編》《白鹿原漢墓》《長安漢墓》《西安北郊鄭王村西漢墓》等四種發掘報告的墓葬分期,認爲"關於西漢早期墓葬基本的共識是下限爲武帝元狩五年(公元前 118 年)""西漢中期的上限爲漢武帝元狩五年也是共識"。詳參肖健一《長安城郊中小型西漢墓葬研究》,博士學位論文,西北大學,2007 年,第 33—36 頁。

第四,西漢中晚期的材料不區分中期與晚期。一方面,比較明確的西漢中期的材料比較少,只有定州漢簡、北大漢簡等數種。另一方面,數量巨大的西北屯戍漢簡的延續時間從漢武帝一直到東漢,許多材料的具體斷代比較困難。

第五,西北屯戍漢簡的時代跨度較大,晚的有少量東漢時期簡,如居延漢簡中的永元器物簿、寇恩册等。由於數量不大,也隨其他簡歸入西漢中晚期,不再獨立至東漢簡牘卷。

第六,新莽時期簡,如武威漢簡《儀禮》,歸入西漢中晚期簡牘卷。

（二）各分卷收録文獻材料概貌

本書所收已發表的材料截至 2019 年上半年。此時間前材料的收録相對完整,故而部分文獻總量較大,但是已經發表的材料極少或未發表圖版者,暫不收入,俟後續編纂補編時再完整地呈現其用字資料。涉及這種情況的材料主要有秦時期的江陵楊家山秦簡、湖北益陽兔子山遺址秦簡等,西漢時期的兔子山漢簡、虎溪山漢簡、睡虎地 77 號墓漢簡、周家寨漢簡、印臺漢簡、謝家橋漢簡、走馬樓漢簡、水泉子漢簡等。懸泉漢簡數量巨大,但是已經發表的附圖版材料不多。《文物》2000 年第 5 期發表的《敦煌懸泉漢簡釋文選》附了少量圖版,2001 年出版的《敦煌懸泉漢簡釋粹》未附圖版,《懸泉漢簡》第一册出版於 2019 年底,不及處理收入。因此,本書暫不收懸泉漢簡,包括懸泉月令詔書。排除上述材料後,本書所收材料涉及的文獻總字數近百萬字。

1. 秦簡牘卷

本書所收秦簡牘材料共 11 種,文獻總字數約 165 514 字,用字記録10 503 條。

（1）睡虎地秦簡

1975—1976 年出土於湖北省雲夢縣睡虎地 11 號秦墓。總計有簡 1 155支,另有殘片 80 片。簡文内容計十種:《編年記》(今稱《葉書》)、《語書》、《秦律十八種》、《效律》、《秦律雜抄》、《法律答問》、《封診式》、《爲吏之道》、《日書》甲種、《日書》乙種。這些簡册書於秦王政時期的可能性最大。竹簡中寫得早的，則可能屬於戰國末期。本書所依據主要著録爲《睡虎地秦墓竹簡》以及《秦簡牘合集》第一、二册。

（2）龍崗秦簡

1989 年出土於湖北省雲夢城關的龍崗 6 號墓。現場清理竹簡編號 293 個（含殘簡 10 個）。内容可考者均爲法律條文。木牘 1 枚，内容爲司法文書。整理者認爲此墓屬秦代，年代下限到不了西漢。[①]據李學勤、陳偉等學者的研究，書寫於秦中晚期的可能性較大。[②]本書所依據主要著録爲《龍崗秦簡》及《秦簡牘合集》第二册。

（3）里耶秦簡

2002 年，湖南省龍山里耶古城 1 號古井中出土簡牘 38 000 餘枚，存有字迹者約 17 000 枚。此外，里耶秦簡還包括 2005 年出土於里耶古城北護城壕 11 號坑中的 51 枚簡牘。里耶秦簡的内容大多爲秦遷陵縣縣廷與上級洞庭郡和下屬司空、倉官、田官諸署以及都鄉、啓陵、貳春三鄉的往來文書和各種簿籍等，少數爲私人文書。簡牘中往往有具體紀年，這批簡的抄寫時間爲秦始皇二十五年（公元前 222 年）至秦二世三年（公元前 208 年）。此宗材料尚未全部公布。本書所依據主要著録爲簡報以及《里耶秦簡博物館藏秦簡》《湖南出土簡牘選編》《里耶秦簡（壹）》《里耶秦簡（貳）》《里耶秦簡牘校釋》（第一、二卷）等。

（4）周家臺秦簡

1993 年出土於湖北省荆州市區周家臺 30 號秦墓。共計出土竹簡 381 枚（1—381 號）、竹籤兩枚（382、383 號）、木牘 1 件。整理者根據形制及内容，將竹簡編爲《曆譜》《日書》《病方及其他》三種。整理者認爲，該墓略晚於睡虎地 11 號秦墓，將其下葬年代暫定於秦代，但根據隨葬器物的某些風格，

---

① 湖北省文物考古研究所、孝感地區博物館、雲夢縣博物館編：《雲夢龍崗 6 號秦墓及出土簡牘》，《考古學集刊》第 8 集，科學出版社，1994 年。

② 李學勤：《雲夢龍崗木牘試釋》，《簡牘學研究》（第一輯），甘肅人民出版社，1996 年，第 42—43 頁。陳偉主編《秦簡牘合集·序言》，武漢大學出版社，2014 年，第 5 頁。

也不排除該墓年代的下限晚至西漢初年的可能性。由於簡文中有秦始皇三十四年質日、三十六年日、三十六年置居與二世元年日,可以認爲其抄寫年代在秦代末年。①本書所依據主要著録爲《關沮秦漢墓簡牘》及《秦簡牘合集》第三册。

(5)放馬灘秦簡

1986 年出土於甘肅省天水市放馬灘 1 號墓。共計竹簡 461 枚,内容主要爲日書,另有一則名爲"丹"的人死而復生的故事。木牘四方,爲地圖。關於這批竹簡的抄寫年代,學界存在較大分歧,且"各篇的成書年代或前後不一"②。本書所依據主要著録爲《天水放馬灘秦簡》、《天水放馬灘秦簡集釋》及《秦簡牘合集》第四册等。

(6)嶽麓秦簡

2007 年,湖南大學嶽麓書院從香港搶救性購藏一批秦簡,共計 2 000 餘枚,相對完整的有 1 300 餘枚。2008 年 8 月,香港收藏家捐贈秦簡 76 枚。經整理,嶽麓書院藏秦簡共有 2 176 個編號,内容主要有《質日》《爲吏治官及黔首》《占夢書》《數》以及奏讞書、秦律令等。這批竹簡的抄寫時間有先有後,晚者至於秦二世。本書所依據主要著録爲《嶽麓書院藏秦簡(壹—伍)》《嶽麓書院藏秦簡(壹—叁)》(釋文修訂本)。

(7)王家臺秦簡

1993 年 3 月,湖北省荆州地區博物館發掘清理王家臺秦漢墓,從 15 號墓出土了大批秦代竹簡,達 800 餘支,木牘 1 件。内容有《歸藏》《效律》《政事之常》《日書》《災異占》等。簡報認爲該墓的相對年代上限不早於公元前 278 年"白起拔郢",下限不晚於秦代。③陳偉先生根據目前所見《效律》用到"臯",《政事之常》、《日書》的《日忌》篇和《災異占》中有"民"而未見"黔首",認爲這些簡册均書於秦統一之前。④

---

① 湖北省荆州市周梁玉橋遺址博物館編:《關沮秦漢墓簡牘》,中華書局,2001 年,第 157 頁。

② 孫占宇:《天水放馬灘秦簡集釋》,載張德芳主編《甘肅秦漢簡牘集釋》,甘肅文化出版社,2013 年,第 2 頁。

③ 荆州地區博物館:《江陵王家臺 15 號秦墓》,《文物》1995 年第 1 期。

④ 陳偉主編《秦簡牘合集·序言》,第 5 頁。

（8）北大秦簡

2010 年，北京大學購藏一批秦簡牘，其中竹木簡 783 枚、竹木牘 27 件、木觚 1 件。內容有《質日》《算書》《道里書》《從政之經》《泰原有死者》《製衣》《教女》等。據其書體風格與《質日》所見紀年可初步判斷這批簡牘的抄寫年代大約在秦始皇時期。①此宗材料已經在相關論文中發表了相當一部分。本書所依據著録爲《北京大學藏秦代簡牘書迹選粹》及相關論文。

（9）青川木牘

1980 年出土於四川省青川郝家坪 50 號秦墓，共計木牘 2 枚，即 16 號木牘和 17 號木牘。簡報認爲該墓的下葬時間當在甘茂“亡秦奔齊”之前，“可能是在昭王元年（公元前 306 年）左右”。②據此可知，這是目前所見最早的秦牘。

（10）嶽山木牘

1986 年出土於湖北省江陵嶽山 36 號秦墓，共計木牘 2 件，編號爲M36:43 和 M36:44，內容均爲日書。據整理者推測，其抄寫年代在秦統一之初。③

（11）睡虎地四號墓木牘

1975—1976 年出土於湖北省雲夢縣睡虎地 4 號秦墓，共計木牘兩塊，是出征兵士寫給家人的書信，有學者推測是秦始皇二十四年（公元前 223 年）之事。④

後面三種數量比較少，數據統計時合併爲“秦散簡”。本書所據著録主要爲各自簡報及《秦簡牘合集》第二至四册。

2. 西漢早期簡帛卷

本書所收西漢早期簡帛材料共 14 種，文獻總字數約 222 620 字，用字記

① 朱鳳瀚:《北京大學藏秦簡牘概述》,《文物》2012 年第 6 期。
② 四川省博物館、青川縣文化館:《青川縣出土秦更修田律木牘——四川青川縣戰國墓發掘簡報》,《文物》1982 年第 1 期。
③ 湖北省江陵縣文物局、荆州地區博物館:《江陵嶽山秦漢墓》,《考古學報》2000 年第 4 期。
④ 黃盛璋:《雲夢秦墓兩封家信中有關歷史地理的問題》,《文物》1980 年第 8 期。

録 23 177 條。

（1）馬王堆漢墓簡帛

1972—1974 年出土於湖南省長沙馬王堆一、二、三號漢墓。簡帛數量巨大，内容豐富，包括《漢書·藝文志》所説的六藝類、諸子類、數術類、方技類文獻以及遣策。在馬王堆三座墓葬中，二號墓葬年代最早，墓主人爲利倉，死於吕后二年（公元前 186 年）；三號墓主人爲利倉之子，葬於漢文帝十二年（公元前 168 年）；一號墓葬主人爲利倉之妻，死亡時間晚於三號墓葬數年，約爲漢文帝五年（公元前 175 年）至漢景帝中元五年（公元前 145 年）。①諸簡帛抄本爲漢初或更早。本書所依據的主要著録文獻有《長沙馬王堆一號漢墓》、《長沙馬王堆二、三號漢墓、第一卷田野考古發掘報告》、《馬王堆漢墓帛書》壹、叁、肆、《長沙馬王堆漢墓簡帛集成》壹至柒等。

（2）銀雀山漢簡

1972 年出土於山東省臨沂市銀雀山 M1 和 M2 漢墓。根據整理小組的最新統計，竹簡共計 7 623 枚，木牘 5 方。②主要内容有《孫子兵法》《孫臏兵法》《尉繚子》《晏子》《六韜》《守法守令等十三篇》等典籍類文獻。簡報根據二號墓中的《漢武帝元光二年曆譜》，判斷墓葬年代上限爲漢武帝元光元年（公元前 134 年）。③整理小組推斷，銀雀山漢簡的抄寫年代當是西漢文、景至武帝初年。④本書所依據主要著録有《銀雀山漢墓竹簡［壹］》《銀雀山漢墓竹簡［貳］》。

（3）張家山漢簡

1983 年年底至 1984 年年初出土於湖北省江陵張家山 M247、M249、M258 三座西漢前期墓葬。其内容包括《二年律令》《奏讞書》《脈書》《引書》《算數書》《蓋廬》，以及曆譜、遣策等。整理者推斷，張家山漢簡各種著作的

①　何介鈞主編《長沙馬王堆二、三號漢墓》，文物出版社，2004 年，第 237 頁。

②　衛松濤：《“銀雀山漢簡保護整理與研究項目”階段性成果簡述》，《孫子研究》2018 年第 3 期。

③　山東省博物館、臨沂文物組：《山東臨沂西漢墓發現〈孫子兵法〉和〈孫臏兵法〉等竹簡的簡報》，《文物》1974 年第 2 期。

④　銀雀山漢墓竹簡整理小組編：《銀雀漢漢墓竹簡［壹］》，文物出版社，1985 年，第 5 頁。

年代下限當不會遲於公元前 186 年。①本書所依據主要著録有《張家山漢墓竹簡［二四七號墓］》《張家山漢墓竹簡［二四七號墓］》（釋文修訂本）等。

（4）阜陽漢簡

1977 年出土於安徽阜陽縣雙古堆西漢汝陰侯墓。出土的簡牘雖然非常殘碎，但内容相當豐富，包含《蒼頡篇》《詩經》《萬物》《周易》《春秋事語》《儒家者言》《年表》《莊子》《刑德》《日書》等十餘種典籍。根據發掘報告，阜陽漢簡的下限不晚於漢文帝十五年（公元前 165 年）。②本書所依據主要著録有《阜陽漢簡〈詩經〉研究》《阜陽漢簡〈周易〉研究》《阜陽漢簡〈蒼頡篇〉》《中國簡牘集成》（18—19 册）等。

（5）孔家坡漢簡

2000 年出土於湖北省隨州市孔家坡 M8 漢墓，内容包括《日書》《曆日》《告地書》。整理者根據《告地書》和《曆日》的記載，推斷這批材料的年代爲西漢景帝後元二年（公元前 142 年）。③本書所依據著録爲《隨州孔家坡漢墓簡牘》。

（6）鳳凰山漢簡

1973 年至 1976 年，湖北省江陵鳳凰山 M8、M9、M10、M167、M168、M169 六座西漢墓陸續發掘，共出土 634 枚簡牘，總計 4 600 餘字。内容主要有告地書、遣策以及多種簿籍、契約等。根據簡牘中的紀年和墓葬情况，整理者判定這批墓葬的時代當在文景時期，即公元前 179 至公元前 141 年之間。④本書所依據著録爲《江陵鳳凰山西漢簡牘》。

（7）香港中文大學藏漢簡

其中，日書、遣策、河堤簡屬於西漢早期。⑤本書所依據著録爲《香港中

---

① 張家山二四七號漢墓竹簡整理小組編著：《張家山漢墓竹簡［二四七號墓］》（釋文修訂本），文物出版社，2006 年，第 2 頁。

② 安徽省文物工作隊、阜陽地區博物館、阜陽縣文化局：《阜陽雙古堆西漢汝陰侯墓發掘簡報》，《文物》1978 年第 8 期。

③ 湖北省文物考古研究所、隨州市考古隊編：《隨州孔家坡漢墓簡牘》，文物出版社，2006 年，第 29—33 頁。

④ 湖北省文物考古研究所編：《江陵鳳凰山西漢簡牘》，中華書局，2012 年，第 9—11 頁。

⑤ 彭浩：《〈河堤簡〉校讀》，《考古》2005 年第 11 期。

文大學文物館藏簡牘》。

（8）廣西貴縣羅泊灣漢墓木牘

1976 年出土於廣西壯族自治區貴縣羅泊灣一號漢墓。墓中出土 5 枚木牘，9 枚木簡。木牘 3 枚有字，2 枚無字，有字木牘内容爲遣策和農具記録，木簡爲器物標牌。發掘報告推測墓葬時代爲西漢初期，上限到秦末，下限不會晚於文景時期。①本書所依據著録爲《廣西貴縣羅泊灣漢墓》及《散見簡牘合輯》。

（9）荆州松柏簡牘

2004 年出土於湖北省荆州市荆州區紀南鎮松柏村漢墓。共計有字簡牘 57 方、木簡 10 枚，主要内容包括遣策、簿册、曆譜等。根據簡牘記載的漢武帝建元、元光年間的曆譜，簡報推斷一號墓的年代爲漢武帝早期。②本書主要依據著録爲《湖北荆州紀南松柏漢墓發掘簡報》。

（10）長沙漁陽王后墓木楬

1993 年出土於長沙國王后漁陽墓。統計出土木楬、簽牌數十枚，内容主要是遣策。墓葬時代上限爲文帝時期，下限可至景帝初年。③本書所依據著録爲《湖南長沙望城坡西漢漁陽墓發掘簡報》。

（11）江陵高臺漢木牘

1990 年出土於湖北江陵高臺漢墓。其中，18 號墓出土木牘 4 方，内容爲遣策、告地書。6 號墓出土竹簡 53 枚，有字簡 14 枚，内容爲遣策。根據 18 號木牘上的紀年，確定下葬時間爲西漢文帝前元七年（公元前 173 年）。④ 2009 年發掘的 M46 號墓出土木牘 9 塊，墓葬年代應爲西漢早期後段，即元狩五年（公元前 118 年）以前的武帝初年。⑤本書所依據著録爲《荆州高臺秦

---

① 廣西壯族自治區博物館：《廣西貴縣羅泊灣漢墓》，文物出版社，1988 年，第 89 頁。

② 荆州博物館：《湖北荆州紀南松柏漢墓發掘簡報》，《文物》2008 年第 4 期。

③ 長沙市文物考古研究所、長沙簡牘博物館：《湖南長沙望城坡西漢漁陽墓發掘簡報》，《文物》2010 年第 4 期。

④ 湖北省荆州地區博物館：《江陵高臺 18 號墓發掘簡報》，《文物》1993 年第 8 期；湖北省博物館：《荆州高臺秦漢墓——宜黄公路荆州段田野考古報告之一》，科學出版社，2000 年，第 256—258 頁。

⑤ 荆州博物館：《湖北荆州高臺墓地 M46 發掘簡報》，《江漢考古》2014 年第 5 期。

漢墓》及發掘簡報。

（12）蕭家草場漢簡

1992 年出土於湖北省荊州市沙市區關沮鄉嶽橋村太湖港東岸蕭家草場二六號墓，共計竹簡 35 枚，內容爲遣策。根據墓葬特點、出土竹簡上的文字、漆器烙印以及刻畫文字的書題，整理者推斷該墓下葬年代爲西漢早期，上限爲西漢初年，下限不晚於文景時期。①本書所依據著録爲《關沮秦漢墓簡牘》。

（13）雲夢大墳頭 1 號漢墓木牘

1972 年出土於湖北省雲夢大墳頭一號墓。共 1 件，其內容爲遣策。發掘報告認爲是西漢早期墓。②本書所依據著録爲《湖北雲夢西漢墓發掘簡報》及《散見簡牘合輯》。

（14）廣州南越國木簡

2004 年底至次年初，在廣東省廣州市老城區南越國宮署遺址的一口南越國古井（J264）中清理出百餘枚木簡，內容主要是簿籍和法律文書。一枚簡上紀年“廿六年七月”，當爲趙佗年號，可能對應漢文帝前元二年（公元前 178 年）或前元九年（公元前 171 年）。本書主要依據著録爲《南越國宮署遺址》。

以上 8—14 種簡牘數量較少，統計中合並爲“西漢早期散簡”。

3. 西漢中晚期簡牘卷

本書所收西漢中晚期簡牘材料共 25 種，文獻總字數約 498 991 字，用字記録 23 157 條。

（1）北京大學藏西漢竹書

2009 年北京大學接受社會捐贈，得到 3 300 多枚西漢竹簡。竹書內容爲古代典籍，包括近二十種文獻。就其書體來看，整理者推測抄寫年代在西

---

① 湖北省荊州市周梁玉橋遺址博物館：《關沮秦漢墓簡牘》，中華書局，2001 年，第 184 頁。

② 湖北省博物館、孝感地區文教局、雲夢縣文化館漢墓發掘組：《湖北雲夢西漢墓發掘簡報》，《文物》1973 年第 9 期。

漢中期,即漢武帝後期,下限不晚於宣帝。①本書所依據著録爲《北京大學藏西漢竹書》(壹—伍)。

(2) 定州漢簡

1973 年出土於河北省定縣(今稱定州)八角廊村四〇號漢墓,即西漢中山懷王劉修墓。内容涉及多種傳世古籍,包括《論語》《儒家者言》《哀公問五義》《保傅傳》《太公》《文子》《六安王朝五鳳二年正月起居記》《日書》等。中山懷王劉修死於漢宣帝五鳳三年(公元前 55 年),故這批竹簡的抄寫應當在公元前 55 年之前。②本書所依據著録爲《定州漢墓竹簡〈論語〉》及相關論文。

(3) 香港中文大學藏漢簡中的《奴婢廩食粟出入簿》部分

該部分簡近 70 枚。整理者根據其中的"元鳳二年"紀年,認爲是一批西漢中期的簡牘。本書所依據著録爲《香港中文大學文物館藏簡牘》。

(4) 敦煌漢簡

敦煌漢簡是 20 世紀初以來在河西疏勒河流域漢塞烽燧遺址中陸續出土的竹、木簡牘。本書所依據著録主要爲《敦煌漢簡》、《中國簡牘集成》(3—4 册)、《敦煌馬圈灣漢簡集釋》、《敦煌漢簡校釋》、《玉門關漢簡》等。

(5) 居延漢簡

1930—1931 年,中國、瑞典學者合組的西北科學考察團在甘肅、内蒙古自治區額濟納河兩岸和内蒙古額濟納旗黑城東南的漢代邊塞遺址中,發現10 000 多枚漢簡,因發現地點屬漢代居延地區,所以稱其爲"居延漢簡"。本書所依據著録主要爲《居延漢簡甲乙編》、《居延漢簡釋文合校》、《中國簡牘集成》(5—8 册)、《居延漢簡》(壹—肆)等。

(6) 居延新簡

1972—1974 年,甘肅省文物考古工作者對額濟納旗甲渠候官遺址和第四燧進行了清理發掘,出土簡牘 8 000 多枚。本書所依據著録主要爲《居延新簡——甲渠候官》、《中國簡牘集成》(9—12 册)、《居延新簡釋校》、《居延新簡集釋》等。

---

① 北京大學出土文獻研究所:《北京大學藏西漢竹書概説》,《文物》2011 年第 6 期。

② 河北省文物研究所:《河北定縣 40 號漢墓發掘簡報》,《文物》1981 年第 8 期。

　（7）肩水金關漢簡

　1973 年出土於甘肅省金塔縣肩水金關，共計 11 000 多枚。本書所依據著録爲《肩水金關漢簡》（壹—伍）。

　（8）額濟納漢簡

　1999 年、2000 年、2002 年出土於内蒙古自治區額濟納地區，共 500 餘枚。本書所依據著録爲《額濟納漢簡》《額濟納漢簡釋文校本》等。

　（9）地灣漢簡

　1986 年對地灣遺址進行第二次考古發掘所出土的簡牘及肩水金關遺址所採集的散簡，共計 803 枚。本書所依據著録爲《地灣漢簡》。

　（10）英國國家圖書館藏斯坦因所獲未刊漢文簡牘

　主要是柿片，排除明顯不是漢代的簡牘，共約 2 000 多片，内容包括《蒼頡篇》殘片。本書所依據著録爲《英國國家圖書館藏斯坦因所獲未刊漢文簡牘》。

　（11）尹灣漢簡

　1993 年出土於江蘇省連雲港市東海縣温泉鎮尹灣村。M2 出土 1 方木牘，其餘 23 方木牘、133 枝竹簡均出土於 M6，内容包括各種簿籍、數術類文獻、曆譜、衣物疏等，還有一篇《神烏傅（賦）》。M6 所出簡牘記有“永始”和“元延”年號，故知其爲西漢晚期成帝時物，墓葬應不晚於成帝末年。M2 屬新莽時期。本書所依據著録爲《尹灣漢墓簡牘》《尹灣漢墓簡牘校理》等。

　（12）武威漢簡

　1959 年出土於甘肅省武威縣磨咀子 6 號漢墓。内容主要是比較完整的九篇《儀禮》。此墓屬於王莽時期。整理者推斷墓主爲經師，活動時代爲宣帝以後的西漢晚期。① 本書所依據著録爲《武威漢簡》《武威漢簡〈儀禮〉整理與研究》。

　（13）上孫家寨漢簡

　1978 年出土於青海省大通縣上孫家寨村西北 115 號漢墓，出土木簡計 240 餘枚。整理者據内容分作三類：兵法類，軍法、法令、軍爵類，篇題目録。

---

① 甘肅省博物館、中國科學院考古研究所編著：《武威漢簡》，中華書局，2005 年，前言第 8—9 頁。

本書所依據主要著録爲《大通上孫家寨漢簡釋文》《上孫家寨漢晉墓》《散見簡牘合輯》等。

（14）連雲港花果山雲臺漢墓簡牘

1978 年出土於江蘇省連雲港市花果山下的雲臺磚廠。簡牘可辨成文者13 片，其餘 17 片字迹甚殘，無法辨認或無字迹。時代應是哀帝元壽二年（公元前 1 年）。①本書所依據著録爲《江蘇連雲港市花果山出土的漢代簡牘》《散見簡牘合輯》。

（15）邗江胡場漢墓木牘

出土於江蘇省揚州市邗江胡場 5 號漢墓。木牘 13 方，内容爲神靈名位牘、日記牘、文告牘、喪祭物品牘。另有記載隨葬器物的木簽 6 枚、木觚 7 枚。此墓爲西漢宣帝本始四年（公元前 70 年）墓。本書所依據著録爲《江蘇邗江胡場五號漢墓》及《散見簡牘合輯》。

（16）揚州儀徵胥浦漢墓簡牘

出土於江蘇省儀徵胥浦 101 號西漢墓。共出土“先令券書”竹簡 16 枚，賻贈木牘、木觚各一方，木牘衣物券 1 塊。此墓爲平帝元始五年（公元前 34 年）紀年墓。②本書主要著録依據爲《江蘇儀徵胥浦 101 號西漢墓》《儀徵胥浦 101 號西漢墓〈先令券書〉初考》《散見簡牘合輯》。

（17）安徽天長紀莊西漢墓木牘

2004 年出土於安徽省天長市安樂鎮紀莊西漢墓葬（19 號墓），出土木牘34 件，共書有 2 500 字左右。整理者公布了 10 件（14 面）木牘及文字内容，内容有户口名簿、算簿、書信、名謁、藥方、禮單等。簡報推斷此墓年代爲西漢中期偏早。③本書所據著録爲《安徽天長西漢墓發掘簡報》。

（18）未央宮簡

出土於漢代長安城未央宮前殿 A 區建築遺址，共 115 枚。遺址時代上限爲西漢初年，下限不會晚於西漢晚期。我們依據簡文字體歸入西漢中晚

---

① 　李洪甫：《江蘇連雲港市花果山出土的漢代簡牘》，《考古》1982 年第 5 期。

② 　揚州博物館：《江蘇儀徵胥浦 101 號西漢墓》，《文物》1987 年第 1 期。

③ 　天長市文物管理所、天長市博物館：《安徽天長西漢墓發掘簡報》，《文物》2006 年第 11 期。

期。本書所依據著録爲《漢長安城未央宮》。

（19）山東日照海曲漢墓簡牘

2002 年出土於山東省日照市西郊西十里堡村 M106 漢墓，共計有字竹簡 38 枚，内容爲曆譜，有武帝“天漢二年”（公元前 99 年）和“公元城陽十一年”年號。下葬年代爲武帝後元二年（公元前 87 年）。①本書主要著録依據爲《日照海曲簡〈漢武帝後元二年視日〉研究》《山東日照海曲西漢墓（M106）發掘簡報》。

（20）連雲港海州西漢侍其繇墓木牘

1973 年出土於江蘇省連雲港市海州區南門大隊網疃莊附近的 1 座壙豎穴夫妻雙棺合葬墓。2 枚木牘分别出土於兩棺，南棺出土的 1 枚字迹已經消失；北棺的 1 枚正面字迹尚清晰，背面字迹已模糊不清。木牘分上、中、下三欄書寫。内容爲隨葬衣物清單，均未見照片。年代爲西漢中晚期。本書所依據著録爲《江蘇連雲港市海州西漢侍其繇墓》《散見簡牘合輯》。

（21）江蘇揚州平山養殖場木楬

1983 年出土於江蘇省揚州市平山養殖場 3 號漢墓，共 3 枚。此墓爲西漢中晚期墓葬。②本書所依據著録爲發掘簡報及《散見簡牘合輯》。

（22）連雲港雙龍木牘

2002 年 7 月江蘇省連雲港市海州區雙龍村西漢墓 M1 出土有字木牘 9件，其中 7 件爲名謁，2 件爲衣物疏。發掘整理者認爲雙龍漢墓時代應屬於西漢中晚期。③本書所依據著録爲《江蘇連雲港海州西漢墓發掘簡報》。

（23）北京大葆臺一號漢墓竹簡

1974—1975 年出土於北京大葆臺一號漢墓，共 1 枚。墓葬年代爲西漢晚期。④本書依據著録爲《北京大葆臺漢墓》。

---

① 山東省文物考古研究所：《山東日照海曲西漢墓（M106）發掘簡報》，《文物》2010 年第 1 期。

② 揚州博物館：《揚州平山養殖場漢墓清理簡報》，《文物》1987 年第 1 期。

③ 連雲港市博物館：《江蘇連雲港海州西漢墓發掘簡報》，《文物》2012 年第 3 期。

④ 大葆臺漢墓發掘組、中國社會科學院考古研究所：《北京大葆臺漢墓》，文物出版社，1989年。靳寶：《北京大葆臺漢墓墓葬年代與墓主人考略——兼談北京老山漢墓墓葬年代及墓主人》，《秦始皇帝陵博物院》，2012 年。

（24）武威磨咀子漢墓柩銘

共 4 條，1957 年、1959 年出土於磨咀子 4 號、15 號、22 號、23 號墓。日忌木簡、雜占木簡共 11 枚，與《儀禮》同出於甘肅省武威縣磨咀子 6 號漢墓，時代屬西漢晚期。[1]本書所依據著録爲《武威漢簡》。

（25）武威磨咀子漢墓《王杖詔書令册》

1981 年徵集，出土於甘肅省武威市新華鄉磨咀子漢墓，共 26 枚，内容包括 5 份詔書令文件，成書時間"當在西漢成帝元延三年或其稍後的成帝、哀帝之際"[2]。本書所依據著録爲《武威新出土王杖詔令册》《散見簡牘合輯》。

以上 14—25 種簡牘數量較少，統計時合併爲"西漢中晚期散簡"。

4. 東漢時期簡牘（附東漢石刻）

相較於西漢時期，目前已經正式出版的東漢簡牘材料要少得多。本書所收簡牘材料共 9 種，文獻總字數大約 35 549 字，用字記録 1 313 條。

（1）武威東漢簡

包括三類材料：① 武威漢代醫簡。1972 年出土於甘肅省武威旱灘坡東漢早期墓葬，共有木制醫簡 92 枚。本書所依據著録爲《武威漢代醫簡》、《中國簡牘集成》（4 册）、《武威漢簡集釋》。

② 武威旱灘坡漢簡。1989 年出土於甘肅省武威柏樹鄉下五畦大隊的旱灘坡漢墓群，共計殘簡 17 枚，内容皆爲當時使用的律令條文。簡文有"建武十九年"年號，墓葬年代爲東漢中晚期。[3]本書所依據著録爲《甘肅武威旱灘坡東漢墓》《中國簡牘集成》（4 册）。

③ 武威磨咀子 18 號墓出土王杖 10 簡。1957 年出土於甘肅省武威新華鄉纏山村磨咀子 18 號漢墓。"此册之編寫，則在明帝永平十五年後。"[4] 10 簡爲一完整册書，内容記載西漢宣、成二帝關於高年賜王杖的兩份詔書

---

① 甘肅省博物館、中國科學院考古研究所編著：《武威漢簡》，中華書局，2005 年，第 137 頁。

② 武威縣博物館：《武威新出土王杖詔令册》，載《漢簡研究文集》，甘肅人民出版社，1984 年。

③ 武威地區博物館：《甘肅武威旱灘坡東漢墓》，《文物》1993 年第 10 期。

④ 甘肅省博物館、中國科學院考古研究所編著：《武威漢簡》，第 147 頁。

和受杖老人受辱之後裁決犯罪者的案例以及墓主人受王杖的行文等。①本書所依據主要著録爲《散見簡牘合輯》《中國簡牘集成》（4 册）。

（2）長沙東牌樓東漢簡牘

2004 年出土於湖南省長沙市東牌樓古井，計有 206 枚有字簡，其内容大致是官府文書、郵驛簽牌和私人信件。簡文有建寧、熹平、光和、中平等年號，其年主要屬於東漢靈帝（公元 168—189 年）時。②本書所依據著録爲《長沙東牌樓東漢簡牘》。

（3）長沙五一廣場東漢簡牘

2010 年出土於湖南省長沙市五一廣場，共約 8 000 枚，主要内容爲應用文書（公文），少量封檢、函封和簽牌。根據目前所見紀年簡，初步斷定該批簡牘的時代主要爲東漢早中期和帝至安帝時期。③本書所據著録爲《長沙五一廣場東漢簡牘選釋》《長沙五一廣場東漢簡牘》（壹、貳）。

（4）長沙尚德街東漢簡牘

2011 年出土於湖南省長沙市尚德街，共 257 枚，内容有應用文書（公文、雜文書）、私信、習字簡等。簡牘出土古井的時代大多爲東漢中晚期至三國東吳早中期，簡牘年代多爲東漢中晚期。④本書所依據著録爲《長沙尚德街東漢簡牘》。

（5）香港中文大學藏漢簡中的序寧簡

2001 年香港中文大學文物館收藏 14 枚東漢章帝建初四年（公元 79 年）"序寧"簡，主要内容爲巫禱文字，年代爲東漢早期。本書所據著録爲《香港中文大學文物館藏簡牘》。

（6）張家界古人堤漢簡

1987 年出土於湖南省張家界古人堤東漢時期水塘，共計 90 枚，内容可

① 李均明、何雙全：《散見簡牘合輯》，文物出版社，1990 年，第 3 頁。

② 王素：《長沙東牌樓東漢簡牘概述》，載長沙市文物考古研究所、中國文物研究所編《長沙東牌樓東漢簡牘》，文物出版社，2006 年。

③ 長沙市文物考古研究所、清華大學出土文獻研究與保護中心、中國文化遺産研究院、湖南大學嶽麓書院編：《長沙五一廣場東漢簡牘選釋》，中西書局，2015 年，前言第 7 頁。

④ 長沙市文物考古研究所編：《長沙尚德街東漢簡牘》，嶽麓書社，2016 年，第 82 頁。

分六類：漢律、醫方、官府文書、書信及禮物楬、曆日表、九九乘法表。其中有東漢永元、永初等年號，可以判斷爲東漢時期。①本書所依據著録爲《湖南張家界古人堤簡牘釋文與簡注》。

（7）甘谷漢簡

1971 年出土於甘肅省甘谷縣劉家坪，共有 23 枚，是東漢桓帝延熹年間（公元 158—167 年）宗正府卿劉柜因宗室事務上書給皇帝的奏章，以及經批准後轉發給各州郡的官方文書。②本書所依據著録爲《甘谷漢簡考釋》《散見簡牘合輯》。甘谷漢簡數量較少，統計時循前三卷之例稱“東漢散簡”。

爲了彌補東漢簡牘材料相對較少的缺憾，我們將東漢時期的石刻材料作爲附録列入。東漢石刻材料豐富，語言環境完整，而且相對於目前所見東漢簡牘中大多數的文書來説，具有明顯的書面語言特徵。其用字數量豐富，且有鮮明的特色，是東漢時期用字的重要資料。在具體處理時，雖然是附録，但是在《文獻分布頻率對照表》和《辭例》中也作爲一種材料單位，與其他東漢簡牘並列，以便對照使用。本書收録東漢石刻材料主要來源於《漢石經集存》《漢碑全集》《漢魏六朝碑刻校注》等集成性著録，後來散見於刊物的新發表材料也予以收録。排除《漢碑全集》中的磚銘和西漢時期的材料，文獻總字數約 56 346 字，用字記録 2 679 條。

---

① 湖南省文物考古研究所、中國文物研究所：《湖南張家界古人堤遺址與出土簡牘概述》，《中國歷史文物》2003 年第 2 期。

② 张學正：《甘谷漢簡考釋》，載《漢簡研究文集》，甘肅人民出版社，1984 年。

文獻視角的研究

秦簡牘文獻用字習慣計量研究[*]

姜　慧　　張再興

用字習慣是指在一定時期的文獻中，爲表示某詞而選用某字的約定俗成的用字傾向。出土文獻未經後世改動，年代相對明確，爲用字習慣的斷代研究提供了真實的資料。本文研究所依據的材料包括放馬灘秦簡、睡虎地秦簡、里耶秦簡、嶽麓秦簡、周家臺秦簡、龍崗秦簡及若干秦代的小宗散簡，文獻總字數約 112 000 字。爲儘量使各項統計結果相對科學，我們排除了具有爭議和存疑的用字字組。

一、　頻率視角的用字習慣考察

在文字發展過程中，能夠稱得上習慣的用字現象，必須已達到一定的頻率規模，而不能僅僅是偶爾的、零星的用字。一種文字系統的使用特點也正是通過這些成規模的用字習慣來體現的。因此，用字習慣的考察應當首先從頻率的視角進行。在隨後的討論中，我們也將主要聚焦於高頻的用字字組。

通過基於秦簡牘文獻語料庫對其用字情況進行的窮盡性定量統計，秦

---

*　原載《語言研究》2017 年第 4 期。

簡牘文獻中有 1 016 個用字組，共出現 5 498 次。與秦簡牘時間相近或稍早的楚簡帛中，共有用字組 4 398 個，總頻率爲 19 501 次。相對於總字數爲 89 000 多字的楚簡帛文獻，秦簡牘文獻中的用字要規範得多。

　　按照使用頻率，我們可將秦簡牘文獻用字劃分爲不同等級的字組：使用頻率爲 100 次以上（均含端點，下同）的爲最常用字組，30 次以上的爲常用字組，10 次以上爲次常用字組，2 次以上的爲不常用字組，僅 1 次的爲單次用字組。不同等級字組的具體分布情況見表 1。

表 1

用字組等級		用字組數	占總用字組數比重（％）	用字的使用量	占總量用字比重（％）	字組平均使用量
較常用	最常用字組	7	0.69	1 335	24.28	190.71
	常用字組	26	2.60	1 315	23.92	50.58
	次常用字組	63	6.20	1 072	19.50	17.02
非常用	不常用字組	339	33.37	1 195	21.74	3.53
	單次用字組	581	57.19	581	10.57	1

　　從整體上看，秦簡牘文獻中只有少量用字集中於高頻常用字組，尚有大量的單次用字組在使用，其使用數量已經達到了 581 個。其中，相對於非常用字組，96 個較常用字組的用字總量在實際用字總量中占據了極高的比例，即較常用字組作爲秦簡牘文獻的高頻用字，其用字的特徵性較強，呈現出具有一定頻率規模的約定俗成性。從各個字組的內部看，7 個 100 次以上的字組數僅占總組數的 0.69％，其用字量卻占用字總量的 24.28％。581 個單次用字組數占總組數的 57.19％，其用字量則占用字總量的 10.57％，二者的使用比重差距懸殊。可見，與秦簡牘文獻中的單次用字組相比，雖然較常用字組並不是很多，但其社會認同程度較高。這些字組能夠反映出當時相對固定的用字習慣。

　　秦簡牘文獻中最高頻的用字字組及頻率分布情況如下：毆（也）400、可（何）223、毋（無）180、五（伍）142、智（知）140、辠（罪）①128、有（又）122。在

---

① 秦簡牘文獻中的“辠（罪）”是性質較爲特殊的一個字組，爲秦始皇實行“書同文”政策後人爲規範形成的用字習慣，故也納入本文用字習慣的研究中。

以上高頻字組中,居於前兩位的"殹(也)"和"可(何)"分別爲語氣詞和疑問代詞,均爲虛詞。從高頻字組的內部看,二者的使用頻率明顯高於其他字組。這表明秦簡牘文獻最高頻的字組用字呈現出不平衡的分布特點。此外,隨後的"毋(無)""五(伍)"和"智(知)"等字組,都是法律文書中常見的動詞或名詞,多出自程式化的用法或固定搭配,其使用比重差別不大。可知,秦簡牘文獻集中度較高的高頻字組的分布具有不平衡性,這一特徵與文獻的內容密切相關。

從較常用字組的本借字關係看,相對於只有 23 組的純同音通假的用字,分化字的用字已經達到了 67 組,占較常用字組數的 69.79%。這說明分化字在秦簡牘文獻較常用字組中占據明顯的優勢地位。從發展的角度看,這些高頻分化字具有形態和功能的不一致性:雖然它們在表示語詞的功能上已經分化,但在實際的使用形態上多依舊選用分化所從出的字形,尚未使用新的分化字形。

從地域的角度看,秦、楚共有的用字字組是"智(知)"和"可(何)",這說明二者的用字習慣屬於時代傳承性的特徵。與此相對,"殹(也)"、"有(又)"和"毋(無)"等習慣用法在楚簡帛文字中未見或罕見,反映出這些用字是屬於秦文字的特點。"五(伍)""辠(罪)"等用字則主要與秦簡牘文獻的內容特徵相關。

從時代的角度看,到了西漢早期簡帛文獻時期,高頻習用字組中的"毋(無)""有(又)""智(知)"等依然存在,這說明它們的字詞關係仍尚未定型。而"殹(也)""可(何)""五(伍)""辠(罪)"等字組則已不見或罕見,這顯示出其用字已經發生了重大的變化。

二、 字形選擇視角的用字習慣考察

記錄詞的字形選擇既是個人的習慣,也是社會約定俗成的結果。同時,這也體現了文字系統發展演變的過程。秦簡牘文獻在文字的使用過程中,既有本字和借字同時使用的情況,也有只使用借字的情況。

（一）同時使用本字和借字

秦簡牘文獻用字中本字和借字都存在的共見字有 199 組。其中，本字的使用頻率高於借字的共見字（A 類）139 組，本字的使用頻率低於借字的共見字（B 類）47 組，本字和借字頻率相當的字組（C 類）有 13 組。

在 A、B 兩類中，本字和借字的數量差異有的很大，有的則比較接近。我們分別選取兩類用字的前 20 位高頻共見字進行分析，見表 2。

表 2

A 類				B 類			
本字	本字數	借字數	借字	本字	本字數	借字數	借字
爲	1 154	2	僞	也	213	400	殹
五	1 031	2	伍	何	61	223	可
有	964	14	又/右	無	14	181	毋
其	889	3	丌	知	4	140	智
三	861	12	參	又	3	122	有
四	722	9	駟/䯏	娶	2	103	取
陵	617	4	夌/淩	假	13	83	叚
中	584	5	衷	予	20	60	鼠
大	524	2	泰	術	7	57	述/秫
事	400	8	吏	晏	11	47	安
遷	392	28	䙴	償	6	45	賞
食	332	5	蝕/飤	執	20	44	摯/質
分	286	2	貧	功	5	38	攻/紅
貲	282	10	訾	刑	4	41	荊
與	247	9	興	徹	21	33	䐈/池
即	178	26	節	鬥	17	29	斲
謂	175	36	胃	答	2	28	治/飭
除	163	12	徐/餘	賣	16	27	買
在	160	7	才	廢	2	27	灋/法
數	152	6	婁	獵	4	15	邋

A 類用字情況中有許多例子的使用頻率比較低，當屬於臨時性的借用。如僞（爲）、伍（五）等。其中使用頻率稍高的一些字組應該屬於某種文獻的用字習

慣,如"眥(貲)"共 10 例,均分布於嶽麓秦簡。從整體上看,秦簡牘文獻高頻共見字中 A 類用字的高頻集中度和使用密度遠高於 B 類。從文獻分布看,A 類用字中借他字以記錄本字的少量用例多集中分布在秦代早期和中期的日常私用性文書中。例如,相對於 861 例直接寫作"三"的用字,借用"參"表示"三"的 12 個用例中,有 10 例分布在放馬灘秦簡的《日書》乙種篇中。另有 2 例分別分布在嶽麓秦簡《占夢書》篇第 3 簡和周家臺秦簡《病方及其他》篇第 374 簡中。此外,還有字組的用字習慣屬於意義和功能的分化,例如"節(即)"①。

B 類用字有以下幾種情況:第一種是秦簡牘文字的用字習慣,如"殹(也)"。第二種是文獻內部的差異,如"鼠(予)",這組用字中見於睡虎地秦簡 12 例、嶽麓秦簡 39 例、放馬灘秦簡 2 例;"予"則見於里耶秦簡 14 例、龍崗秦簡 2 例、周家臺秦簡 1 例。②再如"灋(廢)",見於睡虎地秦簡 21 例、放馬灘秦簡 6 例;"廢"則僅見於里耶秦簡 2 例。

無論是 A 類還是 B 類,二者都有較多用字屬於分化進行過程中的兩形共存。由於各組用字分化發展的速度並不均衡,造成了本字和借字數量的差異。A、B 兩類正好是這一發展過程的兩個不同階段。A 類的"胃(謂)",後起"謂"的數量已經大大超過"胃",這一用字情況一直延續到西漢早期。而 B 類的"取(娶)"等後起分化本字的數量則較少,它們尚處於分化發展的前期。

C 類字組見表 3。

表 3

本字	本字數	借字數	借字	本字	本字數	借字數	借字
諸	14	14	者	醇	2	2	淳
支	11	11	枳/只	牆	2	3	蘠
乂	2	2	辥/嬖	佩	2	3	備
蒔	2	2	時	機	2	3	幾
倨	2	2	渠/朅	復	2	3	復/覆
柔	2	2	桼/桼	擾	2	3	憂/櫌
賁	2	2	桼				

---

① 姜慧、張再興:《秦漢簡牘文獻用字習慣考察三則》,《古漢語研究》2017 年第 1 期。

② 按:根據里耶秦簡更名方及學者相關研究,此組用字與"書同文"政策相關。

　　從整體上看,以上用字中本字和借字的使用頻率都相對較低,並多有生僻字。這主要是受文獻本身內容的限制。從本借字的關係看,這些字組中既有借簡易書寫形式記錄本字的例子,也有用複雜書寫形式記錄本字的情況,即尚未形成固定的用字習慣或用字規律。可知,這類字組多是秦簡牘文獻中偶然出現的用字情況。

　　從文獻的分布看,前兩組高頻字組有明顯的文獻差異。第一組睡虎地秦簡用“者(諸)”共見 12 例。放馬灘秦簡、龍崗秦簡用“諸”。里耶秦簡則兩者均用,且數量近似。進一步從時代角度考察可以發現,這種文獻差異其實也是用字習慣的時代演進差異。到了西漢早期簡帛文獻中,用“者(諸)”只有 25 例,見於馬王堆漢墓帛書 24 例,阜陽漢簡 1 例。其餘的 217 例則都用“諸”。第二組“枳(支)”的 10 個用例均只見於睡虎地秦簡,“只(支)”的 1 例則僅見於里耶秦簡。另外,里耶秦簡中有 3 例直接作“支”。

(二) 只使用借字

　　秦簡牘文獻中只使用借字的獨見字共 368 組。依照使用頻率進行量化分組見表 4。

表 4

出現頻率	用字組數	占用字總量的比率(%)	累計覆蓋率(%)
50 以上	2	0.54	9.68
21—50	12	3.26	34.46
11—20	18	4.89	51.78
6—10	34	9.24	67.83
2—5	122	33.15	88.54
1	180	48.91	100

　　從數量上看,獨見字 368 組的使用數量遠超過共見字的 199 組。這說明大多數秦簡牘用字習慣是由於秦簡牘文字中不使用或尚未出現這個字的本字而形成的。我們選取頻率在 20 次以上的 14 個高頻字組進行深入的分析。其中,以聲符記錄的字有 10 個,占了絕大多數:轂(繫)84、直(值)66、臧

（藏）49、責（債）48、鄉（嚮）46、朱（銖）31、央（殃）21、臧（贓）27、失（佚）26、賈（價）24。可見，在分化形聲字產生之前，秦簡牘文獻曾有一個大量借用聲符的階段。其中，有些字的借用過程還比較漫長。如借“直”爲“值”，直到西漢早期的張家山漢簡依然如此。《算數書》中整理者直接釋作“值”的兩個字，其實都應是“直”字：48 簡的字形作 ，明顯是“直”字；27 簡的字形左側不清，從殘留的筆迹來看也不是“值”字。“值”字到魏晉碑刻文字中才大量出現。此外，有些借用的字甚至到分化形聲字產生之後，仍一直被沿用，如“藏”字。雖然“藏”字已見於古璽文字和楚簡文字，但在秦簡牘文獻中仍借用“臧”字表示。①

與戰國楚簡文字相比，秦簡牘文獻中的獨見字中有 46 組本字已經見於楚簡，但秦簡牘文獻仍借用他字來表示這些已有的本字。可見，這種僅用借字的用字習慣具有一定的地域性。

三、 字詞對應視角的用字習慣考察

用字習慣本質上是在特定的時間和地域範圍內形成的約定俗成的選字記詞的文字使用特徵。這是漢字使用過程中所呈現的一定規律性的現象，是字與詞在相應時代背景下特定對應關係的反映。②字詞關係作爲動態的立體系統，其變化情況相當複雜。只有全面、系統地考察文獻用字的實際對應關係，才能更好地從整體上了解用字規律，把握漢字職能的發展演變。③因此，我們對秦簡牘文獻用字中的複雜字詞對應關係進行定量統計，試爲探討漢語固定字詞關係的發展提供歷史綫索。

（一） 秦簡牘文字中的 “一字多詞”

“一字多詞”向固定字詞關係的發展是漢字和漢語發展過程中最引人矚

---

① 劉志基主編，劉志基編著：《中國漢字文物大系》（第一卷），大象出版社，2013 年，第 555 頁。

② 張世超：《戰國秦漢時期用字現象舉隅》，《中國文字研究》第一輯，廣西教育出版社，1999 年。

③ 陳斯鵬：《楚系簡帛中字形與音義關係研究》，中國社會科學出版社，2011 年，第 3 頁。

目的字詞關係變化。①我們以"字"爲觀察點,對秦簡牘文獻中同一個書寫形式所表示的不同詞的實際對應關係數量進行考察,見表5。

表5

對應類別	用字組數	占總組數比重(%)
一字對四詞	2	0.25
一字對三詞	24	2.99
一字對兩詞	96	11.96
一字對一詞	681	84.81
總計	803	100

表6

對應類別	用字組數	占總組數比重(%)
一詞對五字	1	0.12
一詞對三字	16	1.91
一詞對兩字	130	15.53
一詞對一字	690	82.43
總計	837	100

從總量上看,"一字對一詞"與"一字對多詞"的用字組數分別爲681個和122個,使用比重分別爲84.81%和15.19%,二者差距懸殊。這表明秦簡牘文獻中同一個書寫形式所記錄的詞相對比較固定。從"一字對多詞"的内部看,"一字對兩詞"的比重遠超過"一字對三詞"和"一字對四詞",這也能夠在一定程度上説明秦簡牘文獻用字的相對穩定性。

進一步選擇其中最複雜的對應關係加以考察。"一字對四詞"的用字共有兩組:一爲"扁",記錄{翩}{匾}各2次,{蝙}{遍}各1次;一爲"夬",記錄{決}18次,記錄{缺}{快}{玦}各1次。這兩組用字中的字形都是所記字的聲符,"夬"字所記的字還是一組意義相關的同源詞②,"扁"字所記的也有同源分化的字,如{匾}。以上情況表明,秦簡牘文獻中的"一字對四詞"現象具有明顯的以簡代繁、以聲符記同源詞的用字傾向。

(二) 秦簡牘文字中的 "一詞多字"

同一個詞使用不同的字來記錄也是漢語字詞關係規範和定型過程中較爲突出的現象。我們以"詞"爲觀察點,對秦簡牘文獻中同一個詞的不同書

---

① 黄德寬:《從出土文獻資料看漢語字詞關係的複雜性》,《歷史語言學研究》第七輯,商務印書館,2014年。

② 董蓮池:《夬族同源詞試聯》,《民俗典籍文字研究》第二輯,商務印書館,2005年。

寫形式的數量進行考察，見表6。

　　從整體上看，同一個詞所用書寫形式的數量不多於5個，是有節制的字詞對應關係，而不是隨意地選擇文獻用字。秦簡牘文字中"一詞一字"與"一詞多字"的用字組數分別爲690個和147個，使用比重分別爲82.43％和17.57％，前者占了絕大多數。從"一詞多字"的內部看，"一詞對兩字"的比重要遠高於其他兩類。這表明秦簡牘文獻中同一個詞所用的書寫形式總體上比較規範。

　　秦簡牘文獻中"一詞對五字"及"一詞對三字"中差異明顯的用字情況見表7。

表7

本字	世					繫			破			作			藉			矯		
借字	枼	葉	渫	貰	進	毄	係	墼	彼	枝	波	酢	乍	詐	耤	籍	昔	撟	橋	僑
總計	5	2	1	1	1	84	1	1	29	14	2	15	2	1	12	2	1	6	1	1

　　我們試從兩個角度分析上表的數據。

　　第一，從頻率角度看，大部分用字的頻率並不一致。高頻社會性用字反映了當時社會用字的基本習慣。

　　雖然記錄每個詞的字形常有多個，但是總有一個字形是最常用來記錄這個詞的，而且此字形的使用總量往往很多，其餘字形則只占很少一部分。我們把使用頻率具有明顯優勢、能夠相對準確地反映出選字傾向性的用字，稱爲"社會性用字"。例如，在秦簡牘文獻中，"夬""陝"都可以用作"決"，二者的使用頻率分別爲18和5。相對於"陝"，"夬"字的使用頻率更高，那麼"夬"字爲其社會性用字，即用"夬"字表示"決"是秦簡牘文獻的用字習慣。秦簡牘文獻總用字頻率大於等於10的社會性用字的使用情況如下：

　　　毋（無）：173/175①　　毄（繫）：84/86　　述（術）：49/57　　摯（執）：44/45

　　　彼（破）：30/46　　　攻（功）：30/36　　叔（菽）：30/32　　灋（廢）：26/27

①　毋（無）：173/175。這組數值所代表的意思是，在表"無"的多個用字中，"毋"字爲表示"無"的社會性用字。"/"前的數字是該用字頻率，"/"後的數字爲表示"無"的總用字頻率，該比值即爲此組用字占總用字的比重。

治(笞)：25/26　央(殃)：21/28　夬(決)：20/25　觷(徹)：17/31

筑(築)：16/17　穜(種)：16/17　貣(貸)：16/17　酢(作)：15/18

大(太)：14/21　榣(搖)：14/18　材(裁)：14/15　又(有)：13/14

耤(藉)：12/15　兌(銳)：12/14　招(招)：12/14　狠(墾)：12/13

徐(除)：11/12　冉(側)：11/16　枳(支)：10/11　禺(遇)：10/11

殼(穀)：9/10

從整體上看，雖然這一時期的字詞關係並未完全定型，存在"一詞多字"的情況，但是社會性用字在用字總量中占絕對優勢。這表明以上用字已經成爲當時被社會普遍認可的用字習慣，是群體性選擇的結果，同時也與秦"書同文字"政策中的"正用字"相關。①當然，在秦簡牘文獻的實際用字中仍可偶見不穩定的用字現象，這或是文獻書寫者在書寫過程中的臨時性用字，或是在政策性規範文字的過程中被逐漸淘汰和廢除的用字遺迹②，其具體的成因尚待進一步的探討。

第二，從文獻角度看，不同用字反映了文獻分布的内部差異。

一些頻率近似的不同用字，往往是不同文獻用字習慣的反映。這些不同文獻或是地域的差異，或是時代的差異。在同一種文獻内部，用字情況則往往比較一致。例如，在秦至漢初簡牘的日書類文獻中，建除中的"破"可用多個字形表示。但從文獻分布看，記録"破"的不同書寫形式實質上是文獻分布的差異。除了放馬灘秦簡中 27 例"破日"的"破"都作"彼"外，2 例"雖(唯)利彼(破)水"中的"破"也作"彼"。睡虎地秦簡《日書》甲種中《秦除》篇中 13 例"破"都寫作"柀"，《封診式》篇 77 簡"柀(破)入内中"的"破"也作"柀"。另外，《除》篇 6 簡則寫作"彼"。這裏的《除》篇所描述的是楚系建除術，與秦除有明顯的差異。③可知，這一用字習慣的差異是由於地域不同造成的。此外，只有《日書》甲種篇 142 簡背面"勿以筑(築)室及波(破)地"的"破"寫作"波"。同樣"破"寫

---

① 陳昭容：《秦"書同文字"新探》，《秦系文字研究：從漢字史的角度考察》，"中研院"歷史語言研究所，2003 年，第 69—105 頁。

② 周波：《戰國時代各系文字間的用字差異現象研究》，綫裝書局，2012 年，第 251 頁。

③ 劉樂賢：《睡虎地秦簡日書研究》，文津出版社，1994 年，第 30 頁。

作"波"的還有周家臺秦簡《病方及其他》339 簡："某癰某波（破）。"

（三）秦簡牘文字中的兩字交叉互用

在秦簡牘文獻用字中，用來記録兩個詞的兩個不同的字還有交叉互用的情況，見表 8。

表 8

用字組	頻率	用字組	頻率	用字組	頻率	用字組	頻率
五—伍	144	伍—五	2	殳—投	3	投—殳	2
有—又	122	又—有	13	辰—晨	2	晨—辰	1
生—牲	25	牲—生	1	泰—大	2	大—泰	1
雖—唯	7	唯—雖	1	僞—爲	2	爲—僞	1
首—道	4	道—首	1	被—柀	1	柀—被	1
厲—癘	3	癘—厲	1	成—城	1	城—成	1

秦簡牘文獻中交叉互用的情況只有 12 組，並不常見。在互用字組中，頻率較高的字組往往反映了秦簡牘文獻的基本用字習慣或文字發展演變的規律，頻率較低的字組多是臨時的使用。如"五（伍）"共見 144 例，這反映了"五"表示什伍之"伍"的常見情形；而"伍（五）"則只見於放馬灘秦簡 322 簡，同一簡中的數詞先用"五"，後兩次用"伍"。

（四）秦簡牘文字中的多字遞用

秦簡牘文獻中的用字還有鏈鎖式的聯繫，即記録幾個詞的多個字遞相使用。用公式化表示即 A 用作 B，B 又用作 C。如果排除一些臨時性的借用，其中所反映的用字規律也值得我們探究。這種多字遞用的情況既可以發生在一種文獻内部，也可以發生在多種文獻之間。

1. 發生在一種文獻内部的遞用，共 11 組

放馬灘秦簡：① 意→喜→禧　② 婁→數→速　③ 正→政→征　④ 罷→

圍→圓

　　睡虎地秦簡:① 述→術→怵　② 枳→支→肢　③ 辟→避→僻　④ 辟→
臂→壁　⑤ 咼→過→禍

　　里耶秦簡:① 泰→大→太

　　嶽麓秦簡:① 述→術→怵　② 腸→傷→殤

2. 發生在不同文獻之間的遞用，共 9 組

　　① 直→置→窒　　　② 澍→澍→樹　　　③ 享→孰→熟
　　④ 首→道→導　　　⑤ 蹄→旁→傍/謗　　⑥ 貧→分→紛
　　⑦ 鑰→龠→鑰　　　⑧ 椢→恒→亙

　　從整體上看，秦簡牘文獻遞用的用字組共 20 組，僅占總用字組的
3.94%。雖然這些用字組爲數不多，但這類用字現象的出現在一定程度上
表明部分用字的字詞對應關係相對鬆散，尚處於變化發展的過程中。

　　值得注意的是，上述遞用字組在不同文獻中的分布：早期的放馬灘秦簡
可見 4 個遞用字組，睡虎地秦簡有 5 個遞用字組。到了中期的里耶秦簡和
嶽麓秦簡，則分別只出現了 1 個和 2 個遞用字組。可見，隨着時代的發展，
秦簡牘文獻的遞用字組有逐漸減少的趨勢。這表明在秦簡牘文獻的實際用
字過程中，遞用字組在總體上趨於規範，逐漸形成了較爲統一的用字習慣。

四、結　語

　　通過上文多視角的計量考察，我們可以得到秦簡牘文獻用字習慣的若
干特點：

　　第一，雖然許多用字習慣與後世或者傳世文獻有所不同，但是大量的高
頻用字習慣在秦簡牘文字系統的內部相對比較一致，體現了秦簡牘文獻用
字習慣總體上的穩定性和規範性。此外，在不同文獻的內部，其用字習慣略
有一些差異。

　　第二，在秦簡牘文獻的用字習慣中，後起分化字占了很高的比重，其用

字具有顯著的形聲化發展特徵。這些分化字所呈現出的形態和功能的不一致性，也是處於漢字分化發展早期的秦簡牘文獻所特有的用字特徵。

第三，在漢字發展的過程中，時代差異是造成文獻用字習慣差異的重要原因。秦簡牘文獻在傳承舊有的用字習慣的同時，也體現出了其時代所特有的用字習慣。同時，隨着時代的演進，秦簡牘文獻內部不同時期的文獻也會產生用字上的變化。

第四，雖然秦簡牘文獻的字詞對應關係尚未完全定型，但在實際用字過程中，逐漸形成了較爲一致的基本用字習慣。無論是秦簡牘文獻用字的字形選擇還是意義表達，其社會性的用字習慣體現了漢字在明確表詞過程中的用字傾向。這種文獻用字習慣的形成，是語言文字發展過程中相互協調規範的結果。

鳳凰山漢墓所出文書用字差異考察

林 嵐

湖北江陵鳳凰山地區共有六座漢墓出土竹木簡牘，分別是八、九、十、一六七、一六八、一六九號墓。所出簡牘皆爲文書，尤以遣策居多，且遣策所載與墓葬中的出土實物基本相符。相較於經歷多次傳抄的典籍類文獻，文書類文獻在書寫上具有即時性，用字情況更貼近書寫時代文字的實際使用面貌。而這幾座漢墓時代相差不遠，年代皆在文景時期，即公元前 179 年至公元前 141 年之間。在這近四十年的時間内，社會上的用字習慣應當没有很大變化。但通過對鳳凰山漢簡用字情況的考察，我們發現，鳳凰山漢簡中的用字現象較爲複雜，同一個詞出現不同用字形式的情況相當常見。據我們統計，涉及用字的共有 108 個詞，使用了 119 種用字形式。其中，在記録同一個詞時，各墓葬間記詞用字相同的共有 18 組，占用字形式總數的 15.13％；而各墓葬間記詞用字有分布差異的共 65 組，約占用字形式總數的 54.62％，涉及 30 個詞。這 30 個具有用字差異的詞，下文簡稱"共見詞"。本文擬從不同角度考察鳳凰山漢簡各墓葬間這種較大的用字差異產生的多方面原因。

一、 用字差異的墓葬分布特點

雖然各墓葬間的記詞用字多有差異，但整體上呈現互補分布。即在記録同一個詞時,屬於同一出土地的不同墓葬常有不同的用字形式,但同一墓葬内的用字形式較爲固定。各墓葬間具有用字差異的詞與用字分布情況詳見表1。

表 1

字	詞	總計	八號	九號	十號	一六七號	一六八號	一六九號	字	詞	總計	八號	九號	十號	一六七號	一六八號	一六九號
安	安	4		3	1				牛	牛	12	3	2	1	3	2	1
案		1					1		件		1						1
杯	杯	13	4	3	2		4		盤	盤	4	2				2	
栝		6				3		3	般		2		1				1
比	笓	3		2				1	綺	綺	5	5					
枇		1						1	奇		2					2	
溥	轉	4	1	1			1	1	困	困	3				1		2
薄		1						1	菌		1	1					
靀	蔥①	2	2						筭	算	55	2		53			
雙		1		1					算		1	1					
穀	穀	2	1			1			楈	鋪	1	1					
殷		1	1						舀		1			1			
籍	籍	3	2				1		鋪		1					1	
耤		1	1						雙	雙	24		6		2	7	9
漿	漿	2	1			1			隻		7	7					
將		2		1				1	鉤	勺	1						1
鏡	鏡	1					1		枸		1	1					
竟		2	2						筍	筍	3	2	1				
膾	膾	2		1		1			筐		1					1	
會		2			1		1										

---

① "靀""雙"兩字所指當同,學者多以爲二字皆表"蔥"。李家浩引于豪亮説認爲當讀爲"蔥", 廣瀬薫雄亦認爲當讀爲"蔥",並引馬王堆帛書《老子》甲本卷後古佚書《五行》篇中用從雙 之"嗖"記"聰"爲證。詳見湖北省文物考古研究所編《江陵鳳凰山西漢簡牘》,中華書局, 2012年,第80頁;廣瀬薫雄《"靀"字小記》,《出土文獻綜合研究集刊》第一輯,巴蜀書社, 2014年,第104—107頁。

續表

字	詞	總計	八號	九號	十號	一六七號	一六八號	一六九號
薪	薪	1		1				
新		1			1			
厄	厄①	7	2				3	2
柶		2	2					
杞		2				2		
綑	茵	1	1					
因		2					1	1
罌	罌	6		4		2		
罌		2	2					
嬰		1						1
盂	盂	4					2	2
竽		1	1					
于		1			1			
杅		1					1	

字	詞	總計	八號	九號	十號	一六七號	一六八號	一六九號
疏	梳	6	2	2		1		1
杼		3					1	2
枑	楎	5			1	1	3	
楎		2	1	1				
柤	鋤	12	8	4				
釪		1					1	
持	持	4					4	
侍		1						1
牒	牒	2		1			1	
褋		1						1
秫	秫	5	2		1	2		
秫		1					1	

從上表可以看出，不同墓葬間的差異較大，但同一墓葬内用字基本一致。這種分布特點與各墓葬間的書手差異有關。

在各墓葬間記詞用字形式相同的 18 組中，六座墓葬皆見的僅"卑（椑）""虔（梠）""檢（盒）"3 組，這 3 組用字部分字形的圖版及整理者摹本見本文附録字形表。從字形中可以看出，相同字形與用字，各墓的書寫風格有差異，如十號墓與其他各墓差異明顯，將"卑虔"合寫作"卑＝"；一六八號墓的字寫得更修長；一六九號墓的字迹顯然較其他各墓更爲潦草。從書體風格上看，鳳凰山各墓的書手應當不同。

---

① 整理者隸定作"杞"之字，字形從巳，應是從巴的異體。馬王堆帛書《養生方》中 4 例"把"字皆寫作從巳。而"厄"字亦可寫作從巴之形，《説文解字》正篆即隸定作"厄"。此處的"杞"字可能是"柶"的省寫異體。馬王堆帛書字形參見劉釗主編，鄭健飛、李霜潔、程少軒協編的《馬王堆漢墓簡帛文字全編》，中華書局，2020 年，第 1249 頁。

　　結合各墓書手的不同，這種用字的互補分布説明了書手對用字形式的選擇有重要影響，不同書手在記録同一個詞時，有不同的傾向性。

二、 構件差異對用字差異的影響

　　鳳凰山各墓葬間記詞用字不僅有明顯的差異，且這種差異還呈現互補分布，除了書手個人的用字傾向外，其背後應當還有其他更深層次的原因。

　　隸變階段，古文字中追求形義高度契合的狀況有了明顯改變，字形的表意性退居到次要地位，而表音功能逐漸增强。這一時期，人們在記録同一個詞時，不同用字形式之間常有緊密的語音關係，這種語音關係在字形上主要依靠聲符來體現。因此，我們以聲符爲主要着眼點進行考察，根據構件的類型，將具有分布差異的 65 組用字形式大致分爲同聲符字、不同聲符字、其他類型字等 3 類，分別討論。

（一） 同聲符字

　　各用字形式屬於同聲符字的有 22 個詞，約占具有分布差異的詞的73.33％。這部分詞，在聲符相同的基礎上，根據與義符組合方式的不同，又可分爲增加義符、改換義符、綜合類等幾類。

1. 增加義符

　　這類用字形式在鳳凰山漢簡中共有 16 組，在各種類型中占比最高。我們具體分析幾個例子來考察這類同聲符用字的特點。

　　（1）｛鏡｝

　　表示鏡子的｛鏡｝，在西漢早期，其用字形式隨着出土墓葬不同有差異。在文書類文獻中，鳳凰山一六八號墓漢簡、馬王堆一號墓及三號墓遣策皆用"鏡"，共 8 例；鳳凰山八號墓漢簡、雲夢大墳頭漢簡用"竟"，共 3 例。典籍類文獻中，阜陽漢簡《萬物》皆用"鏡"，共 2 例；馬王堆帛書《老子》乙本卷前古佚書用“竟”1例。西漢早期以後的簡牘石刻材料中,各類文獻皆用“鏡”,共7例。

目前出土的銅鏡,時代最早的見於新石器時代晚期的齊家文化中。商周及春秋時期都有零星發現,戰國時數量激增。①有學者指出:“鑑鏡器同名異。三代曰‘鑑’,秦漢曰‘鏡’。”②雖然銅鏡的出現時間很早,但從目前所見的出土文獻來看,漢代以前,銅鏡被稱作{鑑},暫未見稱爲{鏡}者。③春秋晚期已有“鑑”字,如智君子鑑(集成10289):“智君子之弄鑑。”但此器爲盛水器而非銅鏡。戰國時期,已有表示鏡子的{鑑},如望山楚簡《遣策》48:“一大監。”整理者注:當是鏡鑑之“鑑”。墓中出土銅鏡1面(頭72號),徑14.5厘米。《遣策》53“二監”,整理者:此墓出土陶鑑2件(頭162號等)。④楚簡中記鏡子之{鑑},可用“鑑”“濫”“監”,但同時,“鑑”“監”也可用來表示盛水器之鑒。⑤一般認爲,“監”字本義是“以水爲鏡照視自己”⑥。《金文形義通解》

---

① 孫機:《漢代物質文化資料圖説》,文物出版社,1991年,第264頁。

② 戴家祥主編《金文大字典》,學林出版社,1995年,第4946頁。

③ 趙岩根據傳世文獻中的用詞,認爲{鏡}産生於戰國時期。參見趙岩《簡帛文獻詞語歷時演變專題研究》,中國社會科學出版社,2013年,第50頁。

④ 武漢大學簡帛研究中心、湖北省文物考古研究所、黄岡市博物館編著:《楚地出土戰國簡册合集》(四),文物出版社,2019年,第60頁注150,第64頁注190。

⑤ 包山楚簡263:“二鑑。”整理小組注:“鑑,盥洗器,出土物中不見。”該墓出土有2件銅鏡,整理者稱爲“遣策記‘二金鑑’。分圓形和方形兩種。劉信芳指出,此“鑑”應是鏡鑑之“鑑”,即出土的2件銅鏡。包山楚簡265之“二監”,對應的則是出土的2件銅鑒。信陽楚簡2-01:“二方監……二圓(圓)監。”整理者讀爲“鑑”。劉國勝:“前室出土1件陶方鑑,似即簡文所記‘方鑑’,數量少1件。”又“前室共出土3件陶圓鑒,似即簡文所記‘圓鑒’,數量多1件”。信陽楚簡2-09:“二方濫。”中山大學古文字研究室楚簡整理小組認爲,指2面方鏡。劉國勝指出:“此墓未見出土銅方鏡。前室出土有2件圓形銅鏡(1-69、1-129),鏡的背面彩繪有‘紅、黑、銀等色的對稱雲紋圖案’。”詳見湖北省荆沙鐵路考古隊編《包山楚墓》,文物出版社,1991年,第394頁注565,第194頁、第108頁;劉信芳《包山楚簡解詁》,藝文印書館,2003年,第280—281頁;劉國勝《楚喪葬簡牘集釋》,科學出版社,2011年,第11頁注12、14,第33頁注163。

⑥ 李學勤主編《字源》,董蓮池撰“監(监)”字條,天津古籍出版社、遼寧人民出版社,2012年,第728頁。

釋"監"爲："盆形盛水器,可藉水鑑容,爲銅鏡産生以前之照容器具。"①可見表示盛水器的⟨鑑⟩和表示鏡子的⟨鑑⟩,意義本就相關。

漢代簡帛石刻材料中,這類意義的⟨鑑⟩已經很少見到,且皆見於典籍類文獻中。②用"監"1 例,見於馬王堆帛書《老子》乙本;用"藍"1 例,見於馬王堆帛書《老子》甲本;用"泔"1 例,見於馬王堆帛書《老子》甲本卷後古佚書《明君》篇用"鑑"2 例,分別見於北大漢簡《老子下經》及《妄稽》。

綜上,在表示鏡子的意義時,秦漢以前稱爲⟨鑑⟩,用"鑑""濫""監"等字記録。西漢早期時,⟨鑑⟩已罕見,⟨鏡⟩在口語中代替了⟨鑑⟩。這一時期,記詞用字以形聲字"鏡"爲主,但亦見用聲符字"竟"。西漢早期以後,記詞用字則固定爲"鏡"。

(2)⟨茵⟩

表示墊子的⟨茵⟩,在西漢早期的用字形式及分布情況見表 2。

表 2

字	總計	馬王堆簡帛	鳳凰山漢簡	羅泊灣漢簡	阜陽漢簡
因	4	2	2		
絪	3	1	1	1	
茵	1				1

從文獻類型上看,除阜陽漢簡 1 例見於《詩經》,屬於典籍類文獻外,其餘的例子皆見於各墓遣策。從分布上看,馬王堆簡帛與鳳凰山漢簡中"因""絪"並見,具體來説,馬王堆簡帛一號墓用"絪",三號墓用"因";鳳凰山八號墓漢簡用"絪",一六八、一六九號墓漢簡用"因"。

西漢中晚期,記⟨茵⟩用"鞇"7 例,見於居延漢簡及懸泉漢簡;用"茵"1 例,見於居延漢簡 183.13。《説文解字》以"鞇"爲"茵"之重文,並引司馬相如説"茵從革",但從目前所見的西漢早期出土材料來看,並不見寫作"鞇"的字。

---

① 張世超等撰著:《金文形義通解》,中文出版社,1996 年,第 2061 頁。

② 另有表示借鑑等引申義,用"監"3 例,分別見於北大漢簡《周馴》《太尉楊震碑》;用"鑑"3 例,分別見於《西嶽華山廟碑》《博陵太守孔彪碑》《北海太守爲盧氏婦刻石》。《英國國家圖書館藏斯坦因所獲未刊漢文簡牘》(以下簡稱英藏漢簡)2855 的 1 例"鑑"字形殘泐。

　　綜上,在西漢早期的民間書寫中,{茵}的記詞用字尚未固定,隨墓葬及書手不同有所差異。西漢中晚期,記{茵}仍有不同的用字形式,但多用"鞇"。

2. 改换義符

　　這類用字形式在鳳凰山漢簡中共有 4 組,我們分别進行考察。

　　(1){持}

　　漢簡表示持拿、持久之{持},鳳凰山一六七號墓漢簡用"持"4 例,一六九號墓用"侍"1 例。

　　西周金文作"寺","持"爲增手形的後起本字。①春秋時期秦系文字用"寺"記{持},見於秦公大墓漆筒墨書:"寂(紫)之寺(持)簧。"②戰國時楚文字、齊文字、曾文字皆用"寺""時"等字記{持},楚文字還見用"桙"字。③

　　目前所見秦簡中暫未見{持},漢簡及漢石刻中用"持"共 474 例,是兩漢時最爲通行的用字形式。西漢早期用"持"共 21 例,用"侍"還見於馬王堆醫書簡《天下至道談》3 例。《天下至道談》中"持""侍""寺"並用,尤其是"持盈"一詞,既作"寺贏",又作"侍贏",二者的使用並無明顯區别,用字的差異當與抄寫的底本不同有關。④而文書類文獻中,用"侍"僅一六九號墓此例,當與書手的個人因素有關。

────────────

① 詳參李學勤主編《字源》,荆亞玲、蔣曉薇撰"持"字條,第 1056 頁。

② 釋讀參王輝《秦文字釋讀訂補(八篇)》,《考古與文物》1997 年第 5 期。後收入《一粟集:王輝學術文存》,藝文印書館,2002 年,第 600—601 頁。

③ 參見周波《戰國時代各系文字間的用字差異現象研究》,綫裝書局,2012 年,第 180 頁;孫啓燦《曾文字編》,碩士學位論文,吉林大學,2016 年,第 237—239 頁;禤健聰《戰國楚系簡帛用字習慣研究》,科學出版社,2017 年,第 63—64 頁。

④ 《天下至道談》簡 20/31 的《八益》,可與簡 22/33—25/36 的《治八益》相參看。但兩個部分的"八益"之名卻有區别,除此處之"持盈"外,又如《八益》作"畜氣",《治八益》則作"蓄氣";《八益》作"竊氣"者,《治八益》作"積氣"。相似的情況還見於簡 21/32 的《七損》與簡 26/37—28/39 的《七損》,後者與前者的來源亦當不同。且這兩篇中後者都是對前者的補充説明,應是集結成書時有意放在一起的。

　　總體上，漢代以前多用"寺"，從寺聲的字使用亦較廣泛。整個兩漢時期都更傾向於用後起形聲字"持"，西漢中晚期文書類文獻中僅見"持"。但同從寺聲的"寺""侍"在典籍中亦不算罕見，甚至還用從"直"聲之字。東漢簡牘及碑刻中僅 1 例不用"持"，説明到東漢時，記{持}已基本固定用"持"。

　　（2）{牒}

　　{牒}表示竹木薄片、書札及量詞等義，在鳳凰山漢簡中有兩種用字形式。用"牒"2 例，見於九號墓及一六八號墓；用"牒"1 例，見於一六九號墓。秦漢簡帛石刻文獻習用"牒"，共 435 例。秦漢簡牘中偶見從枼聲的其他用字形式，睡虎地秦簡 1 例用"諜"；里耶秦簡、居延漢簡各 1 例用"枼"；西漢中晚期另有 7 例用"楪"。①鳳凰山漢簡中分布和使用更占優勢的用字形式與這一時期的習用字相同，僅見於此的"牒"，可能與書手的個人習慣有關。西漢中晚期，用字形式的差別與語義有一定關聯。②到東漢時，記{牒}已僅見用"牒"。

　　（3）{勺}

　　表示勺子的{勺}，秦漢簡帛石刻文獻中習用"勺"。鳳凰山八號墓漢簡用"杓"，見於簡 113"木杓（勺）一"；一六九號墓用"釣"，見於簡 28"銅釣（勺）一"。二者的用字差異顯然與{勺}的材質有關，"杓""釣"都是"勺"的語境異體字。而大墳頭木牘和馬王堆一、三號墓遣策中所指的{勺}與鳳凰山八號墓同爲木質，但皆用"勺"。這可能反映了當時在民間書寫中，記{勺}雖然習用"勺"，但在實物材質不同的情況下，亦使用不同的異體字。

---

① 敦煌漢簡 1 例、居延漢簡 5 例、肩水金關漢簡 1 例。

② 西漢中晚期，"楪"字可用來表示一般意義上的{牒}，如居延漢簡 140.11A＋140.22A："占物危年長□如楪（牒）。"但更多表示在門户、關户之間的木楔，共 5 例，如居延漢簡 46.29："户關椎楪（牒）皆故。"這一義項還見用"枼"1 例，見於居延漢簡 194.1："户關椎、接（㮐）枼（牒）各二不事用。"但皆不用"牒"。在木楔這一義項上，西漢中晚期當是在用字上有意與其他意義的{牒}區分開來，不用習慣的"牒"字記録，轉而採用同從枼聲的其他字。

（4）{罌}

表示儲水器之{罌}，在秦漢簡帛中的用字情況見表 3。

表 3

	總計	鳳凰山漢簡	馬王堆簡帛	羅泊灣漢簡	蕭家草場漢簡	居延漢簡	居延新簡	肩水金關漢簡	地灣漢簡
罌	6	2		2	1			1	
甖①	13	6				4	3		
嬰	24	1	2			12		8	1

從文獻分布上看，除馬王堆帛書 2 例屬典籍類文獻外，其餘皆屬於文書類文獻。西漢早期，用字形式隨墓葬不同有所差異，羅泊灣漢簡、蕭家草場漢簡及鳳凰山八號墓漢簡用“罌”；鳳凰山九號墓、一六七號墓漢簡用“甖”；一六九號墓用“嬰”。且據整理者注，四座墓葬中簡文所指的{罌}，皆可與出土陶罐對應。②即在{罌}的用字中，實物材質並不影響用字形式的選擇。西漢中晚期，{罌}的用字形式較多，但更多用“嬰”來記錄。

在西漢時期，{罌}的用字形式一直較爲豐富，雖未有固定的用字，但皆用從貝聲字。而《説文解字》中作爲字頭的“罌”字雖然早已開始使用，但未見明顯優勢。

3. 綜合類

這類詞的用字形式較多，既用同聲符字，又用增加不同義符的形聲字。在鳳凰山漢簡中共有兩組，我們分別進行考察。

（1）{鍤}

漢代常見的表示起土工具之{鍤}，在兩漢簡帛中有 4 種用字形式，具體分布情況見表 4。③

---

① 一般認爲“甖”爲“罌”字異體，如《説文解字》：“罌，缶也。”朱駿聲《説文通訓定聲》：“字亦作甖。”我們在這裏將之作爲一個獨立的用字形式進行考察。

② 湖北省文物考古研究所編：《江陵鳳凰山西漢簡牘》，第 43、80、166、224 頁。

③ 部分簡牘整理者將這組字所從之臿釋爲從齒或從首，我們根據裘錫圭先生的意見將之統一改釋爲從臿。詳見裘錫圭《漢簡零拾》，《文史》第十二輯，中華書局，1981 年，後收入裘錫圭《裘錫圭學術文集·簡牘帛書卷》，復旦大學出版社，2012 年，第 91—93 頁。

表 4

字	總計	西漢早期	西漢中晚期	東漢
桶	31	5	25	1
錪	11	1	10	
甬	10	2	8	
稱	1			1

兩漢時期,記〔錪〕皆用從甬聲之字。用"桶"最爲通行;後起分化之"錪"字在西漢早期已見使用,但在兩漢時期並未占據優勢地位;"甬"字的使用亦不罕見。從文獻分布上看,除了"甬"的1例見於典籍類文獻,其餘皆見於文書類文獻。

鳳凰山漢簡中,"桶""錪""甬"三者並見,八號墓用"桶",九號墓用"甬",一六七號墓用"錪"。此三例的〔錪〕皆爲各墓所出木俑手持,整理者指出,一六七號墓此例"錪以墨繪鐵口"①,則該例對應實物爲鐵製;而另2例整理者未説明對應實物之材質。羅泊灣一號墓所出農具牘中,〔錪〕與〔鋤〕〔銑〕等並列,後二者分別用從金的"鉬""銑"記録,該牘簡文所記雖未見對應實物,但該槨室外填土中有一件鐵錪,是築墓時遺棄的工具。②由此看來,該牘中所記農具〔錪〕很可能亦是鐵質,但記寫時習慣選用從木的"桶"。西漢中晚期的居延新簡 EPT49:85A 有"鐵甬(錪)",更在簡文中直接表明材質,但用"甬"字記録。可見在西漢時,材質對〔錪〕之用字選擇的影響恐怕並不大。

綜上,兩漢時期,記〔錪〕的用字形式較多,但皆從甬聲。用"桶"較占優勢,且持續時間最長。但其餘用字形式亦不罕見,鳳凰山三座墓葬甚至分別選擇了三種用字形式。在兩漢時期,該詞用字的固定性一直不強。東漢時期,甚至用從禾之"稱"記〔錪〕。

（2）〔盂〕

表示器具之名的〔盂〕,在西漢早期各類文獻中的用字及分布情況見表5。

---

① 湖北省文物考古研究所編:《江陵鳳凰山西漢簡牘》,第157頁。

② 廣西壯族自治區博物館編:《廣西貴縣羅泊灣漢墓》,文物出版社,1988年,第52頁。

表 5

字	總計	文書類	字書	典籍類
盂	13	10	1	2
于	5	5		
圩	4	4		
竽	2	1		1
杅	1	1		

　　這一時期記{盂}所用之字皆爲從于得聲之字。從使用頻率與文獻分布上看,阜陽漢簡《蒼頡篇》與馬王堆帛書《五十二病方》皆用"盂",且文書類文獻亦多用"盂",説明當時記{盂}應習用"盂"。

　　文書類文獻中用字形式較多,在{盂}的記詞用字中,實物材質對用字形式選擇的影響並不明顯。如蕭家草場 26 號漢墓竹簡 16"食于(盂)一雙",對應出土木製漆盂;簡 24"小瓦于(盂)一枚",對應出土陶盂一件。①另外,簡 20 有"金于(盂)一方",雖未見實物,但應是指銅盂。在該墓中,表示木製、陶製或銅製之盂,皆用"于"。又如大墳頭木方記有"金小盂一"和"髹(髹一漆)汈(丹/彤)畫盂二",分別對應出土的一件銅盂與兩件彩繪漆盂。②

　　在文書類文獻内部,用字形式與出土墓葬的關聯性很强。羅泊灣、張家山、漁陽、大墳頭、鳳凰山一六七及一六九號漢墓所出簡牘皆用"盂",而蕭家草場與鳳凰山十號墓所出簡牘則皆用"于",鳳凰山八號墓漢簡用"竽",鳳凰山一六八號墓漢簡用"杅",馬王堆一號墓及三號墓遣策皆用"圩"。

　　可見雖然當時習用"盂"記{盂},但在民間,用字並没有很强的固定性,較多受到出土地與書手個人習慣的影響。

　　這種用字特點一直延續到西漢中晚期和東漢。西漢中晚期,用"盂"記{盂}僅 1 例,見於居延漢簡 290.14 + 290.13A"毋(無)盂二"③。另有 3 例用

---

① 簡文與出土實物的對應關係詳見湖北省荆州市周梁玉橋遺址博物館編《關沮秦漢墓簡牘》,中華書局,2001 年,第 172、182 頁。

② 簡文與出土實物的對應關係詳見陳振裕《雲夢西漢墓出土木方初釋》,《文物》1973 年第 9 期。

③ 另有 2 例"盂"字,1 例見於北大漢簡《周馴》簡 69"吳既爲盂",用來表示廢墟之{墟};1 例見於馬圈灣漢簡 442"……盂□……□□者其候長□",義不明。

“杅”，見於居延漢簡和居延新簡；其餘 9 例用“于”，見於居延漢簡、居延新簡和肩水金關漢簡。在西漢中晚期的文書類文獻中，習用字已從西漢早期的“盂”轉向“于”。目前所見東漢簡牘中，{盂}共 6 例，東牌樓漢簡及張家界漢簡的 3 例用“于”，五一廣場的 3 例用“杅”。

用“盂”記{盂}的時代很早，商代晚期寢小室盂即自名爲“盂”(《集成》10302)，西周至春秋時期“盂”用爲自名的現象十分普遍。①秦漢以前，用從于聲的其他字記詞的情況也不少見，如清華楚簡二《繫年》簡 57 用“芋”，趙尖足布(《中國歷代貨幣大系》1068)用“于”。放馬灘秦簡《地圖》中有 1 例“盂”字，但用來表示地名。

在整個兩漢時期，{盂}的用字固定性一直不高，其用字形式的選擇較多受到出土地和書手個人習慣影響。從歷時角度看，西漢早期多用“盂”；西漢中晚期和東漢則多用“于”“杅”。

（二）不同聲符字

鳳凰山漢簡中各用字形式所從聲符不同的有 5 個詞，我們分別進行討論。

（1）{杯}

表示杯子的{杯}，鳳凰山漢簡中用“杯”“柸”，二者是聲符不同的異體字，且後者的産生較晚。從分布情況和使用頻率來看，“杯”的使用都略占優勢，與西漢早期的整體用字情況相似。從歷時角度看，秦漢時期“杯”有取代“柸”的趨勢②，但在兩漢時期二者仍並存。

（2）{鋤}

表示鋤頭的{鋤}，《説文解字》作“鉏”：“立薅所用也。从金，且聲。”段玉裁《説文解字注》：“俗作鋤。”上博楚簡六《慎子曰恭儉》簡 5 有“執櫨”，劉洪濤引劉建民説讀爲“鉏”③。“櫨”字《説文解字》釋爲“果似棃而酢。从木，盧聲”，而“盧”

① 詳見鄧佩玲《新出兩周金文及文例研究》，上海古籍出版社，2019 年，第 246 頁。

② 詳見劉艷娟、張再興《基於秦漢簡帛語料庫的記{杯}用字考察》，《簡帛研究二〇二〇（春夏卷）》，廣西師範大學出版社，2020 年，第 123—133 頁。

③ 劉洪濤：《上博竹書〈慎子曰恭儉〉校讀》，武漢大學簡帛網，2007 年 7 月 6 日（http://www.bsm.org.cn/show_article.php?id‒591）。

字《説文解字》分析爲"从虍且聲"。秦漢簡帛石刻文獻中共 21 例,具體用字形式及分布情況見表6。

表 6

	總計	里耶秦簡	羅泊灣漢簡	鳳凰山漢簡	敦煌漢簡	居延漢簡	石刻
柤	13	1		12			
鉏	5		2		2		1
助	2					2	
釪	1			1			

　　戰國秦漢出土文獻中,記{鋤}基本皆用從且聲之字,僅鳳凰山一六七號墓 1 例用從于聲之字。

　　從使用頻率上看,"柤"的使用頻率最高,其次是"鉏"。前者集中在鳳凰山漢簡八號墓中,該墓用"柤"8 例。從使用延續時間上看,"鉏"從西漢早期至東漢一直有用例。

　　用"柤"與"鉏"的區別很可能受到實物材質的影響。里耶秦簡第九層簡 776 明確指出了此處的{鋤}爲木質:"木柤(鋤)杷二。"西漢早期,羅泊灣漢簡皆用"鉏",2 例出自 M1:162,整理者注:"此牘當是隨葬農具的清單。"① 我們在上文提到,該墓的{鍤}與{鋤}並見於此牘,很可能皆是鐵質農具。鳳凰山八號墓及九號墓漢簡皆用"柤",各辭例皆是木俑手持之物,當亦是木質。而鳳凰山一六七號墓 1 例用從于聲之"釪",亦是木俑手持之鋤,這反映了當時民間書寫中{鋤}之用字的不固定性。

　　敦煌漢簡的 2 例,一見於簡 28"銍斧鑿鉏(鋤)",屬於《急就章》中的殘句②,與其他鐵質工具並稱。另一例見於簡 1552"天田不耕畫,不鉏(鋤)治","鉏"則與居延漢簡之"助"用法相同,指耕鋤。可見在西漢中晚期,{鋤}的用字仍不固定。

　　(3){榼}

　　表示扁壺的{榼},在西漢早期僅見於鳳凰山漢簡中③,八號墓及九號墓

---

① 廣西壯族自治區博物館編:《廣西貴縣羅泊灣漢墓》,第 85 頁。

② 張德芳:《敦煌馬圈灣漢簡集釋》,載《甘肅秦漢簡牘集釋》,甘肅文化出版社,2013 年,第 376 頁。

③ 銀雀山漢簡《論政論兵之類·十陣》有"榼榼啐啐",表示象聲詞,不統計在内。

皆用"榼";十號墓、一六七號墓、一六八號墓皆用"柙"。這一時期,大墳頭木牘中的扁壺還與戰國時期相同,稱爲{鈲}。裘錫圭先生指出:"在漢代一般已經不再把扁壺稱爲'鈲'了。當時,扁壺的通用名稱是《説文》訓爲'酒器'的'榼'","'盍''甲'古音相近,所以漢代人時常把'榼'寫作'柙'"。①西漢早期以後簡牘中,{榼}共 8 例,皆用"榼"記錄。②秦漢簡帛文獻中,除大墳頭此例的{鈲}外,馬王堆一號墓及三號墓遣策中有 3 例"鈲"字,但皆用來記錄{匕}。

　　從西漢早期扁壺的用詞與{榼}在鳳凰山漢簡不同墓葬中的用字來看,這一時期應是此類器物名稱由{鈲}向{榼}過渡的階段,{榼}的用字並未有很強的固定性。但該詞的用字形式在西漢早期以後很快固定下來。西漢中晚期{榼}共 11 例,皆用"榼"。

　　(4){梳}

　　表示梳子之{梳},秦漢簡帛文獻中,僅西漢早期有多種用字形式並見,其餘皆用"疏"。西漢早期,{梳}僅見於文書類文獻,用字及分布情況見表 7。

表 7

字	總計	羅泊灣漢簡	大墳頭漢簡	張家山漢簡	鳳凰山漢簡	馬王堆簡帛
疏③	14		1	3	6	4
梀	1	1				
杼	1				1	

　　從使用頻率與文獻分布上看,這一時期亦當習用"疏"。除鳳凰山漢簡中"疏""杼"並見外,其餘材料皆僅用一種形式記{梳},即{梳}的用字形式與出土地關係密切。而在鳳凰山漢簡內部,八、九、一六七、一六九號墓皆用

---

① 裘錫圭:《説鈲、榼、椑榼》,《中國歷史博物館館刊》1989 年總 13、14 期。後收入裘錫圭《裘錫圭學術文集·雜著卷》,復旦大學出版社,2012 年,第 18、19 頁。

② 見於敦煌漢簡 1 例、居延新簡 2 例、肩水金關漢簡 2 例、英藏漢簡 1 例、水泉子漢簡 1 例、尹灣漢簡 1 例。另外,懸泉漢簡有 3 例"榼",皆爲羌族之名,不統計在內。

③ 關於該字的隸定,有整理者作"疎",朱德熙、裘錫圭兩位先生認爲,這種寫法"只是右邊'疏'旁寫得跟'束'字比較相似而已"。我們參考《長沙馬王堆漢墓簡帛集成》的做法,將其隸定爲"疏"。詳見朱德熙、裘錫圭《馬王堆一號漢墓遣策考釋補正》,《文史》第十輯,中華書局,1980 年,第 73 頁。後收入朱德熙《朱德熙文集》(第五卷),商務印書館,1999 年,第 136 頁。

“疏”，僅一六八號墓用“杼”。

　　鳳凰山各墓遣策所記載内容與出土實物基本對應，其中所出梳子多爲木質。①但從簡文的具體辭例中可以看出，僅一六八號墓中説明了梳子的材質，見於簡43“木杼（梳）一”，這正與該簡用從木之“杼”記｛梳｝相對應。

　　鳳凰山漢簡各墓葬的用字形式差異，很大可能是由於書手的個人習慣造成的。尤其是一六七號墓該字字形隸定作“㳀”，與其他墓寫作“疏”的字形左右結構正好相反。這種寫法的“疏”字還見於馬王堆帛書《戰國縱橫家書》232、233行，其中，第232行該字下有“分”字，整理者注：“‘分’字原作‘介’形，是帛書書手的一種特殊書寫習慣，後被塗改爲一般的‘分’字。”②與此類似的是，｛梳｝常與表示梳篦之｛篦｝連用，秦漢簡帛材料中｛篦｝共17例，16例皆用“比”③，僅鳳凰山一六七號墓此例用“枇”。綜合來看，“疏”字寫作“㳀”具有顯著的個人特色。

　　（5）｛笋｝

　　表示竹笋的｛笋｝，漢代簡帛石刻文獻中用“筍”共16例，其中有4例寫作“笋”④；用“筐”1例。

　　鳳凰山漢簡中所見｛笋｝，八號墓及九號墓皆作“筍”；一六七號墓用“筐”。此字整理者認爲即“萑”字，毛靜認爲當即“藿”字，章水根認爲當讀爲“藿”。孫濤認爲，秦漢文字中從隹之字與從隼之字常互爲異體，“筐”字當從竹隼聲，是“筍”的換聲符異體字，其説可從。⑤而馬王堆三號墓遣策“筍”字寫作“笋”，一號墓則寫作“筍”。綜合來看，在西漢早期，雖然習用“筍”記

———————————

①　一六七號墓中的梳子爲女俑手持，整理者暫未公布其具體材質。

②　裘錫圭主編，湖南省博物館、復旦大學出土文獻與古文字研究中心編纂：《長沙馬王堆漢墓簡帛集成》（叁），中華書局，2014年，第250頁。

③　北大秦簡、張家山漢簡、羅泊灣漢簡、北大漢簡、敦煌漢簡、居延漢簡、居延新簡、尹灣漢簡各1例，馬王堆簡帛5例，鳳凰山漢簡4例。

④　馬王堆三號墓遣策2例，江蘇邗江胡場5號漢簡1例，江蘇揚州平山養殖場漢簡1例。另外，長沙尚德街東漢簡牘亦有1例“筍”，字形作“笋”，但文意不明，暫不統計在内。

⑤　詳見湖北省文物考古研究所編《江陵鳳凰山西漢簡牘》，第179頁；毛靜《漢墓遣策校注》，碩士學位論文，西南大學，2011年，第75頁；章水根《江陵鳳凰山漢墓簡牘集釋》，碩士學位論文，吉林大學，2013年，第302頁；孫濤《漢墓簡牘名物校釋五則》。

{笄}，但在民間書寫中的隨意性比較高，不僅寫作"筍""笄"，還見寫作從隼聲的"筐"。西漢中晚期，{笄}皆用"筍"記録，但字形上有所不同，文書類文獻共2例，皆作"笄"，典籍類文獻見於北大漢簡《反淫》，字作"筍"。

（三）　其他類型字

除以上兩種類型外，各用字形式間還有屬於會意、省寫、訛誤等類型的3個詞，我們分别討論。

（1）{算}

《説文解字》："算，數也。从竹从具，讀若筭。"又《説文解字》："筭，長六寸，計歷數者。从竹从弄，言常弄乃不誤也。"《説文解字》將二者分列字頭，並解釋爲兩個會意字。王力指出，二者實爲一詞，《説文解字》以動詞爲"算"，名詞爲"筭"，是强生分别。①

西漢早期，《説文解字》所記"數也"的意義，皆用"筭"來表示②，如張家山漢簡《算數書》簡1："筭（算）數書。"而《説文解字》"計歷數者"的算籌義則既用"筭"，又用"算"來記録，如鳳凰山漢簡八號墓簡165"博（簿）算綦（棋）枸"；同一墓葬簡166則作"筭（算）、筭（算）席一"。二者記録的意義未有《説文解字》所説詞性上的區别，當是一字之異體。除用"算"外，西漢早期還見用"潭"1例，見於阜陽漢簡《蒼頡篇》48"犴（研）潭（算）嘍（數）"。這一時期，記{算}習用"算"，且在字形上，較多寫作"筭"。③而用"潭"不見於前代出土文獻，但見於時代稍晚的北大漢簡《蒼頡篇》簡68"犴（研）潭（算）僂（數）繚（料）"，專門表示名詞之算術。而北大漢簡《蒼頡篇》18中，表示算籌之{算}則用"算"，寫作"筭"："筆研筭（算）籌。"用"潭"可能是西漢時表示算術之學的習慣用字。

兩漢以前，用"算"記{算}見於秦楚文字，但寫法有異。秦簡牘中皆寫作

---

① 王力：《同源字典》，商務印書館，1982年，第579—580頁。

② 銀雀山漢簡《論政論兵之類・三算》中"算"可能用於計算義，但也可能讀爲"選"，暫不統計在内。

③ 西漢早期，{算}寫作"筭"共74例，寫作"算"共6例。

"筭",如睡虎地秦簡《日書》乙種之《圖忌日》簡 191 貳"不可卜筭(算)、爲屋"。楚簡中寫作"算",如新蔡葛陵甲三 352"☒ 二畍,未智亓伋、里之算☒ ",袁金平注:"《說文》:'算,數也。從竹從具,讀若筭。'簡文中即用此義,惜竹簡上下殘斷,其具體意旨不明。"①又清華楚簡捌《八氣五味五祀五行之屬》簡 1"自冬至以𥳎(算)六旬發氣",整理者注:"𥳎,從竹從鼎,'算'之異體,訓爲'數'。"②

西漢早期以後,"算"亦更多寫作"筭","算""筭"二者的使用頻率爲 37/137。居延新簡 EPT53:232 中,還有一字作▉,字形寫得像"具",應也是"算"字省寫上部"𥫗"後的異體。

(2) 〔雙〕

兩漢時期,〔雙〕用"雙"記錄,除 49 例寫作"雙"外,另有 42 例省寫作"隻",1 例省寫作"雔"。

西漢早期寫作"隻"集中見於鳳凰山漢簡九、一六七、一六八、一六九號墓。寫作"雔"的 1 例見於西漢早期江陵高臺漢簡,而該墓另外 6 例皆寫作"雙"。鳳凰山漢簡整理者指出,"'雙'簡省作'隻',蓋漢代習俗"③。從目前所見的出土文獻來看,這種簡寫集中性高,當與書手的個人習慣有關。尤其是鳳凰山漢簡九號墓中,6 例〔雙〕皆寫作"隻",而該墓簡 45 有 1 例"雙",卻用爲〔蔥〕。這說明書手有意識地區別了兩個字形的用法。這種省寫在西漢早期以後亦不罕見,懸泉漢簡 16 例、居延漢簡 1 例、東漢《蒼山元嘉元年畫像石墓題記》1 例。

(3) 〔秫〕

表示農作物的〔秫〕,秦漢簡帛文獻習用"秫",共 24 例。除此種用字形式外,秦簡中用"桼""𣎵""𥹖"各 1 例,英藏漢簡中用"𣏟"1 例。

鳳凰山漢簡中,"秫"字有 2 種書寫形式,八號墓、十號墓皆寫作"秫";一六七號墓 1 例從米作"𥹖",同墓中還有 1 例寫作"秫"。從米的"𥹖"還有 1 例,見於馬王堆簡帛一號墓遣策 144,字作"𥹖"。同墓竹牌及三號墓遣策則作"秫"。《馬王堆漢墓簡帛文字全編》"秫"字下有按語:"'秫','秫'字訛

---

① 袁金平:《新蔡葛陵楚簡字詞研究》,博士學位論文,安徽大學,2007 年,第 40 頁。

② 李學勤主編,清華大學出土文獻研究與保護中心編:《清華大學藏戰國竹簡》(捌),中西書局,2018 年,第 158 頁。

③ 湖北省文物考古研究所編:《江陵鳳凰山西漢簡牘》,第 164 頁。

體，‘术’旁訛作‘米’形。”①從鳳凰山漢簡和馬王堆簡帛中的書寫形式來看，從米的“秫”字當是偶然的訛寫。

　　以上3個詞的用字基本固定。在書寫形式上，雖然都有較爲通行的寫法，但在秦漢時期，異體字亦不罕見。

　　綜上所述，鳳凰山漢簡中，記詞用字有分布差異的30個詞，從詞的指稱對象上看，所指爲有具體實物的共23個，即近八成爲名物詞。在這些詞中，義符與實物材質有關的僅有{籩}{勺}兩組，而這兩組的用字在這一時期基本固定，除鳳凰山漢簡外未見使用其他用字形式。使用了多義符字的{鋪}{盂}{罌}，用字形式的選擇都更多受到墓葬差異和書手個人因素的影響。使用了不同聲符字的詞，大多有較爲通用的聲符，如{鋤}基本用從且聲之字，僅1例用從于聲之字。從詞語的表義性來看，在這一時期，聲符相同時，義符的差異不會對詞語的表義程度有很大影響。這可能反映了在名物詞的用字發展過程中，其定型前的一個階段，與聯綿詞的性質相似，只記錄了語音，而沒有固定的書寫形式。這種記錄語音的現象，反映在用字選擇的構件上，聲符就成爲十分重要的影響因素。

三、 聲符對用字形式固定進程的影響

　　我們在上文提到，鳳凰山漢簡中具有用字差異的詞，其不同用字形式間有七成以上使用了相同的聲符。這種現象並不局限於鳳凰山漢簡，例如，同屬西漢早期的馬王堆簡帛中，在記錄同一個詞的不同用字形式間，亦常見同聲符現象。②從聲符與義符對用字表義性影響的差異上看，同聲符用字在這一時期的大量使用，應當不僅是書手個人因素產生的結果，其背後還有更深層次的原因。我們基於鳳凰山漢簡中的30個共見詞，考察其在共時與歷時

---

① 劉釗主編，鄭健飛、李霜潔、程少軒協編：《馬王堆漢墓簡帛文字全編》，中華書局，2020年，第812頁。

② 詳見陳怡彬《馬王堆簡帛用字研究》，碩士學位論文，華東師範大學，2020年，第31—61頁。

視角下的用字演變情况，不同類型的詞的用字固定進程見表8。①

表8

類型		詞	固定時間與固定程度
同聲符	增加義符	{安}	西漢中晚期文書已固定。②
		{篚}	西漢中晚期已固定。
		{韝}	暫未見。
		{籍}	西漢中晚期文書已固定。③
		{漿}	東漢基本固定。④
		{牛}	西漢中晚期已固定。
		{困}	西漢中晚期文書已固定。⑤
		{卮}	西漢中晚期已固定。
	改换義符	{持}	西漢中晚期文書已固定。⑥
		{罌}	未固定，西漢中晚期更多用“嬰”。
	綜合類	{勺}	西漢中晚期已固定。⑦
		{盤}	東漢基本固定。⑧
		{綺}	西漢中晚期文書已固定。⑨

① 需要説明的是，此處的分類是基於整個秦漢時期文書類文獻的用字情况，與鳳凰山漢簡内部的分類略有差異。如{勺}的用字，在鳳凰山漢簡中我們歸入改换義符的同聲符字，但考慮到秦漢時期其他文書類材料中用“勺”字，故而在此處歸入綜合類。至於典籍類文獻中的特殊用法，我們另行説明。

② 西漢中期北大漢簡《妄稽》74有1例用“睲”；東漢熹平石經《論語》有1例用“焉”。

③ 西漢中期北大漢簡《陰陽家言》6有1例用“耤”。

④ 東漢石刻《蒼山元嘉元年畫像石墓題記》有1例用“將”，其餘典籍類文獻和碑刻皆用“漿”。

⑤ 西漢中晚期尹灣漢簡《神烏賦》YM6J115有1例用“梱”。

⑥ 西漢中期北大漢簡《老子》86有1例用“侍”；東漢《王威畫像石墓題記》有1例用“柠”；馬王堆帛書《老子》甲、乙本和尹灣漢簡《博局占》還用從直聲之字；馬王堆帛書《老子》乙本還用“市”。

⑦ 馬王堆帛書《周易》卷後佚書《繆和》有1例“長飭（勺）”；武威漢簡甲本《燕禮》有1例“則《酌（勺）》”，前者爲地名，後者爲《詩經》的篇名，皆不表示勺子之{勺}。

⑧ 東漢石刻《蒼山元嘉元年畫像石墓題記》有1例用“柈”；東漢簡牘中目前僅見1例{盤}，見於五一廣場漢簡肆1449，字從斤作“斘”，整理者附表中將其作爲“盤”之異體字。

⑨ 西漢中期北大漢簡《妄稽》35有1例用“倚”。

續表

類型		詞	固定時間與固定程度
同聲符	綜合類	〔薪〕	東漢已固定。①
		〔鋶〕	不固定。
		〔鏡〕	西漢中晚期已固定。
		〔膾〕	西漢中晚期僅見 1 例,用"膾"。
		〔茵〕	西漢中晚期基本固定。②
		〔盂〕	未固定,西漢早期以後多用"于""杅"。
不同聲符		〔杯〕	未固定,西漢中晚期多用"杯"。
		〔鋤〕	不固定。
		〔蔥〕	東漢時已固定。
		〔牒〕	東漢時已固定。
		〔穀〕	東漢時已固定。
		〔櫨〕	西漢中晚期已固定。
		〔梳〕	西漢中晚期已固定。
		〔笲〕	西漢中晚期用字已固定,寫法較隨意。
其他類型		〔算〕	西漢中晚期文書已固定,寫法較隨意。③
		〔雙〕	西漢中晚期用字已固定,寫法較隨意。
		〔秌〕	西漢中晚期基本固定。

　　不同用字形式間屬於同聲符字的詞,在兩漢時期不固定的比例占該類詞的 15.79%,而這一比例在使用不同聲符字的詞中則爲 25%。從用字固定的時期上看,使用不同聲符字的詞晚至東漢的占此類的 37.5%。整體上,

----

① 西漢早期以後,記〔薪〕用字隨語義不同有所分工,"薪"基本只用於表示木柴,表示刑徒名則多用"新",而表示木柴之義,用"新"僅 3 例。西漢中晚期,"鬼薪"共見 10 例,僅居延新簡 EPT59:327 中 1 例用"薪",且該字圖版殘泐,難以判斷是否確爲"薪"字。東漢簡牘石刻材料中,"鬼薪"共 5 例,皆用"新"。

② 西漢中晚期記〔茵〕習用"鞇",共 7 例;用"茵"僅 1 例,見於居延漢簡 183.13。《説文解字》以"鞇"爲"茵"之重文,"鞇"可看作"茵"改換義符的異體字。

③ 西漢中期北大漢簡《蒼頡篇》68 有 1 例用"潷";武威漢簡《儀禮》甲本《服傳》20 有 1 例用"選"。

使用同聲符字的詞，固定時間早於使用不同聲符字的詞。

　　這種差異在｛鏡｝與｛榼｝的用字發展過程中表現得較爲明顯。二者皆是秦漢時期產生的新詞，西漢早期時皆處在用詞由舊詞向新詞過渡的階段。｛鏡｝的用字形式皆爲同聲符字，雖然在民間書寫上亦有其他用字形式，但在西漢早期已習用“鏡”。｛榼｝則使用不同聲符的字，在西漢早期時未有明顯的習慣傾向。在該詞產生較早階段的西漢早期，二者用字發展的速度並不一致。

　　相似的情況還見於表示方壺之｛鈁｝的用字上。《説文解字》：“鈁，方鍾也。”朱駿聲《説文通訓定聲》：“鍾當爲鍾，酒器之方者。”金祥恒：“盛酒之器，圓曰鍾，方曰鈁。竹簡遣册作檍、枋。蓋以木爲之。”[1]朱鳳瀚認爲，“此類方壺始見於戰國中期，通行至西漢，西漢時始自名爲‘鈁’”[2]。戰國楚簡中有些例子可能亦是“鈁”。[3]即在戰國時期，這種器型可能已被命名爲“鈁”。西漢早期，記｛鈁｝用“枋”5 例，用“鈁”“兵”各 1 例。且在馬王堆簡帛一號墓遣策中“枋”“鈁”並見，簡文字跡相似，書手當是同一人。但二者對應實物材質不同，“枋”對應該墓出土四件斫木胎的漆鈁[4]；“鈁”對應該墓出土的陶鈁。而漢代非簡帛類文字資料中，｛鈁｝見於銅器銘文，據徐正考整理的資料，用“鈁”共 8 例，如屬於西漢早中期的“中山內府銅鈁”；用“方”僅 1 例，見於“平陽子家方（鈁）”。[5]在西漢早期，記｛鈁｝時已有後起本字“鈁”，但存

---

①　金祥恒：《長沙漢簡零釋》，《中國文字》1972 年第 46 期。

②　朱鳳瀚：《中國青銅器綜論》，上海古籍出版社，2009 年，第 230 頁。

③　信陽楚簡 2-01 有“二青方（鈁）”，劉國勝認爲，“該墓出土彩繪帶方框陶‘方壺’2 件（據發掘報告，僅存 2 框 1 壺），疑即簡文所記‘二青鈁’”。清華伍《封許之命》7“周（雕）（匚）”，整理者注：“雕匚應指器上有雕鏤紋飾。”白于藍讀爲“鈁”。詳參劉國勝《楚喪葬簡牘集釋》，科學出版社，2011 年，第 11 頁注[11]；清華大學出土文獻研究與保護中心編，李學勤主編《清華大學藏戰國竹簡》（伍），2015 年，第 122 頁；白于藍編著《簡帛古書通假字大系》，福建人民出版社，2017 年，第 1017 頁。

④　該墓所出四件漆鈁，三件出土於東邊箱，一件出土於北邊箱，器型大小相同，且皆爲斫木胎。遣策中有對應小結簡，見於簡 175“右方蓏（緐—漆）畫枋（鈁）四”。實物詳情參見湖南省博物館、中國科學院考古研究所編《長沙馬王堆一號漢墓》（上集），文物出版社，1973 年，第 79—80 頁。

⑤　徐正考：《漢代銅器銘文綜合研究》，作家出版社，2007 年，第 344—347 頁。

在借"兵"聲字和所指材質不同的語境異體字"枋",當時記〈鈁〉可能尚未有較固定的習用字。〈梂〉〈鈁〉所使用的不同聲符,更多體現了新詞在產生和發展過程中,用字選擇的嘗試性。

在同聲符字組內部,兩漢時期尚未基本固定的 3 個詞的用字形式,皆包含了兩種以上不同義符的形聲字,反映出這類使用多種義符字的詞,用字形式的固定進程慢於僅使用單個義符字的詞。

四、小　結

綜上所述,我們可以得出幾個觀點:

第一,用字差異集中體現在名物詞的記詞用字上。鳳凰山漢簡中,記詞用字有分布差異的詞,近八成爲名物詞。

第二,書手的差異影響用字的互補分布。名物詞的記詞用字差異在各墓葬間呈互補分布,這是由於書手的不同書寫習慣造成的。

第三,聲符對名物詞的用字選擇有重要影響。一方面,名物詞在發展的過程中可能只記錄了語音,使得聲符在記詞上有重要作用。另一方面,在這一時期,記詞時雖然常出現使用不同用字形式的情況,但記錄同一個詞的用字形式大多有相同的聲符,所使用的聲符不同者亦有通用聲符。在聲符相同時,義符的差異不會對詞語的表義程度有很大影響。

第四,不同聲符的使用更多體現了用字選擇的嘗試性。秦及西漢早期產生的新詞,在這一時期使用了不同聲符字時,未有明顯的固定傾向,更多體現了詞語產生和發展過程中用字選擇的嘗試性。

第五,聲符字影響詞語用字形式的固定進程。從歷時發展的角度看,以鳳凰山漢簡爲代表的西漢早期文書類文獻中,大量同聲符字的使用背後反映出了文字發展階段的傾向性。由於使用同聲符字、單個義符字的詞,用字的固定進程較快,因而在西漢早期這一古今文字的過渡階段,出現了大量同聲符形聲字與聲符字並行的嘗試。

附錄：

字形表

字	八號墓	九號墓	十號墓	一六七號墓	一六八號墓	一六九號墓
卑 （椑）	 簡 97	 簡 28	 一號木牘	 簡 27	 簡 21	 簡 19
虒 （榹）	 簡 97	 簡 28	 一號木牘	 簡 27	 簡 21	 簡 19
檢 （匳）	 簡 99	 簡 30	 一號木牘	 簡 25	 簡 16	 簡 22

《戰國縱橫家書》用字習慣内部差異考察

陳怡彬

引　言

　　馬王堆帛書中的典籍類文獻《戰國縱橫家書》收録了戰國時期蘇秦等人的書信，部分内容見於《戰國策》《史記》，抄寫字體爲古隸，避劉邦諱。整理小組推斷這些書信應抄寫於公元前 195 年前後，從内容來看可分爲三部分：第 1—14 章爲第一部分，主題統一且各章之間聯繫密切，書信作者爲蘇秦；第 15—19 章爲第二部分，每一章末尾都有字數統計，但各章内容並非密切相關；第 20—27 章爲第三部分，可能是零散篇章。①唐蘭先生認爲，第一部分是屬於蘇秦的真實史料，記載關於蘇秦的書信和談話，大概保存在他的追隨者手中，在其死後被輾轉傳録。②也有可能是燕國史官將蘇秦獻給燕王的書信與獻給齊王的書信搜集在一起，整理成蘇秦書信輯本，並在輯録蘇秦書信時，按照存放規律對它們進行了有序編排。③此外，帛書由三種不同的筆

---

① 　馬王堆漢墓帛書整理小組編：《戰國縱橫家書》，文物出版社，1976 年，第 174 頁。
② 　同上書，第 128 頁。
③ 　沈月：《出土帛書〈戰國縱橫家書〉史料性質考論》，《湖南社會科學》2020 年第 2 期。

迹抄寫而成,第一種筆迹從起始抄寫至第235行第九字以前(第21章末),第三種筆迹主要抄寫第27章,第二種筆迹抄寫其餘部分。①

《戰國縱橫家書》記錄同一詞所使用的字在各章中不盡相同,且出現了一些該文獻特有的用字現象。本文以馬王堆簡帛用字數據爲基礎②,並對比先秦出土語料及其他秦漢出土文獻,從用字習慣的視角,通過分析存在明顯章節差異的用字組,即同一詞在不同章節使用不同字來記錄的現象,探討該文獻各篇之間存在的用字差異及原因。

本文根據用字習慣出現差異的位置分兩種情況進行討論。第一種情況,用字差異的改變只出現在第14、15章之間,以第14、15章爲界限,前後兩部分用字習慣不同。第二種情況,用字差異的改變除了出現在第14、15章,還見於第5、6章之間,即前五章的用字習慣與第6—14章的用字習慣不同。

一、 用字習慣差異在第 14、 15 章之間

屬於這一情況的詞有{攻}{氏}{爭}三組。

(一) {攻}攻、功

《戰國縱橫家書》中的{攻}出現了"功""攻"兩種用字,見表1。

表 1

章節名	功	攻
蘇秦使盛慶獻書於燕王章(第3章)	7	
蘇秦自齊獻書於燕王章(第4章)	6	
蘇秦自梁獻書於燕王章(一)(第6章)	3	

---

① 裘錫圭主編,湖南省博物館、復旦大學出土文獻與古文字研究中心編纂:《長沙馬王堆漢墓簡帛集成》(叁),中華書局,2014年,第201頁。

② 本文數據基於裘錫圭主編的《長沙馬王堆漢墓簡帛集成》得出。

章節名	功	攻
蘇秦自梁獻書於燕王章(二)(第 7 章)	4	
蘇秦謂齊王章(一)(第 8 章)	5	
蘇秦謂齊王章(三)(第 10 章)	3	
蘇秦自趙獻書於齊王章(一)(第 11 章)	5	
蘇秦自趙獻書於齊王章(二)(第 12 章)	11	
韓畏獻書於齊章(第 13 章)	2	
蘇秦謂齊王章(四)(第 14 章)	9	
須賈說穰侯章(第 15 章)	1	7
朱己謂魏王章(第 16 章)		6
謂起賈章(第 17 章)	1	3
觸龍見趙太后章(第 18 章)		1
秦客卿造謂穰侯章(第 19 章)		5
蘇秦獻書趙王章(第 21 章)	1	
蘇秦謂陳軫章(第 22 章)		1
虞卿謂春申君章(第 23 章)		2
李園謂辛梧章(第 25 章)		3
見田僕於梁南章(第 26 章)		14

　　從上表中數據可見,在《戰國縱橫家書》中,"功""攻"記{攻}在分布上整體成明顯的互補狀態。前 14 章統一用"功",第 15—26 章則多用"攻",用"功"者僅見 3 例。偶見"功"者可分爲兩種情況。第一種爲"攻""功"並見但傾向於用"攻",見於《須賈說穰侯章》(第 15 章)及《謂起賈章》(第 17 章)。《須賈說穰侯章》中{攻}出現 8 次,僅見 1 例以"功"記{功}(145—146 行),即"秦兵不功(攻)而齺(魏)效降(絳)、安邑",位於此章結束。"功"字形爲![字形],較模糊。與此相連的上文即有"攻而弗拔,秦兵必罷(疲),陶必亡,則前功有必棄矣"(143 行),"攻"字形作![字形]。《謂起賈章》中{攻}出現 4 次,亦僅見 1 例以"功"記{攻},即"功(攻)齊",位於此章後半部分(181 行),字形作![字形],可以明顯看出爲"功"字。與之相連的上文亦有"攻齊"二字(179 行),字形作![字形]。第二種爲全章僅見 1 例{攻},以"功"記録:"秦以三軍功(攻)王

之上常（黨）而包亓（其）北。"（《蘇秦獻書趙王章》230 行）此例位於該篇章中部，字形作 。

　　馬王堆簡帛中記録｛攻｝所使用的字形有"攻""功""戉"三種。"戉"未見於傳世字書，但見於楚簡，學者一般認爲是"攻"字異體。①"攻""功（戉）"在整個馬王堆簡帛中也未分布於同種文獻中，見表 2。

表 2

	頻率（％）	總計②	明君②	經法	縱橫	繫辭	十六經	春秋	天文	五星占	刑德甲	刑德乙	刑德丙	陰陽甲	陰陽乙	周易	繆和
功	45.6	68	4	4	58	1							1				
攻	51	76			41				15	1	7	6			4	1	1
戉	3.4	5					1	1	1					2			

　　"攻""功（戉）"在《戰國縱橫家書》内部及馬王堆簡帛整体都呈現互補分布，説明用字差異與文獻來源相關。

　　《明君》抄寫於《老子》甲本卷後，與《刑德》甲篇當是同一批抄手抄寫。③《經法》抄寫於《老子》乙本卷前，與《刑德》乙篇字體風格一致，當是同一批抄手抄寫。④在抄寫時代及抄手均相近的情況下，《明君》與《刑德》甲篇、《經法》與《刑德》乙篇的用字均不同，説明這裏抄寫時代及抄手對用字習慣産生差異的影響不大。

（二）｛氏｝是、氏

　　《戰國縱橫家書》中"氏""是"並見，分布情況見表 3。

---

① 李守奎：《楚文字編》，華東師範大學出版社，2003 年，第 701 頁；陳茜：《〈上海博物館藏戰國楚竹書（九）〉文字編》，碩士學位論文，東北師範大學，2014 年，第 47 頁；黃德寬主編，徐在國副主編，徐在國、程燕、張振謙編著：《戰國文字字形表》中册，上海古籍出版社，2017 年，第 442 頁。

② 爲製表方便，部分文獻篇目名稱使用簡稱，對照表附於本文後。

③ 裘錫圭主編，湖南省博物館、復旦大學出土文獻與古文字研究中心編纂：《長沙馬王堆漢墓簡帛集成》（伍），第 1 頁。

④ 同上書，第 31 頁。

表 3

章節名	氏	是
蘇秦謂齊王章(一)(第 8 章)	2	1
蘇秦自趙獻書於齊王章(一)(第 11 章)	2	
蘇秦自趙獻書於齊王章(二)(第 12 章)	5	1
須賈說穰侯章(第 15 章)	3	
朱己謂魏王章(第 16 章)	2	2
蘇秦謂陳軫章(第 22 章)		7
公仲倗謂韓王章(第 24 章)		4
靡皮對邯鄲君章(第 27 章)	2	

　　從表 3 來看,以"氏"記{氏}多見於前 15 章,此前只偶見 2 例"是";而以"是"記{氏}多見於第 16 章後,此後亦只見 2 例"氏"於第 27 章。第 16 章《朱己謂魏王章》中"是""氏"呈交叉分布。第 151 行見 1 例"氏",158—159 行中"是""氏"並見:"秦有葉、昆陽,與舞陽鄰,聽使者之惡,遒(隨—墮)安陵是(氏)而亡之……不愛安陵氏,可也。"從辭例來看,"是""氏"無意義及語法的明顯差別。

(三)　{爭}爭、諍、靜

　　《戰國縱橫家書》中記錄爭奪、爭搶意義的{爭}出現了三種用字:"諍""爭""靜",分布情況見表 4。

表 4

	諍	爭	靜
蘇秦自趙獻書燕王章(第 1 章)	1		
蘇秦自齊獻書於燕王章(第 4 章)	1		
蘇秦自趙獻書於齊王章(二)(第 12 章)	1		
蘇秦謂齊王章(四)(第 14 章)	1		1
須賈說穰侯章(第 15 章)		2	
謂起賈章(第 17 章)		1	
蘇秦謂陳軫章(第 22 章)		1	

　　從表 4 可看出，記｛爭｝的用字以第 14 章爲界限分爲兩部分：第 14 章前基本統一借"諍"記｛爭｝，第 14 章"諍"與"靜"并存，第 14 章後則統一用"爭"來記録｛爭｝。

　　｛爭｝在馬王堆簡帛中共出現 60 次，所使用的字形有"爭""諍""靜（靖）""挣"，分布情况及統計頻率見表 5。

表 5

	頻率（%）	總計	老子甲	老子乙	九主	經法	十六經	稱	道原	縱横	衷	昭力	繆和	天文	五星占	相馬經
爭	71.7	43	2	8	2		15	5	1	4	2	1	1		1	1
諍	18.3	11	3		2					4				1		
靜（靖）	5	3	1			1				1						
挣	5	3				2	1									

　　"諍"主要見於《老子》甲本及其卷後古佚書《九主》和《戰國縱横家書》中；"挣"則主要見於《老子》乙本及其卷前古佚書（《經法》《十六經》）中。以"靜"記｛爭｝見 1 例於《老子》甲本（106 行），此句上一行恰有"水善利萬物而有靜"（105 行），兩字在帛書上距離較近（見圖 1）；偶見 1 例"靖"於《經法》（057 行上），此句前文亦恰好有"以亓（丌—其）无（無）事安之則天下靖"（056 行下），此兩處用字或受前文影響。　　　　　　　　　　　　　　·

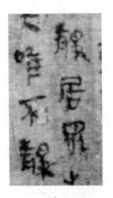

圖 1

　　除《戰國縱横家書》外，其他文獻中也出現了同種類但不同篇目的用字習慣不同的情況。《老子》甲本内部用字較混亂,而乙本則統一使用"爭"。雖然甲乙本相同處甚多,但可能並不是一種傳本。①它們各自的底本則應該有一個相距不遠的共同祖本,這個祖本應是戰國時代的楚人寫本。②《經法》中不同的篇目用了不同的字形:《經法(六分)》中統一用"挣",《經法(論)》用"靜",《經法(亡論)》用"諍"。

二、 用字習慣差異在第 5、 6 章之間

屬於這一情況的詞有{趙}{與}。

(一) 〔趙〕趙、勺

《戰國縱橫家書》中記録表示國名、姓氏的{趙}出現兩種用字"趙""勺",分布情況見表6。

表6

章節名	趙	勺
蘇秦自趙獻書燕王章(第 1 章)	12	
蘇秦使韓山獻書燕王章(第 2 章)		4
蘇秦使盛慶獻書於燕王章(第 3 章)	3	16
蘇秦自齊獻書於燕王章(第 4 章)	2	10
蘇秦自梁獻書於燕王章(一)(第 6 章)		1
蘇秦自梁獻書於燕王章(二)(第 7 章)		5
蘇秦謂齊王章(一)(第 8 章)		8
蘇秦自趙獻書於齊王章(一)(第 11 章)		6
蘇秦自趙獻書於齊王章(二)(第 12 章)		4

---

① 許抗生:《帛書老子注譯與研究》(增訂本),浙江人民出版社,1985 年,第 137 頁。

② 裘錫圭主編,湖南省博物館、復旦大學出土文獻與古文字研究中心編纂:《長沙馬王堆漢墓簡帛集成》(肆),第 2 頁。

續表

章節名	趙	勺
韓昌獻書於齊章（第 13 章）		3
須賈説穰侯章（第 15 章）	10	
朱己謂魏王章（第 16 章）	5	
謂起賈章（第 17 章）	6	
觸龍見趙太后章（第 18 章）	6	
秦客卿造謂穰侯章（第 19 章）	1	
謂燕王章（第 20 章）	14	
蘇秦獻書趙王章（第 21 章）	9	
虞卿謂春申君章（第 23 章）	3	
李園謂辛梧章（第 25 章）	5	1
廧皮對邯鄲君章（第 27 章）	1	

　　{趙}的用字習慣在《戰國縱橫家書》中發生了兩次改變：在前 13 章中，第 1—4 章“趙”“勺”並見，第 6—13 章則統一使用“勺”，第 15—27 章基本使用“趙”。第 25 章偶見 1 例以“勺”記{趙}（279 行）：“以秦之强，有燕之怒，割勺（趙）必罙（深）。”抄手誤將此字看作下一句“趙不能聽”中的“趙”，又在旁邊補寫小字“勺（趙）必罙（深）”（見圖 2）。除此句外，《戰國縱橫家書》中均以“深”記深淺之{深}，此處當因補寫空間局限，寫手選擇較爲簡單的字形來記録{趙}及{深}。

圖 2

　　以"勺"記{趙}僅見於《戰國縱橫家書》。楚簡中未見以"勺"記{趙},但清華大學藏戰國竹簡中《繫年二十》有"晉敬公立十又一年,勼(趙)趄(桓)子會【諸】侯之夫",其中"趙"字字形作,從勺、少,此寫法在《繫年》中出現多次。楚文字也有"邠臣"(《菁華》33),"邠"可能是表示趙國、趙氏的專字。①因此,第一部分特別是第6—13章使用"勺"可能和楚用字習慣相關。

　　馬王堆簡帛中{趙}共出現151次。《春秋事語》中另見1例以"肖"記{趙}。這一用法未見於其他秦漢簡帛,當是先秦寫法的遺留。上海博物館藏戰國晚期趙亡智鼎中,"趙"作,又有《古璽彙編》收趙賵太后璽(一六〇八),其中"趙"作"肖"。

(二)　{與}與、牙、餘、輿、舉、兵

　　《戰國縱橫家書》記錄表示虛詞的{與}出現了多種字形式,如"與""牙""餘""舉""輿",另有訛寫作"兵"的情況,分布情況見表7。

表7

章節名	與	牙	餘	輿	舉	兵
蘇秦自趙獻書燕王章(第1章)	4					
蘇秦使韓山獻書燕王章(第2章)	3					
蘇秦使盛慶獻書於燕王章(第3章)	4					
蘇秦自齊獻書於燕王章(第4章)	11					
蘇秦謂燕王章(第5章)	3					
蘇秦自梁獻書於燕王章(一)(第6章)		3				
蘇秦自梁獻書於燕王章(二)(第7章)		1				
蘇秦謂齊王章(一)(第8章)		3				
蘇秦謂齊王章(二)(第9章)		2				
蘇秦謂齊王章(三)(第10章)		2				
蘇秦自趙獻書於齊王章(一)(第11章)		1				1

① 周波:《戰國時代各系文字間的用字差異現象研究》,綫裝書局,2012年,第52頁。

章節名	與	牙	餘	輿	舉	兵
蘇秦自趙獻書於齊王章(二)(第 12 章)		8			1	
蘇秦謂齊王章(四)(第 14 章)		6				
須買說穰侯章(第 15 章)						1
朱己謂魏王章(第 16 章)	2					10
謂起買章(第 17 章)	2					2
觸龍見趙太后章(第 18 章)				1		
蘇秦獻書趙王章(第 21 章)						2
公仲倗謂韓王章(第 24 章)						2
李園謂辛梧章(第 25 章)			2			
見田僕於梁南章(第 26 章)	1					
廧皮對邯鄲君章(第 27 章)	1					

　　《戰國縱橫家書》中{與}的用字習慣可分爲三部分。第一部分爲第 1—5 章,統一使用“與”。第二部分爲第 6—14 章,除第 11 章《蘇秦自趙獻書於齊王章(一)》有 1 例訛寫作“兵”,第 12 章《蘇秦自趙獻書於齊王章(二)》有 1 例寫作“舉”外,其餘都寫作“牙”。用“牙”記錄{與}的用法僅見於第 6 至 14 章。第三部分爲第 15—27 章,用字略顯零亂。其中,第 15—24 章“與”大量訛寫作“兵”是最顯著的用字特點。

　　以“牙”記{與}的用法未見於秦簡及除馬王堆簡帛外的西漢其他出土文獻,但常見於楚簡中。郭店楚簡《唐虞之道》有“先聖牙(與)後耴(聖),考後而歸先”,《語叢一》中有“飤(食)牙(與)頮(色)牙(與)疾”。上海博物館藏戰國楚竹書《凡物流形》甲篇有“天箺(孰)高與? 陞(地)箺(孰)遠牙(與)”,《史蒥問於夫子》有“子以氏(是)視之,不其難牙(與)言也”,清華簡《繫年六》有“立六年,秦公衒(率)自(師)牙(與)惠公戰于虰(韓)”。因此,這種用字現象當與楚用字習慣相關。

　　{與}在馬王堆簡帛中共出現 407 次,所使用的字形有“與”“牙”“餘”“予”“輿”“舉”“豫”,另有訛寫爲“兵”“興”的情況存在。以“與”記{與}的用法在秦簡中已經出現,且形成較爲統一的用字習慣。《戰國縱橫家書》中以“與”記{與}的占比高達 85.5%,廣泛分布於各類典籍及遣冊中。以“舉”

“餘”“豫”記{與}僅零星分布於馬王堆簡帛，未見於秦簡及西漢其他出土簡帛。以“興”記{與}另見 1 例於睡虎地秦簡《葉書》(38)，以“予”記{與}另見 1 例於居延新簡(EPT5.14A)。

三、結　論

根據以上幾則用字的分析，我們可以得出以下結論。

第一，《戰國縱橫家書》用字習慣差異出現在第 15 章左右，與馬王堆漢墓帛書整理小組從内容出發將前 14 章看作第一部分的意見基本一致，可見用字差異與文獻來源的關係最爲密切。除本文討論的 5 例外，表示國名的{韓}也存在同樣的情況。第 16 章後{韓}統一寫作“韓”，之前的章節則出現大量借字“乾”。①

第二，《戰國縱橫家書》第一部分内部用字也出現了差異，以第 5 章爲界限分爲兩部分，並在第 6—14 章中保留着一些楚地用字習慣。這一特點除第二部分討論的兩則用字外，還有一些書寫上的證據。前 5 章中表示没有的{無}均作“無”，此後則基本寫作“无”。前 5 章統一使用“其”記代詞{其}，從第 6 章開始則大多寫作“亓”。秦簡帛文字中多用“其”，少用“丌(亓)”，而楚簡帛文獻中多用“丌(亓)”，少用“其”。②

第三，以上五則用字差異並不明確以第 21 章或 27 章爲界限，可見用字差異的産生與更換書手抄寫的關係不大。

第四，相同語境下同一詞用字不同的現象有不同程度的存在，可能是用字習慣互相影響的結果。

（1）同句或同行中共見詞用字不同。如《蘇秦謂齊王章（一）》中“氏”

---

① 林嵐、張再興:《秦漢出土文獻記{韓}用字考察》,《中國文字研究》第三十四輯,華東師範大學出版社,2021 年。

② 張再興:《基於兩周秦漢出土文獻數據庫的“丌(亓)”、“其”關係考論》,《中國文字研究》第二十四輯,上海書店出版社,2016 年。

"是"並見（68 行），《蘇秦使盛慶獻書於燕王章》中"趙"勹"並見（22、26 行）。此外，《老子》甲本及其卷後佚古書《九主》中第 379 行也共見以"爭""諍"記{爭}："二道之邦，長諍（爭）之李（理），辨黨長爭。"《周易》卷後佚書《衷》共見以"與""予"記{與}："忌者不可與親，繳（絞）【者】不可予（與）事。"

（2）相鄰的兩句或兩行中共見詞用字不同。除第一部分的{攻}及{氏}外，《春秋事語·韓魏章》中亦共見以"趙""肖"記{趙}，如"肖（趙）氏"（15行）及"趙襄【子】"（14 行）。

此外，三個部分內容的分界章節中有時並存多種用字，略顯凌亂，也可能是互相影響的緣故。{氏}的用字習慣改變出現在第 16 章，且第 16 章中兩種用字並見，使用頻率相同。{攻}在第 15 章出現了兩種用字，{爭}在第14 章出現了兩種用字。{趙}在第 3、4、25 章亦可見兩種用字。

附錄：

篇名對照表

簡　稱	全　稱
老子甲	《老子》甲本
老子乙	《老子》乙本
春　秋	春秋事語
縱　横	戰國縱横家書
刑德甲	《刑德》甲篇
刑德乙	《刑德》乙篇
刑德丙	《刑德》丙篇
天　文	天文氣象雜占
陰陽甲	《陰陽五行》甲篇
陰陽乙	《陰陽五行》乙篇

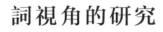

詞視角的研究

基於語料庫的秦漢簡帛文獻用字研究二則 *

劉艷娟　張再興

一、〔漆〕

根據周波的研究，在戰國各系文字中，〔漆〕用字不同，秦文字用“漆（或作桼）”“䣛”，楚文字用“刻（同膝）”，齊文字、三晋文字用“桼”。①秦漢簡帛材料中〔漆〕用“桼”“䣛”②“漆”，三字爲同源關係。③

“桼”見於《説文解字·桼部》：“桼，木汁，可以髹物。象形。桼如水滴而下。”“髹”見於《説文解字·桼部》：“髹，桼也。從桼髟聲。”段玉裁注：“按以桼桼物皆謂之髹，不限何色也。”“漆”見於《説文·水部》：“漆，水。出右扶風

---

* 原載《語言研究》2020 年第 1 期，人大複印報刊資料《語言文字學》2020 年第 11 期轉載。

① 周波：《戰國時代各系文字間的用字差異現象研究》，綫裝書局，2012 年，第 170 頁。

② 關於“髹”，秦漢簡中字形相同，整理者或作“䣛”，或作“髹”，作“䣛”者認爲“䣛”所從“髟”與其下“桼”共用筆劃。簡言之，“䣛”“髹”爲異體。爲便於數據統計，我們將整理者作“䣛”者計入“髹”下，但稱引具體簡文時，根據整理者所作釋文列舉。本文數據統計基於華東師範大學中國文字研究與應用中心研發的秦漢簡帛語料庫，爲確保研究的科學性與結論的可靠性，排除殘斷不清以及用法不明的簡文。

③ 張世超、孫凌安等：《金文形義通解》，中文出版社，1996 年，第 1528 頁。

杜陵岐山,東入渭。一曰入洛。从水桼聲。"據《説文解字》,"桼"作名詞,表塗料名,"髹"作動詞,表塗漆,"漆"表水名。我們討論的表塗料之"漆"與《説文解字》中水名之"漆"是同形關係。

秦簡牘材料中未見"漆"字,"髹""桼"分布情況見表 1。

字	詞	總計	睡虎地秦簡	北大秦簡	里耶秦簡	嶽麓秦簡
髹	〔漆〕	19	9	1	7	2
桼		10	1	1	8	

從使用頻率來看,秦簡牘中"髹"使用頻率高於"桼",是記〔漆〕的常見用字,集中在睡虎地秦簡與里耶秦簡中。"桼"在秦早期材料中出現 2 例,見於睡虎地秦簡與北大秦簡,秦中期材料中出現 8 例,均見於里耶秦簡。

從詞語搭配來看,"髹""桼"既可單獨使用,也可與其他詞語搭配使用。如睡虎地秦簡中"髹"用於"髹園","桼"用於"桼器"。里耶秦簡中"髹"用於"髹計"、"桼"用於"桼課"等。嶽麓秦簡中"髹"一表塗料,一表漆樹。北大秦簡中"髹""桼"連用,作"米粟髹桼"。

從文獻分布來看,"髹"集中在官方文書中,如睡虎地秦簡"髹"分布在法律文獻中,《秦律十八種》2 例,《效律》3 例,《秦律雜抄》2 例。里耶秦簡中"髹"見於録課類和簿籍類文獻中,共 7 例,嶽麓秦簡中"髹"見於《爲吏治官及黔首》2 例。"桼"分布較爲廣泛,如睡虎地秦簡《日書》1 例,里耶秦簡《録課類》文獻 7 例,《司法文書》1 例,北大秦簡《數學文獻》1 例。可見"髹"在文獻分布方面具有集中性的特點,而"桼"分布相對零散。

通過考察"髹""桼"二字在秦簡牘文獻中的用法可以發現,在記〔漆〕時二字並無《説文解字》所説名動的差異,"髹"除了作動詞,也可作名詞,如里耶秦簡中"髹園"也作"桼園",睡虎地秦簡《日書》乙種簡 67"壬辰髹"中"髹"指漆樹。"髹""桼"也共現於同一條簡文中,如:

　　(1)卅七年遷陵庫工用計,受其貳春鄉髹☒ 桼三升,升歙水十一升,乾重八。(里耶秦簡第九層 1136)

（2）米粟髹桼，升料斗甬，非數無以命之。（北大秦簡《魯久次問數于陳起》135）

在秦簡牘材料中，{漆}所用字出現總頻率與記{漆}的頻率比例爲"髹"19/19，"桼"10/10，二字均是用來記{漆}，未見他用者。

漢簡帛材料中"髹""桼""漆"並現，西漢早期其分布情況見表2。

表 2

字	詞	總計	散簡①	張家山	馬王堆	鳳凰山	銀雀山	阜陽
髹	{漆}	110	17	5	86	2		
桼		13		3	10			
漆		3	1				1	1

從使用頻率來看，漢簡帛中的"髹"的使用頻率遠超秦簡牘中該字的使用頻率，並且集中在馬王堆漢墓簡帛中。"桼"只見於張家山漢簡和馬王堆漢墓簡帛中。"漆"見於江陵高臺漢簡、銀雀山漢簡、阜陽漢簡各1例。雖然漢代已經出現"漆"字，但使用頻率較低。{漆}常選用"髹"，與秦簡牘文獻中的用字一致。

從詞語搭配來看，漢簡帛中的"髹"多用在名物前，如散簡材料與馬王堆漢墓簡帛中常用在"杯""畫""盂"等前，表示名物的特質，也用於"餘髹""不髹""以善桼髹之"等。"桼"用於"取桼""以桼弓矢"等。"漆"用於"漆壺"。

從文獻分布來看，漢簡帛中的"髹"集中在遣策中，共101例，其中散簡17例，張家山漢簡2例，馬王堆漢墓簡帛82例（一號墓竹簡遣策52例，三號墓竹簡遣策30例）。《算數書》和病方文獻中偶用"髹"。"桼"分布範圍較廣，張家山漢簡《算數書》3例，馬王堆漢墓帛書《老子》甲本1例，《五十二病方》5例，《養生方》4例。"漆"用例較少，見於江陵高臺漢簡"漆壺一"（簡2），銀雀山漢簡《陰陽時令》"不盈者，死，漆成"（簡1803），阜陽漢簡《春秋事語》"☐智柏，漆☐"（簡19）。②"髹""桼"二字常共現於同一篇目中，如：

---

① 散簡17例包括長沙王后墓木楬2例，江陵高臺漢簡1例，雲夢大墳頭1號木牘14例。

② 本句與《説苑·建木》三十章對照，知是"大敗智伯，漆其首以爲飲器"，"漆"作動詞。

（1）歠黍：臻一斗，歠水三斗而極，歠水二斗七升即極，問：餘臻、水各幾何？曰：餘臻卅七分升卅，餘水二升卅七分（張家山漢簡《算數書》66）升七。术曰：以二斗七升者同一斗，卅七也爲法，有置廿七、十升者，各三之爲實，實如法而一。（張家山漢簡《算數書》67）

（2）鬟：唾曰："歠，黍。"三，即曰："天啻下若，以黍弓矢，今若爲下民疾，塗若以豕矢。"以履下靡抵之。（馬王堆漢墓帛書《五十二病方》390/380）

在"鬟""黍"共現的材料中，二字的使用存在細微差異，張家山漢簡《算數書》中題名用"黍"，算題内容用"鬟"，這可能是抄手爲了便於記憶和稱引，因此在書寫題名時用了較爲簡便的字體。這種現象也見於《算數書》其他算題中，如"睘亭""睘材""以睘材方""以方材睘"等，題名用較爲簡單的字形"睘"，算題内容用寫法較爲繁複的字形"圜"。馬王堆漢墓簡帛病方名用"鬟"，病方内容用"黍"。"鬟"表示由於接觸漆而引起的皮膚過敏，即"漆瘡"。張顯成指出："'漆瘡'義只用'鬟'而不用'黍'，'漆'的名詞義和動詞義（以漆漆物）用'黍'而不用'鬟'，說明這是特意爲了區別'漆瘡'義。"①也即馬王堆醫方文獻中"鬟"特指"漆瘡"，與"黍"的用法在具體所指時有所區別。

西漢早期材料中"黍""鬟"與秦簡牘材料二字用法相同，均是用來記{漆}，"漆"共出現 7 例，除記{漆}外，還見記{洇}3 例，表示地名 1 例。

西漢中晚期簡牘材料中三字的分布情況見表 3。

表 3

字	詞	總計	北大漢簡	居延漢簡	居延新簡	懸泉漢簡	敦煌漢簡	肩水金關漢簡	尹灣漢簡
鬟	{漆}	2		1					1
黍		4		2	1		1		
漆		7	1	3		1	1	1	

① 張顯成：《先秦兩漢醫學用語研究》，巴蜀書社，2000 年，第 171 頁。

　　從使用頻率來看，"漆"使用頻率超過"髤""桼"，成爲記{漆}的常用字，並且使用範圍廣泛，見於居延漢簡、懸泉漢簡、敦煌漢簡等。

　　從詞語搭配來看，"髤""漆""桼"既可單獨使用，也可與他詞搭配。如"髤"用於"髤布"，"漆"用於"漆履""漆式""漆木"，"桼"用於"桼樹"等。

　　西漢晚期材料中，"髤"均記{漆}。"桼"共 227 例，僅 4 例記{漆}，其餘 223 例記{七}。這是王莽改制在文字上的體現，是一種特殊的用字現象。"漆"9 例，記{漆}7 例，表示地名 2 例。

　　關於"髤"的讀音，學者們主要有兩種意見：一種意見認爲"髤"只有一種讀音，如睡虎地秦簡整理小組對《秦律十八種》102 簡注釋："古書常以髤字與漆字混用，以至讀髤爲漆，如《釋文》把《周禮·笙師》的髤字讀爲香牛反或七利反，七利反即漆。丹爲紅色，髤爲黑色。"①孫機認爲此簡中"髤"只能訓爲"漆"。②黃德寬疑"髤"從髟桼聲，而非《説文解字》所説從桼髟聲。③另一種意見認爲"髤"有兩種讀音，于豪亮指出："髤字也寫作髹或髤，有兩種讀音。一種音休，意思是塗漆。《史記·貨殖列傳》：'木器髤者千枚。'集解引徐廣曰：'髤音休，漆也。'《漢書·外戚傳下》：'其中庭彤朱，而殿上髤漆。'師古注：'以漆漆物謂之髤，音許求反，又許詔反。''許詔反'其實是'許求反'的僞變，這是一種讀法。秦律把'髤園'寫作髤，則是讀髤爲漆。這是另一種讀法。"④李家浩贊同"髤"同"髹""髤"讀音相同，並指出"在近十多年發現的秦漢文字資料裏，'髤'字却多應讀爲'桼（漆）'"，認爲這是一種一字異讀，即一個字有兩種截然不同的讀音的現象。⑤朱德熙贊同于豪亮的觀點："秦簡'髤'字有時用來指漆本身，似乎也有'髹'、'漆'兩種讀法。"⑥

①　睡虎地秦墓竹簡整理小組：《睡虎地秦墓竹簡》，文物出版社，1990 年，第 44 頁。

②　孫機：《關於漢代漆器的幾個問題》，《文物》2004 年第 12 期。

③　黃德寬：《古文字譜系疏證》，商務印書館，2007 年，第 3378 頁。

④　于豪亮：《秦律叢考·髤園》，載《于豪亮學術文存》，中華書局，1985 年，第 135 頁。

⑤　李家浩：《從戰國"忠信"印談古文字中的异讀現象》，《北京大學學報》（哲學社會科學版）1987 年第 2 期。

⑥　朱德熙：《馬王堆一號漢墓遣策考釋補正》，載《朱德熙古文字論集》（第 5 卷），中華書局，1999 年，第 131 頁。

秦漢簡帛文獻爲考察"髹"的讀音提供了新的材料。秦簡牘中,"髹""桼"用法無別,尤其在里耶秦簡中,"髹園""桼園"並見,説明二字讀音相同或相近,也即"髹"或從桼得聲。漢簡帛材料中,二字常共現在同一條簡文中,用法相同。另外,髟屬幫母幽部,桼、漆屬清母質部,"髹"若從髟得聲,與"漆"讀音相差甚遠,故或應從桼得聲。

北大秦簡《魯久次問數于陳起》有"和均五官,米粟髹桼,升料斗甬,非數無以命之",簡文中的"米粟"和"髹桼"並言,均爲名詞性結構,韓巍、鄒大海讀"髹桼"爲"髹漆",解釋爲"漆料"。①根據秦漢簡帛材料中"髹"的用法,簡文中的"髹"或不讀"髹",而是讀"漆","桼"表塗料。

關於三字關係,方勇認爲"'桼'本表示漆之本字,常假借'漆'表示其本義,'髹'字或作'髹'、'髹'形,'髹'應是'髹'字的省形異體,而'髹'應是在'髹'字基礎上進一步形成的訛變字"②。我們贊同"桼"是"漆"的本字,但我們認爲"漆"或是"桼"爲明本義加注義符水旁而成,與《説文解字》所説記水名之"漆"是同形關係,並非借用"漆"表"桼"之本義。

秦漢簡帛中{漆}的用字情況如下:

(1)在用字方面,{漆}用"桼""髹""漆","桼""髹"使用時間最長,貫穿整個秦漢時期,"漆"見於西漢早期材料中。

(2)在文獻分布方面,秦簡牘中,"髹""桼"常見於官方文書中,如法律文獻與簿籍類文獻,西漢早期材料中"髹"集中在遣策中。這可能跟當時漆工藝的發展有關。秦對漆的需求量較大,漆樹種植、漆園管理等成爲當時基層官員的日常行政事務,簡牘中的相關記載也隨之增加。到了漢代,漆器工藝日益精湛,達到了中國漆文化史上的黃金時期。由於漆器富有光澤、輕便耐用,西漢早期墓葬中往往陪葬許多漆器,因此有關漆器隨葬物品的記録比較普遍。西漢中晚期材料中"漆"多見於簿籍類文獻中,指明所記物品的特性。

---

① 韓巍、鄒大海:《北大秦簡〈魯久次問數于陳起〉今譯、圖版和專家筆談》,《自然科學史研究》2015年第2期。

② 方勇:《讀嶽麓秦簡札記一則》,《中國生漆》2016年第1期。

（3）就記〔漆〕而言，秦漢簡帛材料中"鬃""桼""漆"並無《説文解字》所載之區別，既作名詞，也可作動詞。根據"鬃"在秦漢簡帛材料中的用法，可推測此字並非《説文解字》所説從桼彡聲，或爲從桼得聲。

（4）〔漆〕可追溯至戰國時期，當時不僅用"桼"，也借從桼得聲之"郗"。秦漢簡帛中用"桼"，也用分化字"鬃""漆"。三字在記〔漆〕時體現了同源分化的動態發展過程，在秦至西漢早期，即同源分化的初始階段，母字"桼"的使用頻率不斷減少，分化字"鬃"的使用較有優勢。隨着分化的進一步推進，到了西漢中晚期，"桼"常用來表示他詞，"鬃"使用頻率大幅減少，"漆"使用頻率提高，成爲記録母字意義的專字。

二、〔圓〕

根據周波的研究，在戰國各系文字中，〔圓〕用字不同，秦文字用"員"，楚文字用"匡（或作圆）"。①〔圓〕的戰國用字與後世通用字之間仍有不小的缺環，需要通過秦漢出土文字數據來彌補。我們統計了秦漢簡帛文獻中〔圓〕用"圓""員""圜""睘""園"等字。"圓"見於《説文解字・口部》："圓，圜全也。從口員聲，讀若員。""員"見於《説文解字・員部》："員，物數也。""圜"見於《説文解字・口部》："圜，天體也。""睘"或作"睘"，見於《説文解字・目部》："睘，目驚視也。""園"見於《説文解字・口部》："園，所以樹果也。"王力指出，"圓（員）""圜"爲同源關係②，郝士宏考證，"圜""睘""園"爲同源，有"圓"義。③通過考察秦漢簡帛文獻中〔圓〕的用字變化情況，可以明確〔圓〕用字的發展定型過程。

秦簡牘文獻中〔圓〕的用字情況見表4。

① 周波：《戰國時代各系文字間的用字差異現象研究》，第103頁。
② 王力：《同源字典》，商務印書館，1982年，第510頁。
③ 郝士宏：《古漢字同源分化研究》，安徽大學出版社，2008年，第307頁。

表 4

字	詞	總計	睡虎地秦簡	嶽麓秦簡	里耶秦簡	放馬灘秦簡	北大秦簡
員	〈圓〉	10	1	1			8
圓		7		1	1	4	1
睘		2				2	
園		3	1	2			

　　從使用頻率來看，"員"使用頻率最高，集中在北大秦簡中。"圓"次之，在放馬灘秦簡中較爲常見。"睘"僅見於放馬灘秦簡中。"園"見於睡虎地秦簡 1 例，嶽麓秦簡 2 例。

　　從詞語搭配來看，"員"常用來形容物體的特徵，"圓""睘"多用來形容人的特徵，"園"既可以形容人也可以形容物。如"員"用於"員亭""員田"等，"圓"用於"圓面""圓顔""圓目"等，"睘"用於"睘目"，"園"用於"園面""園亭"等。

　　從文獻分布來看，〈圓〉集中於數學文獻及日書文獻中，其中"員"見於數學文獻，嶽麓秦簡《數》1 例，北大秦簡《算書》甲種 2 例，《魯久次問數於陳起》6 例等。"圓""睘"集中在日書中，如"圓"見於放馬灘秦簡《日書》之《黄鐘》4 例，"睘"見於《十二支占盜》2 例。"園"見於日書與數學文獻中，如睡虎地《日書》甲種 1 例，嶽麓秦簡《數》2 例。這可能是因爲此類文獻常涉及物體特徵的表述，如數學文獻中的"圓亭"，日書文獻中的"圓目"等。

　　在秦簡牘材料中，〈圓〉所用字其出現總頻率與記〈圓〉的出現頻率比例爲"員"38/10，"圓"7/7，"睘"2/2，"園"34/3。"員"表員數較爲常見，記〈圓〉所占比例不高。"圓""睘"均記〈圓〉，"園"多用來表示園林義。

　　西漢早期〈圓〉用字情況見表 5。

表 5

字	詞	總計	張家山漢簡	馬王堆漢墓簡帛	銀雀山漢簡	孔家坡漢簡	鳳凰山漢簡
員	〈圓〉	25		15	7	3	
圓		15	9	2	4		
睘		7	4	3			
園		1					1

　　從使用頻率來看,{圓}用"員"的頻率較高,"圜"次之,也用"睘""園",這種用字與秦簡牘文獻一致。

　　從文獻分布來看,{圓}集中在數術方技類文獻中。"員"見於醫方、遣策、兵書、日書等,如馬王堆漢墓簡帛三號墓醫簡"春雀員鷤"2 例,《五星占》"赤而員""青而員"等 5 例,一號墓遣策"員付蔞"3 例等。銀雀山漢簡《孫子兵法》《孫臏兵法》7 例,指軍事上的圓陣。孔家坡漢簡的日書文獻 3 例,指穿井開洞的形狀。"圜"見於醫方、兵書、數術文獻等,如馬王堆漢墓簡帛《五十二病方》2 例,表示圓形。銀雀山漢簡《孫臏兵法》《尉繚子》《陰陽時令》4 例,指圓陣 3 例,天體 1 例。張家山漢簡"圜亭"4 例等。"睘"見於數術文獻,如馬王堆漢墓帛書《相馬經》2 例,張家山漢簡 4 例。"園"僅 1 例,見於鳳凰山漢簡遣策中。其中,張家山漢簡中"圜""睘"均見於《算數書》中,"圜亭""睘亭","圜材""睘材"常共現於同一條簡中,如:

　　　　(1) 睘亭:圜亭上周三丈,大周四丈,高二丈,積二千五十五尺卅六分尺廿。術曰:下周乘上周,周自乘,皆並,以高(149)乘之,卅六成【一】。今二千五十五尺【卅六】分【尺】廿。(150)

　　　　(2) 睘材:有圜材一,斲之入二寸,而得【平一尺四】寸,問【材】大幾何? 曰:大【二尺有六】寸半寸。述曰:七寸自乘,以(156)入二寸【爲法,又以二寸】益之,即大數已。(158)

　　　　(3) 以睘材方:以圜材爲方材,曰:大四章二寸廿五分寸十四,爲方材幾何? 曰:方七寸五分寸三。術曰:因而五之爲實,令七而一,四(153)【而】一即成。(157)

　　　　(4) 以方材睘:以方爲圜,曰:材方七寸五分寸三,爲圜材幾何? 曰:四章二寸廿五分十四。術曰:方材之一面即(154)圜材之徑也,因而四之,【七之】以爲實,令五而成一。(155)

　　簡文中"睘"見於標題中,"圜"見於算題內容中,這與前所舉"漆"用字情況相同,題名用寫法簡單的字形,算題內容用寫法繁複的字形。"睘亭"和"圜亭"皆指"圓亭",指正圓臺形,"睘材"和"圜材"皆指"圓材",指圓柱形木材。

　　總體上看,西漢早期簡帛材料中,〔圓〕用字與秦簡牘中用字相同,都用"員""圜""圓""睘",並且前兩字是常見用字。在秦簡牘文獻中,"圜""睘"用來形容人的外貌特徵,到了西漢早期二字都可以用來形容物體,詞義範圍擴大。

　　西漢中晚期〔圓〕用字情況見表6。

表6

字	詞	總計	北大漢簡	未央宮漢簡	居延漢簡	居延新簡	肩水金關漢簡	水泉子漢簡	尹灣漢簡	武威漢簡
圓		3			1	1		1		
員	〔圓〕	5	2				2			1
圜		3	1	1						1

　　從詞語搭配來看,居延漢簡"圓"用於"圓泉",居延新簡"圓"用於"圓面",水泉子漢簡"圓"用於"宜圓方首"。"員"在北大漢簡中單用,指圓陣,肩水金關漢簡"員"用於"員鮑魚""員釜",武威漢簡"員"用於"員壺"。"圜"見於北大漢簡"魁矩圜鑪"、武威漢簡"圜壺"。武威漢簡中〔圓〕用字不同,甲本《泰射》用"員",甲本《燕禮》用"圜"。這可能是因爲"簡本(引者按:武威漢簡《儀禮》九篇)的底本是古文經本,中間竄入了今文經的内容"①,隸寫者水平不一,在隸定過程中形成了文字差異。

　　從統計數據來看,西漢中晚期簡牘材料中〔圓〕所用字的出現頻率相當。但是,北大漢簡《節》、武威漢簡爲古書,應該會較多保留早先的用字面貌。並且武威漢簡《燕禮》用"圜",也是早期的用字特點。因此真正反映當時實際用字的例子可以説只有肩水金關漢簡的2例。雖然三字使用頻率相當,但從各用字本身所記録詞的數量比較上看,可以看出"圓"是專門用來記録〔圓〕的。在整個漢代簡帛材料中,〔圓〕所用字其出現總頻率與記〔圓〕的出現頻率比例爲"員"131/30,"圜"21/18,"睘"25/7,"園"44/1,"圓"3/3。與秦簡牘材料相比,"員"記〔圓〕比例大幅减少,因此西漢晚期"員"分化出"圓"來專門表示"圓"這個詞。"圜""睘"除了記〔圓〕外,也見表示他義。"園"偶

---

① 陳緒波:《試論武威漢簡〈儀禮〉的版本問題——從簡本、石經本、今本〈儀禮〉篇題間的關係着眼》,《敦煌研究》2015年第1期。

見記{圓}。從以上兩個方面看,西漢中晚期的實際用字中,"圓"可能已經占據了主導地位。

從秦漢簡帛中{圓}的用字情況可以發現:

(1) 整個秦漢階段{圓}用字多樣,可分爲兩組,一組爲從"員"得聲之"員""圓",一組爲從"袁"得聲之"睘""圜""園"。

(2) 秦漢時期{圓}雖然用字較多,但是依然有主流用字形式,即"員""圜",二字的使用貫穿整個秦漢時期。主流用字形式的語源義與所記詞的意義可能更爲接近。

(3){圓}用字具有比較明顯的時代特徵,秦至西漢早期主要用"員""圜",西漢中晚期用"圓"。"員"是"圓"的初文,由於常假借表示他義,於是加口旁分化出"圓"字表示本義。從{圓}所用字其出現總頻率與記{圓}的比例來看,"員""睘""圜""園"的使用率呈遞減趨勢,"圓"的使用占據優勢地位。但是,《説文解字》"圓"釋義用"圜全也",不用"圓","圓"只見於民間的西北簡,可以説明"圓"尚未取得正統地位。

(4) 從戰國到秦漢材料來看,同源通用字中的母字在使用過程中具有相當的穩定性和連續性,{圓}用"員"的時間最長,直到西漢中晚期仍見使用,並且占有不小的比例。

基於秦漢簡帛語料庫記｛杯｝用字考察 *

劉艷娟　　張再興

秦漢簡帛材料中有一個記｛杯｝的字，整理者對同一個字形的處理方式不同，或寫作"栝"，或寫作"㟝"，分歧在於對"否""音"兩個字形的看法不同。本文擬利用秦漢簡帛語料庫，對"栝""㟝"出現的材料進行校釋，並考察記｛杯｝之字的使用規律。

一、　秦漢簡帛文獻中"㟝"校釋

秦簡牘中有四例"㟝"①，如下：

(1) 歙（飲）必審【鳴㟝】（杯）中，不見童（瞳）子毋歙（飲）。（放馬灘秦簡《日書》乙種 144 壹）

＊　原載《簡帛研究二○二○（春夏卷）》，廣西師範大學出版社，2020 年。

① 放馬灘秦簡釋文參見陳偉主編，孫占宇、晏昌貴等撰著《秦簡牘合集·釋文注釋修訂本（肆）》，武漢大學出版社，2016 年，第 86、137 頁。北京大學藏秦簡釋文參見陳侃理《北大秦簡中的方術書》，《文物》2012 年第 6 期。里耶秦簡釋文參見陳偉主編《里耶秦簡牘校釋（第一卷）》，武漢大學出版社，2012 年，第 186 頁。

（2）其器桮（杯），其種（種）村（菽）。（放馬灘秦簡《日書》乙種 289B）

（3）水一桮（杯）濯之而歙。（北京大學藏秦簡《醫方》4-248）

（4）☐ 桮敢☐（里耶秦簡第八層 623 正）

　　這四例作“桮”的字，寫法見表 5 字形 1—4，從字形上看，例 1 是殘字，僅見左邊木旁，例 2、例 3、例 4，字形清晰。秦簡牘中也見釋“柸”者①，如：

（5）皆莫肯與丙共柸（杯）器。（睡虎地秦簡《封診式》93）

（6）請人一柸（杯）。（北京大學藏秦簡《酒令》木牘一 2 正）

　　這兩例作“柸”的字，寫法見表 5 字形 5—6，與以上四例釋“桮”者字形相同，爲一字。在用法上，例 1、2、5 是容器名，例 3、6 作量詞，例 4 用法不明。②整理者釋“桮”之字右邊從“否”，其上半部分與秦簡牘中“不”寫法相同，只是多了一個橫劃飾筆，下半部分爲“口”，故秦簡牘中整理者釋“桮”者應改作“柸”。

　　漢簡帛中釋“桮”者見於張家山漢簡、馬王堆漢墓簡帛、居延新簡等。其中張家山漢簡兩例③，如下：

（7）歙（飲）水一桮（杯）。（張家山漢簡《引書》2）

（8）有閒而歙（飲）水一桮（杯）。（張家山漢簡《引書》4）

---

① 睡虎地秦簡釋文參見陳偉主編，彭浩、劉樂賢等撰著《秦簡牘合集・釋文注釋修訂本（壹）》，第 295 頁。北京大學藏秦簡釋文參見李零《詩與酒——從清華楚簡〈耆夜〉和北大秦簡〈酒令〉想起的》，《湖南大學學報》（社會科學版）2015 年第 3 期。

② 《里耶秦簡牘校釋》（第一卷）指出：“桮（原釋文未釋），人名。”《簡帛研究》匿審專家認爲此結論大概是依據“人名＋敢言之”的結構，不過，因爲此簡過於殘斷，實際上難以判斷“敢”後面就是“言之”，而且即使就是“敢言之”，也未必是人名，如里耶秦簡中第八層簡 551 有“留薄（簿）牒上，敢言之”，所以此處“桮”也不一定就是人名。此處從匿審專家意見，該簡中“桮”的具體用法有待進一步研究。

③ 釋文參見張家山二四七號漢墓竹簡整理小組編著《張家山漢墓竹簡［二四七號墓］》（釋文修訂本），文物出版社，2006 年，第 171 頁。

這兩例"棓"的寫法見表 5 字形 7—8,與秦簡牘中"桮"的字形相同。另外,張家山漢簡《脈書》簡 7 中見"大者如桮(杯)"①,"桮"寫法見表 5 字形 9。張家山漢簡整理者分釋"棓"與"桮"者,都是從木從否,當爲一字,作"桮"。

馬王堆漢墓簡帛中釋"棓""桮"者較多,據《長沙馬王堆漢墓簡帛集成》釋文②,釋"桮"和"棓"的數量及所見篇目見表 1。

表 1

字	總計	胎産書	五十二病方	養生方	房内記
桮	8	1		4	3
棓	12		11	1	

馬王堆漢墓簡帛中的"桮""棓"也都是用來記{杯},其中釋"桮"者如下③:

(9)以美醬一桮(杯)漬。(馬王堆漢墓簡帛《養生方》33/33)

(10)以□半桮(杯)歙(飲)之。(馬王堆漢墓簡帛《養生方》76/76)

釋"棓"者如:

(11)醇酒盈一衷(中)棓(杯)。(馬王堆漢墓簡帛《五十二病方》26/26)

(12)美醯一棓(杯)以歙(飲)之。(馬王堆漢墓簡帛《五十二病方》249/236)

這四例字形見表 5 字形 10—13,寫法相同,從木從否,所以《五十二病

---

① 釋文參見張家山二四七號漢墓竹簡整理小組編著《張家山漢墓竹簡[二四七號墓]》(釋文修訂本),第 115 頁。

② 裘錫圭主編,湖南省博物館、復旦大學出土文獻與古文字研究中心編纂:《長沙馬王堆漢墓簡帛集成》,中華書局,2014 年。

③ 馬王堆簡帛釋文參見裘錫圭主編,湖南省博物館、復旦大學出土文獻與古文字研究中心編纂:《長沙馬王堆漢墓簡帛集成》(陸),第 41、47 頁。裘錫圭主編,湖南省博物館、復旦大學出土文獻與古文字研究中心編纂:《長沙馬王堆漢墓簡帛集成》(伍),第 220、259 頁。

方》與《養生方》中整理者釋"桮"者也當作"栝"。

西漢中晚期簡牘中釋"桮"者如下①：

（13）欲得一合桮□。（居延新簡 EPT51.59A）

（14）□桮鼓諸什□（居延新簡 EPT10.33）

（15）□兼桮廿。斗□小桮廿。笥□。（敦煌漢簡 8）

（16）長斧椎皆摇桮咩呼。（居延漢簡 127.24）

（17）□□□適寒温飲一羹桮□卧出。（居延漢簡 265.17）

（18）長桮三。（居延漢簡 506.1）

（19）連桮廿。（居延新簡 EPT48.18A）

（20）桮篋。（居延新簡 EPT50.239）

（21）□桮四。（肩水金關漢簡 T21:182）

（22）長桮廿四。（肩水金關漢簡 T24:609A）

（23）柃柱一桮負二算。（肩水金關漢簡 T30:214）

（24）長桮四。（肩水金關漢簡 T37:1553）

例（13）中"合"後一字，見表 5 字形 14，《中國簡牘集成》作"桮"②，《居延

---

① 居延新簡四例釋文參見下文校釋説解時所出注文。敦煌漢簡釋文參見張德芳《敦煌馬圈灣漢簡集釋》，甘肅文化出版社，2013 年，第 367 頁。居延漢簡三例釋文分別參見簡牘整理小組編《居延漢簡（貳）》，"中研院"歷史語言研究所，2015 年，第 61 頁。簡牘整理小組：《居延漢簡（叁）》，"中研院"歷史語言研究所，2016 年，第 162 頁。簡牘整理小組：《居延漢簡（肆）》，"中研院"歷史語言研究所，2017 年，第 153 頁。肩水金關漢簡四例釋文分別參見甘肅簡牘保護研究中心、甘肅省文物考古研究所、甘肅省博物館、中國文化遺産研究院古文獻研究所室、中國社會科學院簡帛研究中心編《肩水金關漢簡（貳）》（中西書局，2012 年，下册第 25 頁），甘肅簡牘博物館、甘肅省文物考古研究所、甘肅省博物館、中國文化遺産研究院古文獻研究所室、中國社會科學院簡帛研究中心編《肩水金關漢簡（叁）》（中西書局，2013 年，下册第 8、121 頁），甘肅簡牘博物館、甘肅省文物考古研究所、甘肅省博物館、中國文化遺産研究院古文獻研究所室、中國社會科學院簡帛研究中心編《肩水金關漢簡（肆）》（中西書局，2015 年，下册第 121 頁）。

② 中國簡牘集成編輯委員會編：《中國簡牘集成》（第 10 册），敦煌文藝出版社，2001 年，第 72 頁。

新簡集釋(三)》據紅外綫圖版作"橃"①,"合橃"是橃書的一種,在西北簡中常見。該簡中"橃"字形不清晰,但從殘筆來看,右邊有較長的捺筆,應該不是"棓"字,我們認爲《居延新簡集釋(三)》説法較爲可信,簡文中的殘泐字是"橃"字。

例(14)"鼓"前一字,見表5字形15,《中國簡牘集成》釋"栖",整理者注"'栖',同'杯'"②。《居延新簡集釋(一)》改釋"棓",棍棒義,並指出簡文"棓""鼓"連用,疑爲鼓槌。③該字左從木,右從音,"音"上半部分的"立"横劃短小織細,並且有草化傾向,但整體上與西北簡中其他"棓"字寫法相同,因此《居延新簡集釋(一)》釋作"棓"較爲合理。

例(15)至例(24)字形見表5的16—25,例15、16、17、25字形比較清晰,這四個字右邊所從並不是"否",而是"音",尤其是"音"上半部分的"立"字迹清晰可辨。整理者釋"棓"較爲可信。從用法上看,例(15)"棓",或認爲是"一種打穀的農具,或曰連枷……另,棓作棒,一種兵器,漢簡守御器簿中多有長棓一物。此處同斗、筥連用,當爲打穀的農具"④。例(16)爲棍棒義。例(17)"羹棓",即羹栖。例(18)"長棓"爲兵器名。例(19)"連棓"或認爲是"連棒,可能是多節棍之類"⑤。例(20)的"棓篋",《居延新簡集釋(二)》注:"棓篋,放置杯子的竹器。《集成》一〇(第五六頁)認爲,棓,當爲杯,盛酒器。棓篋爲放置杯子的竹器。按,一般認爲是放置杯子的竹箱,但不排除有放置小棍棒的竹箱的可能。"⑥我們認爲此處"棓"可作"杯"解,表示容器。例(21)、(22)、(24)"棓椎""長棓"之"棓"都是指木棒,例(23)意義不明,統計時暫不計算在內。可見在西北簡中,"棓"多指木棒,僅有兩例是指容器名,

① 李迎春:《居延新簡集釋(三)》,載張德芳主編《甘肅秦漢簡牘集釋》,甘肅文化出版社,2016年,第419頁。

② 中國簡牘集成編輯委員會編:《中國簡牘集成》(第9册),敦煌文藝出版社,2001年,第132頁。

③ 孫占宇:《居延新簡集釋(一)》,載張德芳主編《甘肅秦漢簡牘集釋》,甘肅文化出版社,2016年,第442頁。

④ 張德芳:《敦煌馬圈灣漢簡集釋》,載《甘肅秦漢簡牘集釋》,甘肅文化出版社,2016年,第367頁。

⑤ 楊眉:《居延新簡集釋(二)》,載張德芳主編《甘肅秦漢簡牘集釋》,甘肅文化出版社,2016年,第433頁。

⑥ 同上書,第534頁。

即例(17)和例(20),表示杯子。記{杯}之"棓"與表示棍棒的"棓"當是同形字關係。

西漢中晚期簡牘中也見"桮"字①,用例如下:

(25) ☑ □調爲官市桮器長□□□□輜車一乘。(肩水金關漢簡T32:20)

(26) □□小桮五十,其五枚破。赤桮七具。白桮十七具,今五。墨著大桮廿。(居延漢簡89.13A)

(27) 故黑墨小桮九。故大桮五,缺故。(居延漢簡89.13B)

(28) 酒桮十,小畫桮十。(居延漢簡220.18A)

西北簡中"桮"共9例,常見寫法如表5字形26—29,這些"桮"字與表5字形16—25所列"棓"字有所不同。從字形上看,"棓"右從"音","立"與"口"未見筆劃相連者,而"桮"所從之"不"豎筆常與下方"口"相連,這種寫法的"桮"與秦簡牘及西漢早期簡帛中"桮"寫法相同。在漢字隸變過程中,"否"字聲符"不"左右斜筆變平連成一筆橫劃,變成"立"形,即"音"字,表示容器的"桮"也出現了異體"棓",與表示棍棒義的"棓"形成了同形關係。從用法上看,西北簡中的"棓""桮"意義區別明顯,前者表示木棒,而後者表示容器。從文獻分布類型來看,記{杯}時,"桮"字均出現在簿籍類文獻中,而"棓"字所在文獻分布並無明顯特徵。

二、 秦漢簡帛材料中{杯}用字情況

秦漢簡帛中{杯}用"杯""桮""棓""音"等字。"杯"字不見於《説文解

---

① 肩水金關漢簡釋文參見甘肅簡牘博物館、甘肅省文物考古研究所、甘肅省博物館、中國文化遺産研究院古文獻研究所室、中國社會科學院簡帛研究中心編《肩水金關漢簡(叁)》,下册第144頁。居延漢簡釋文參見簡牘整理小組編《居延漢簡(壹)》,"中研院"歷史語言研究所,2014年,第262頁;簡牘整理小組編《居延漢簡(叁)》,第41頁。

字》，但出現較早，在楚簡中，其寫法見表 5 字形 30、31，表示容器名或由容器名引申而來的量詞。"栢"見於《說文解字·木部》："栢，匰櫝也。从木否聲。"①據《說文解字》，"匰"義爲"小栢也"②。"否"由"不"分化而來，因此"杯""栢"是由於聲符不同而形成的異體。"棓"見於《說文解字·木部》："棓，梲也。从木音聲。"段注："棓、棒，正俗字。"③《廣雅·釋器》："尲、棓、栬、梲、柍、欘、殳、梴、度，杖也。"④《方言》卷五："僉，宋魏之間謂之欋殳，或謂之度。自關而西謂之棓，或謂之柫。"郭璞在"僉"下注："今連枷，所以打穀者。"⑤"棓"的本義是木棒，也可以指農具連枷。傳世文獻中記｛杯｝之字也見用"棓"字，如《逸周書》"四棓禁豐一觴"，朱右曾校釋："棓讀爲栢，盤盂之總名。"⑥"音"見於《說文解字·丶部》："音，相與語，唾而不受也。"⑦用來記｛杯｝僅見於馬王堆漢墓簡帛中。

　　關於秦漢出土文獻中"杯""栢""棓"三字的關係，學者們存在分歧，尤其是在編撰工具書時，對三字的歸屬有所不同。如《秦漢魏晉篆隸字形表》列"杯""栢""棓"三個字頭⑧，將記｛杯｝的"棓"字列在"栢"字下。在"棓"下所列字形爲居延漢簡甲編 1991 簡之"棓"，即 506.1，此簡中的"棓"意爲棍棒。《秦文字編》未列"棓"字，將睡虎地秦簡、周家臺秦簡與馬王堆漢墓簡帛《五十二病方》中從木從否的字形與從木從不的字形一起歸在"栢"字下。⑨《漢代隸書異體字表與相關問題研究》列"杯""栢""棓"三個字頭，在"栢"字下按"'栢'或作與'棓'同形"，將張家山漢簡、虎溪山漢簡中整理者作"棓"（實爲

① 許慎撰，徐鉉校定：《說文解字》，中華書局，1963 年，第 122 頁。

② 同上書，第 268 頁。

③ 許慎撰，段玉裁注：《說文解字注》卷六上，上海古籍出版社，1981 年，第 263 頁。

④ 張揖撰，王念孫疏證：《廣雅疏證》卷八上，中華書局，1983 年，第 259 頁。

⑤ 揚雄撰，郭璞注，戴震疏證：《方言疏證》卷五，《戴震全書修訂本》（第叁冊），黃山書社，2009 年，第 89 頁。

⑥ 朱右曾：《逸周書集訓校釋》卷十《器服》，商務印書館，1937 年，第 157 頁。

⑦ 許慎撰，徐鉉校定：《說文解字》，第 105 頁。

⑧ 徐中舒主編《秦漢魏晉篆隸字形表》，四川辭書出版社，1985 年，第 385、387 頁。

⑨ 王輝主編《秦文字編》，中華書局，2015 年，第 890、891 頁。

"栝"字)的字列在"㭌"字頭下,讀作"栝"。①《漢代文字編》列"杯""栝","㭌"下所列字形包括張家山漢簡、馬王堆漢墓簡帛、銀雀山漢簡、武威漢簡、居延漢簡等簡帛材料中的"栝"以及漆器中的"㭌"。②《秦文字字形表》列"杯""栝",未列"㭌"。③考察出土文獻材料中"杯""栝""㭌"等字的關係,有助於把握〈杯〉用字的發展變化以及所用字形之間的關係,也便於文字編的精細化處理。

秦簡牘中"栝""杯"的使用情況見表 2。

表 2

字	總計	睡虎地秦簡	里耶秦簡④	周家臺秦簡	放馬灘秦簡	北大秦簡
栝	8	1	1	1	2	3
杯	9			9		

從頻率上看,秦簡牘中〈杯〉出現頻率較低,共 17 例,用"栝""杯",二字使用數量相當,"栝"8 例,"杯"9 例。"栝"的分布範圍較爲廣泛,見於睡虎地秦簡、里耶秦簡、周家臺秦簡、放馬灘秦簡和北大秦簡中。"杯"僅見於周家臺秦簡中,並且集中在病方文獻中。

從時代上看,"栝"的使用貫穿於戰國秦至秦晚期材料中,"杯"集中在抄寫於秦中晚期的周家臺秦簡中。"杯""栝"二字共現於周家臺秦簡中,表容器名或作量詞。在戰國時期出土材料中,〈杯〉偶見用"不"⑤,用"杯"集中在遣策中。⑥秦簡牘材料中"杯"字的使用可能是承襲楚文字"杯"的寫法,後來

---

① 于淼:《漢代隸書異體字表與相關問題研究》,博士學位論文,吉林大學,2015 年,第 251、253 頁。

② 徐正考、肖攀編著:《漢代文字編》,作家出版社,2016 年,第 835、817、818 頁。

③ 黃德寬主編,單曉偉編著:《秦文字字形表》,上海古籍出版社,2017 年,第 242、243 頁。

④ 里耶秦簡共有 2 例"栝",前已校釋,此處不作統計。

⑤ 〈杯〉用"不"見於郭店一號楚墓出土的一件漆耳杯銘文,李零先生認爲當是"東宫之杯",而不是"東宫之師"。參見李零《郭店楚簡研究中的兩個問題——美國達慕思學院郭店楚簡〈老子〉國際學術研討會感想》,武漢大學中國文化研究院編《郭店楚簡國際學術研討會論文集》,湖北人民出版社,2000 年,第 47—49 頁。

⑥ 〈杯〉用"杯"共 4 例,見於信陽長台關一號楚墓竹簡第二組遣策 2 例,望山二號楚墓竹簡遣策 1 例,五里牌四〇六號楚墓竹簡遣策 1 例。

"杯"的聲旁"不"或繁化加口作"否",所以"杯"也見作"桮"。秦簡牘中"桮"的廣泛分布,説明這是當時的通行寫法。"杯"見於醫方文獻中,這可能與文獻性質有關,醫方是方技類古籍,"這些數術方術類古籍有一個明顯的特點,就是從内容到形式都有着相對的穩定性,持續的時間比較長,這使其保留了較多早期的資料和信息"①。因在字形上沿襲前代文字的寫法,因此周家臺秦簡醫方文獻中多用"杯"字,偶用"桮"字。

西漢早期簡帛中"桮""杯"的使用情況見表3。

表 3

字	總計	散簡②	馬王堆簡帛	張家山漢簡	銀雀山漢簡	阜陽漢簡	鳳凰山漢簡	虎溪山漢簡	港藏簡牘③
桮	36	3	20	3	2	1	6	1	
杯	39	9	14	2			13		1
音	17		17						

西漢早期材料中{杯}也用"桮""杯",並且廣泛分布在多種簡帛文獻中。"杯"的使用頻率略高於"桮"。二字共現於馬王堆漢墓簡帛、張家山漢簡與鳳凰山漢簡中。其中馬王堆漢墓簡帛、張家山漢簡中"桮"的使用數量多於"杯",而鳳凰山漢簡中"桮"的使用數量少於"杯"。

從文獻分布類型來看,"桮"集中在醫書中,如馬王堆漢墓簡帛《五十二病方》《胎産書》《養生方》以及張家山漢簡《引書》《脈書》等,共23例,也見於遣策中,如鳳凰山漢簡一六七號漢墓木牘、竹簡以及散簡材料中,共10例,"桮"還見於其他文獻中,如銀雀山漢簡《守法守令等十三篇》2例、阜陽漢簡

---

① 劉釗:《出土簡帛的分類及其在歷史文獻學上的意義》,《廈門大學學報》(哲學社會科學版)2003年第6期。

② 漢散簡中"桮"3例見於雲夢大墳頭1號漢墓木牘。"杯"9例分別見於廣西貴縣(今貴港市)羅泊灣1號墓木牘2例,長沙漁陽王后墓木楬1例,江陵高臺漢簡3例,蕭家草場二六號漢墓竹簡2例,荊州謝家橋西漢簡牘1例。

③ 香港中文大學文物館藏簡牘中"杯"見於遣策,時代爲西漢早期。

《蒼頡篇》1 例。“杯”主要用在遣策中，共 38 例，如馬王堆漢墓簡帛、張家山漢簡、鳳凰山漢簡、香港中文大學文物館藏簡牘遣策以及散簡材料中，偶見於其他文獻中，如馬王堆《五十二病方》1 例。在西漢早期材料中，二字在文獻分布上有所區別：“杯”集中在遣策中，醫書只 1 例；而“桮”則多見於醫書中，遣策中較少使用。另外，遣策中的“杯”“桮”用法無別。

馬王堆漢墓簡帛中{杯}也用“音”，寫法見表 5 字形 32、33，共 17 例，見於《五十二病方》16 例，如“入温酒一音（杯）中而歠（飲）之”（24/24），“和以温酒一音（杯）”（42/42）等；《養生方》1 例，即“以餔食歠（飲）一音（杯）”（168/167）。音屬滂母之部，杯屬幫母之部，二字音近可通。用“音”“桮”在《五十二病方》中並没有嚴格區別，二字記{杯}是混用無別的。同樣是醫方文獻，在記{杯}時，周家臺秦簡多用“杯”，馬王堆漢墓簡帛中除了用“杯”，也用“桮”“音”。這兩種醫方材料中，“桮”“杯”使用頻率差别較大，周家臺秦簡用“杯”多於“桮”，馬王堆漢墓簡帛中的情况與之相反，“桮”作爲由“杯”繁化而成的新字形，在方技類文獻中的使用逐漸占據優勢地位，成爲常見寫法。

西漢早期簡帛中，“桮”“杯”集中在馬王堆漢墓簡帛與鳳凰山漢簡中。馬王堆漢墓簡帛中，二字文獻分布特徵較爲明顯，“桮”均見於醫方中，“杯”集中在遣策中，偶見於醫方中。從時代上看，醫方的抄寫早於遣策，醫方用字是抄寫時期較爲流行的文字寫法。在鳳凰山漢簡遣策中，“杯”見於第八、九、十號墓，“桮”見於第一六七、一六九號墓，遣策中“桮”的使用開始增加，但總體上還是“杯”的使用占優勢地位。

西漢中晚期簡牘中“杯”“桮”“㸤”的使用情况見表 4。

表 4

字	總計	北大漢簡	居延漢簡	居延新簡	敦煌漢簡	肩水金關漢簡
桮	9		8			1
㸤	2		1	1		
杯	22	2	5	6	1	8

西漢晚期簡牘中，{杯}用“杯”“桮”“㸤”，“杯”使用頻率最高，分布範圍

最廣，見於北大漢簡、居延漢簡、居延新簡、敦煌漢簡、肩水金關漢簡等。"桮"使用頻率較西漢早期大幅降低，僅 9 例。"㮕"2 例，出現次數最少。從使用數量上看，"杯"的使用頻率超過"桮"，"桮"的使用範圍較小，"杯"字有取代"桮"的趨勢。"㮕"偶見用來記{杯}。

在用法方面，記{杯}時，"杯""桮""㮕"無別，"杯""桮"二字並見於居延漢簡與肩水金關漢簡中。在居延漢簡中，"大杯""大桮"，"小杯""小桮"同見，肩水金關漢簡中"桮器""杯器"共現，均是表示容器名。

東漢簡牘中{杯}出現的頻率大幅度下降，用"桮"1 例，見於武威醫簡，作"温飲一小桮"（80B）；用"杯"1 例，見於張家界漢簡，作"□羹杯一"（60）；未見用"㮕"字。

漢代漆器中不見"桮"字，{杯}用"杯"5 例，如西漢晚期的張端君酒杯、長沙王后家杯；用"㮕"8 例，如武威綏和元年耳杯、漢平帝元始三年的清墓 15 耳杯、17 耳杯等。①與同時期的簡帛材料相比，漆器中的"㮕"使用頻率較高，成爲記{杯}的常用字之一。

漢代出土文獻材料中"桮"逐漸減少而"㮕"不斷增加，其原因可能與"㮕"字的使用有關。由以上材料可以發現，"㮕"產生於西漢中晚期，當時漢字處在隸楷階段，記{杯}時，"桮""㮕"形體不易區分，而"㮕"更便於書寫，因此書寫者較少選用"桮"，多選用"㮕"。不過整個秦漢簡帛材料中，"杯"的使用最爲常見。

三、 秦漢簡帛材料中"否""音"的分化過程

關於"否""音"的分化，《字源》金國泰在"音"字下説："'音'字從'否'字中分化出來，是在秦漢隸變進程中實現的……秦漢時代的'部''倍'等字聲符也都有'音''否'兩種雖異而猶同的形式。至東漢《説文解字》明確區分'音'

---

① 高秀芝：《漢代漆器銘文研究概況及文字編》，碩士學位論文，吉林大學，2012 年，第 33 頁。

'否'爲二字。"①這説明學者已經注意到"否""音"是由於一字分化而形成的,但在分化時間上指出是秦漢時代略顯寬泛。我們考察秦漢簡帛文獻中的"否""音"以及部分從"否""音"之字,以期進一步明確"否""音"分化的時間,進而明確一些字是從"否"還是從"音",爲秦漢簡帛文字的精細化整理提供依據。

"否"最早見於西周金文材料中,見表 5 字形 34,戰國文字中"否"上加橫劃,見表 5 字形 35,秦漢簡帛材料中的寫法見表 5 字形 36、37。總體上看,"否"的寫法較爲統一,不同字形的區別在於是否有飾筆。根據整理者所作釋文,"音"在秦漢簡帛中共 20 例,其中,睡虎地秦簡中 2 例,寫法見表 5 字形 38;馬王堆漢墓簡帛 17 例,常見寫法見表 5 字形 32、33;居延新簡 1 例,字形不清晰。睡虎地秦簡與馬王堆漢墓簡帛中"音"寫法相同。比較秦漢簡帛中的"否""音",可以發現,在秦及西漢早期,二字字形相同,整理者作"音"之字或應作"否"。西漢中晚期材料中,"音"字形不清晰,無法比較二字字形差異。但東漢時期,《説文解字》已明確區分了"否""音"二字。

秦漢簡帛中從"音"、從"否"之字較多,我們舉例説明二者的發展演變。從"音"之字以"部"爲例,在秦及西漢早期材料中,"部"的常見寫法如表 5 字形 39,其所從"音"與同時期"栖"所從"否"字形相同。在西漢中晚期材料中,"部"的寫法見表 5 字形 40,其所從爲"音","音"與"否"區分明顯。從"否"之字以"痞"爲例,見表 5 字形 41、42,其所從"否"與同時期"部""倍"所從"音"字形相同。這説明了"否""音"在秦及西漢早期字形相同,現在作從"音"之字,在秦及西漢早期均作從"否",隨着"否""音"分化,原本從"否"之字也作從"音",並逐漸成爲固定寫法。

綜上,"否"字出現較早,"音"由"否"分化而來。秦漢簡帛中"音""否"單獨使用的情況較少,字形區別不明顯。通過考察秦漢簡帛中從"音"、從"否"的字可以發現"否"分化出"音"的時間大概在西漢中晚期,秦及西漢早期從"否"之字在"否""音"分化後多作從"音"。這種現象產生的原因大概有兩個:一是"否""音"二字音近,字形相似,從"否"之字寫作從"音",並不影響認讀。二是西漢中晚期,漢字處於隸變階段,爲了方便書寫,很多文字改曲

---

① 李學勤主編《字源》,天津古籍出版社、遼寧人民出版社,2012 年,第 448 頁。

爲直,裘錫圭先生談到"隸書對篆文形體的改造"時以"日""女"等字爲例①,說明了將曲筆改成平直的筆劃較爲普遍,而"否"的筆劃改曲爲直之後即成"音",並且便於書寫,於是很多從"否"的字改作從"音",除了前文所舉"部"外,還有"倍""涪""剖""箁""掊""陪"等。

四、結　論

從秦漢出土文獻材料看"杯""柸""棓"的使用情况,可以得出以下結論。

第一,在用字及使用頻率上,與楚簡相比,記｛杯｝時秦漢簡帛中用字較多,且使用頻率較高。楚簡中｛杯｝僅見用"杯"字,共 4 例。②秦漢簡帛中用"杯""柸""棓","杯"71 例,"柸"55 例,"棓"2 例。"杯"的使用頻率高於"柸""棓"。

第二,從文獻分布來看,秦簡牘中"杯"只見於醫方文獻中,"柸"的分布範圍比較廣泛。而在西漢早期材料中,"柸"常分布在醫書文獻中,"杯"主要見於遣策中,二字用法相同。西漢中晚期,"杯""柸""棓"多見於簿籍類文獻中,用法無别。

第三,從時代上看,"杯"出現最早,"柸"的使用貫穿整個秦漢時期。"柸"是由於"杯"的聲符"不"分化出"否"後而形成的異體。在漢字隸變階段,"否"又分化出"音","柸"與"棓"是異體關係。記｛杯｝之"棓"與表示棍棒的"棓"是同形關係。西漢中晚期簡帛材料中"棓""柸"字形區分清晰。漆器銘文中,"棓"記｛杯｝較爲常見,不見用"柸"字。秦漢時期"杯"的使用逐漸占據優勢,總體而言,"杯"有取代"柸"的趨勢。

第四,通過梳理三字的關係,我們認爲在進行文字編編撰工作時,"棓"的歸屬在考慮字形的同時,也應該結合其語境義,記｛杯｝者,作爲"杯"的異體羅列,而表示棍棒義的,則應列於"棓"字下。

第五,關於"否""音"的關係,"否"出現較早,大概在西漢中晚期分化出

---

① 裘錫圭:《文字學概要》(修訂本),商務印書館,2013 年,第 88 頁。

② 關於楚簡材料中記｛杯｝之字的計量統計,依據"華東師範大學中國文字研究與應用中心戰國楚簡帛文字資料庫",http://www.wenzisys.cn/ChineseCharacter/ChuJian/ZiCiSearch。

"音"字，現在所見從"音"之字，秦及西漢早期從"否"，隨着漢字隸變進程的推進，西漢中晚期之後從"否"之字多作從"音"，並且成爲主流，因此在楷書中從"音"之字較多。

表 5

編號	1	2	3	4	5	6	7	8	9
字形									

編號	10	11	12	13	14	15	16	17	18
字形									

編號	19	20	21	22	23	24	25	26	27
字形									

編號	28	29	30	31	32	33	34	35	36
字形			信陽楚簡遺策20	望山楚簡2號墓47	馬王堆《五十二病方》24/24	馬王堆《五十二病方》97/97	師獸簋	上博八《成王既邦》14	北大漢簡《周馴》135

編號	37	38	39	40	41	42			
字形	銀雀山《守法守令等十三篇》834	睡虎地秦簡《封診式》88	嶽麓秦簡第四册140正	肩水金關漢簡73EJD：296	嶽麓秦簡《三十四年質日》63正	馬王堆《刑德》乙篇81			

秦漢出土文獻記｛韓｝用字考察*

林　嵐　張再興

　　我們所討論的｛韓｝,即表示國名、地名、姓氏之詞。①這三個義項密切相關,故若非特別需要,下文提及｛韓｝時不再區別。典籍中通用的字形"韓"爲"韓"之省寫異體,在不討論字形時,下文皆以"韓"作爲這兩個異體字的代表。《説文解字·韋部》:"韓,井垣也。"鈕樹玉《説文解字校録》:"韓,俗作韓。"邵瑛《説文解字群經正字》釋"韓":"今經典作韓,並假借爲國邑名……經典相承隸省。然漢隸尚有作韓者,不盡省作韓也。"《左傳·僖公二十四年》:"邗、晉、應、韓,武之穆也。"《史記·韓世家》:"韓之先與周同姓,姓姬氏。其後苗裔事晉,得封於韓原,曰韓武子。武子後三世有韓厥。從封姓爲韓氏。"《説文解字》所載本義用法見於睡虎地秦簡《日書》甲種之《夢》簡 21 背肆/146 反肆至 22 背肆/145 反肆:"麕居東方,鄉(向)井,日出炙其韓,其後必肉食。"整理者引《説文解字》注:"'井垣也',字亦作榦。""韓"記録｛韓｝爲據音借用。

　　傳世文獻中記｛韓｝習慣寫作"韓",但從出土材料來看,｛韓｝的用字和書寫形式相當複雜,且從歷時來看,有一個定型的過程。學界對這一過程尚未見深入

*　原載《中國文字研究》第三十四輯,華東師範大學出版社,2021 年。

①　絶大多數情況下,｛韓｝用作姓氏,偶見上下文殘泐時難以判斷其表姓氏或人名,如肩水金關漢簡 73EJF3:22:"☐里榦(榦—韓)宫卩。"但此種情況極少,故下文以姓氏爲統稱。

探討。本文擬對出土材料進行整理，考察先秦兩漢文字中﹛韓﹜的用字演變情況。

一、 兩漢以前記﹛韓﹜用字情況

﹛韓﹜最早見於西周金文，如西周早中期之昔雞簋，整理者釋文："王姒乎昔奚（雞）遣（會）芳姞于韓，韓侯賓，用貝、馬。"①其中釋爲"韓"的字形見文後附錄字形表中的[1]或[2]，字形左下"乚"應是"廴"旁，爲表示區域的表意符號②；中部[3]即是"倝"。"倝"的古文字字形像旗杆之形③，表示﹛韓﹜爲借用。

春秋戰國時期，記﹛韓﹜用字有明顯地域差異。六國文字多用"倝"記﹛韓﹜，如：（告羌鐘，《殷周金文集成》［下簡稱"集成"]01.00158）、（十六年喜令戈，集成 17.11351）、（四年成陰嗇夫戟，珍秦·吳越三晉篇 151頁）。各系寫法上略有差異：相較於韓系文字，趙系文字多作反書，如八年建信君劍"倝"字作（集成 18.11706）；燕系文字偏旁多作④，如（璽彙2794）；楚系文字多加短橫爲飾作⑤，如（清華楚簡貳《繫年》119）。但用法上，皆用以表示國名、地名或姓氏。另有﹛韓﹜不寫作"倝"，但皆從倝得聲，亦可將之看作"倝"的異體，如韓鍾劍（集成 18.11588A）"鍨鍾之□（造）鏃（劍）"，其中﹛韓﹜作，從金倝聲，爲"倝"之語境異體；魏石經古文《春秋·僖公》韓作，從邑倝聲，爲表示地名的專字⑥；侯馬盟書 105 作，從弓倝聲。

---

① 張天恩主編，陝西省古籍整理辦公室、陝西省考古研究院編：《陝西金文集成》（第 1 册），三秦出版社，2016 年，第 48—51 頁。

② 季旭昇撰：《說文新證》，藝文印書館，2014 年，第 134 頁，"廷"字條。

③ 關於"倝"的構形詳參周法高主編《金文詁林》，香港中文大學出版社，1974 年，第 4201 頁；謝明文《釋西周金文的"垣"字》，《中國文字學報》，2015 年；劉洪濤《釋"韓"》，《古文字研究》第三十一輯，2016 年；張惟捷：《說殷卜辭的"　"字》，中國社會科學院歷史研究所先秦史研究室網站，2017 年 6 月 29 日。按：由於張文論述殷卜辭中釋爲"倝"的字，不確定是否表示﹛韓﹜，故本文認爲﹛韓﹜的最早用法仍出自昔雞簋。

④ 吳振武：《〈古璽文編〉校訂》，人民美術出版社，2011 年，第 239 頁。

⑤ 何琳儀：《戰國古文字典：戰國文字聲系》，中華書局，1998 年，第 968 頁。

⑥ 李春桃：《古文異體關係整理與研究》，中華書局，2016 年，第 330 頁。

　　與六國文字不同，秦系文字以"韓"爲{韓}的習用字。秦系文字中{韓}的記詞用字情況見表1①。

表 1

字形	總計	秦簡	璽印
韓	21	6②	15
韓	5	1③	4

　　字形方面，寫作"韓"是"韓"的 4 倍强。用法上，"韓"既表示"韓國"，如睡虎地秦簡《編年記》簡 24 貳："十七年，攻韓（韓）。"又表示地名，如周家臺秦簡《曆譜》簡 2："宿丼（井）韓（韓）鄉。"亦可表示姓氏，如里耶秦簡（壹）第八層簡 925："樂宿、韓（韓）歐毋正月食。"而"韓"基本上只用於表示姓氏，如"韓昌""韓成""韓鵤""韓波馬"。④材料載體上，"韓"出現在簡牘和璽印中；"韓"集中出現在璽印材料裏。文獻分布上，"韓"的使用更加廣泛，既用於《編年記》等文書類文獻，也用於《曆譜》等數術類文獻。由於璽印的時代暫時難以判斷，故我們目前很難確知兩種字形的分布差異是由時代造成的，還是由載體性質所決定。但考慮到北大秦簡中 1 例"韓"未見圖版，無法確認，因此我們推測，"韓"這一字形可能最早即是出現在璽印中的省略寫法。古璽文字在構形上的簡化較爲普遍，曹錦炎先生指出"古璽由于文字所能施展的面積較小，筆劃適宜于簡省；另一方面，古璽（尤其是私璽）由於使用者廣泛，而大量流行日常用的簡體"⑤。璽印中表示姓氏的"韓"簡化寫作"韓"，即是簡省了偏旁"倝"中右部的筆劃。

---

① 秦金文中暫未見{韓}。

② 睡虎地秦簡 3 見，里耶秦簡 2 見，周家臺秦簡 1 見。

③ 1 例見於北大秦簡《水陸里程簡册》04-189："銷到井韓三百一十五里。"圖版暫未公布，故暫從整理者作"韓"。但根據周家臺秦簡中相同的地名"丼（井）韓（韓）"，疑北大秦簡中亦應作"韓"。

④ 這 4 方璽印引自《秦印文字彙編》，暫未有明確時代，但該書所録秦印下限直至西漢初期的秦式印章，故這 4 方璽印是否爲秦印仍需存疑。詳見許雄志主編《秦印文字彙編》，河南美術出版社，2001 年，第 98 頁。

⑤ 曹錦炎：《古璽通論》（修訂本），浙江大學出版社，2017 年，第 73 頁。

二、 西漢早期簡帛文獻記｛韓｝用字情況

西漢早期簡帛文獻中｛韓｝共 101 例。這一時期繼承了秦文字的用字習慣，主要用"韓"，偶見用"乾"，六國文字中用"𦰩"的情況已經不見。其具體用字分布情況見表 2。

表 2

字	總計	馬王堆漢簡	銀雀山漢簡	阜陽漢簡
韓	86	82	2	2
乾	15	15		

在目前所見的西漢早期簡帛材料中，記録｛韓｝時主要用"韓"[①]，其次用"乾"。《説文解字·乙部》："乾，上出也。从乙，乙，物之達也。𦰩聲。""乾"字本義爲乾燥，如《詩經·王風·中谷有蓷》："中谷有蓷，暵其乾矣。"孔穎達疏："暵然其乾燥矣。"該字目前最早見於睡虎地秦簡《日書》甲種簡 39 背壹／128 反壹："水則乾。"此處"乾"即表示乾燥。"乾"字亦從𦰩得聲，"乙"爲無意的分化符號[②]，故可據音借來記録｛韓｝。

"韓"的分布十分廣泛，見於六藝、諸子、數術、兵書等各類典籍文獻；"乾"僅見於馬王堆帛書《戰國縱横家書》中的幾篇。這可能與書手的個人習慣或抄寫底本有關。各篇用字使用情況見表 3。

表 3

篇名 ＼ 字	章號	韓	乾
蘇秦自趙獻書燕王章	1	2	
蘇秦使韓山獻書燕王章	2	1	
蘇秦使盛慶獻書於燕王章	3	1	

---

① 書寫形式上，不見寫作"韓"的情況。

② 單曉偉：《秦文字疏證》，博士學位論文，安徽大學，2010 年，第 571 頁。

篇名　　　　　　　　　　　　字	章號	韓	乾
蘇秦自齊獻書於燕王章	4		2
蘇秦自梁獻書於燕王章(一)	6	1	
蘇秦自梁獻書於燕王章(二)	7	1	1
蘇秦謂齊王章(一)	8		3
蘇秦自趙獻書於齊王章(一)	11		3
蘇秦自趙獻書於齊王章(二)	12		3
韓景獻書於齊章	13		3
朱己謂魏王章	16	24	
謂起賈章	17	1	
謂燕王章	20	2	
蘇秦獻書趙王章	21	4	
蘇秦謂陳軫章	22	10	
公仲倗謂韓王章	24	24	

　　從整體上看,《戰國縱橫家書》中記﹛韓﹜多用"韓";用"乾"集中在第 8 章至第 13 章,以後各章皆不見使用,這種分布差異應與《戰國縱橫家書》的底本來源差異有關。陳怡彬通過考察《戰國縱橫家書》内部的用字情況,推測該書應至少由兩部分來源不同的内容拼合而成,並贊同馬王堆整理者的觀點,認爲前十四章應爲一個整體,與其他篇章有不同來源。①

　　而在《戰國縱橫家書》各章内部,﹛韓﹜的記詞用字基本統一,且表義時無明顯區別,皆可兼表國名和姓氏,如《蘇秦謂陳軫章》皆用"韓",而《韓景獻書於齊章》全用"乾"。同一章中二字並見只有 1 例,二者並見時,用字的不同反映了意義上的差別。《蘇秦自梁獻書於燕王章(二)》62 行既見"韓",又見"乾":"慮反(返)乾(韓)景,有(又)慮從勻(趙)取秦。今粱(梁)、勻(趙)、韓(韓)□☒ 。"在該章中,"韓"表示國名,而"乾"則表示姓氏。這可能是書手有意識對二者進行了區分,表示國名時用了傳統且較正式的"韓"字,表示姓氏時則用了較爲簡略的"乾"。

---

①　詳見陳怡彬《馬王堆簡帛用字研究》,碩士學位論文,華東師範大學,2020 年,第 100—113 頁。

三、　西漢中晚期至東漢簡帛文獻記｛韓｝用字情況

　　西漢中晚期至東漢，｛韓｝共 107 例。由於各批材料的整理者釋字標準不統一，爲統計精確，我們對照圖版重新進行隸定。其具體用字分布情況見表 4①。

表 4

字	字形	總計	北大	敦煌	金關	居延	居新	尹灣	英藏	張家界
韓	韓	22	1	2	6	4	1	1	2	
	韓				2	1	1			1
榦	榦	85		3	5	1②	4			
	榦			10	28③	23	9			
	榦			1	1					

　　這一時期的用字形式可分爲兩類，共 5 種字形。下文我們以《説文解字》所收字頭“韓”“榦”作爲代表，分別指稱這兩類異體字形。

　　使用頻率上，“榦”的使用頻次最高，占了用字總數的八成以上；其次用“韓”，前者是後者的近 4 倍。

　　文獻分布上，“榦”集中出現在文書類文獻，尤其是西北名籍類簡中；而“韓”的文獻分布更爲廣泛，出現在這一時期的 8 種簡牘材料中，涵蓋了不同種類的文書和典籍類文獻。如屬書信文書的肩水金關漢簡 T23：866A：“韓（韓）君孫足下□數不一∟二因言前韓（韓）君公□。”屬簿籍文書的肩水金關

---

① 本表數據排除了部分字形殘泐過甚或文意不明的辭例 9 條：肩水金關漢簡 T26：105、73EJD：169、73EJD：228、T03：097、T09：180 及居延漢簡 218.2、居延漢簡 334.29、居延新簡 EPT59：329B、敦煌漢簡 1909。另敦煌漢簡 1565《中國簡牘集成》釋“榦”，認爲是“韓”字異體，我們從白軍鵬改釋爲“程”。參見中國簡牘集成編輯委員會編《中國簡牘集成》（第 3 冊），敦煌文藝出版社，2001 年，第 220 頁；白軍鵬《敦煌漢簡校釋》，上海古籍出版社，2018 年，第 32 頁。

② 此條見於居延漢簡 37.7，字作［4］，字形存疑。

③ 肩水金關漢簡 73EJD：296 中該字作［5］，左側訛與“車”類同。

漢簡 T24：579：“☑ 長安利成里韓（韓）☐☑ 。”屬古書的北大漢簡《趙正書》簡 31：“故冬（終）以脅韓（韓）而弱魏。”屬字書的英藏《蒼頡篇》簡 1792：“曰書人名姓。趙莔韓（韓）☐ 。”

　　表義方面，表示國名僅見於北大漢簡《趙正書》的 1 例，用“韓”；表示姓氏則各類皆有用例，且更多地用“榦”。北大漢簡整理者指出，《趙正書》的文體與戰國時期流行的“語”類古書相似，其成書年代可能在西漢早期，抄寫年代應在西漢中期武帝前後。①此處應是繼承了西漢早期的用字習慣，傾向於用“韓”字來表示韓國。在表示姓氏時，雖然多數都用“榦”，但在字書中則都用“韓”②；且用於記録少數民族首領“單于”之名時，也選擇用“韓”。③結合字書的性質來看，《蒼頡篇》中這些統一的用字情況，可能反映了當時記作“韓”字是更爲規範的寫法；而“榦”則體現了當時民間用字的習慣。

　　在字形選擇上，第一種用字形式共有“韓”“韓”兩個字形，前者較爲常見，後者在西漢中晚期簡帛材料中出現的頻率很低，僅 5 見，且皆難以確認。肩水金關漢簡 2 例見文後附録字形表中的［6］（T30：007＋019）、［7］（T30：083A），前者構形不明，後者圖版模糊難定，故仍從整理者釋“韓”。居延漢簡中的 1 例見文後附録字形表中的［8］（565.5），字形亦模糊難辨。居延新簡中的 1 例見於 EPS4T2：11：“戍卒河東絳邑蘭里韓逢除。”字見文後附録字形表中的［9］，《集釋》釋爲“朝”④。但該字字形當與文後附録字形表中的［6］（肩水金關漢簡）之“韓”字同，故暫釋爲“韓”。張家界漢簡 1 例暫未見圖版。

　　第二種用字形式“榦”在這一時期有三種書寫形式，記録｛韓｝皆是借用。

---

① 北京大學出土文獻研究所編：《北京大學藏西漢竹書（叁）下》，上海古籍出版社，2015 年，第 187 頁。

② 字書用例共 4 見：（1）敦煌漢簡 1462：“趙莔韓（韓）碭。”（2）敦煌漢簡 1463：“曰書人名姓趙莔韓（韓）碭。”（3）英藏《蒼頡篇》簡 1792：“曰書人名姓。趙莔（莔）韓（韓）☐ 。”（4）英藏《蒼頡篇》簡 2569：“☑韓（韓）［鳴］。笵（范）☑ 。”按：例（1）（2）之“莔”，整理者原釋爲“苂”，據圖版及英藏改釋爲“莔”。

③ 單于之名共 2 見，皆用“韓”：（1）居延漢簡 387.17＋407.14＋387.26＋387.10：“塞外諸葌（節）穀呼韓（韓）單于☑人以擊。”（2）居延漢簡 562.4：“就屠與匈奴呼韓（韓）單于諆☑ 。”

④ 張德芳：《居延新簡集釋（七）》，載《甘肅秦漢簡牘集釋》，甘肅文化出版社，2016 年，第 681 頁。

《説文解字・木部》："榦，築墙耑木也。从木倝聲。"秦漢簡中有本用的"榦"，如睡虎地秦簡《秦律雜抄》24："工擇榦，榦可用而久以爲不可用，貲二甲。"整理者注引《説文解字》如此。"榦"是使用數量最多的書寫形式。裘錫圭先生指出，漢簡"榦"字往往在"木"旁上加一横①，即作"榦"。馬王堆整理者亦認爲："帛書文字'倝'旁、'飮'旁右上的'人'形筆劃之下每作多出一横筆（或係受'餘'字形之類化影響）。"②"幹"出現的次數最少。《説文解字》"榦"字條下，段玉裁注："榦俗作幹。"《墨子・非命上》："必有幹主。"孫詒讓《墨子間詁》："漢隸榦幹皆作幹。"

四、 漢代非簡帛類文獻記｛韓｝用字情況

漢代非簡帛類材料比較零散，且時代常不十分明確，故不與簡帛文獻一起討論。其記｛韓｝用字的具體情況見表5③。

表5

字形	總計	璽印	銅印	金文	陶文
韓	44	39	1④	3⑤	1⑥
韓	7	7			

---

① 裘錫圭：《漢簡中所見韓朋故事的新資料》，《復旦學報》（社會科學版）1999年第3期。後收入裘錫圭《裘錫圭學術文集・簡牘帛書卷》，復旦大學出版社，2012年，第322頁。

② 裘錫圭主編，湖南省博物館、復旦大學出土文獻與古文字研究中心編纂：《長沙馬王堆漢墓簡帛集成》（叁），中華書局，2014年，第18頁，簡17下注〔二〕。

③ 石刻材料殘泐過甚，許多已難以看出所從，故不在表中列出具體情況。其他材料分別來自李鵬輝《漢印文字資料整理與相關問題研究》，博士學位論文，安徽大學，2017年，第464頁；郝軼男《漢代銅印文字研究概況及文字編》，碩士學位論文，吉林大學，2013年，第29頁；徐正考《漢代銅器銘文綜合研究》，作家出版社，2007年，第587頁；佟艷澤《漢代陶文研究概況及文字編》，碩士學位論文，吉林大學，2012年，第110頁（按：該文字編索引"韓"字頁碼爲119，實際在第110頁）。

④ 該字見文後附錄字形表中的〔10〕，據殘筆及位置釋爲"韓"。

⑤ 金文3例見文後附錄字形表中的〔11〕、〔12〕、〔13〕，字形皆較模糊，但據殘筆暫定爲"韓"。

⑥ 該字見文後附錄字形表中的〔14〕，左旁訛與"車"類同。

從上表可知，兩漢時期非簡帛類文獻中同樣習慣用"韓"來記錄﹝韓﹞。字形方面，更多地寫作"韓"，偶見作"韓"。在璽印材料中，可辨明時代的共3方，屬於西漢時期，且皆作"韓"，其餘璽印無法區分西漢還是東漢。相對於其他類型的材料，"韓"這一寫法較集中地出現在璽印中，這可能也與璽印的特質有關。

另外，漢碑中﹝韓﹞共55例。除甘陵相尚博殘碑、魯相韓敕造孔廟禮器碑、沇州刺史楊叔恭殘碑、巴郡太守樊敏碑、營陵置社碑的8例字形作"韓"外，其餘可見者均作"韓"。尤其在熹平石經中，未殘泐的﹝韓﹞皆寫作"韓"。可見即便在東漢時期，記﹝韓﹞也更多地寫作"韓"。據史書記載，石經刊刻的主要目的是爲"正其文字"。結合我們上文提及西漢中晚期簡帛的用字情況來看，可見當時﹝韓﹞記作"韓"字的確更具有規範性，而"韓"之字形在整個兩漢時期，使用頻率都不高。

五、 先秦兩漢"榦"字記詞演變情況

爲了探究﹝韓﹞的主要記詞用字在西漢中晚期時由"韓"向"榦"轉變的原因，我們在這裏對"榦"的記詞演變情況進行討論。

"榦"字最早見於戰國文字，如中山王圓壺"隹（惟）邦之榦"，字見文後附錄字形表[15]，義爲楨榦，喻重臣。燕系文字作，"榦刀"，讀爲"寒號"，用作地名。[①]長沙子彈庫楚帛書甲4·15"佳曰青榦"之"榦"作，義指擎天神木。[②]﹝韓﹞，戰國秦簡作（睡虎地秦簡《秦律雜抄》24）。睡虎地秦簡中有兩種用法：一是表示夯土牆所用的立木，即《説文解字》之"築牆耑木"，如睡虎地秦簡《秦律雜抄》24"工擇榦，榦可用而久以爲不可用，貲二甲"；二是表示根本，如睡虎地秦簡《爲吏之道》42壹"以忠爲榦"。從現有材料來看，"榦"字本義當指夯土牆所用的立木，由此引申出主幹、根本等義。

---

① 何琳儀：《戰國古文字典：戰國文字聲系》，中華書局，1998年，第969頁。

② 黃德寬主編《古文字譜系疏證》，商務印書館，2007年，第2546頁。

秦漢簡帛材料中"榦"的分布情況見表6①。

表 6

總計　　　時代	秦國至秦②	西漢早期③	西漢中期④
28	18	9	1

總體來看,秦至西漢中期"榦"字基本爲本用,1例他用出現在馬王堆帛書《周易》17"白馬榦(翰)茹(如)"。本用的"榦",記錄的意義很豐富,包括:夯土墻所用的立木;根本;木材⑤;樹幹⑥;製器原材料的總稱⑦;官署名⑧;堪任⑨等。可見在這一時期,"榦"字的職能很繁重,因而表示根本、木材、樹幹等與樹木相關的意義,後來分化出"幹"字記錄,而表示官署名的意義,後來則用"斡"來記錄。

結合西漢中晚期的簡牘材料,我們能看出"榦"字記詞具有顯著的階段性特征:西漢中晚期以前,"榦"基本爲本用;西漢中晚期時,則基本全部借用來表示〔韓〕。這可能有幾方面的原因:一是受材料限制,暫未在西漢中晚期以後見到表示本用的"榦";二是在這一時期,"榦"的記詞功能發生了轉移,其他意義逐漸分化轉移到"幹""斡"等字之上,其本身便被借用來記錄〔韓〕;三是受文獻性質影響,目前所見西漢中晚期"榦"字皆出現於文書簡中。在不出現其他文例的情況下,借用寫法較爲簡便的"榦"來記錄大量出現的〔韓〕,並不會産生混淆的可能。結合現有材料來看,我們認爲第三種可能性最大,即是受文獻性質的影響。秦文字以"榦"爲本用、"韓"借作〔韓〕,全然

---

① 此處排除了用作〔韓〕的情況。
② 睡虎地秦簡4例,里耶秦簡11例,嶽麓秦簡2例,北大秦簡1例。
③ 馬王堆簡帛8例,阜陽漢簡1例。
④ 北大漢簡1例,見於《反淫》4:"榦車(枯)槁。"
⑤ 如里耶秦簡(壹)簡548:"取車衡榦大八寸、衺七尺者二枚。"
⑥ 如北大漢簡《反淫》簡4:"葉菀■(蓨),榦車(枯)槁。"
⑦ 如嶽麓秦簡330:"西工室伐榦沮、南鄭山。"
⑧ 如里耶秦簡(壹)簡1831:"一榦官居宜陽、新城(成)。"
⑨ 如馬王堆簡帛《周易》20:"初六,榦父之箇(蠱)。"

不混。兩漢時期，典籍類文獻與前代相同，"榦"仍然保持本用，{韓}亦多用
"韓"來記錄；而文書類文獻，尤其是西北大量的名籍類簡，則多用"榦"來記
錄{韓}，以求書寫的簡便。

　　目前所見璽印材料中，秦印 22 方，漢印 6 方。①其中，秦印中的"榦"皆表
示官署名，不表示{韓}；漢印中可劃分時代的 3 方，屬西漢的"榦官泉丞"印
表示官署名②；新莽時期的"榦昌縣徒丞"印及東漢的"榦中三老"印表示地
名。這與我們上文所説兩漢時期典籍類文獻中"榦"仍然保持本用的情況正
好相符。至於"榦安私印""榦稗翁""榦都私印"等 3 方表示姓氏，但不確定
是否應讀爲"韓"，故不多討論。③

六　結　論

　　結合秦漢時期出土材料的情況來看，我們可以得出以下結論。

　　第一，先秦到兩漢時期表示國名、地名、姓氏的{韓}皆用借字表示，且所
有用字均從"倝"聲。先秦時各系文字記{韓}用字具有地域差異，六國文字
習慣借"倝"來表示；秦系文字則習慣用"韓"表示。兩漢時期用字具有明顯
的時代變化：西漢早期繼承了秦系文字的特點，仍習慣用"韓"記錄{韓}；西
漢中晚期則更多用"榦"來記錄；東漢又習慣以"韓"記詞。而用"乾"記{韓}
是馬王堆帛書《戰國縱橫家書》中某些篇章特有的用字情況，且書手可能有
意區分了"韓""乾"的使用。

　　第二，西漢中晚期{韓}的記詞用字隨文獻類型分化，典籍類文獻與前代
相同，亦用"韓"來記錄；而文書類文獻則多用"榦"來記錄。尤其在表示姓氏

---

① 　詳見朱晨《秦封泥文字研究》，博士學位論文，安徽大學，2011 年，第 153 頁；李鵬輝《漢印文
　　字資料整理與相關問題研究》，博士學位論文，安徽大學，2017 年，第 492 頁。

② 　按：李書所引作"泉榦官丞"，據原書改。詳見羅福頤主編、故宮研究室璽印組編《秦漢南北
　　朝官印徵存》，文物出版社，1987 年，第 35 頁。

③ 　我們在上文提到，西漢中晚期簡牘材料中，用"榦"記{韓}反映了這一時期民間用字的特
　　點。若這 3 方私印的"榦"確是用來記{韓}，則亦可佐證漢時民間習慣用"榦"記{韓}。

時，整體上多用"榦"，但在字書中皆用"韓"，反映了"榦"是這一時期民間用字的特點。西漢中晚期民間用"榦"的流行與書寫簡便有關，也與文獻類型密切相關。但這一用字形式並未被後世的規範用字繼承，東漢時應已不再使用。

第三，"韓"這一字形的產生與使用可能起於秦代璽印，但大量用於記錄〈韓〉並固定下來，應在兩漢之後。傳世先秦兩漢典籍中記〈韓〉皆用"韓"，當多是漢以後之人所改。"韓"之字形的使用時代跨度很長，從秦一直延續到東漢。先秦兩漢時期，簡化寫法的"韓"一直不占優勢。

附錄：

字形表

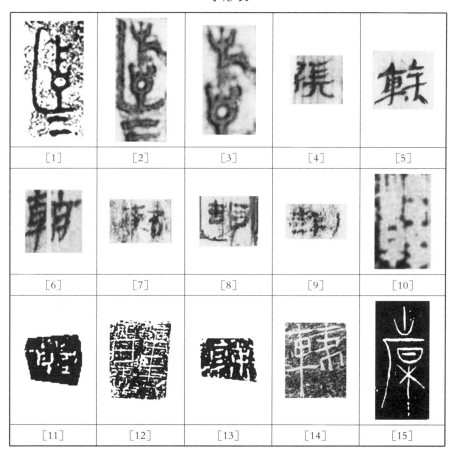

[1]	[2]	[3]	[4]	[5]
[6]	[7]	[8]	[9]	[10]
[11]	[12]	[13]	[14]	[15]

字视角的研究

秦漢簡牘文獻用字習慣考察三則 *

姜　慧　張再興

一、“殹”和“也”

“殹”和“也”在秦出土文獻中都有使用，二者的功能相同。學者大都認爲“殹”是秦國的方言詞，“殹”“也”的用字差異是由於方音不同造成的。①隨着新的秦漢簡牘文獻的陸續刊布，這一用字習慣有進一步加以考察的必要。

秦簡牘文獻中“殹”“也”的分布使用情況見表 1。

* 原載《古漢語研究》2017 年第 1 期。

① 段玉裁根據秦金文及秦刻石注“殹”字時認爲：“秦人借爲語詞……然則周、秦人以‘殹’爲‘也’可信。”李學勤（《秦簡的古文字學考察》，《雲夢秦簡研究》，中華書局，1981 年）、馮春田（《睡虎地秦墓竹簡語法劄記》，《語言學論叢》第十八輯，商務印書館，1993 年）、張世超（《戰國秦漢時期用字現象舉隅》，《中國文字研究》第一輯，廣西教育出版社，1999 年）等人均認爲是由於方音的不同造成的。大西克也認爲這種變化是秦的書面語上文字表記的變更，與方言差異無關。（《“殹”“也”之交替——六國統一前後書面語言的一個側面》，《簡帛研究二〇〇一》，廣西師範大學出版社，2001 年，第 614 頁。）

表 1

字	讀作	總計	早期			中期		晚期	
			放馬灘秦簡	睡虎地秦簡	秦散簡	里耶秦簡	嶽麓秦簡	周家臺秦簡	龍崗秦簡
殹	也	400	211	140		20	19	3	7
也		208	3	97	18	2	50	37	1

從整體上看,秦簡牘文獻中"殹"的使用數量遠遠超過了"也",兩字在不同秦簡牘文獻之間的數量分布差異較大。從文獻分布上看,早期秦簡牘文獻中"殹"的數量遠遠超過"也",但是到了中期和晚期的秦簡牘文獻,二者的用字情況出現了交替更迭的變化。

西漢早期簡帛文獻中"殹""也"的分布使用情況見表 2。

表 2

字	讀作	總計	張家山漢簡	馬王堆簡帛①	阜陽漢簡	孔家坡漢簡	銀雀山漢簡
殹	也	75	26	49			
也		3 692	181	2 296	194	59	962

從整體上看,相對於秦簡牘文獻多使用"殹"的用字情況,西漢早期簡帛文字中"殹""也"的使用情況發生了顛覆性的變化:"也"的使用數量已經遠遠超過"殹"字,其使用數量爲 3 692 次。②從文獻分布看,僅在張家山漢簡和馬王堆漢墓帛書中尚有少量的"殹",其他漢簡中均未出現。

張家山漢簡的 26 例"殹"中,有 5 例出自《二年律令》,其餘的 21 例則均見於《脈書》。根據整理小組的意見,張家山漢簡各著作的年代下限"不會遲於公元前 186 年"③。

---

① 裘錫圭主編,湖南省博物館、復旦大學出土文獻與古文字研究中心編纂:《長沙馬王堆漢墓簡帛集成》(伍)(中華書局,2014 年):"凡三陽,天氣殹。"(《陰陽脈死候》第 1 行)注:"原釋文作'殹(也)'。今按:張家山漢簡本《脈書》簡 49 亦作'殹'。下同。"從功能上看,"殹"還是用作"也",故均統一標記作"殹(也)"。

② 按:根據學術界現有的斷代共識,此數據排除了定州漢簡。

③ 張家山二四七號漢墓竹簡整理小組編著:《張家山漢墓竹簡[二四七號墓]·前言》(釋文修訂本),第 2 頁。

　　馬王堆漢墓帛書中的"殹"只有 49 例，與"也"2 296 例的使用數量差距懸殊。這反映出在此時的實際用字中，"殹"字已經基本停止使用。"殹"字在馬王堆漢墓帛書不同篇章中的用字情況如下。

1. 整篇都用"殹"

　　（1）《脈法》10 例，《五十二病方》11 例，《陰陽十一脈灸經》甲本 3 例

　　這幾篇的抄寫年代較早。《五十二病方》、《足臂十一脈灸經》、《陰陽十一脈灸經》甲本、《脈法》、《陰陽脈死候》等篇"書法秀麗，字體近篆，用殹，不用也"，"學者多以爲'寫於秦始皇稱皇帝期間'"。①馬繼興認爲馬王堆簡帛醫書的抄寫年代互有差異，但大致在戰國及秦漢之際。②李學勤③、孫啓明④、席志强⑤、陳松長⑥等先生認爲整個馬王堆醫書的抄寫年代大致爲秦漢之交至漢初。

　　（2）《胎産書》4 例。

　　《胎産書》中"没有避漢高后吕雉諱字'雉'"，"字體接近雲夢睡虎地秦簡"，"成書年代應較早"。⑦李均明等人指出"字體較早，很可能抄於秦代"⑧。

2. 兼用"殹""也"

　　（1）《老子》乙本卷前古佚書"殹"字 13 例，均位於此篇的開頭部分。同篇"也"字 158 例，除了第 3 行下一例外，均在第 17 行之後

　　《老子》乙本卷前古佚書的字體爲較晚的古隸，整理小組認爲"抄寫時代可能在文帝時期，其下限爲馬王堆三號墓下葬的文帝前元十二年"⑨。

---

①　王輝：《〈秦文字編〉後記》，載《秦文化論叢》第十四輯，三秦出版社，2007 年。

②　馬繼興：《馬王堆古醫書考釋》，湖南科學技術出版社，1992 年，第 8 頁。

③　李學勤：《馬王堆漢墓醫書校釋序》，《四川大學學報》1990 年第 2 期。

④　孫啓明：《漫漶字研究》，《醫古文知識》2000 年第 4 期。

⑤　席志强：《馬王堆帛書古隸的美感特徵》，《湖南農業大學學報》2001 年第 2 期。

⑥　陳松長：《馬王堆簡牘帛書常用字彙·前言》，上海書店出版社，2007 年。

⑦　王卉：《馬王堆漢墓帛書〈胎産書〉研究綜述》，《湖南省博物館館刊》第九輯，嶽麓書社，2013 年。

⑧　李均明、劉國忠、劉光勝、鄔文玲：《當代中國簡帛學研究（1949—2009）》，中國社會科學出版社，2011 年，第 578 頁。

⑨　裘錫圭主編，湖南省博物館、復旦大學出土文獻與古文字研究中心編纂：《長沙馬王堆漢墓簡帛集成》（肆），中華書局，2014 年，第 1 頁。

　　(2)《養生方》"殹"字 6 例,位於第 109 行以前。"也"字 6 例,位於第
123 行以後

　　《養生方》的字體是"介於篆隸之間的古隸體","抄寫年代大致在秦漢之際"。①

　　(3)《出行占》"殹"字 1 例,見於第 14 行下:"凡是閉日殹(也)。"該篇有
"也"字 9 例,都在第 19 行之後

　　《出行占》出土於馬王堆三號墓,屬於數術類文獻。整理小組認爲"其性
質無疑與《日書》等出土文獻相類","或許本身就是從早期《日書》文本中摘
抄而成的"。②結合三號墓葬的紀年木牘可知,該篇的抄寫年代下限爲漢初,
上限爲秦漢之際。③

　　(4)《陰陽五行》乙篇 1 例。《陰陽五行》乙篇《刑德占・刑德解説》第 3
行:"荆(刑)、【德之】歲徙殹(也)。"此篇另有"也"字 20 例,均在第 3 行之後。
此篇是"吕后年間抄本"④

　　從時間上看,馬王堆漢墓帛書出土於馬王堆三號墓,帛書抄本當在此墓
的下葬年代(即漢文帝前元十二年,公元前 168 年)之前,某些篇章的抄寫時
代甚至更早。其中,時代較早的篇章依然習慣於使用"殹",時代稍後者則
"殹""也"並用。但是在兩字並用時,都是先使用"殹",再使用"也",這一用
字現象表明書寫者起初習慣於使用"殹",隨後則改用更加簡便的"也"。因
此,這些以"也"取代"殹"的用例不僅可以視作是秦時用字習慣的遺迹,還能
夠體現出漢字趨簡的發展趨勢。

　　我們進一步從秦簡牘文獻類型的方面考察"殹""也"的分布使用情況,
見表 3。

①　陳松長:《帛書史話》,社會科學文獻出版社,2012 年,第 72 頁。

②　裘錫圭主編,湖南省博物館、復旦大學出土文獻與古文字研究中心編纂:《長沙馬王堆漢墓
　　簡帛集成》(伍),第 115 頁。

③　湖南省博物館、湖南省文物考古研究所:《長沙馬王堆二三號漢墓　第一卷　田野考古發
　　掘報告》,文物出版社,2004 年,第 237 頁。

④　裘錫圭主編,湖南省博物館、復旦大學出土文獻與古文字研究中心編纂:《長沙馬王堆漢墓
　　簡帛集成》(伍),第 117 頁。

表 3

文獻類型	放馬灘秦簡			睡虎地秦簡					秦散簡			里耶秦簡		嶽麓秦簡					龍崗秦簡	周家臺秦簡		
	日甲	日乙	志怪	記事文書	官箴文書	法律文書	審訊文書	日書	私文書	法律文書	日書	行政文書	病方醫書	記事文書	官箴文書	占夢書	數書	審訊文書	法律文書	記事文書	日書	病方醫書
殹	34	171	6		14	97	20	9				20			1			18	7		2	1
也		3			5	4		88	16		2	2			9	9	32		1		30	7

由上表的統計數據可知，不同類型的秦簡牘文獻中"殹""也"的數量分布具有顯著差別。"也"字主要分布在日書、私文書、占夢書、數書和病方醫書中，這些多爲民間私用性質的文獻。"殹"相對集中地分布在法律文書、審訊文書和行政文書中，這些都是實際運用的官方文書。從這種文獻分布傾向看，在秦簡牘文獻中，官方性質的文獻更傾向於使用"殹"，私用性質的文獻則更傾向於直接使用"也"。

需要注意的是，"殹"和"也"的使用數量與上述分布特點不一致的情況主要見於放馬灘秦簡、睡虎地秦簡和嶽麓秦簡中。在放馬灘秦簡的日書類文獻中，多使用"殹"，只有 3 處作"也"，舉例如下：

（1）夷則，盜吏也。（放馬灘秦簡《日書》乙種 275 簡）
（2）南呂，賊也，斷事也。（放馬灘秦簡《日書》乙種 277 簡）

以上的兩個用例分布在《日書》乙種的《貞在黃鐘》篇接近結尾的部分，都寫在靠近簡首的位置。通過對比同篇中句式相同用例的書寫形式，我們排除多人書寫和受臨近字形繁簡因素的影響。這種少量的用例很可能與書寫者的書寫態度或者書寫習慣相關。在秦簡牘官箴類文獻中，時代較早的睡虎地秦簡多使用"殹"，到了中期的嶽麓秦簡卻發生了顛覆性的變化，多使用"也"。這或許與官箴類文書的性質和秦法律制度的發展進程密切相關：在秦推行"書同文字"政策的初期，官吏多視新法律令爲制度教本，即便是帶有私用性質的官箴類文書實際上也帶有官方的色彩，造成基層官吏在抄録成文時多用"殹"。隨着中央集權政治統治的不斷加強，秦的法律制度和司法制度已經相當完備，到了後期的嶽麓秦簡中，官箴文書在官吏心中的地位有所削弱，更多地帶有私人備忘的性質，因而此類文書便更多地使用"也"。

可見，除了受到地域方言和漢字趨簡因素的影響外，"殹"和"也"的使用在不同類型的文獻中也有不同的選擇，並隨着文獻時代逐漸發生轉移。此外，這一用字選擇還受秦代法律制度發展程度的制約。

二、"五"和"伍"

"五"字在秦簡牘文獻中可作數詞、人名或用作古代民戶的編制單位"伍"。其中用作"伍"的"五"字多見於法律條文和審判案例，是用以標明所涉人員身份和階級地位的專有名詞。

秦簡牘文獻中"五"和"伍"的分布使用情況見表 4。

表 4

字	讀作	總計	放馬灘秦簡	睡虎地秦簡	里耶秦簡	嶽麓秦簡	龍崗秦簡
五	伍	144		38	89	17	
伍		25	3	14	2	3	3

從整體上看，秦簡牘文獻中用"五"表示"伍"的數量遠遠超過"伍"。只有少量的"伍"分布在放馬灘秦簡、睡虎地秦簡、里耶秦簡、嶽麓秦簡及龍崗秦簡中。

我們對各類秦簡牘文獻中"五（伍）"和"伍"字相關的習慣搭配進行統計，其具體的分布使用情況見表 5。

表 5

	搭配	總計	睡虎地秦簡	里耶秦簡	嶽麓秦簡	龍崗秦簡
五（伍）	士五（伍）	143	36	90	17	
	五（伍）長	1		1		
	五（伍）大夫	2	2			
伍	伍人	13	11			1
	伍長	2	1	1		
	什伍	2	1		1	

通過比較可知,"五(伍)"和"伍"的習慣搭配具有集中性和穩定性的特點。在秦簡牘文獻中,"士五(伍)""伍人"這兩個固定搭配的使用數量占明顯優勢,即此時的書寫者在記錄"士伍"時較爲一致地使用"五",在記錄"伍人"的固定搭配時,則都使用"伍"。這種專一用字現象的背後有着深刻的歷史原因。

秦國商鞅變法時推行"什伍"制,以"五家爲保,十保相連"。這在改變士民身份的同時,確立了以家庭爲單位的制度體系。孔慶明認爲此時"士伍"作爲秦代社會改革的伴生詞,在產生後隨即用來專門稱呼没有爵位的成年男子。[1]隨着秦代富國强兵政策的推行,逐漸形成了以"五人爲伍,伍長一人""十人爲什,什長一人"的軍隊編制。從"什伍"到"士伍",再從"伍人"到"伍長",這些詞作爲歷史文化的產物,能夠反映出秦制改革發展的歷史。對於與這些歷史制度相關的專有名詞,秦簡牘文獻的書寫者在實際記錄的過程中,更多的是循舊使用制度產生初期時的專稱和用法。同時,在秦政治制度完善和發展的過程中,簡牘書寫者也承襲了這種源於初始的固定用字。因此,在秦簡牘文字使用過程中,"五""伍"的用字選擇也會受歷史文化等因素的制約。此外,避免與"五人"的搭配發生意義混淆也可能是直接用"伍"表示"伍人"的原因之一。

西漢早期簡帛文獻"五""伍"的分布使用情況見表6。

表6

字頭	讀作	總計	張家山漢簡	馬王堆簡帛	孔家坡漢簡	銀雀山漢簡
五	伍	19	17	1		1
伍		29	8	3	5	13

到了西漢早期的簡帛文獻中,用作"伍"的"五"字的數量已經明顯少於"伍"字。

馬王堆漢墓帛書中的1例"五"字見於《繆和》49上簡"五(伍)子【胥】",用作姓氏,與這裏討論的意義無關。[2]在3個"伍"字的用例中,有1例見於

———————————

[1] 孔慶明:《秦漢法律史》,陝西人民出版社,1992年,第13頁。

[2] 作爲姓氏的這個字在文獻中的寫法也錯綜不一。張家山漢簡《蓋廬》篇作"申胥"。《史記·伍子胥列傳》作"伍",《漢書·藝文志》兵技巧家則作"五"。《吕氏春秋·異寶》作"五員",《左傳·昭公三十年》作"伍員"。《通志·氏族略四》:"五氏本伍氏,避仇改爲五。"

《相馬經》中的“乃中參伍”,“伍”應通作“五”,《文選·班固〈典引〉》“至於參五華夏”,李善注:“參五,謂參五分之也。”這一用例也與所討論的意義無關。另有兩例爲《經法（君正）》中的“什伍”、《昭力》中的“卒伍”,它們正是此處所討論的意義,都直接寫作“伍”。

　　時代稍晚的孔家坡漢簡已不見“五”作“伍”的用例,而銀雀山漢簡中作“伍”的共有 13 例。唯一的 1 例“五”字見於 1049 簡,此簡左側已殘損,字形作▨。對比下一“行”字,其左側也已殘作▨,僅剩下右側“亍”的字形,此處的“五”很可能也是殘泐左側“亻”後導致的。此外,與其相鄰的 1048 簡的字形完整作“伍”也可作爲旁證。

　　張家山漢簡中的 8 例“伍”字均見於《二年律令》篇。其中 5 例爲“伍人”,1 例爲“伍里人”。另有兩例:

　　(1)《二年律令》141 簡:“吏將徒,追求盜賊,必伍之。”整理小組注:“五人爲伍。”

　　(2)《二年律令》305 簡:“自五大夫以下,比地爲伍,以辨券爲信,居處相察,出入相司。”整理小組注引《史記·商君列傳》:“令民爲什伍,而相牧司連坐。”

　　張家山漢簡中的 17 例“五（伍）”,分別見於《二年律令》（6 例）和《奏讞書》（11 例）。這一用字數量看起來不少,但是分析其具體語境後可以發現,大多數用例正是秦簡牘文獻中固定搭配的遺留。這些用例中,15 例是“士五（伍）”的搭配。另 2 例“綯（刖）瘢相質五（伍）”,見於《四月丙辰盜牛案》。整理小組注:“《漢書·石奮傳》:‘質,重也。’伍,《説文》:‘相參伍也。’”①段注:“參,三也,伍,五也。凡言參伍者,皆謂錯綜以求之。”同一案例中的 6 例“士五（伍）”均不作“伍”。因此,兩者意義有別,不相混雜。

　　可見,到了西漢早期,除了“士五（伍）”這一習慣用語外,“伍”已經基本替代了“五”。傳世文獻中也多寫作“伍”。如《史記·秦本紀》:“五十年十月,武安君白起有罪,爲士伍,遷陰密。”裴駰集解引如淳:“嘗有爵而以罪奪爵,皆稱士伍。”

---

① 張家山二四七號漢墓竹簡整理小組編著:《張家山漢墓竹簡［二四七號墓］》《釋文修訂本》,第 102 頁。

此外,放馬灘秦簡中還有 2 例"伍"用作"五"的例子。《日書》乙種 322 簡:"得其前五爲得爲聞。得其後伍(五)爲不得。不得其前後之伍(五)爲復亡。"同一簡中出現了"五""伍"兩字並見的情況。

根據上述文獻分布和習慣搭配的討論分析可知,秦漢簡牘文獻中"五"和"伍"的用字習慣差異,不僅受到歷史文化因素的影響,更是二者語義分化演變的結果。同時,兩字在漢語多種形式的搭配使用過程中各有專司,也是對漢字形音文字性質的一種確認。

三、"節"和"即"

虛詞⟨即⟩在古代文獻中的使用非常廣泛,可用作副詞、介詞和連詞。傳世文獻中的虛詞⟨即⟩主要用"即"字記録,而出土文獻則多用"節"和"即"共同表示。

1. 秦簡牘文獻中的"節"和"即"

秦簡牘文獻中"節""即"的分布及使用情況見表 7。

表 7

字	讀作	總計	早期			中期		晚期	
			放馬灘秦簡	睡虎地秦簡	秦代散簡	里耶秦簡	嶽麓秦簡①	周家臺秦簡	龍崗秦簡
節	即	26	1	16	1	5	2		1
即		150	6	50	1	29	38	24	2

從量的角度看,與秦簡牘文獻中"即"巨大的用字數量相比,"節"的使用數量極少,僅有 26 例。從文獻分布看,"即"廣泛分布於各類秦簡牘文獻,"節"較爲集中地出現在睡虎地秦簡和里耶秦簡中。可知,與秦簡牘文字系統中"即"顯著的優勢地位相比,"節"的虛詞功能相對薄弱。這一用字情況

① 爲了確保結論的科學性和準確性,排除算數書類簡牘這一特殊文獻類型對定量研究的影響。因缺少完整的語言環境,故研究中排除殘斷不清和用法存疑的簡牘。

背後的原因，我們可以從文獻類型和功能用法的角度加以探討。

從文獻類型看，"節"和"即"在文書、奏讞書等官方性質簡牘文獻中的比例為 21：115，在日書、書信和曆譜等私人性質簡牘文獻中的比例為 5：35。值得注意的是，私人性質簡牘文獻中的 5 例"節"僅見於放馬灘秦簡和睡虎地秦簡等秦早期文獻。與此相對地，相同性質的周家臺秦簡均使用"即"。由此可知，在秦代早期私人性質的簡牘文獻中，記錄虛詞{即}的"節""即"兩字並行使用。到了秦代晚期，就已經形成了"即"的統一用字。因此，秦簡牘文獻中的"節""即"不僅在公私領域存在用字選擇的差異，而且在私人性質簡牘的用字中也呈現出一定的時代性特徵。

下面再從功能用法的角度進行討論。秦簡牘文獻中"節""即"的功能分布情況見表 8。

表 8

	簡牘類型	節（即）		即	
		假設連詞	副詞	假設連詞	副詞
早期	放馬灘秦簡	1		3	3
	睡虎地秦簡	16		3	47
	秦代散簡	1			1
中期	里耶秦簡	5		2	27
	嶽麓秦簡	2		1	60
晚期	周家臺秦簡			2	22
	龍崗秦簡	1			2
	總計	26		11	162

從整體上看，秦簡牘文獻中的 26 例"節"均用作假設連詞，未見副詞的用法。"即"主要用作副詞，其使用數量已經達到了 162 例，只有少數用作假設連詞的用例。這表明秦簡牘文獻中虛詞{即}的不同用字具有不同的語法功能，二者具有顯著差異："節"的虛詞功能具有單一性，"即"的虛詞功能相對複雜。從文獻分布看，睡虎地秦簡和里耶秦簡中的假設連詞多使用"節"，放馬灘秦簡和周家臺秦簡則多用"即"。這表明官方性質的秦簡牘文獻習慣使用"節"，私人性質的簡牘文獻則傾向於用"即"。因此，在不同類型的秦簡

牘文獻中,假設連詞﹛即﹜的用字選擇存在一定差異。

　　由此可知,秦簡牘文獻中"節"和"即"的使用主要受到虛詞﹛即﹜功能用法的影響。同時,二者因文獻類型的不同而產生用字選擇的差異。

2. 西漢早期簡帛文獻中的 "節" 和 "即"

　　西漢早期簡帛文獻中"節""即"的功能分布情況見表 9。

表 9

	節（即）		即	
	假設連詞	副詞	假設連詞	副詞
張家山漢簡	6		1	45
馬王堆簡帛	14		2	152
阜陽漢簡				1
總　　計	20		3	198

　　西漢早期簡帛文獻中的 20 例"節"都用作假設連詞。"即"的使用數量爲 201 例,主要用作副詞,僅有 3 例作假設連詞的情況。從文獻分布看,張家山漢簡和馬王堆漢墓帛書中的假設連詞多用"節",少數爲"即"。其中,張家山漢簡中的 6 例"節"都見於《二年律令》,馬王堆漢墓帛書中的 14 例"節"字都出自《五十二病方》《養生方》《雜療方》等秦漢之交至漢初的古代醫書,另有 1 例見於《戰國縱橫家書》。以上"節"的用例均出自古代的醫書或典籍。

　　可知,西漢早期簡帛文獻中"節"和"即"的使用也受到用字功能和文獻類型的影響。因此,西漢早期簡帛文獻中虛詞﹛即﹜的用字情況與秦簡牘文獻時期具有一致性:在"節""即"的虛詞用法中,"節"都用作假設連詞,大多數"即"用作副詞,二者的分工較爲明確。

3. 西漢中期以後簡牘文獻中的 "節" 和 "即" ①

　　西漢中期以後簡牘文獻中"節""即"的功能分布情況見表 10。

────────────────

① 西漢中晚期簡牘中含有部分東漢時期的簡牘,因此我們將這一時期的簡牘文獻劃爲西漢中期以後的簡牘文獻。

表 10

	節（即）		即	
	假設連詞	副詞	假設連詞	副詞
定州漢簡				1
北大漢簡		2①	1	3
尹灣漢簡				1
武威漢簡			1	4
敦煌漢簡			11	25
居延新簡				34
額濟納漢簡			6	8
總　　計		2	19	76

　　與西漢早期簡帛文獻相比，西漢中期以後簡牘文獻中虛詞｛即｝用字最明顯的變化是已經出現了大量用"即"記録假設連詞的用例，已不見用"節"表示的情況。從量的角度看，"即"用作假設連詞和用作副詞的比例從西漢早期的 3∶198，上升到了西漢中期以後的 19∶76。這表明西漢中期以後簡牘中"節"字記録虛詞的功能逐漸弱化，"即"的功能則更顯複雜。從文獻分布看，在"即"用作假設連詞的用例中，僅有 1 例見於北大漢簡《趙正書》，其他用例均見於武威漢簡、敦煌漢簡、居延新簡和額濟納漢簡等西北所出土的簡牘。由此可知，在西漢中期以後的簡牘文獻中，西北簡牘文獻的假設連詞｛即｝更傾向於使用"即"。

　　需要注意的是，北大漢簡中有 2 例"節"用作副詞的例子，均見於《周馴》篇。雖然北大漢簡主要是漢武帝後期、不晚於宣帝時期的簡牘文獻，但是《周馴》是成書於戰國晚期的古代文獻。②這兩個用例很可能是後人在古籍輾轉傳抄過程中改動所致。

　　因此，西漢中期以後是假設連詞｛即｝的用字由"節"向"即"轉移的關鍵

---

① 北大漢簡："節（即）有天下，環（旋）正海内。其同生三人，莭（即）扁（徧）封之。"該例句中的"莭"當爲"節"的異體字，用作"即"。爲了滿足"節"和"即"窮盡性研究的需要，故將"莭"列入用字選擇的討論。

② 閻步克：《北大竹書〈周馴〉簡介》，《文物》2011 年第 6 期。

時期,而且這種用字變化在西北漢簡中更爲明顯。

　　下面我們進一步從歷時的角度考察假設連詞{即}用字變化的原因。

　　除了記錄虛詞{即}的用法外,秦漢簡牘文獻中"節""即"還有一定數量的實詞用法。通過對秦漢簡牘中二者實詞用法及其文獻分布的梳理考察,可以更清晰地認識虛詞{即}用字變化的深層原因。兩字實詞用法的分布情況見表11。

表 11

	節			即	
	動詞	名詞	量詞	動詞	名詞
秦簡牘	3	5	4	3	2
西漢早期簡帛	23	96	8	5	
西漢中期以後簡牘	1	12		3	
總　計	27	113	12	11	2

　　從整體上看,與秦漢簡牘文獻中"即"的實詞用法相比,"節"處於明顯的優勢地位。在"節"不同的實詞用法中,"節"用作名詞的使用數量巨大,其用例已經達到了113例,與其他用法的數量差距懸殊。從文獻分布上看,西漢早期簡牘文獻中名詞"節"的使用數量已經遠遠超過了動詞和量詞的用法。這一情況表明"節"用作實詞的功能遠強於"即"字。

　　結合表11的統計數據可知,與"即"在不同時期相對穩定的功能分布相比①,"節"的功能分布發生了較大的更迭變化。從功能分布上看,"節"用作實詞和虛詞的數量比例從秦簡牘時期的12∶26,迅速上升到了西漢早期的127∶20,再到了西漢中期以後的13∶2。這一數量分布的變化情況表明,到了西漢早期簡帛文獻時期,相對於較爲強大、豐富的實詞功能,"節"記錄虛詞{即}的功能已經明顯弱化。由此可知,從文字記錄語言的内部平衡性

---

① 在秦漢簡牘文獻的不同時期,"即"用作實詞和虛詞的數量比例由秦簡牘時期的5∶175上升到了西漢早期的5∶201,再到了西漢中期以後的3∶93。"即"的表詞功能在不同時期具有較強的穩定性。在"即"記錄虛詞的不同功能分布中,用作副詞{即}的穩定性尤其突出。因此,"即"在秦簡牘文獻中的功能分布相對穩定。

來看,選擇"即"來承擔"節"已經十分薄弱的虛詞功能,即用"即"記錄假設連詞{即}是歷史的必然。同時,虛詞{即}用字選擇的變化與兩字的常用程度及功能分工的複雜程度相關。因此,隨着假設連詞{即}的用字由"節"向"即"轉移,"即"可以共同記錄副詞和假設連詞的用法,"即"作爲虛詞{即}的用字逐漸定型。

值得注意的是,"即"的定型,能夠在一定程度上反映出漢字假借的衰落。雖然直到東漢至南北朝時期,漢字的假借才明顯衰落①,但實際上在假借出現專字專用之前,漢字發展史上早已出現了一些漸趨衰落的表現。在漢語發展過程中,由於人們意識到假借表詞的局限性,爲了滿足漢字表義日趨精細的要求、適應簡便經濟的特點②,逐漸將假借的"節"讓位於"即",用以記錄虛詞{即}。因此,在虛詞{即}的用字定型的過程中,假借爲虛詞的"節"逐漸衰落,這是漢字漢語發展的必然結果。此外,在簡牘書寫過程中,書寫者爲了滿足文書高效傳遞的需要,多選用易於識別、趨於簡便的"即"字,以進一步提高書寫的效率。

總之,虛詞{即}的用字選擇主要受"節""即"功能用法差異的影響。秦至西漢早期簡帛文獻中,"節""即"兩字的分工相對明確。西漢中期以後是記錄假設連詞{即}的字由"節"向"即"轉移的關鍵時期。這一能夠表明假借衰落的用字定型過程,除了受到時代變遷和地域方言的影響外③,還受到漢語發展規律和書寫便捷等因素的影響。

---

① 毛遠明:《漢字假借性質之歷史考察》,《西南大學學報》(社會科學版)2010 年第 4 期。

② 高洪年:《上古漢語假借衰落的原因探析》,《張家口大學學報》(綜合版)合刊,1998 年。

③ 張國艷:《假設連詞"節"、"即"使用情況研究——兼考〈墨子·備城門〉以下諸篇的成書時代》,《廣西社會科學》2007 年第 1 期。

基於秦漢簡帛語料庫的"材""財"記詞考察 *

劉艷娟　張再興

引　言

　　秦漢簡帛文獻中"材""財"與所記之詞{材}{財}{裁}之間的關係錯綜複雜，二字均可記{材}{財}{裁}。這種用字現象在傳世文獻與出土文獻中都有不少用例。①顏師古指出"'財'與'裁'同，古通用字"②。馬王堆漢墓簡帛整理者認爲："從用字角度看，秦漢文字資料多以'財'爲'材'，以'材'爲'財'。"③基於

---

* 　原載《簡帛》第二十二輯，上海古籍出版社，2021 年。

① 　高亨、王輝、周朋升、白于藍等列舉了不少"材""財"記{材}{財}{裁}的用例。詳參高亨纂著，董治安整理《古字通假會典》(齊魯書社，1989 年)第 418—419 頁；王輝編著《古文字通假字典》(中華書局，2008 年)第 41—42 頁；周朋升《西漢初簡帛文獻用字習慣研究(文獻用例篇)》(博士學位論文，吉林大學，2015 年)第 57—58 頁；白于藍編著《簡帛古書通假字大系》(福建人民出版社，2017 年)第 46—50 頁。

② 　顏師古在《漢書·司馬遷傳》"且人不能蚤自財繩墨之外"下注。《漢書》顏師古注中有 12 處提到"財"與"裁"同。另外，《漢書》中"裁"共 26 例，皆記{裁}。參顏師古《漢書注》，中華書局，1962 年，第 2734 頁。

③ 　裘錫圭主編，湖南省博物館、復旦大學出土文獻與古文字研究中心編纂：《長沙馬王堆漢墓簡帛集成》(叁)，中華書局，2014 年，第 195 頁。

時代明確、文本可靠的出土文獻材料進行研究,不僅能够呈現"材""財"記詞原貌,而且便於考察二字記詞發展變化的具體歷史時期。本文利用我們開發的"秦漢簡帛語料庫",全面梳理了"材""財"在不同歷史時期的記詞發展情況,以期實現動態地考察分析字詞之間變化調整的過程。

一、"材"的記詞變化

(一) 秦簡牘中"材"記詞情況

秦簡牘中"材"51 例①,記詞情況見表 1。

表 1

詞	總計	睡虎地秦簡	嶽山秦簡	北大秦簡	嶽麓秦簡	里耶秦簡	放馬灘秦簡
{材}	20	1		2	14	1	2
{財}	13	7		2	3		1
{裁}	18	14	1		1		2

秦簡牘中"材"記{材}{財}{裁}總量差異不大,記{材}比例略高,約爲 39%,但尚不及其他兩種的總和。

"材"最早見於楚簡中,記詞比例與秦簡牘相比差異明顯,記{材}比例較高,記{財}{裁}偶見。楚簡中"材"共 11 例②,記{材}9 例,表示才能、物質等,如郭店楚簡《六德》簡 13—14:"大材執者大官,少材執者少官。"記{財}{裁}各 1 例,見於郭店楚簡中,即《尊德義》簡 32:"依惠則民材足。"《六德》簡 11—12:"材唯才中茆之中。"③秦簡牘中記{財}{裁}比例與楚簡相比有明

---

① "材"作人名見於嶽麓秦簡《芮盗賣公列地案》26 例;用法不明 1 例,見於里耶第八層簡 2435 正,以上不作統計。

② "材"11 例分別見於郭店楚簡《六德》4 例,《尊德義》1 例,《語叢四》1 例,上博簡《三德》2 例,《孔子詩論》《志書乃言》各 1 例,清華簡《命訓》1 例。

③ 《尊德義》"材"讀"財",參陳偉《郭店簡書〈尊德義〉校釋》,《中國哲學史》2001 年第 3 期,第 117 頁;《六德》"材"似讀"裁",參陳偉《郭店竹書別釋》,湖北教育出版社,2002 年,第 116 頁。

顯的提高。另外,秦簡牘中"材"的意義也與楚簡不同,不僅表示才能,也可以表示木材,共 10 例,如睡虎地秦簡《秦律十八種》簡 4 有"伐材木",嶽麓秦簡《數》簡 213 有"園材",里耶秦簡第九層簡 2294 有"二人伐材"等。

"材"記{財}{裁}在戰國秦時期較爲常見,如記{財}見於睡虎地秦簡 7 例,嶽麓秦簡奏讞書《癸、瑣相移謀購案》《尸等捕盜疑購案》和北大秦簡《禹九策》各 1 例。[1]記{裁}集中在睡虎地秦簡律令文獻與日書文獻中,意義不同,日書文獻中表示"裁衣",律令文獻中表示"裁量""裁制"。例如:

  (1) 月不盡五日,不可材衣。(睡虎地秦簡《日書》甲種 121 背/46 反)

  (2) 材衣良日:【丁丑、丁巳、乙巳】、己巳、癸酉、乙亥、乙酉、己丑、己卯、辛亥。(放馬灘秦簡《日書》乙種 83 壹)

  (3) 盜出朱玉邦關及買于客者,上朱玉内史,内史材鼠購。(睡虎地秦簡《法律答問》140)

  (4) 病篤不能視事,材令治病,父母病篤,歸旬。(嶽麓秦簡五册三組 278 正—279 正)

(二) 漢簡帛中"材"記詞情況

我們討論用字涉及分期斷代時,主要依據歷史學的西漢分期,分爲西漢早期和西漢中晚期。這是因爲文字、文化在發展過程中,西漢王朝早期繼承前代的多一些,中期以後往往形成自己的特色。其中,西漢早期的簡帛材料性質上多古書,文字發展中隸變尚處於早期階段;西漢中晚期,多文書,字形向隸草階段發展。中期目前所見的明確時間的材料較少,屯戍漢簡的時間跨度又較大,從漢武帝一直到西漢末,甚至還有少量的東漢早期材料。

---

[1] 嶽麓秦簡奏讞書簡文中有明確紀年,《癸、瑣相移謀購案》爲秦王政二十五年,《尸等捕盜疑購案》爲秦王政二十年,均在秦統一前。關於《禹九策》,當爲戰國晚期秦文獻。參翁明鵬《從〈禹九策〉的用字特徵説到北大秦簡牘諸篇的抄寫年代》,《文史》第一輯,中華書局,2020 年,第 15 頁。

西漢早期"材"63 例，記詞情況見表 2。

表 2

詞	總計	孔家坡漢簡	馬王堆漢簡	銀雀山漢簡	張家山漢簡	港藏簡①	阜陽漢簡
{材}	51		26	6	14	4	1
{財}	5		2	2			1
{裁}	7	1	4		2		

西漢早期"材"與秦簡中用法相同，記{材}比例遠遠高於{財}{裁}，後兩者出現比例呈現下降趨勢。"材"記詞功能呈現出向{材}集中的趨勢。

"材"記{材}{財}{裁}共見於馬王堆漢墓簡帛中，分布篇章不同，記{材}集中在《相馬經》中，表示馬的品性，偶見於《老子》甲本卷後古佚書中，表示才能。記{財}見於《周易繫辭下傳》2 例，表示財產。記{裁}見於《老子》甲本卷後古佚書《明君》《戰國縱橫家書·蘇秦自齊獻書於燕王章》《養生方·除中益氣》《五十二病方》中，各 1 例，表示裁量。此外，記{財}也見於銀雀山漢簡《壹：論政論兵之類》《晏子》中，表示財產。記{裁}還見於張家山漢簡《算數書》中，共 2 例，孔家坡漢簡《日書》1 例，表示裁剪。

西漢中晚期"材"29 例，記詞情況見表 3。

表 3

詞	總計	北大漢簡	定縣漢簡	居延漢簡	居延新簡	敦煌漢簡	肩水金關漢簡	上孫家寨漢簡	水泉子漢簡	尹灣漢簡
{材}	28	2	4	4	5	2	3	2	1	5
{裁}	1			1						

---

① 香港中文大學文物館藏簡牘時間跨度大，大致是從戰國至東晉。其中我們討論涉及的"材"字見於河堤簡中，彭浩認爲是西漢早期。"財"見於日書中，簡文中有孝惠三年（公元前192）的明確紀年，所以統計時歸入西漢早期。參彭浩《〈河堤簡〉校讀》，《考古》2005 年第 11 期，第 74 頁。

西漢中晚期簡牘中"材"記詞功能集中趨勢更加明顯,這一時期"材"29 例,記{材}28 例,記{裁}僅 1 例,見於居延漢簡 257.30:"材取粟少千五百廿九。"

東漢時期"材"記詞情況見表 4。

表 4

詞	總計	簡牘材料	碑刻材料
		尚德街	史晨後碑
{才}	1	1	
{財}	1		1

東漢簡牘中"材"1 例,記{才},作副詞,見於長沙尚德街東漢簡牘 199(2011CSCJ482②:23-4):"□再拜,材見□。"東漢碑刻中"材"1 例,記{財},表示錢財,見於史晨後碑:"自以城池道濡麥給令還所斂民錢材。"

二、"財"的記詞變化

(一)秦簡牘中"財"記詞情況

秦簡牘中"財"40 例,記詞情況見表 5。

表 5

詞	總計	嶽麓秦簡	里耶秦簡	周家臺秦簡	龍崗秦簡	放馬灘秦簡
{財}	32	19	2	2	2	7
{裁}	8	6	2			

秦簡牘"財"記{財}出現頻率較高,分布範圍廣泛。記{裁}8 例,集中在嶽麓秦簡與里耶秦簡中。①例如:

---

① 陳偉討論"財"讀爲"裁"時,重新對嶽麓秦簡中的用例進行了句讀,可參看陳偉《也説嶽麓秦簡律令中讀爲"裁"的"財"》,簡帛網 2018 年 3 月 14 日,http://www.bsm.org.cn/show_article.php?id=3021。

　　（1）內史襍律曰：芻稾廥、倉、庫實官積，垣高毋下丈四尺。它藏財爲候，晦令人宿，候二人。備火，財爲池（嶽麓四冊二組 169）□水官中，不可爲池者財爲池官旁。（嶽麓秦簡四冊二組 170）

　　（2）財爲置將吏。（嶽麓秦簡四冊二組 179 正）

　　（3）其可爲傳者，爲傳，財期之……（嶽麓秦簡四冊三組 376 正）

　　（4）官府及券書它不可封閉者，財令人謹守衛。（嶽麓秦簡五冊一組 086 正）

　　（5）謁上財自敦遣田者，毋令官獨遣田者。（里耶秦簡第九層 22）

　　（6）財之，敢言之☒（里耶秦簡第九層 2184）

　　這些用例中〈裁〉與睡虎地秦簡律令文獻中"材"所記之〈裁〉相同，均是酌情裁定義。陳偉指出："秦律令規定通常嚴格而具體。但在某些特別場合，也給主事者留有一定的裁定權，以便因地制宜。秦律令中這些'財（裁）'字正是表達了這樣的立法精神。"①

（二）西漢簡帛中"財"記詞情況

　　西漢早期"財"79 例，記詞情況見表 6。

表 6

詞	總計	孔家坡漢簡	馬王堆漢簡	銀雀山漢簡	張家山漢簡	港藏簡	散簡②
〈財〉	57	2	17	15	19	3	1
〈材〉	8		5	3			
〈裁〉	14		8		4		2

　　與秦簡牘相比，西漢早期簡帛"財"記詞形式增多，開始記〈材〉，表示人的能力、才能等。"財"記〈材〉與同時期的"材"記〈財〉共見於馬王堆漢墓簡

① 陳偉討論"財"讀爲"裁"時，重新對嶽麓秦簡中的用例進行了句讀，可參看陳偉《也説嶽麓秦簡律令中讀爲"裁"的"財"》，簡帛網 2018 年 3 月 14 日，http：//www.bsm.org.cn/show_article.php?id=3021。

② 散簡中"財"3 例，其中荆州松柏簡牘 1 例，記〈財〉。睡虎地 77 號漢墓簡牘 2 例，記〈裁〉。

帛與銀雀山漢簡中。

就文獻分布而言，"財"記{財}{材}見於古書中，同一篇目中"財"記詞存在差異。如馬王堆漢墓簡帛《老子》乙本中"財"共 2 例，189 上記{財}，242 上記{材}，《老子》乙本卷前古佚書中"財"7 例，11 上、12 上、20 上、34 上、73 上、189 上記{財}，73 上記{材}。銀雀山漢簡《壹：論政論兵之類》中"財"記{材}見於《四六：十問》2 例，其他篇章中均記{財}。《尉繚子》簡 471 記{財}，簡 487 記{材}。

"財"記{裁}見於法律文書與醫方文獻中，張家山漢簡《奏讞書》4 例，睡虎地77 號漢墓法律簡《齎律》2 例，馬王堆漢墓簡帛《五十二病方》8 例。例如：

（1）上書言財新黔首罪。（張家山漢簡《奏讞書》133）

（2）而上書言獨財新黔首罪。（張家山漢簡《奏讞書》146）

（3）今庫繹瀘而上書言獨財新黔首罪。（張家山漢簡《奏讞書》149—150）

（4）以水財煮李實。（馬王堆漢墓簡帛《五十二病方》34/34）

（5）即以黿膏財足以煎之。（馬王堆漢墓簡帛《五十二病方》44/44）

（6）而令人以酒財沃其傷。（馬王堆漢墓簡帛《五十二病方》64/64）

《奏讞書》中"財"後接"新黔首罪"，讀爲"裁"，表示酌情減免。①《五十二病方》中"財"後多接物品，表示適量、酌量，如"以水財煮李實"義爲用水煮適量的李子。②

---

① 張家山漢簡《奏讞書》中"財"通"裁"，方家訓釋不同，或認爲是"裁製"，或認爲是"減免"。此處取"減免"説。方家意見可參看韓厚明《張家山漢簡字詞集釋》，博士學位論文，吉林大學，2018 年，第 211 頁。

② 關於馬王堆帛書《五十二病方》中"財"的用法，學術界主要有兩種解釋：一是通"裁"，義爲裁量、適當；二是通"才"，作時間副詞。我們依據《長沙馬王堆漢墓簡帛集成》以及西漢時期"財"的用法，採用第一種説法。參裘錫圭主編，湖南省博物館、復旦大學出土文獻與古文字研究中心編纂《長沙馬王堆漢墓簡帛集成》（伍），第 221—223 頁。

西漢中晚期"財"150 例，記詞情況見表 7。

表 7

詞	總計	北大	定縣	居延漢簡	居延新簡	敦煌①	肩水金關	懸泉	上孫家寨	英圖藏	額濟納	水泉子	尹灣	武威
〈財〉	114	6		22	38	2	25	9	1		2	1	1	7
〈材〉	20	1	1	3	7		3			3	2			
〈裁〉	16	2		2	5		2	2		2				1

西漢中晚期"財"出現次數遠遠多於秦及西漢早期，常用來記〈財〉，分布範圍較廣泛，記〈材〉〈財〉的次數較西漢早期也有所增加。例如：

（1）物無弃財，是謂欲明。（北大漢簡《老子下經》193）

（2）☑八尺財用五百枚。（居延新簡 EPT52：135）

（3）出泉六百五顧治圍財用直。（居延漢簡 225.45）

（4）送財用札府。（肩水金關漢簡 73EJF3：429＋434）

（5）焉知賢財而舉之？（定縣漢簡《論語》323）

簡文中"財"通"材"，意義存在差異，例 1 義爲資材②，例 2 至例 4 指材料。西北簡中的"財用"具有特指意義，尤其是居延地區出土漢簡中的"財用"，主要指"製作簡札等辦公用品的原材料"③。例 5 中的"賢財"，西漢早期銀雀山漢簡作"賢材"，今本《論語》作"賢才"。

"財"記〈裁〉分布廣泛，用於"財衣"7 例，見於北大漢簡、英圖藏漢簡、懸泉漢簡各 2 例，武威漢簡 1 例，表示裁製衣服。還用於表示裁量義 9 例，見於居延新簡 5 例，居延漢簡、肩水金關漢簡各 2 例。例如：

---

① 敦煌漢簡 780B 有"前敝有脂少少財五斤"，"材"用法不明，不作統計。

② 陳劍：《老子譯注》，上海古籍出版社，2016 年，第 97 頁。

③ 李迎春：《居延新簡集釋》（叁），載張德芳主編《甘肅秦漢簡牘集釋》，甘肅文化出版社，2016年，第 637—638 頁。

（1）以丑財衣，以酉衣之，必大吉。（北大漢簡《六博》25）

（2）戊子，財衣，不利出入；戊午，財衣，不吉。（懸泉漢簡I0111②:19）

（3）☑□□□財衣制□☑（英圖藏漢簡2882）

（4）毋財衣。（武威漢簡日忌木簡丙六）

（5）☑哀憐財省☑（居延漢簡272.6）

（6）醇酒財足以消膠。（居延漢簡265.41A）

（7）幸財罪請，少偷，伏前。（肩水金關漢簡73EJT30:28A）

東漢時期"財"40例，記詞情況見表8。

表8

詞	總計	簡牘材料			碑刻材料
		五一廣場	尚德街	東牌樓	
⟨財⟩	33	11	3	9	10
⟨才⟩	3				3
⟨裁⟩	4	3			1

東漢時期簡牘材料中"財"26例，記⟨財⟩23例，⟨裁⟩3例，記⟨財⟩是記⟨裁⟩的七倍強。東漢時期碑刻材料中"財"14例，記⟨財⟩10例，其中許安國墓祠題記、郭擇趙氾碑各2例，微山永和二年畫像石題記、蒼山元嘉元年畫像石墓題記一、許阿瞿畫像石題記、酸棗令劉熊碑、馮緄碑各1例；記副詞⟨才⟩3例，鄗他君石祠堂石柱題記、西狹頌、司隸校尉楊淮表記各1例；記⟨裁⟩1例，見於乙瑛碑"財出王家錢"。目前所見東漢出土文獻材料中"財"記⟨財⟩的比例較高。

結　語

第一，從字的角度看，秦漢簡帛中的"材"和"財"都有記⟨材⟩⟨財⟩⟨裁⟩的功能，呈現出記詞的多樣性。但在歷時的發展過程中，兩者的記詞功能都有明顯的集中趨勢，朝着記詞明確化的方向發展。具體數據見表9。"材"記{材}{財}{裁}的比例從秦時差異不大到西漢時期後兩種用法比例大幅降低，甚至偶見，記詞集中趨勢非常明顯。"財"記{財}是主流，秦和東漢時期未見記{材}，記{財}比例偏高。西漢時期其他兩種記詞基本恒定，記{材}占比在10％—14％之間，記{裁}占比在10％—17％之間。"財"記詞集中趨勢不及"材"明顯，見表9。

表9

字	詞	秦(%)	西漢早期(%)	西漢中晚期(%)	東漢(%)
材	{材}	39.22	80.95	96.55	
	{財}	25.49	7.94		
	{裁}	35.29	11.11	3.45	
財	{財}	80.00	72.15	76.00	88.46
	{材}		10.13	13.33	
	{裁}	20.00	17.72	10.67	11.54

第二，西漢早期簡帛古書中{材}{財}均用"財""材"，然而就單篇來看，各有特點，極少混用。馬王堆漢墓簡帛中{材}用"財"見於《周易》卷後佚書《春秋事語·魯莊公有疾章》、《老子》甲本《道經》、《老子》乙本《道經》、《老子》乙本卷前佚書《經法(名理)》等，這些篇章中僅見"財"字，未見"材"字。{財}用"材"見於《周易繫辭下傳》，該篇未見"財"字。銀雀山漢簡{材}用"財"見於《壹：論政論兵之類·四六：十問》《尉繚子》，這兩篇中未見"材"字，{財}用"材"見於《壹：論政論兵之類·五〇：【三算】》，該篇未見"財"字。《晏子》中有"財"3例，均記{財}，分別見於《內篇問上》《內篇問下》《內篇雜下》，也用"材"記{財}，見於《外篇第八》。

第三，{材}{財}{裁}在不同時期的用字差異爲判斷某些出土文獻的形成時代提供了依據。如{財}用"材"在戰國秦、西漢早期較爲常見，並且西漢早期時集中在簡帛古書中，目前也只能基本判定這些典籍出土的墓葬年代以及抄寫年代，成書年代衆說紛紜。{財}用"材"可能是沿襲了戰國時期的用字習慣，爲推測馬王堆、銀雀山、阜陽漢簡中古書大概成書於戰國時代提供了用字依據。再如張家山漢簡《算數書》，數學史專家多認爲它是"抄撮"而成，不同算題形成的年代有早晚之別。｛裁｝用"材"爲"以橐材方""以方材橐"算題可能形成於戰國時期提供了又一證據。

第四，秦漢簡帛中｛材｝｛裁｝主要用字形式與現在所用通行字差異明顯。①

"材"産生之後多表才能義，秦漢簡帛中"材"沿襲了這一用法，而這一意義通行字用"才"。"才"表才能義最早見於楚簡中，如上博簡二《容成氏》有"而官其才"，上博簡三《中弓》有"賢才"3例，"舉才"1例。西漢早期簡帛中用"才"5例，見於馬王堆三號墓竹簡遣策"才人"以及醫簡中"通才"②，銀雀山漢簡《六韜》《壹：論政論兵之類》有"才士""萬才""稱賢使能而官有才"。③長沙東牌樓漢簡中第48簡有"才質粗鹵"。漢碑中"才"14例，用於"茂才""多才多藝"等。總體上看，秦漢簡帛文獻中"才"使用數量較少，東漢碑文中有所增加，以後成爲主流用字，一直沿用至今。

秦漢簡帛中｛裁｝用"材"26例，集中在秦至西漢早期，用"財"39例，集中在西漢時期。後世通行字"裁"的使用始於西漢早期，時間較晚。在秦漢出土文獻材料中數量也很少，僅7例，尚未取得優勢地位。"裁"見於西漢早期孔家坡漢簡《日書》中4例，表示裁衣。西漢中晚期簡牘中3例，見於北大漢簡《反淫》簡4"受而裁之"，北大漢簡《蒼頡篇》簡9"變大制裁"，整理者注："'裁'即'裁'字。"④水泉子漢簡《蒼頡篇》簡暫12"變大制裁好衣服"。

---

① 通行字指"古今所有的漢字裏現在在使用的那部分字"。參裘錫圭《文字學概要》（修訂本），商務印書館，2013年，第252頁。

② "才人"，《漢書》作"材人"。顏師古注《漢書·藝文志第十》："材人，天子内官。"

③ "才士""萬才"，整理者均把"才"讀作"材"。"稱賢使能而官有才"，《治要》作"稱賢使能而官有材"。

④ 北京大學出土文獻研究所：《北京大學藏西漢竹簡（壹）》，上海古籍出版社，2015年，第78頁。

秦漢簡帛文獻用字習慣考察二則 *

一、"貣"與"貸"

　　"貣"見於《説文解字·貝部》："貣，从人求物也。""貸"見於《説文解字·
貝部》："貸，施也。"從意義上看，二者有"求"與"施"的區別，也即"貣"表示
從他處借入，"貸"表示施於他人。隨着出土文獻材料的刊布，"貣"與"貸"之
間的關係有必要進一步考察研究。

　　"貣"字最早見於春秋時期的金文材料中，其分布及使用情況見表1。

表 1

字	讀爲	總計	春秋時期①	春秋晚期	戰國早期
貣	貳②	4	3	1	0
	忒	17	0	16	1

---

* 　原載《語言科學》2018 年第 6 期，人大複印資料《語言文字學》2019 年第 6 期轉載。

① 　作"貣"的這三器見於《殷周金文集成》編號 11786、11787、11788，時代爲春秋時期，尚不
　　能斷定具體是早中晚哪一時期。

② 　四例讀作"貳"的"貣"見於吕大叔斧與邵大叔斧，其中，《殷周金文集成》吕大叔斧釋文作
　　"貳"，邵大叔斧作"貣（貳）"，但從文字字形來看，二者均是從戈從貝。

金文材料中的"貣"共 21 例,主要有兩種寫法,即從戈從貝和從弋從貝。第一種寫法中,戈上貝下者 9 例,見於春秋晚期晉國文字;貝左戈右者 7 例,見於春秋晚期蔡國文字。第二種寫法 5 例,見於春秋晚期至戰國早期銅器銘文中。"貣"主要有兩種用法,讀作"貳"或"忒"。後一種用法所占比重較大,爲常見用法。但未見用《説文解字》所載意義者。

"貣"在戰國楚簡的分布情況見表 2。

表 2

字	讀爲	總計	包山楚簡	清華簡①
貣	貸	27	24	3
	忒	2	0	2
	式	1	0	1

包山楚簡"貣"共 24 例,均從戈從貝,其中戈上貝下者 15 例,貝左戈右者 9 例,見於文書材料中。清華簡"貣"戈上貝下者 3 例,貝左戈右者 1 例。由表 2 可知,楚簡文獻材料中開始大量出現"貣"讀作"貸"的用法,總計 27 例。其中包山楚簡中"貣"常用於"人名 + 爲 + 人名 + 貣 + 黃金"句式,共有 19 例。如 103 簡有"子司馬以王命命冀陵公黿、宜陽司馬强邸貣異之黃金,以貣郚邴以糴種",前一"貣"表借入,後一"貣"表借出。清華簡中的 6 例"貣",讀爲"貸"者 3 例,2 例表示人名,1 例表示借出。在目前所見楚簡文獻中,"貣"表借入者 23 例,表借出者 2 例,其意義大多與《説文解字》所載一致,也即表示"從人求物",這可能與文獻材料的性質有關。由於包山楚簡中常見借入黃金的事件,所以"貣"表借入較爲普遍。

"貸"字形首見於秦簡文獻中,與"貣"並存,二者分布情況見表 3。

表 3

字	讀爲	總計	睡虎地秦簡	里耶秦簡	嶽麓書院藏秦簡
貣	貸	37	7	8	22
貸	貸	18	0	11	7

① 本文清華簡的統計範圍是一至七册。

秦簡文獻材料中,早期未見"貸",如睡虎地秦簡7例均作"貣"。中晚期
"貣""貸"並存,見於里耶秦簡和嶽麓書院藏秦簡。從使用數量上看,里耶秦
簡中"貣"少於"貸",嶽麓書院藏秦簡與之相反。但在使用總數上,秦簡中
"貣"的使用數量是"貸"的兩倍。

"貣""貸"共現於里耶秦簡和嶽麓書院藏秦簡中,里耶秦簡中二字見於
第八出土地層,内容爲文書檔案。用法上,"貣"與"貸"均見與"出"連用者,
作"某人+出貣/貸+某人",前者4例,後者8例。例如:

(1)卅三年十月甲辰朔壬戌,發弩繹、尉史過出貣罰戍士五(伍)醴
陽同□禄。(里耶秦簡0716)

(2)稟人忠出貸更戍城父士五(伍)陽糧佣八月九月(里耶秦簡
0980)

二者並無意義上的區別,均既可表示借入,也可表示借出,甚至出現在
同一條簡文中。例如:

(3)廿八年七月戊戌朔癸卯,尉守竊敢之:洞庭尉遣巫居貸公卒安
成徐署遷陵。今徐以壬寅事,謁令倉貣食,移尉以展約日。敢言之。七月
癸卯,遷陵守丞膻之告倉主,以律令從事。/逐手。即徐□入□。(里耶秦
簡1563)

嶽麓書院藏秦簡中"貣"共22次,其分布情況主要是《爲吏治官及黔首》
2次,《數》3次,奏讞書6次,秦律令文獻11次。"貸"7次,均見於秦律令文
獻。其中,奏讞書中的"貣"均出現於《學爲僞書案》中。秦律令中的"貣"見
於《田律》4次,《司空律》1次,《齋①律》1次,"内史郡二千石共令"6次。
"貸"僅見於"内史郡二千石共令",並且在同一條簡文中,二者並存。例如:

---

① 原簡字形殘,整理者疑爲"齋",暫從。

（4）當貸者，告作所縣償及貸。（《嶽麓書院藏秦簡（肆）》330）

（5）芻稾積五歲以上者以貸，黔首欲貸者，到收芻稾時而責之，黔首莫欲貸，貸而弗能索者，以（《嶽麓書院藏秦簡（肆）》386）

　　"貣"既可以表示借入，也可以表示借出，前者18例，後者4例。如《學爲僞書案》有"欲貣錢胡陽少内，以私印封，起室把詣于贈，幸其肯以威貣學錢"。前一個"貣"表示"從人求物"，後一個"貣"表示"施"。而"貸"主要表借出，偶表借入。如秦律令301簡有"相貸資緱者"，表示相互之間借錢者，包含借入、借出兩種情況。總之，在嶽麓書院藏秦簡中，表示借入是"貣"的常見用法，"貸"則常用來表示借出。二者用法僅偶有交叉，需要根據具體語境判斷。

　　從時代上看，里耶秦簡的抄寫年代大概在秦始皇二十五年至秦二世二年，嶽麓書院藏秦簡的抄寫年代跨度較長，爲秦中晚期。[1]"貣"和"貸"集中出現在這兩種材料中，並且主要見於官文書中，說明當時確實存在"貣"作"貸"的情況，因分其義，又分其聲的現象。但是在文字的實際使用過程中，"貣""貸"並未因爲意義不同而完全獨立使用，至少在秦代中晚期，二者仍有交叉使用現象。

　　西漢簡帛材料中"貣""貸"分布情況見表4。

表4

字	總計	馬王堆簡帛	張家山漢簡	銀雀山漢簡	鳳凰山漢簡	阜陽漢簡	北大漢簡	尹灣漢簡	武威漢簡
貣	9	4	3	0	0	0	2	0	0
貸	36	3	3	5	22	1	0	1	1

　　相比於秦代，西漢時期，"貣"出現次數開始大幅度減少，"貸"則是大量增加。在用法上"貣"開始多樣化。馬王堆漢墓帛書中"貣"兩次用作"忒"，兩次用作"蟘"。北大簡中的"貣"一次用作"始"，一次用作"忒"。"貣"用作"貸"僅見於張家山漢簡。

----

[1]　關於嶽麓書院藏秦簡的抄寫時間，整理者根據《質日》認爲，抄寫年代不會晚於秦始皇三十五年。隨着秦律令文獻的公布，整理者又提出抄寫時年代必不早於秦二世二年。關於其具體抄寫年代，有待於進一步研究。

　　"貸"在馬王堆漢墓帛書中，兩次用作"忒"，一次用作"殆"。張家山漢簡"貸"，表示借出者 3 例。銀雀山漢簡"貸"讀作"忒" 3 例，表示借出者 2 例。鳳凰山漢簡"貸"22 例，表借出義。阜陽漢簡"貸"①1 次，表借出義。尹灣漢簡 1 次，表借出義。武威漢簡 1 次，用爲"代"。可見西漢時期雖然"貸"的用法多樣，但表示借出者 29 例，仍然是常見用法。

　　從文獻分布來看，在西漢早期，"資"讀作"貸"僅見於張家山漢簡，共 3 例，均見於《算數書》中。這種用法與嶽麓書院藏秦簡《數》中"資"的用法一致，表示借入。可見此種文獻的用字習慣具有一脈相承的特點。"貸"29 例，文獻分布類型較廣，其中張家山漢簡 3 例，見於《二年律令》。銀雀山漢簡 2 例，一見於《晏子》，一見於《陰陽時令》。鳳凰山漢簡 22 例，見於十號漢墓木牘之鄭里廩籍。阜陽漢簡 1 例，見於《蒼頡篇》。尹灣漢簡《六號墓借貸書》1 例。這些"貸"均是表示借出義。

　　西漢晚期簡牘中不見"資"，但"貸"字大量出現，主要集中在西北簡中，共 82 次，其中肩水金關漢簡 37 次，居延漢簡 5 次，居延新簡 25 次，敦煌漢簡 12 次，額濟納漢簡 1 次，居延漢簡補編 1 次，懸泉漢簡 1 次。"貸"主要表示借出，但也可以表借入。如"出中舍穀一斗，貸水門卒張咸"（肩水金關漢簡 F3：382A）中"貸"表示借出義，"從府貸一斛"（敦煌漢簡 22A）中"貸"表示借入義。

　　東漢時期簡牘材料中"貸"共出現 7 次，見於張家界漢簡 1 次，讀作"代"。長沙東牌樓漢簡 4 次，爲習字簡。甘谷漢簡 2 次，表示"貸錢"，即借出義。整個東漢簡牘材料中，"貸"用例較少。

　　關於"資"與"貸"的關係，段玉裁"資"字下注："古無資貸之分，由資字或作貸，因分其義，又分其聲"，"經史內資貸錯出，恐皆俗增人旁"。②從秦漢簡帛可以看出，"資"與"貸"並無《說文解字》所載意義上的嚴格區別。即段氏所謂"古無資貸之分"。秦時"資"分化出"貸"，當時二者用法已有交叉。不僅經史內"資"

---

① 原整理者釋"賊"，胡平生改釋爲"貸"，意爲"分貸"，也即貸出義，可從。胡平生：《英國國家圖書館藏斯坦因所獲未刊漢文簡牘中〈蒼頡篇〉殘片研究》，《胡平生簡牘文物論稿》，中西書局，2012 年，第 38 頁。

② 段玉裁：《說文解字注》，上海古籍出版社，1981 年，第 280 頁。

"貸"錯出，出土文獻中也是如此。但這種情況持續時間較短，主要見於里耶秦簡和嶽麓書院藏秦簡以及西漢早期少量簡牘材料中。西漢中晚期之後，不見"貣"，"貸"既可以表示借入也可以表示借出，這種用法一直延續到現在。

　　值得注意的是秦漢簡牘材料中"貣"與"貸"的寫法。秦簡中"貣"主要有兩種寫法，一作從弋從貝，共 35 例：睡虎地秦簡 7 例，里耶秦簡 6 例，嶽麓秦簡 22 例。另一種寫法作從戈從貝，僅見於里耶秦簡 2 例。可見，從弋從貝之"貣"在秦代是常見寫法。同時期的"貸"共有 18 例，均是從代從貝。西漢早期，"貣"作從戈從貝，馬王堆漢墓帛書 4 例，張家山漢簡 3 例。同時期的"貸"或從伐，或從代，馬王堆漢墓帛書中，從代從貝 1 例，從伐從貝 2 例。①張家山漢簡、銀雀山漢簡以及鳳凰山漢簡中均是從伐從貝。西漢晚期，在西北簡中，從伐從貝之"貸"數量較多，從代從貝之"貸"偶見。肩水金關漢簡作從伐從貝 34 例，從代從貝 3 例。居延漢簡從伐從貝 4 例，從代從貝 1 例。居延新簡"貸"字字形多模糊不清，但既見從伐從貝者，又見從代從貝者。敦煌漢簡從伐從貝者 9 例，從代從貝者 3 例。東漢簡牘文獻中的貸均作從伐從貝。《說文解字》所收"貣"爲從弋從貝，"貸"爲從代從貝。直到隋唐兩代石刻文獻材料中，從代從貝之"貸"才廣泛應用，並且成爲常見寫法。

　　"貣""貸"寫法的區別在於所從部件是"弋"還是"戈"。秦簡牘材料中，二者多從"弋"，從"戈"者較少。西漢早期，"貣"與"貸"所從均爲"戈"，西漢晚期，從弋與從戈並存，東漢時期，均從戈。唐代至現在，則都是從"弋"。"弋"與"戈"聲母並不相近，韻部一在職部一在歌部，亦不近，二者應屬於字形訛誤，與字音無關。②

　　綜上，我們可以得出以下結論：

　　第一，在用法方面，"貣"在楚簡中常用來表示借入，未見"貸"字。秦漢簡帛中，"貣"與"貸"共存的時間較短，主要見於秦中晚期里耶秦簡與嶽麓書院藏秦簡中的官方文書文獻以及律令文獻中，二者在用法上表現爲"貣"大多表示借

①　"貸"在馬王堆漢墓帛書中共出現三次，其中有一處重文，作從伐從貝。

②　關於"弋"與"戈"的關係，匿審專家認爲是字形訛誤，並指出類似者如"鳶"，本從戈，甲骨文已見，後訛爲從弋。可從。

入,偶有表示借出者,"貸"主要表示借出,較少表示借入。西漢早期,"貣"讀作"貸"者僅3例,並且都是表示借入,"貸"表示借出。在西漢晚期材料中,不見"貣",僅有"貸",多見於簿籍文獻中,並且可兼表"從人求物"與"施也"二義。可見到了西漢時期,"貸"基本已經取代"貣",既可以表示借入,也可以表示借出。

第二,在文字形体方面,秦簡牘中"貣"與"貸"多從弋。西漢早期簡中,"貣""貸"多從戈;西漢晚期不見"貣","貸"從弋與從戈並存;東漢簡牘中,"貸"均從戈。直到隋唐石刻中,這種現象才消失,取而代之的是從代從貝之"貸",一直沿用到現在。這種寫法上的變化,可能與漢字構形的發展演變相關。"弋"下部爲一圓點,有的用一橫代替,爲了便於書寫,橫畫變成一撇,"戈"字下部也是一撇,二字同形。出現這種偶同現象後,漢字系統"進行再調整,最終選用了'弋'的無圓點、一橫形體"①。

二、"訾"與"訾"

"訾"見於《説文解字·貝部》:"訾,小罰以財自贖也。""訾"見於《説文解字·言部》:"訾,不思稱意也。"二者的意思並不相同。但在秦漢簡帛材料中二者均見使用,並且意義交叉。我們有必要梳理二者的關係,把握其在秦漢簡帛文獻中的用字分布以及使用情況。

"訾""訾"在秦簡材料中已經大量出現,見表5。

表5

字	讀爲	總計	睡虎地秦簡②	龍崗秦簡	里耶秦簡	嶽麓書院藏秦簡
訾③	訾	27	0	0	16	11
訾		426	162	21	88	155

從整體上看,秦簡中"訾"的使用數量遠遠超過了"訾",在秦代早期睡虎

---

① 王貴元:《漢字演變的歷史我們還很陌生》,《學術研究》2011年第2期。

② 睡虎地秦簡有一例"訾",讀作"齎",不在本文討論範圍内。

③ 放馬灘秦簡有一例"訾",表示"詆毀、指責"意,不在本文討論範圍内。

地秦簡和龍崗秦簡中不見"訾"字。"訾"主要出現在秦代中晚期材料里耶秦簡和嶽麓書院藏秦簡中。里耶秦簡中,"貲"和"訾"在數量上差別很大,前者88次,後者16次。嶽麓書院藏秦簡中,"貲"則達到155次,而"訾"只有11次。

從文獻分布來看,"貲"主要集中在法律文獻中。如在睡虎地秦簡中,"貲"見於《秦律十八種》20次,《效律》36次,《秦律雜抄》62次,《法律答問》44次。在嶽麓書院藏秦簡中"貲"使用範圍較廣,其中《爲吏治官及黔首》1例,《數》1例,奏讞書8例,秦律令145例。"訾"在秦簡中讀作"貲"者共27例,里耶秦簡中"訾"分布於第八、九出土地層,主要是貲贖文書。嶽麓秦簡中"訾"見於奏讞書《識劫𡟦案》10例,秦律令1例。可見"訾"在文獻中的分布具有集中性的特點。

從詞語搭配來看,"貲"常見於"貲一甲""貲一盾""居貲""貲贖"等,意義與《説文解字》所載基本一致,表示有罪而被罰財物。秦簡中的"訾"並無《説文解字》所載之意,里耶秦簡中的"訾"常見於"已訾其家""已訾責其家"等,表示訾量家產。嶽麓書院藏秦簡中的"訾"見於"家訾""匿訾"等,"訾"表示財產。秦漢政府爲了便於稅收而需要訾量各家各戶的財產,因此"訾"就"引申有'所訾量的家產'以至一般家產的意思"①。所以里耶秦簡與嶽麓書院藏秦簡的用法一致。

由秦簡可以看出,"貲"在秦代廣泛使用,意義當爲《説文解字》所載,即以財物贖罪,這種用法常見於法律文獻中。"訾"讀作"貲",使用數量較少,並且集中在里耶秦簡和嶽麓書院藏秦簡中,二者意義相同。

"貲""訾"在西漢早中期簡帛材料中的分布使用情況見表6。

表6

字	讀爲	總計	張家山漢簡	孔家坡漢簡	北大漢簡	阜陽漢簡
訾	貲	3	3	0	0	0
貲		6	3	1	1	1

西漢早中期"貲""訾"的使用數量減少,"貲"6次,"訾"3次。此外,孔家坡

---

① 裘錫圭:《文字學概要》(修訂本),商務印書館,2013年,第239—240頁。

漢簡、阜陽漢簡不見"訾",鳳凰山漢簡"訾"1例,表指責義。馬王堆漢墓帛書"訾"2例,一讀爲"斯",一或讀爲"責"。北大簡"訾"3例,均讀爲"胔"。可見,西漢早中期"訾"的用法開始出現多樣化,讀爲"貲"是衆多用法中的一種。

從文獻分布來看,"訾"讀爲"貲"僅見於張家山漢簡中,且均出現在《二年律令》中,用法與嶽麓書院藏秦簡中的"訾"相同,即表示財産。"貲"3例,《二年律令》1次,奏讞書2次,用法與秦簡中的"貲"同。

"貲""訾"在西漢晚期簡中的分布情況見表7。

表7

字	讀爲	總計	居延漢簡	居延新簡	敦煌漢簡	水泉子漢簡	肩水金關漢簡
訾	貲	36	7	15	4	0	10
貲		7	2	1	0	1	3

總體上看,西漢晚期簡帛中,"貲""訾"數量較西漢早中期有所增加,但仍然少於秦簡中的使用數量。西漢晚期"訾"的數量是"貲"的五倍強,這與秦簡中二者的數量關係差別較大。

從詞語搭配來看,西北簡中的"訾"常見於"訾家""訾直"等,表示財産。"貲"亦見於"貲家""貲直"等。如居延漢簡中有"貲直萬五千"(311.5),"凡訾直十五萬"(37.35)。可見在西漢晚期,"訾"用法同"貲",均是表示財産。

漢代傳世文獻中也常見二者通用。如《史記·司馬相如傳》"相如義貲爲郎",而《漢書·司馬相如傳》作"相如義訾爲郎"。前者用"貲",後者用"訾"。但"貲"偶見表示貲刑,如水泉子漢簡中"罰貲耐責未塞"(060)。

東漢簡牘材料中,未見"貲"。"訾"出現一次,見於長沙東牌樓漢簡,表示財産。

秦漢簡中"貲"與"訾"的分布使用特徵明顯,秦早期不見"訾",秦中晚期開始出現"訾""貲"通用的情況,整個秦代,"貲""訾"的使用頻率都很高,並且多出現在法律文獻中。西漢早中期,"貲""訾"使用頻率大幅度降低,並且"訾"讀作"貲"僅見於張家山漢簡中。西漢晚期,"貲""訾"使用頻率有所增加,但仍然少於秦代,且意義已經發生了變化,主要是指資産。

"貲"大量出現在秦簡法律文獻中,尤其是在睡虎地秦簡和嶽麓書院藏秦簡中。這種現象可能與秦朝法律體系有關。貲刑是秦律中一種重要的刑罰，以罰繳實物爲主。貲刑作爲一種財産刑罰，應用範圍十分廣泛，所以在秦簡材料中出現頻率較高。到了漢代，"貲"引申表示財産，故在西漢中晚期的西北簡中籍簿類文獻中常見。

秦簡材料中"貲"與"訾"主要共現於里耶秦簡和嶽麓書院藏秦簡中，意義相同。而里耶秦簡中的"訾"主要集中在貲贖文書中，嶽麓書院藏秦簡"訾"分布集中於奏讞書中的《識劫𡟰案》，這可能與書手的書寫習慣有關。林進忠從書體風格以及字形結構考察，認爲里耶秦簡中的貲贖文書中前三段文字（包含我們所討論的"訾"）當是一並抄録而成。[①]雖然前後共有 4 人抄寫，但是由於抄寫的是同一個文件，所據底本相同，所以文字内容也一樣。這些書手並未留名，"可能是專職文書工作的'書佐'之類人員"。而嶽麓書院藏秦簡《識劫𡟰案》雖然由兩個書手共同完成[②]，但從字體風格來看，10 例包含"訾"的簡文當是由一個書手完成。

西北簡中用"訾"表示財産遠遠超過"貲"，並且主要出現在"家訾""訾直"等語境中。這或許與漢代的"訾算"制度有關。"訾算"一詞"最早見於景帝后元二年詔"，是"選任官吏的前提、遷豪的依據、攤派臨時性徭役的標準以及國家推行就黄措施的政策綫"[③]。故在居延漢簡、居延新簡和肩水金關漢簡中常見。

由"貲""訾"二字在秦漢簡牘材料中的分布情況，我們可以得出以下結論：

（1）"貲""訾"分布具有集中性的特點。具體來説，秦簡文獻中，"貲""訾"主要集中在官文書中，漢簡中常見於西北簡中的訾算類籍簿文獻中。

（2）"貲""訾"使用頻率上差别較大。秦簡中"貲"的使用頻率超過"訾"，漢簡中正好相反。整個秦漢簡中"貲"計 439 次，"訾"計 66 次。

（3）"貲""訾"的意義在秦漢簡中有所不同。秦簡中"貲"均是表示被罰

---

① 林進忠：《里耶秦簡"貲贖文書"的書手探析》，《湖南大學學報》（社會科學版）2010 年第 4 期。

② 張以静：《〈嶽麓書院藏秦簡〉（叁）書手辨析》，碩士學位論文，湖南大學，2013 年，第 20—21 頁。

③ 王彦輝：《論漢代的"訾算"與"以訾征賦"》，《中國史研究》2012 年第 1 期。

財物，"訾"表示財産。西漢早期張家山漢簡中"貲""訾"用法與秦簡文獻相同。西漢晚期以後，二字用法趨於一致，均表示財産。

（4）"貲"和"訾"在秦漢簡中的分布情況可能與文獻類型以及書寫習慣有關。秦及西漢初期簡中"貲"主要集中在律令文獻中，而"訾"主要集中在奏讞書與貲贖文書中。西漢晚期"貲"和"訾"的用法没有區別，集中見於西北簡，主要表示財産。

字際關係視角的研究

秦漢簡帛中"它""也"及從"它"、從"也"之字研究[*]

劉艷娟　張再興

一、引　言

　　關於文獻中"它""也"的關係,學者們意見分歧較大。高田忠周先生①、容庚先生②認爲"它""也"同字無別。黄德寬先生認爲二字既不同源又非同字,相混是在隸變之後。③郭沫若先生認爲"它""也"有别,並非一字。④徐寳貴先生辨析了出土材料中"它""也"及以二者爲偏旁文字的分化,認爲二字來源不同,並詳盡考察了以"它""也"爲偏旁的漢字的分化及其對文字分期的意義。⑤《字源》

＊　原載《中國文字研究》第三十一輯,華東師範大學出版社,2020 年。

①　高田忠周:《古籀篇》,載周法高主編《金文詁林》,香港中文大學,1965 年,第 7382 頁。

②　容庚:《金文編》,中華書局,1985 年,第 876 頁。

③　黄德寬:《説"也"》,第三届國際中國古文字學研討會論文集,香港中文大學,1997 年,第 827 頁。

④　郭沫若:《兩周金文辭大系圖録考釋》,上海書店出版社,1999 年,第 46 頁。

⑤　徐寳貴:《以"它"、"也"爲偏旁文字的分化》,《文史》2007 年第 3 期。

在"馳"字下説"從它聲之字,隸變後或訛從也聲"①。

傳世字書如《説文解字》中從"它"之字有 10 個,從"也"之字有 11 個,而且從"它"和從"也"之字用法區分明顯。秦漢簡帛中從"它"或從"也"的字有 31 個,字形較多,辭例豐富,使用情況也比較複雜。本文全面清理"它""也"二形在秦漢簡帛中呈現的情況,理清這兩個字的關係,並探討以它們爲偏旁的字是如何變化和相混的。

據秦漢簡帛語料庫,我們檢索了所有的"它""也"以及從"它"或從"也"的字。其中秦簡材料包括睡虎地秦簡、睡虎地四號木牘、龍崗秦簡、嶽麓書院藏秦簡、里耶秦簡、放馬灘秦簡、周家臺秦簡、北京大學藏秦簡等 8 種。西漢早期材料包括張家山漢簡、馬王堆漢墓帛書、銀雀山漢簡、阜陽漢簡、孔家坡漢簡、鳳凰山漢簡、香港中文大學文物館藏簡牘等 7 種。②西漢中期材料主要是北京大學藏漢簡。西漢中晚期材料包括居延漢簡、居延新簡、居延漢簡補編、敦煌漢簡、額濟納漢簡、肩水金關漢簡、地灣漢簡等 7 種。西漢晚期材料包括武威漢簡和尹灣漢簡 2 種。東漢時期材料主要包括長沙東牌樓漢簡、長沙五一廣場漢簡和長沙尚德街東漢簡牘。

二、 秦漢簡帛中的 "它" "也"

"它"字出現較早,見於甲骨文,字形作😀(《甲骨文合集》10060)、😀(《甲骨文合集》14353),象蛇之形,卜辭中常用來表示災害等義,該字也見於西周金文和戰國文字中。"也"最早見於戰國簡帛中,字形作😀(郭店楚簡《老子》

---

① 李學勤主編《字源》,天津古籍出版社、遼寧人民出版社,2012 年,第 862 頁。

② 香港中文大學文物館藏簡牘時間跨度大,大致是從戰國至東晉。但西漢《日書》是這批簡牘中數量最多的部分,我們引用的文字字形也主要集中在這部分,簡文中有孝惠三年的明確紀年,所以暫且將其歸入西漢早期。

甲本 16)、𠂤(郭店楚簡《語叢》三 66)，常用作語氣詞。這兩個字在秦漢簡中都是常見字。

1. 它

秦漢簡帛中“它”共 877 例，秦簡 413 例，漢簡帛 464 例。《説文解字•它部》：“它，虫也。从虫而長，象冤曲垂尾形。上古艸居患它，故相問無它乎。”據許慎説解，“它”爲“蛇”初文。傳世文獻中“它”常被借用來表示代詞，秦漢簡帛中“它”除了偶被借用來記他詞外，常見用法與傳世文獻基本一致。

《説文解字》中“它”小篆作𠀠，秦簡中“它”寫法如睡虎地秦簡作𠀠(《秦律十八種》174)、𠀠(《效律》46)，龍崗秦簡作𠀠(竹簡 59)、𠀠(竹簡 213)，里耶秦簡作𠀠(第五層 11)、𠀠(第八層 122)，嶽麓秦簡作𠀠(《爲吏治官及黔首》87 正)、𠀠(《奏讞書》54)，放馬灘秦簡作𠀠(《日書》乙種 137)、𠀠(《日書》乙種 68)。秦簡中“它”的寫法可細分爲兩種：第一種作𠀠，半圓筆完全與垂尾筆形相連，不與其他筆劃相連；第二種作𠀠，弧形筆劃與上部筆劃及垂尾筆形相連，這種字形與《説文解字》小篆較爲接近。

西漢早中期“它”字如張家山漢簡作𠀠(《奏讞書》40)、𠀠(《二年律令》8)，馬王堆漢墓帛書作𠀠(《戰國縱横家書•蘇秦自梁獻書於燕王章(二)》65)、𠀠(《周易》卷後佚書《要》13 上)，銀雀山漢簡作𠀠(《孫子兵法》164)、𠀠(《守法守令等十三篇》840)，阜陽漢簡作𠀠(《周易》144)，孔家坡漢簡作𠀠(《日書》34)、𠀠(《日書》110)，鳳凰山漢簡作𠀠(十號漢墓木牘、竹簡 2)，香港中文大學藏漢簡作𠀠(《日書》48)，北大漢簡作𠀠(《儒家説叢》8)、𠀠(《蒼頡篇》55)。

西漢早中期“它”的寫法與秦簡基本一致，用法稍有差異。秦簡中“它”主要用作代詞，而西漢時期“它”除了作代詞外，還可用作人名以及記{詑}、{他}、{施}等詞。

西北簡的時代貫穿西漢中期至東漢早期，“它”寫法複雜，見表 1。

表 1

居延漢簡	居延新簡	額濟納漢簡	敦煌漢簡	肩水金關漢簡	地灣漢簡
也	也	也	也	它	它
10.16A	EPF22:20	99ES16ST1:6	241	H1:33	86EDT7:1A
它	也	也	它	也	也
14.28	EPT68:64	99ES16ST1:11A	243B	T24:378	86EDHT:56B
它	也	也	也	也	它
231.15A	EPF22:362	2000ES7SF1:79	934	T23:359A	86EDHT:79A

　　西北簡中“它”的寫法與秦至西漢初期寫法差異較大，主要有兩種：一種作它，這種寫法基本繼承前代寫法；另一種作也，這種寫法與西漢早期簡帛中“也”字寫法相近。到西漢中晚期時，“它”“也”在字形上已很難區分，需要具體的語言環境才可以明辨。

　　東漢早期之後，“它”出現次數較少，長沙五一廣場漢簡作它（CWJ1③:201-1A），尚德街東漢簡牘作它（2011CSCJ531:3-2）。

2. 也

　　“也”見於《説文解字·ㄟ部》：“也，女陰也。象形。”小篆作𠃊，秦嶧山刻石作也。秦漢簡帛中“也”使用頻率較高，達 5 550 例，常用作語氣詞。

　　秦簡中“也”273 例，常見字形如睡虎地秦簡作也（《秦律十八種》103）、也（《日書》甲種 78），睡虎地四號墓木牘作也（11 號木牘）、也（6 號木牘），龍崗秦簡作也（竹簡 294），里耶秦簡作也（第八層 687 背）、也（第九層 563），嶽麓秦簡作也（《爲吏治官及黔首》72）、也（《數》77），周家臺秦簡作也（《日書》244）、也（《病方及其他》328），放馬灘秦簡作也（《日書》乙種 275）、也（《日書》乙種 277）。秦簡“也”字寫法基本一致，且與同時期“它”字形有明顯區別。

　　漢簡中“也”共 5 277 例，除了武威漢簡 7 例、上孫家寨漢簡 2 例、定縣漢簡 1 例記{他}外，其餘均用作語氣詞。西漢早中期“也”常見字形如張家山漢簡作也（《二年律令》20）、也（《二年律令》95），馬王堆漢墓帛書作也（《春秋事語》8)、ᵗ(《刑德》甲篇35)，銀雀山漢簡作ᵗ(《孫子兵法》118)、ᵗ(《守法守令等十三篇》913)，阜陽漢簡作ᵗ(《詩經》127)、ᵗ(《周易》66)，孔家坡漢簡作ᵗ(《日書》37)、ᵗ(《日書》115)，北大漢簡作ᵗ(《老子》上經4)、ᵗ(《周馴》26)，以上"也"字寫法可分爲兩種：第一種是繼承秦簡中"也"的寫法，作ᵗ；第二種是橫筆收筆時向内彎折，作ᵗ。

西漢中晚期"也"寫法見表2。

表2

居延漢簡	居延新簡	額濟納漢簡	敦煌漢簡	肩水金關漢簡	地灣漢簡
10.21	EPT8:14	2000ES9S:8	100	T21:58	86EDT16:9A
306.18	EPT40:203		235	H1:33	86EDT34:2B
395.10	EPT59:9A			T23:978	
408.2A	EPT59:67			T21:131B	

西漢中晚期"也"的寫法也可以分爲兩種：一種寫法作ᵗ，橫筆向内彎鉤，較爲常見，這種寫法與西漢早期的"也"寫法相同；另一種寫法作ᵗ，橫筆左側有撇筆，這種寫法與同時期"它"容易相混，區別不甚明顯。

東漢早期之後，"也"的寫法逐漸固定，如長沙東牌樓漢簡作ᵗ(105背)、ᵗ(131)，偶見ᵗ(105正)，五一廣場漢簡作ᵗ(2010CWJ1③:207-1)，尚德街東漢簡牘作ᵗ(2011CSCJ482③:3-2)。

綜上，"它""也"在秦至西漢早中期簡帛中字形區別顯著："它"常作ᵗ，"也"常作ᵗ。西漢早期"它"寫法與秦簡保持一致，"也"則出現ᵗ形，即橫筆右側出現向内鉤筆。西漢中晚期以後，"它""也"字形開始相混，尤其在西北簡中，既可見"它"作ᵗ，又見"也"作ᵗ，不易分辨。西漢末至東漢初期，"它""也"字形極少相混，二者寫法逐漸固定。

三、 秦漢簡帛中從 "它"、從 "也" 之字

秦漢簡帛語料庫中檢索出從"它"之字 13 個,分別是"沱""佗""駝""詑""扡""炧""陀""柁""蛇""鉈""鼃""鯜""芌";從"也"之字 18 個,分別是"池""他""馳""訑""拕""灺""阤""杝""虵""地""貤""匜""鉈""施""弛""弤""貤""匜"。其中沱—池,佗—他,駝—馳,詑—訑,扡—拕,炧—灺,陀—阤,柁—杝,鉈—鉈,蛇—虵,這十組字分別具有相同的意符,而從"它"或從"也"聲,我們先考察它們的使用情況。

(一) 意符相同, 從 "它"、從 "也" 得聲的十組字

1. 沱—池

"沱"見於《說文解字·水部》:"沱,江別流也。出㟭山東,別爲沱。從水它聲。""沱"爲水名,"池"字不見於《說文解字》,段玉裁認爲"陂"或爲"池"之本字。《說文解字·阜部》:"陂,阪也。一曰沱也。"段氏將"沱"改作"池",並言"池各本作沱,誤。今依《韻會》正,説詳水部。池與沱形義皆別。此云陂者,池也。故水部有池篆,云陂也。正考老轉注之例。《詩》惟《召南》言沱,余多言池。不可淆溷"。

據整理者所作釋文,秦漢簡帛中"沱"共 7 例,馬王堆漢墓帛書 6 例,字作■(《周易》69 下)、■(《老子》甲本卷後古佚書《五行》16/185)、■(《木人占》64)。1 例記{沱},表淚垂貌;2 例用在"𪑗沱"一詞中,是聯綿詞,與"差池""參差"義同;2 例用於"汙沱";1 例用於"深沱",記{池}。肩水金關漢簡 1 例,作■(T1:1),用爲人名,整理者作"沱",而其右邊構件或爲"也"。這種寫法的"也"常見於西北簡中。

據整理者所作釋文,秦漢簡帛中"池"字共 211 例,在用法上,嶽麓秦簡 1 例記{徹},張家山漢簡 1 例記{地},馬王堆漢墓帛書 1 例記{它},其他都是記"池魚""陂池"之{池}。秦簡中"池"12 例,睡虎地秦簡作■《爲吏之道》

34.3）、![](《日書》甲種 15），龍崗秦簡作![](竹簡 1），里耶秦簡作![](第八層
454），嶽麓秦簡作![](第四册 151）、![](第四册 170），周家臺秦簡作![](《病方
及其他》338）、![](《病方及其他》339），放馬灘秦簡作![](《日書》乙種 268）。
龍崗秦簡“池”字不清晰，仔細辨認該字，右半邊構件當爲“它”，也是記{池}。
可見秦簡中記{池}所用之字皆爲從水從它之“沱”。

　　西漢早中期“池”的寫法主要有張家山漢簡作![](《二年律令》429）、![](《奏讞
書》39），馬王堆漢墓帛書作![](《陰陽五行》甲篇《徙》5 上）、![](《陰陽五行》甲篇
《雜占之三》1 上），銀雀山漢簡作![](《孫臏兵法》295）、![](《貳：陰陽時令、占候
之類·三：禁》1708），北大漢簡作![](《節》13）、![](《節》53），這些字從水從它，
整理者徑作“池”。值得注意的是，馬王堆漢墓帛書中從水從它的字，表示“差
池”“咸池”“深池”之{池}，整理者或作“沱（池）”，或作“池”。①西漢早中期記{池}
所用字皆是從水從它，隸定作“沱”，與《説文解字》中“沱”僅是同形關係。

　　西漢中晚期“池”寫法較多見表 3。

表 3

居延漢簡	居延新簡	敦煌漢簡	肩水金關漢簡	地灣漢簡
![] 143.35	![] ESC：81	![] 1457B	![] T4：110A	![] 86EDT5H：183
![] 162.2	![] EST59：126	![] 2253	![] T30：9	![] 86EDT5H：220
![] 162.10			![] T30：141	![] 86EDT7：2A
![] 179.4				

　　西漢中晚期由於“它”和“也”寫法相混，“池”寫法也有兩種，或從水從它
作![]，或從水從也作![]。

　　東漢時期“池”的寫法主要有長沙東牌樓漢簡作、五一廣場漢簡作

---

① 　作“沱”是嚴式隸定，作“池”是用通行字。這種不同是由於整理者做釋文時標準不統一造成的。

（CWJ1③：325-4-49）。記{池}都用從水從也之“池”，未見從水從它之“沱”。

從字形上看，“沱”出現較早，秦至西漢初期簡帛中記{池}時，字形均作“沱”，但漢代傳世文獻中“沱”常表水名。出土文獻材料中從水從也之“池”直到西漢中晚期才大量出現。“沱”與“池”相混大約也是在這一時期，由於“它”“也”寫法相近，表陂池之{池}被寫作“池”“沱”。西漢晚期以後{池}用“池”字形固定，沿用至今。

2. 佗—他

《説文解字·人部》：“佗，負荷也。”秦漢簡帛中“佗”共 280 例，其中除里耶秦簡 6 例作人名，嶽麓秦簡、馬王堆漢墓帛書各 1 例記{施}，西北簡 17 例作人名等專名外，其他都是用在“橐佗”這一語境中。

秦簡中“佗”共 10 例，里耶秦簡作（第八層 2319）、（第八層 1435），嶽麓秦簡作（《奏讞書》162），字形從人從它。西漢早期“佗”寫法與秦簡中一樣，如鳳凰山漢簡作（十號漢墓木牘、竹簡 23）、（十號漢墓木牘、竹簡 89）。

西漢中晚期“佗”的寫法如敦煌漢簡作（235）、（429），居延漢簡作（5.11）、（100.38B），居延新簡作（EPT48：72A）、（EPT59：350），肩水金關漢簡作（T21：136）、（T30：26）等。敦煌漢簡中“橐佗”共 8 例，簡 235 中的“佗”，從字形上看，從人從也，該簡有一“也”字作，正與“佗”所從相同，整理者所作“橐佗”之“佗”當作“他”。這一時期由於“它”“也”相混，整理者徑作“佗”。

西漢晚期“橐佗”也見於尹灣漢簡，作（YM6D6 背），字形模糊，似從也。

整理者所作“他”最早見於西北簡中，共 244 例。敦煌漢簡作（2066），居延漢簡作（100.2）、（178.9），額濟納漢簡作（2000ES9SF3：4A），肩水金關漢簡作（T37：1537A）、（T37：1538）。這些“他”從人從也，多用於“橐他”。從字形上看，西北簡中“佗”“他”實爲一字。西漢晚期尹灣漢簡作（YM6J124 正）。東漢長沙東牌樓漢簡作（49）、（68）。

秦至西漢早期簡帛中表“背負”義的{佗}均用從人從它之“佗”。西漢中晚期開始，“它”與“也”字形逐漸混同，因此在西北簡中“橐佗”“橐他”並存。

關於“佗”“他”的關係，表示“負荷”義的“佗”當是“橐佗”之本字，“他”則是文字隸變階段的產物。段玉裁《説文解字注》“佗”字頭下闡述了二者的關係：“佗之俗字爲駝、爲馱，隸變佗爲他，用爲彼之偁。”西北簡中已見“他”用作代詞，如居延漢簡 507.2B“得毋他緩急”。

3. 駝—馳

“駝”字不見於《説文解字》。《玉篇·馬部》：“駝，駱駝。”秦漢簡帛中“駝”共 8 例，嶽麓秦簡作（第四册 152 正），馬王堆漢墓帛書作（《老子》甲本卷後古佚書《明君》22/425）、（《周易》卷後佚書《二三子問》16 下/109 下），這 3 例隸定作“駝”，記｛馳｝。另有 5 例“駝”見於西北簡中，如敦煌漢簡作（846B）、（1163B），居延漢簡作（43.9），肩水金關漢簡作（T1:81），用於“騎駝”，指“駱駝”。段玉裁《説文解字注》“佗”字下指出“駝”是表負荷之“佗”的俗字，從西北簡可知，這一俗字在西漢晚期就已經出現。

“馳”見於《説文解字·馬部》：“馳，大驅也。”秦漢簡帛中共 100 例。秦簡中 6 例，睡虎地秦簡作（《秦律雜抄》28），龍崗秦簡作（竹簡 54）、（竹簡 63），這些字從馬從它，隸定作“駝”。嶽麓秦簡整理者所作“駝”字形、用法與之相同。秦簡中表示馳騁之｛馳｝均用“駝”形，未見“馳”形。

西漢早中期“馳”字與秦簡中的寫法一樣，馬王堆漢墓帛書作（《戰國縱橫家書·朱己謂魏王章》169），銀雀山漢簡作（《壹:論政論兵之類·四五:十陣》1537）、（《貳:陰陽時令、占候之類·一〇:【人君不善之應】》1937），北大漢簡作（《老子》上經 33）、（《荊決》26），這些“馳”無一例外都是從馬從它。

西漢中晚期“馳”寫法，見表 4。

表 4

居延漢簡	居延新簡	敦煌漢簡	肩水金關漢簡
20.1	EPT52:783	42	T22:129
40.18	EPT56:1	177	T28:97
	EPT56:75	2183	T37:763

西北簡中"馳"的寫法既有從馬從它作"駝"者，如敦煌漢簡 177 作 ，也有從馬從也作"馳"者，如居延新簡 EPT56：1 作 。西漢晚期"馳"則多作從馬從也，如武威漢簡中"馳"作 （《王杖十簡》5）。

秦至西漢中期，記﹛馳﹜用從馬從它之字，隸定作"駝"。而"駝"表"駱駝""駝物"之義出現較晚，最早見於西北簡中。傳世文獻中也有相關記載，如《漢書·司馬相如傳》"駒騱橐駝"，顏師古注："橐駝者，言其可負橐囊而駝物，故以名云。"

關於二字關係，《正字通·馬部》"駝"下云："駝，與馳同字，從它從也互通。"我們統計這些用例中，在秦至西漢中期，雖有"駝"形，但並不表示"駱駝""駝物"等義，而是表示"馳騁"義。西漢晚期之後，表"馳騁"之﹛馳﹜均作從馬從也，不見從馬從它。

4. 蛇—虵

甲骨文"它"象蛇形，爲"蛇"之本字，傳世典籍中尚未見"它"用爲"蛇"義者。秦漢時期産生了後起本字"蛇"。秦漢簡帛中"蛇"共 39 例，除了馬王堆漢墓帛書有 1 例記﹛虵﹜外，其餘均用本義。秦簡中 3 例，其中嶽麓秦簡兩例作 （《占夢書》18）、（《占夢書》19），放馬灘秦簡作 （《日書》乙種 219），字形從虫從它。

西漢早中期"蛇"寫法同秦簡，見表 5。

表 5

馬王堆簡帛	阜陽漢簡	張家山漢簡	銀雀山漢簡	北大漢簡
《雜療方》20	《詩經》10	《引書》18	《貳：陰陽時令、占候之類·一：曹氏陰陽》1659	《蒼頡篇》29
《養生方》45/45		《引書》99	《貳：陰陽時令、占候之類·四：【三十時】》1807	《老子》上經 43

以上"蛇"字均作從虫從它，用法與秦簡亦無差別。

西漢晚期一部分"蛇"字寫法改變，如居延新簡作 （EPT40：206）、（EPT40：207），武威漢代醫簡作 （木牘 85 乙），字形從虫從也，可隸定作"虵",這種寫法較少,其他簡中未見。

　　"虵"見於《玉篇·虫部》:"虵,毒蟲,正作蛇。"從出土簡帛材料來看, "蛇"字出現較早,使用時間較長,是正體,"虵"是隨着"它""也"相混而由 "蛇"字演變而來,當是俗體。唐代石刻中二形並存,如(唐蔡君妻墓 誌)、(唐石經九經)、(唐石經九經)。

5. 扡—拖

　　《説文解字·手部》:"扡,曳也。"秦漢簡中"扡"僅1例,見於馬王堆漢墓 帛書"發禁扡關市之正殴"(《老子》乙本卷前古佚書《經法》16下),作形, 從扌從它,記{弛}。

　　"拖"字不見於《説文解字》,傳世文獻有"拖其衣裘"(《墨子·非攻上》)。 秦漢簡中"拖"也僅見於馬王堆漢墓帛書,共3例,一作(《相馬經》13下), 用於"衣者勿拖";一作(《相馬經》63下),亦用於"衣者勿拖";一作 (《相馬經》40上),用於"爭不能拖者也"。前兩例記{褫},脱去衣服之意,最 後一例記{拖},表拖拽義。這3例都是從"它"。

　　"扡"與"拖"兩個字形共4例,集中在馬王堆漢墓帛書中。從字形上看, 二字都從扌從它,當是一字,而帛書釋文不同,這種差異是由於整理者隸定 不統一造成的。

6. 炧—炨

　　秦漢簡帛中"炧"僅1例,見於馬王堆漢墓帛書,用於"面黔如炧色"(《陰陽十 一脈灸經》乙本12),字作,"火"旁模糊,但"它"字形清楚,此字隸定作"炧"。

　　"炨"見於《説文解字·火部》:"炨,燭盡也。"秦漢簡中僅1例,見於張家 山漢簡,整理者所作釋文爲"面黔若炨色"(《脈書》40正),字作,審其字形, 當爲從火從它,作"炧"。

　　從用法上看,二字都用來形容面部顏色。從字形上看,二字均從火從 它,作"炧",是同一個字。

　　馬王堆漢墓帛書中有一個字作(《陰陽十一脈灸經》甲本30/64),用於 "面黔若炨色",用法與"炧"相同。整理者釋此字爲"炨",細審其字,該字右邊構件爲"它",或隸定作"𪃍","𪃍""炧"爲意符不同的異體。

7. 柁—柂

　　"柁"見於《釋名·釋船》:"船,其尾曰柁,柁,拕也,在後見拕曳也,且弼正船使順流不使他戾也。"秦漢簡帛中"柁"共 3 例。睡虎地秦簡 1 例作𣏾(《日書》甲種 119),用於"柁衣常",記{施}。馬王堆漢墓簡帛 2 例,作𣏾(一號墓竹簡遣策 190)、𣏾(一號墓竹簡遣策 191),記{匜},爲容器名。秦漢簡帛中未見"柁"表船尾義。

　　"柂"見於《説文解字·木部》:"柂,落也。"秦漢簡帛中僅 1 例,見於鳳凰山漢簡,作𣏾(一六八號漢墓木牘、竹簡 40),從字形上看,該字從木從它,與睡虎地及馬王堆中"柁"爲同一字,用法上也是記{匜}。二字並無差異,僅僅是由於不同整理者隸定差異造成的。

8. 陀—阤

　　"阤"見於《説文解字·阜部》:"阤,小崩也。"《方言》卷六:"阤,壞也。"郭璞注:"謂壞落也。""陀",唐慧琳《一切經音義》卷九十九引《方言》:"陀,毀也。"此字亦見於《龍龕手鑒·阜部》:"陀,毀落也。"《淮南子·繆稱》:"城峭者必崩,案崝者必陀。"劉文典《淮南子集釋》引陶方琦云:"陀即阤字。(《説文》)陀下云:'小崩也。'小崩亦落意。"據辭書訓釋,"阤""陀"爲異體關係。

　　秦漢簡帛中"陀"共 3 例,一見於嶽麓秦簡,作陀(《爲吏治官及黔首》21 正);一見於馬王堆漢墓帛書①,作陀(《五十二病方》95/95);一見於北大漢簡,作陀(《蒼頡篇》61)。嶽麓秦簡與北大漢簡中的"陀"都是表示"毀壞""崩落"義。

　　秦漢簡帛中"阤"共 3 例,懸泉漢簡 2 例,一記{馳},一意義不明;水泉子漢簡 1 例,作阤(《蒼頡篇》暫 28),用於"阢嵬阤阮水不行"。

---

① 馬王堆漢墓帛書的"陀",原釋文讀爲"他",《長沙馬王堆漢墓簡帛集成》整理小組認爲:"此釋可疑。此字右旁似從瓜,待考。"參裘錫圭主編,湖南省博物館、復旦大學出土文獻與古文字研究中心編纂《長沙馬王堆漢墓簡帛集成》(伍),中華書局,2014 年,第 233 頁。

總體上看，秦漢簡中"陀""阤"都可以表示崩壞義，秦至西漢中期字作"陀"，西漢中晚期作"阤"。這二字也是由於"它""也"字形相混而形成的異體。

9. 鉈—鉌

"鉈"見於《説文·金部》："鉈，短矛也。"該字兩見於馬王堆漢墓帛書，作 （《五十二病方》16/16）、（《五星占》47 上），前者記{施}，後者記{匜}。這種寫法的"鉈"最早見於西周中晚期金文中，作 （中友父匜）、（史頌匜），從金從它，也是表容器名。

"鉌"共 4 例，集中在武威漢簡中，記{匜}，作 （甲本《特牲》49）、（甲本《特牲》49），字形從金從也。

"鉈""鉌"應是異體關係，徐灝《説文解字注箋》"鉈"下云："它與也篆體相似，故鉈誤爲鉌。"由西周金文字形可知，記{匜}之字本作從金從它之"鉈"形，漢代"它""也"字形相混，"鉈"也出現了"鉌"這一異體。

10. 詑—訑

秦漢簡帛中"詑"共 8 例。睡虎地秦簡 2 例，作 （《封診式》2）、（《封診式》4），里耶秦簡 1 例，作 （第八層 461），嶽麓秦簡 3 例，作 （《奏讞書》70）、（《奏讞書》144），張家山漢簡 2 例，作 （《奏讞書》175）、（《奏讞書》178），字形從言從它，表"欺瞞"義。西漢中晚期的水泉子漢簡中有一字作 （《蒼頡篇》暫 41），張存良先生釋"訑"①，胡平生先生釋"詑"②。從字形上看，該字右側字形模糊，而西漢中晚期"它""也"相混，水泉子漢簡圖版殘泐，無法判定該字從它還是從也。

"詑""訑"均有"欺瞞"義。《説文解字·言部》："詑，沇州謂欺曰詑。"《玉篇·言部》："詑，詑謾而不疑。 兗州人謂欺曰詑。"而"訑"字當是"詑"字異

---

① 張存良：《水泉子漢簡七言本〈蒼頡篇〉蠡測》，《出土文獻研究》第九輯，中華書局，2010 年，第 69 頁。

② 胡平生：《讀水泉子漢簡七言本〈蒼頡篇〉》，載《胡平生簡牘文物論稿》，中西書局，2012 年，第 44 頁。

體。《集韻·哿韻》："詑，或作訑、詠。"《廣雅·釋詁二》："詑，欺也。"王念孫
《廣雅疏證》："訑，與詑同。"

以上十組字，根據兩字關係可大致分爲兩類。第一類，兩字一直是異體
關係，如 4、5、6、8、10，這五組字在秦漢簡帛文獻中的用法完全相同①，在
後代傳世文獻中有相同義項，爲異體關係。第二類，兩字在秦漢簡帛中爲異
體關係，漢代以後用法分化成爲不同的字，如 1、2、3、7、9，這五組字中的
"沱""佗""駝""柁""鉈"在漢以後用法與從也之字用法不同，秦漢簡帛中的
這五個字與傳世文獻中的五字皆爲同形關係。

（二）其他從"它""也"之字

1. 地

"地"見於《說文解字·土部》："地，元氣初分，輕清陽爲天，重濁陰爲地。
萬物所陳列也。"秦漢簡帛中"地"共 1 877 例，是使用頻率較高的字。

秦簡中的寫法如下見表 6。

表 6

睡虎地秦簡	里耶秦簡	嶽麓秦簡	放馬灘秦簡	周家臺秦簡
《日書》甲種 40	第八層 1516	《奏讞書》73	《日書》乙種 165	《病方及其他》327
《日書》甲種 142	第九層 15	《質日》213	《日書》乙種 136	《病方及其他》343

秦簡中"地"共 81 例，該字右邊構件與同時期"它"字寫法一樣，應當隸
定作"坨"，記天地之{地}。秦簡中未見從土從也之"地"。《字源》中說："地，

---

① 有的構形完全相同，如第 5、6、10 三組，僅僅是由於隸定不同而導致分歧，這三組可以隸
定爲同一個字。

形聲字，從土，也聲。春秋戰國時期，此字一種寫法是從阜、從土、象聲；另一種寫法是從阜、從土，它聲。古音它、象對轉，故二者爲聲符不同的異體字。小篆則省阜從土，也聲。古它或訛爲也，故從它從也無別。"①

西漢早中期"地"的寫法見表 7。

表 7

馬王堆漢簡	銀雀山漢簡	阜陽漢簡	孔家坡漢簡	張家山漢簡	鳳凰山漢簡	北大漢簡
《陰陽五行》甲篇《天地》3 上	《孫子兵法》61	《春秋事語》75	《日書》210	《奏讞書》157	一六八號漢墓木牘、竹簡 1	《周馴》29
《天文氣象雜占》第二列 23	《晏子》604	《春秋事語》148	《日書》221	《引書》50		《老子》上經 7

西漢早中期"地"的寫法繼承秦簡寫法，從土從它，隸定作"坨"，也是記｛地｝。

西漢晚期簡牘中"地"所從"它"或作"也"，在西北簡中"地"的寫法較多，見表 8。

表 8

居延漢簡	居延新簡	額濟納漢簡	敦煌漢簡	肩水金關漢簡	地灣漢簡
126.26A	EPT43：1	99ES17SH1：23B	399	T37：1139	86EDT22：5
131.19	EPT49：10	2000ES7SF1：4	564	T37：75	86EDHT：6B
323.10	EPT51：119	2000ES9SF3：15A		T23：15A	

由於這一時期"也""它"字形相混，"地"或從"它"，或從"也"，如居延漢簡和肩水金關漢簡中"地""坨"字形並存，但從土從也之"地"較爲常見。

———————————

① 　李學勤主編《字源》，第 1178 頁。

　　西漢晚期之後，“地”寫法固定，不見從土從它之“地”，“地”均作從土從也。如五一廣場漢簡作 ▨▨（CWJ1③：325-4-38）、▨（CWJ1③：325-4-49），武威漢簡作 ▨（甲本《服傳》8），《説文解字》所收小篆“地”也是從土從也。

2. 施

　　“施”見於《説文解字·㫃部》：“施，旗皃。从㫃也聲。齊欒施字子旗，知施者旗也。”秦漢簡帛中共 131 例，未見《説文解字》所載之義。除表示“施用”外，還記{弛}、{虒}、{馳}、{迤}等詞。

　　秦簡中“施”共 6 例，睡虎地秦簡 4 例，作 ▨（《爲吏之道》49.3）、▨（《爲吏之道》51.3），放馬灘秦簡 2 例，作 ▨（《日書》乙種 7），這些字形都是從㫃從它。

　　西漢早中期“施”的寫法，見表 9。

表 9

馬王堆漢簡	銀雀山漢簡	孔家坡漢簡	張家山漢簡	阜陽漢簡	北大漢簡
▨	▨	▨	▨	▨	▨
《老子》甲本卷後古佚書《五行》44/213	《孫臏兵法》409	《日書》280	《蓋廬》12	《春秋事語》二號木牘正	《蒼頡篇》14
▨	▨		▨		▨
《相馬經》40 上	《守法守令等十三篇》853		《蓋廬》46		《周馴》79

　　西漢早中期“施”的寫法同秦簡寫法一致，從㫃從它，表示“施行”等義。
　　西漢中晚期“施”的寫法較爲複雜，見表 10。

表 10

居延漢簡	居延新簡	敦煌漢簡	肩水金關漢簡	地灣漢簡
▨	▨	▨	▨	▨
157.11	EPF22：203	338	T23：886	86EDT8：38A
▨	▨	▨	▨	
288.27	EPC：33	2451	T37：847	

在西北簡中"施"字寫法多樣,既可以從放從它,如敦煌漢簡338,也可以從放從也,如肩水金關漢簡 T23:886,還可從方從也,如居延漢簡 157.11。但從放從也之"施"較爲常見。常用於"施刑"一詞,即"弛刑"。

"施"字演變較爲明晰,秦至西漢早期均是從放從它,西漢中晚期則寫法多樣,西漢晚期之後,字形逐漸固定爲從放從也。

3. 弛

"弛"見於《説文解字·弓部》:"弛,弓解也。"此字僅見於西北簡中,共5例,居延漢簡1例作█(552.3),居延新簡1例作█(EPT49:27),敦煌漢簡3例作█(172)、█(1373)、█(2348A)。除了敦煌漢簡172、1373外,其餘均用於"弛刑"。第1例字形模糊,其餘4例從弓從也,未見從弓從它者。

西北簡中"弛刑"還常作"弪刑",共5例,敦煌漢簡1例作█(2320),居延新簡4例作█(EPT49:28)、█(EPT49:13A)、█(EPT49:282)、█(EPT49:70B)。除敦煌漢簡中1例字迹不清晰外,其餘作從弓從人從也。"弪"所加"人"形飾筆,當與"池"加"人"作"拖"相同。

西北簡中"施刑""弛刑""弪刑"並存,"弪"是"弛"之變體,"施"與"弛"古音相近可通用。

4. 貤

"貤"見於《説文解字·貝部》:"貤,重次弟物也。"《玉篇·貝部》:"貤,貱也。"《集韻·支韻》:"貤,移也。"秦漢簡帛中"貤"共4例,馬王堆漢墓帛書2例,作█(《老子》甲本卷後古佚書《五行》57/226)、█(《戰國縱橫家書·朱己謂魏王章》169),前者記{池},後者記{弛}。阜陽漢簡1例,作█(《蒼頡篇》10),用於"爰歷次貤",水泉子漢簡1例,作█(《蒼頡篇》暫30),用於"爰歷次貤少巧功"。西漢早期簡帛中"貤"從貝從它,水泉子漢簡字形不清晰,整理者作"貤"。"貤"見於傳世文獻,如《漢書·武帝紀》:"受爵賞而欲移賣者,無所流貤。"顏師古注:"今俗猶謂凡物一重爲一貤也。"該字由從貝從它變成從貝從也應該是隨着"它""也"二形的混用而改變的。

5. 㿝

“㿝”見於《説文解字·匚部》：“㿝，似羹魁，柄中有道，可以注水。”秦簡中 2 例，均見於放馬灘秦簡，作■（《日書》乙種 61），從匚從它。漢簡中 3 例，敦煌漢簡 1 例，作■（2185），字形殘，似從也。居延漢簡 1 例，見於簡 336.14A，字迹不清。武威漢簡 1 例，作■（甲本《特牲》11）。

我們在前文提到，秦漢簡帛中“㿝”字還有“鉈”“鉇”兩個異體，三字都用來指稱同一種器物。秦簡作“匜”，武威漢簡作“㿝”。而“鉈”見於馬王堆漢墓帛書中。“鉇”見於武威漢簡中。

6. 芷

鳳凰山漢簡有一字作■（十號漢墓木牘、竹簡 42），整理者未釋，中山大學古文字研究室釋“芷”①，用於“……二、芷則一遺一男一女男□女□□”。“芷”不見於傳世文獻，可能是從它得聲。由於從“它”之字後來多演變爲從“也”之字，“芷”或變爲從艸從也。由於簡文殘泐，該字用法不明。

7. 龓

馬王堆漢墓帛書有一字從龍從它作■（《陰陽五行》甲篇《衍》5 上），用於“含（吟）此胃（謂）大龓（恭）之道”，“龓”不見於傳世文獻，龍爲來母東部字，恭爲見母東部字，音近可通，因此“龓”可讀爲“恭”。

8. 槑

馬王堆漢墓帛書有一字作■（《胎産書》30），裘錫圭先生等根據帛書反印文隸定作“槑”②，用於“令嬰兒槑上，其身盡得土，乃浴之，爲勁有力”。該

---

① 中山大學古文字研究室：《江陵鳳凰山西漢簡牘·手寫釋文》，中華書局，2011 年，第 115 頁。

② 裘錫圭主編，湖南省博物館、復旦大學出土文獻與古文字研究中心編纂：《長沙馬王堆漢墓簡帛集成》（陸），中華書局，2014 年，第 98 頁。

字字形不清晰,陳劍先生認爲當爲從矛從攵從木①,音義待考。

四、 字書中來源於“它”“也”的“㐌”

馬王堆漢墓帛書有一字從人從它作“㐌”,共 3 例,一作🐍(《老子》乙本卷前古佚書《十六經》64 上/141 上),一作🐍(《老子》乙本卷前古佚書《稱》1 下/143 下),一作🐍(《老子》乙本卷前古佚書《稱》14 下/156 下),均記⟨施⟩。馬王堆漢墓帛書中“施”作🐍(《相馬經》40 上),從㫃從它。“㐌”與“施”從它得聲,故可用“㐌”記⟨施⟩。居延漢簡中有“㐌”,作🐍(458.1A),該字釋作“也”,“也”上人形爲飾筆。秦漢簡帛中還見一些從“㐌”之字,如里耶秦簡有“阤”,作🐍(第八層 2188)。

字書中所見構件包含“㐌”的字有“拖”“弛”“牠”“舵”“貤”等,“㐌”旁多來源於“它”“也”的變形,是這兩個字的楷化形式。關於“㐌”的來源,具體來說主要包括以下四種。

一是由“它”演變爲“㐌”。如“拖”,據《玉篇》《廣韻》載,是“扡”的俗字。“沲”,作爲江的別名,與《説文解字》“沱”同。“牠”,據《字彙》《正字通》載,是“牰”的俗字。“舵”,據《集韻·哿部》:“柁,正船木。或作舵、舣。”“舣”“舵”是“柁”的異體。“庖”,《集韻·戈韻》:“疕,或作庖。”“鮀”,同“鮀”,指一種魚類。“虵”,據《字彙》載,同“蛇”。“蛇”在秦漢簡中有從它和從也兩種寫法,傳世字書中出現了從虫從㐌的寫法。“舳”,同“舵”,《直音篇·魚部》:“舵,角也。舳,同上。”“訑”,同“詑”。表示欺瞞義的“詑”也見於秦簡。《類篇·言部》:“詑,欺罔也。或作訑。”“跎”,《正字通·足部》:“跎,俗作跎。”“鞄”,同“鞄”,《集韻·革部》:“鞄,《説文解字》:‘鞄,馬尾鞄也。’或從㐌。”“狏”,同“狏”,獸名。“砣”,《正字通·石部》:“砣,同砣。”“駞”,同“駝”,《廣韻·歌韻》:“駝,駱駝。駞,俗。”此外,還有“咃”與“咜”同、“玻”與“玼”同。

---

① 參見裘錫圭主編,湖南省博物館、復旦大學出土文獻與古文字研究中心編纂《長沙馬王堆漢墓簡帛集成》(陸),第 98 頁。

以上十三組字，從"它"者多爲正體，從"㐌"者爲俗體。

二是由"也"演變爲"㐌"。如前文中"弛"與"弛"同，居延漢簡中二者共見。"匜"，與容器名"匜"同。此字在秦簡中從匚從它，在漢簡中從匚從也，在宋詞中從匚從㐌。"貤"，與《說文解字》中"貤"同，表重次弟物。"椸"在字書中也作"杝""杝"，這兩個異體是從"也"與從"㐌"的不同。"舓"同"舓"，都是"餲（舐）"的異體。"飴"同"飴"，指食物。"炮"同"烒"，見《集韻·哿韻》："炮，燭餘。或從也。""胣"同"胣"，見《集韻·紙韻》："胣，剖腸也。《莊子》云：'萇弘胣。'或作胣。"這八組字，早期文獻材料中皆從"也"，後來演變出從"㐌"的異體。

三是由"它""也"演變爲"㐌"。如"陁"，同"陀"，《玉篇·阜部》："陀，陂陀，險阻也。俗作陁。"同"陁"，《集韻·紙韻》："陁，或作陀。""酡"，同"酏"，《集韻·支韻》："酏，酏飲，粥稀之清也，鄭康成之說。或作酡。"同"酡"，《集韻·戈韻》："酡，飲而赭色著面。或作酡。""袉"，同"袉"，《玉篇·衣部》："袉，裾也。俗作袉。"同"袘"，《直音篇·衣部》："袘，衣緣。袉、袘並同。""羱"，同"羦"，《正字通·羊部》："羱，同羦。"也作"羱"。"鉈"，同"鉈（鉇）"，《正字通·金部》："鉈，俗鉇字。"同"匜"，清畢沅《經典文字辯證書·匚部》："匜正；鉈俗。"

四是來源不明的，如"坨"，同"坻"。"扅"，《集韻·支韻》："扅，門關謂之扅扅，或作扅。""秅"，《正字通·禾部》："秅，俗移字。""鉈"同"鉇"，指一種短矛。"迤"，常用於"迤邐"，同"迆靡"，連綿不斷貌。"秅"，同"黐"。"絁"，同"縰"。"袉"，《海篇·示部》："袉，彎曲也。""柂"最早見於《爾雅·釋木》："椴，柂。""呲"爲佛經咒中用字。這些字均從"㐌"，但是"㐌"來源並不明了。

五、結　論

以上我們討論了秦漢簡帛中從"它"和從"也"的字，通過整理匯總這些字在秦漢簡帛中的字形和用法，可得出以下結論。

第一，秦至西漢早期，"它""也"在字形上區分明顯。西漢中晚期開始，二者在字形上逐漸混同，並且出現了混用現象，需要根據具體語境來判斷。西漢晚期之後，二者字形上的差別再度明顯。

第二，秦漢簡帛中尤其是秦至西漢中期，部分字從"它"還是從"也"，整理者釋文存在分歧，主要原因是整理時寬嚴的標準不一，並非兩字兩義。如"沱"，馬王堆漢墓帛書中記｛池｝，整理者的釋文或作"沱（池）"，或徑作"池"。

第三，後世楷書中從"也"之字多是由從"它"之字分化或演變而來的。秦至西漢中期，不見從"也"之字，現在所見從"也"之字當時都是從"它"。字形分化主要集中在西漢中晚期，隨着"它""也"字形的混同，從"它"的字逐漸分化出從"也"之字。

第四，傳世字書如《説文解字》《玉篇》《正字通》等收録的一些字，僅有從"它"從"也"的區別時，兩個字往往是有關係的，或是正體與俗體的區別，或是異體關係。如《玉篇》中"蛇"與"虵"是正體與俗體關係。《正字通》中"駝"與"馳"、"拕"與"拖"是異體字關係。

第五，根據"它""也"及從"它"或從"也"之字的演變特點與規律，可以指導我們在整理簡帛材料的過程中減少標準寬嚴不同造成的困擾。

第六，秦漢簡帛中從"它"或從"也"之字習見，從"皀"之字出現的較晚。漢字隸書階段"它""也"字形區別不大，而當時從"它"之字也見從"也"，後來一些從"它"或"也"的字出現了從"皀"的變體。從時代上看，從"它"之字出現最早，隸變階段開始出現從"也"的異體，楷書階段出現從"皀"的俗體。

基於秦漢出土文獻語料庫的
"亯""亨""享"分化過程研究

陳怡彬

對於"亯""亨""享"三字之間的關係，學界基本認同是同源字，以"亯"爲源字，而"亨""享"爲分化字，分別承擔元亨、進獻義。《説文解字》收録"亯"，未收録"亨""享"二字。《説文解字·亯部》"亯"字條："獻也。從高省，曰象進孰物形。"段玉裁注："其形，薦神作亨，亦作享。餁物作亨，亦作烹。易之元亨，則皆作亨。"

王力先生釋"亨"："按，《説文》無亨字，但有'亯'字，篆文作亨，即'亨'字。《説文》亦無'烹'字，蓋'亨、享、烹'古同字。"①裘錫圭先生認爲"享""亨"本是一字異體，用法並無區別，它們通過分工變成了用法不同的兩個字，又用加意符的辦法分化出了"烹"字，"大概'享'不作'亨'晚於'亨'不作'享'"②。劉桓先生以"亯"象高臺有建築物，爲亯祭之所，"亨""享"二字都出於戰國秦文字，"亯"字後分化爲"亨""享""烹"三字。③魯實先先生認爲"亯"字本義爲大室，隸定爲"亨"或享。④

---

① 王力主編《王力古漢語字典》，中華書局，2000年，第13頁。
② 裘錫圭：《文字學概要》（修訂本），商務印書館，2013年，第215頁。
③ 李學勤主編《字源》，天津古籍出版社、遼寧人民出版社，2012年，第477頁。
④ 魯實先著，王永誠注：《文字析義注》，台灣商務印書館，2014年，第127頁。

以往學界的討論僅停留在指出它們之間的同源關係,而對"享""亨"何時分化,分化過程有無先後順序等問題缺乏深入的探討。"亯"字多見於甲骨、金文等先秦出土文獻,"亨""享"始於戰國末秦文字,是隸變後的產物。秦漢時期是隸變的重要階段,以此時期的出土簡帛、石刻等材料探討分化的時間及過程是本文的主要目標。①"烹"字與"亨""享"爲同源字,字形在漢代尚未出現,但烹飪義較爲常見,所以在本文一並討論。

一、 字形的分化

"亯"字爲象形字,《説文解字》篆文作亯、𩠐。段注:"據玄應書,則亯者籀文也。小篆作𩠐。故隸書作亨。作享,小篆之變也。"《玉篇·亯部》釋"亯":"今作享。"

《説文解字》雖未收録"享""亨",但早在戰國末期的睡虎地秦簡中已出現另外兩種可與它們對應的與"亯"不同的字形:第一類字形下部爲豎筆垂直或傾斜垂下,如睡虎地秦簡《日書》甲種中有"亨(烹)而食之",其中"亨"字字形作 ▨(《日書》甲種 066 背),由於是否獨立成字尚待考察,暫稱之爲"亨"類形體;第二類字形下部可見明顯橫筆與豎筆交叉,如睡虎地秦簡《日書》甲種中同樣有"殺而享(烹)食之",其中"享"字作 ▨(《日書》甲種 033 背),暫將其稱之爲"享"類形體。爲表述方便,後文將"亯"字字形也相應稱爲"亯"類形體。

"亯"類形體(見表 1)多見於先秦及西漢早期出土文獻,甲骨文字形如[1](《甲骨文字編》00961 A7)、[2](《甲骨文字編》03135 正 A7),金文字形如[3](《殷周金文集成》亯毁 2986)。上海博物館藏戰國楚竹書字形作[4](《舉治王天下》簡 21),包山楚簡字形作[5](簡 103)。"亯"類形體未見於秦簡,西漢早期出土文獻中,香港中文大學藏漢簡《日書》有 1 例"亯(享)

---

① 考慮到討論功能分化的需要,本文利用的秦漢出土文獻語料不包括金文、印璽、封泥等語義不明的語料。

神必虛”(簡 74),字形作[6]。馬王堆簡帛中“亯”字字形作[7](《繆和》039 上)、[8](《二三子問》35 下)等。西漢中晚期“亯”類形體僅見 1 例於居延漢簡(508.25A+508.24A),字形作[9],簡牘整理小組編《居延漢簡(肆)》釋此字形爲“亯”,但此釋可疑。①東漢碑刻中未見“亯”類形體。

表 1

[1]	[2]	[3]	[4]	[5]	[6]	[7]	[8]	[9]

“享”類形體(見表 2)最早見於秦簡,多見於睡虎地秦簡、北大秦簡及放馬灘秦簡。睡虎地秦簡中“享”類形體作[1](《日書》甲種簡 37B.2)、[2](《秦律十八種》簡 5)。西漢早期,“享”類形體常見於馬王堆簡帛中的醫學類文獻,如[3](《五十二病方·痒[癃]病》184)、[4](《胎產書·正文》20)、[5](《三號墓醫簡·十問》97)等。西漢中晚期,北京大學藏西漢竹書中出現[6](《北京大學藏西漢竹書·節》簡 2),武威漢簡中可見[7](甲本《燕禮》簡 48),敦煌漢簡可見[8](《敦煌漢簡·馬圈灣》79.D.M.T 0163)等。漢碑中也出現大量“享”類形體,如[9](《史晨後碑》)。

表 2

				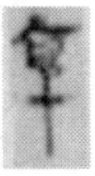				
[1]	[2]	[3]	[4]	[5]	[6]	[7]	[8]	[9]

除上文所列舉的“享”類形體外,秦漢出土語料中還出現了其他同形的“享”類形體或以其作爲構件的字(見表 3)。《説文解字》收“𦎫”字:“孰也。从亯从羊。”放馬灘秦簡乙種《日書》有“禾不享(孰-熟)”(《候歲》154),

① 《中國簡牘集成》(第 8 册)釋此字爲“昌”,且上下文缺失,不能確定意義。居延漢簡中可見“倉”字作(29.5),與此字形相似。此例形體及功能暫存疑。

"亯"字形作[1]，但此處疑爲"埶"字的誤書或省寫。①張家山漢簡《脈書》亦有"耳煇煇焞焞"（簡29），字形作[2]。《說文解字》釋"焞"字："明也。從火，𦎫聲。"此二字均從"𦎫"，後與"亯"類形體同形。此外，睡虎地秦簡《秦律十八種‧田律》有"唯不幸死而伐綰（棺）亯（椁）者"（簡5），字形作[3]；張家山漢簡《二年律令‧賜律》有"賜棺亯（椁）而欲受齎（資）者"（簡289），字形作[4]。《說文解字》釋"椁"："葬有木𩫖也。從木𩫖聲。"《說文解字》釋"𩫖"："度也，民所度居也。"漢代及後代文字或作"椁"，從木亯（guō）聲。②由此可見，此兩種"亯"與本文討論的"亯"類形體不屬於同一來源，因此本文不計入總量。

表3

[1]	[2]	[3]	[4]

　　"亨"類形體（見表4）最早見於秦簡，僅見於睡虎地秦簡《日書》甲種，其中有"亨（烹）而食之"（簡66B.2），字形作[1]。"亨"類形體常見於西漢早期出土典籍類文獻。阜陽漢簡《周易》中記元亨義之字均爲"亨"類形體，如[2]（簡Y064）、[3]（簡Y079）、[4]（簡Y106）、[5]（簡Y125）等。馬王堆簡帛中"亨"類形體作[6]（《周易》62上）、[7]（《周易》70上）、[8]（《二三子問》36上）、[9]（《老子》乙本《德經》22上）、[10]（《五十二病方‧蚖》94）等。西漢中期的北京大學藏西漢竹書《老子》中"亨"作[11]（簡63）。"亨"類形體在東漢碑刻中也較爲常見，如熹平石經《周易》中"亨"作[12]（228）。

表4

[1]	[2]	[3]	[4]	[5]	[6]	[7]	[8]	[9]	[10]	[11]	[12]

---

① 陳偉主編《秦簡牘合集‧釋文注釋修訂本》（肆），武漢大學出版社，2016年，第90頁。
② 李學勤主編《字源》，第541頁。

二、 功能的分化

以上三類形體在記詞功能上的分化過程稍晚且較複雜。

（一）"亯"類形體承擔的記詞功能

朱駿聲《説文通訓定聲》"亯（享）"字條中有"獻其誠，達之，則無不順嘉，故亦曰亯，字作亨"，段玉裁注《説文解字》"亯"字："飪物作亨、亦作烹。"由此可見，"亯"類形體的記詞功能是複雜的，既可以表示後分化爲"享"字的進獻義，也可以表示後分化爲"亨"字的元亨義，此外還涉及烹飪義。我們將表示進獻義記爲{享}，表示元亨義記爲{亨}，表示烹飪義記爲{烹}。

先秦語料中，"亯"在甲骨文中除人名（子亯）外，多用於記録{享}，表示祭祀、獻享義，商金文用法與甲骨相同。①甲骨文可見"王田亯京"（《甲骨文合集》37589）、"亯見（獻）"（《甲骨文合集》17668）的用法。金文中叟季良父壺（《殷周金文集成》9713）有"用亯（享）孝于兄弟婚顜（媾）者（诸）老"，此鼎（《殷周金文集成》2823）有"用亯（享）孝于文申（神）"等。"亯"類形體亦多見於戰國楚簡。上海博物館藏戰國楚竹書有"王用亯于西山"（《上博三·周易》簡 17）、"母（毋）亯㬂（逸）安"（《上博五·三德》簡 4）、"昌（以）祀不亯"（《上博五·三德》簡 7）等，包山楚簡有"亯月"（簡 103、簡 163、簡 171、簡 180、簡 193、簡 196）、"新亯埜邑人陳奴"（簡 182）等，均記{享}，表達進獻義。先秦出土文獻中未見用"亯"類形體記録{亨}及{烹}的用法。

秦簡中未見"亯"類形體。西漢早期出土文獻中，出現了以"亯"類形體記録{亨}{享}的用法。

以"亯"類形體記録{亨}的用法僅見於馬王堆簡帛《周易》卷後佚書《二三子問》及《繆和》中，共出現 13 次。《二三子問》對部分卦爻辭作解説論述，

---

① 黄德寬主編《古文字譜系疏證》，商務印書館，2007 年，第 1719 頁。

《繆和》另記載六個歷史故事，都以《周易》作總結。

例如：

　　（1）亓（其）高（亨）亦宜矣。（馬王堆簡帛《二三子問》35 上）

　　（2）困，高（亨）。（馬王堆簡帛《繆和》5 上）

　　（3）敢問君子何高（亨）於此乎？（馬王堆簡帛《繆和》39 上）

　　（4）高（亨）者，嘉好之會也。（馬王堆簡帛《繆和》41 下）

　　（5）故曰溓（謙），高（亨），君【子又（有）冬（終）】。（馬王堆簡帛《繆和》43 上）

以“高”類形體記録｛享｝的用法較少，僅見 2 例。1 例見於馬王堆簡帛《繆和》中“而能高（享）亓（其）利者”（026 上），1 例見於屬於西漢早期的香港中文大學藏漢簡《日書》“高（享）神必虛”（簡七四）。

秦漢出土文獻中未見以“高”類形體記録｛烹｝的用法。“高”類形體的記詞統計見表 5。

表 5

	頻率	總計	馬王堆簡帛	香港中文大學藏漢簡
記｛亨｝	86.7%	13	13	
記｛享｝	13.3%	2	1	1

（二）“享”類形體承擔的記詞功能

“享”類形體在秦漢出土文獻中主要用來記録｛享｝｛亨｝｛烹｝等詞。

“享”類形體記録｛享｝在秦簡及西漢出土文獻中共見 7 例。北大秦簡《禹九策（第四卷）》中見 2 例。北京大學藏西漢竹書《周馴》及《節》、敦煌漢簡及居延新簡中均可見用例。東漢碑刻中以“享”類形體記｛享｝出現的次數較多，可見 12 例。①

───────────────

① 因部分碑刻字形殘缺，有 2 例未納入統計數據：《敦煌長史武斑碑》有“[不][享]耆耇”，“享”字形殘缺；熹平石經《魯詩》中有“以[享]⊠⊠ 或燔或炙⊠”，“享”字形殘缺。

例如：

    （1）享之無訧（尤）（北大秦簡《禹九策》29）

    （2）維（唯）歲冬（終）享駕（賀）之日（北京大學藏西漢竹書《周馴》205）

    （3）天將下享氣。（北京大學藏西漢竹書《節》2）

    （4）顋（願）爲厶（某）羽觴永享禮。（敦煌漢簡《馬圈灣79.D.M.T》
0163）

    （5）□禱祠烝享酢書寫記候門下以以以門。（居延新簡EPT40.75B）

    （6）永享其道。（《鄒城漢安元年文通祠堂題記》）

    以"享"類形體記｛亨｝未見於秦簡。西漢早期可見2例。其中，馬王堆
簡帛1例："鍵（乾），元享（亨），利貞。"（《周易》1上）阜陽漢簡《周易》1例
（五〇）："享（亨）。以卜大人，不吉；小人，吉。"此字整理者釋"亨"，但字形
作𣎵，應爲"享"類形體，記錄元亨義，今本作"亨"。東漢《史晨後碑》還可見1
例："長享（亨）利貞。"

    以"享"類形體記｛烹｝在秦簡及西漢出土文獻中均有用例，有一定的延續
性，共見10例。睡虎地秦簡見3例，分布於《爲吏之道》及《日甲》。馬王堆漢墓
簡帛見5例，主要分布於醫學類文獻，如《五十二病方》《胎產書》等。武威漢簡
見2例，分布於甲本《燕禮》及甲本《特牲》。東漢碑刻中未見此用法。

    例如：

    （1）殺而享（烹）食之。（睡虎地秦簡《日書》之《詰》033B.3）

    （2）以日嬰（纓）享（烹）。（馬王堆簡帛《三號墓醫簡·十問》97）

    （3）其葉可享（烹）而酸。（馬王堆簡帛《五十二病方·牝痔》265）

    （4）享（烹）于門外東方。（武威漢簡甲本《特牲》簡10）

    在秦漢出土文獻中，"享"類形體除了記錄｛亨｝｛享｝｛烹｝外，還偶見記錄
其他意義。阜陽漢簡《萬物》中另見1例以"享"類形體記饗食義之｛饗｝："以
鼠享（饗）與牝□豪（毫）。"（簡W080）《說文解字》釋"饗"爲"鄉人飲酒也"，

段注："凡獻於上曰亯。凡食其獻曰饗。""亯"類形體的記詞統計見表6。

表6

	頻率（％）	總計	睡虎地秦簡	北大秦簡	阜陽漢簡	馬王堆簡帛	北大漢簡	武威漢簡	敦煌漢簡	居延新簡	東漢石刻
記{亯}	57.6	19		2			2		1	2	12
記{亨}	9.1	3			1	1					1
記{烹}	30.3	10	3			5		2			
記{饗}	3	1			1						

　　從上表可見，"亯"類形體在秦漢出土文獻中主要用來記録{亯}和{烹}。這兩種用法均見於秦簡，並且延續至西漢中晚期。東漢時期，"亯"類形體主要記{亯}，僅《史晨後碑》偶見1例記{亨}。從文獻分布來看，以"亯"類形體記{亯}使用範圍更廣。

（三）"亨"類形體承擔的記詞功能

　　"亨"類形體在秦漢出土文獻中共見74例，有記録{亨}{烹}{亯}三種功能。

　　以"亨"類形體記{亨}共54例，多見於西漢早期易類文獻（53例）。阜陽《周易》、帛書《周易》及《周易》卷後佚書均有較多用例。東漢碑刻中熹平石經《周易》也延續了此用法。①

　　例如：

　　（1）元亨。（馬王堆簡帛《周易》8上）

　　（2）簡（蠱），【元】吉，亨。（馬王堆簡帛《周易》20上）

　　（3）嗛（謙），亨。（馬王堆簡帛《二三子問》25下）

　　（4）元亨。（阜陽漢簡《周易》Y064）

---

① 《漢石經集存》收熹平石經《周易》有"九二，困于酒食，朱紱方來，利用亨祀"（圖版八八頁），"亨"字形作亯，表達進獻義，此數據統計記入{亯}。該圖版另有"☒過亨☒"，字形作"亯"，無法判斷字形為"亨"類字形或"亯"類字形，未計入數據。

(5) 乾、元、亨、利、貞。（熹平石經《周易》241）

　　以"亨"類形體記﹛烹﹜共 7 例，最早見於睡虎地秦簡《日書》甲種，西漢早期文獻中見於馬王堆簡帛典籍類文獻《老子》乙本及《五十二病方》。西漢中期偶見 1 例於北京大學藏西漢竹書《老子上經》。東漢石刻《營陵置社碑》中亦有 1 例"或剝或亨（烹）"。其後北魏時期《元乂墓志》有"深體亨（烹）鮮術"。

　　例如：

　　(1) 亨（烹）而食之。（睡虎地秦簡《日書》甲種《詰》066B.2）
　　(2) 治大國若亨（烹）小鮮。（馬王堆簡帛《老子》乙本《德經》22 上）
　　(3) 亨（烹）三宿雄雞二。（馬王堆簡帛《五十二病方·蚖》94）
　　(4) 治大國若亨（烹）小鮮。（北京大學藏西漢竹書《老子上經》63）

　　以"亨"類形體記﹛享﹜在秦簡中未出現。西漢出土文獻中共 2 例，均見於阜陽漢簡《周易》："亨（享）于支（岐）山"（Y079），"亨（享）于枝（岐）山"（Y193）。此用法在東漢有較多用例（共 19 例）。如熹平石經《周易》有"［王］［用］亨（享）"，熹平石經《公羊傳》有"文公之亨（享）國也短"，熹平石經《儀禮》有"［如］亨（享）［禮］"，《酸棗令劉熊碑》有"子孫亨（享）之"，《營陵置社碑》有"亨（享）我香馨"，《譙敏碑》有"當亨（享）南山"，《胸忍令景雲碑》有"當亨（享）符（符）艾"，《嵩山開母廟石闕銘》有"神裡亨（享）而飴（來）格"及"聖漢裡亨（享）"，《西嶽華山廟碑（陽）》有"輒過亨（享）祭"等。此種用法也見於西晉《張朗墓志》"宜亨（享）永嗣"，東晉《爨寶子碑》"亨（享）年不永"，北魏《元遙墓志》"而亨（享）年不永"等。"亨"類形體的記詞統計見表 7。

表 7

	頻率	總計	睡虎地秦簡	阜陽漢簡	馬王堆簡帛	北大竹書	熹平石經	東漢石刻
記﹛亨﹜	73%	54		8	39		6	1
記﹛烹﹜	9.5%	7	1		4	1		1
記﹛享﹜	17.5%	13		2			4	7

　　從表 7 來看，"亨"類形體主要記錄元亨義。以"亨"類形體記〈亨〉在西漢早期常見，但分布範圍窄，基本分布於《周易》及其相關的易類文獻中。

三、 從用字角度看"亨""享"的分化

　　我們再從記詞用字的角度來看"亨""享"分化過程。秦至東漢的〈享〉〈亨〉〈烹〉三個詞的用字情況整理見表 8。

表 8

		秦	西漢早期	西漢中晚期	東漢
〈享〉	亯		2		
	享	2		5	12
	亨		2		11
	芳		6		
	醻	2			
〈亨〉	亯		13		
	享		2		1
	亨		47		7
〈烹〉	亯				
	享	3	5	2	
	亨	1	4	1	1

　　元亨義在先秦出土語料中以"卿"來記錄，上海博物館藏戰國楚竹書《周易·隨》有"元卿（亨）利貞"等。秦簡中未見〈亨〉，西漢早期以"亨""享"記〈亨〉的比例達到 47∶2，東漢時期爲 7∶1，可見明顯的用字傾向。東漢後的碑刻均以"亨"記〈亨〉。①此外，西漢早期還可見特殊的用字現象，《周易》卷後佚書《繆和》《二三子問》中可見以"亯"記〈亨〉。《周易》與《二三子問》抄寫在同一張帛書之上，《二三子問》抄寫於《周易》之後，兩種文獻都較爲整齊地

① 東漢後出土碑刻語料參考毛遠明《漢魏六朝碑刻校注》，綫裝書局，2008 年。

使用“亨”類形體，僅《二三子問》偶見 1 例“亯”類形體，字形作（35 下）。
《繆和》則抄寫於另一張帛書，統一以“亯”記{亨}。兩張帛書形制相同，字體
相近，但不少文字的寫法有區別。①李學勤先生認爲，帛書《周易》經文與傳
文非作於一時一手，來源不一。②《繆和》很可能是楚人作品③，此種用字形式
當爲“亯”類形體在典籍文獻中的遺留。

　　進獻義在先秦語料中以“亯”“卿”來記錄，清華大學藏戰國竹簡《祭公》可見
“卿（享）亓（其）明悳（德）”。秦簡中出現“享”記{享}；西漢時期還可見以“亯”
“亨”記{享}，三類形體的使用次數均較少；東漢時期已不見“亯”類形體，“亨”
“享”的使用次數基本相當，未見明顯的用字傾向。東漢以後的碑刻記錄{享}時
使用“亨”“享”兩類形體。較爲特殊的是，在秦簡及西漢早期還可見以“陽”“芳”
記{享}的用法。以“陽”記{享}偶見兩例於王家臺秦簡《歸藏》中（簡 305、簡
336）。④馬王堆簡帛中共見 6 例以“芳”記{享}，此用字現象僅見於帛書《周易》，
且帛書《周易》統一以“芳”記{享}。李學勤先生認爲，帛書《周易》應該是楚地易
學一派整理的結果。⑤阜陽漢簡《周易》及熹平石經《周易》基本以“亨”記{享}⑥，
與帛書不同。但三種版本《周易》記錄{享}的用法一致，基本都以“亨”類形體記
{享}。統一借用其他字來記{享}的現象可能是功能分化的一種嘗試。

　　烹飪義未見於先秦語料，秦簡中用“亨”類形體來記錄。西漢早期出土
文獻中使用“亨”類形體與使用“享”類形體記錄的頻率相當，在文獻類型及
時代上無明顯差別，使用較爲隨意。西漢中期北京大學藏西漢竹書中見 1
例以“亨”類形體記{烹}，西漢晚期武威漢簡中見 2 例以“享”類形體記{烹}。
東漢《營陵置社碑》中見 1 例以“亨”類形體記{烹}。

---

① 參見裘錫圭主編，湖南博物馆、復旦大學出土文獻與古文字研究中心编纂《長沙馬王堆漢
　 墓簡帛集成》（叁），中華書局，2014 年，第 3 頁。

② 李學勤：《簡帛佚籍與學術史》，江西教育出版社，2001 年，第 247 頁。

③ 李學勤：《周易經傳溯源》，長春出版社，1992 年，第 233 頁。

④ 王輝：《王家臺秦簡〈歸藏〉校釋（28 則）》，《江漢考古》2003 年第 1 期。

⑤ 李學勤：《簡帛佚籍與學術史》，第 251 頁。

⑥ 熹平石經中另見 1 例以“饗”記{享}（222），今無拓本。

四、小　結

綜合上文，可以得出以下結論。

第一，多見於先秦，記録進獻義的"㐬"類形體，在秦漢時已出現消失趨勢，僅見於西漢早期，且集中出現在帛書《周易》傳文《繆和》中，記録{亨}。

第二，"亨""享"的分化。

（1）形體分化較早：至少在戰國末秦時已經分化出"享""亨"兩類形體，且呈現出明顯的形體差異。

（2）功能分化較晚。

① 西漢早期，"亨"類形體主要承擔元亨義，集中見於馬王堆帛書及阜陽漢簡的易類文獻中，偶見承擔進獻義及烹飪義。"享"類形體承擔元亨及烹飪義。分別見 2 例以"亨"類形體記進獻義、以"享"類形體記元亨義。此時期"㐬""享""亨"三種形體記詞較爲混亂，並且出現嘗試使用其他借字以區分的情況，如馬王堆簡帛《周易》統一以"芳"記進獻義。

② 西漢中晚期，未見"亨"類形體，"享"類形體記録進獻義及烹飪義。該時期出土材料有限，尚待進一步研究。

③ 東漢時期呈現一定的分化趨勢，但仍見大量混用。記録{享}由"亨""享"兩類形體共同承擔，在熹平石經及碑刻中均有用例，且數量相當，未見明顯習用字。記録元亨義時傾向於使用"亨"類形體，僅偶見 1 例"享"類形體。

④ 唐《干禄字書》以"亨"爲"亨通""亨宰"字，"享"是"祭享字"，對記詞功能進行了區分，但"亨""享"兩類形體在字書中仍可見混用。南朝《玉篇》"㐬"字條有"㐬，今作享"，"亨"字條有"同上（㐬），俗作享"。宋《廣韻》收録"㐬""亨"，釋"亨"："上同（㐬），亦作享。"東漢以後出土材料中亦時有混用的情況。記録進獻義所使用的字形有"享"類形體（見西晉《徐君妻菅洛墓碑》"當享百齡"，北魏《元顯墓志》"萬鐘納享"等）及"亨"類形體（見東魏《高湛妻闾叱地連墓志》"方亨遐期"，北魏《王奴墓志》"宜亨無窮"等）；記録元亨義所使用的字形爲"亨"類形體（見東晉《爨寶子碑》"太亨四年"，記録年號）；

記録烹飪義所使用的字形爲"亨"類字形（見北魏《元乂墓志》"亨鮮"）。①

　　（3）｛亨｝｛享｝｛烹｝三詞用字固定有先後順序。東漢時，元亨義由"享""亨"兩種形體共同記録，僅偶見 1 例"亨"類形體記録元亨義。東漢以後，元亨義不再由"享"類形體記録，而"亨"類形體同時記録進獻義、元亨義及烹飪義。元亨義較之於進獻義、烹飪義更早固定使用"亨"類形體來記録。統計數據可證裘錫圭先生"大概'享'不作'亨'晚於'亨'不作'享'"的觀點是正確的。此外，"烹"字字形分化在秦漢時期尚未開始，烹飪義在秦漢時期通用"亨""享"兩類形體來記録。

_____

① 東魏《公孫略墓志》另見一隸定古字，字形作 ⬛，記録進獻義。

釋"蔴米"*

——兼傳世文獻以"蔴"記{䴲}校讀例舉

孫　濤

一

走馬樓三國吳簡常見各類米。其得名原因大體可分爲兩種:一是社會經濟因素,如税米、限米、折咸(减)米、賈米等;二是跟米的質量相關的因素,如新米、故米、雜米、白米等。其中有一種數量較大的"蔴米":

(1) 其一萬六千九百二斛一斗八升九合蔴米。(貳7615)①

(2) 其二萬一千八百卌四斛四斗六升蔴米。(肆4122)

(3) 其一萬四百六十一斛七斗二升蔴米。(肆4862)

(4) 其二千三百六斛[六斗九]升蔴米。(肆4986)

＊　原載《漢語史學報》第二十五輯,上海教育出版社,2021年。

① 例 1"蔴"原爲"止蔴",據陳榮傑《走馬樓吳簡佃田、賦税詞語彙考》(人民出版社,2016年,第 106 頁)改。

（5）其八百七十七斛一斗八升<u>菣</u>米。（肆 5007）①

《説文解字·艸部》：“菣，艸。出吳林山。”《山海經·中山經》：“吳林之山，其中多菣草。”郭璞注：“亦菅字。”又《説文解字·艸部》：“菅，茅也。”陳順成認爲“菣米”可能指代替菣草繳納的米。②陳榮傑認爲“菣米”是臨湘國爲購買菣草所備之米，或可能是類似“柚租錢”之類的土特産税。③謝翠萍認爲“菣米”之“菣”通“秥”，“菣，見母元部；秥，心母元部；它們聲近韻同。秥，見母談部”。“秥米”指不黏的稻即籼稻。④以上前兩種説法皆於文獻無證⑤，第三種説法“菣”通“秥”不可靠⑥，因此皆不足信。目前來看，吳簡中的“菣米”還未見合理的解釋，需要重新釋讀。西漢早期的馬王堆一號和三號漢墓遣册有以下三枚簡：

（6）接<u>麤</u>一兩。（馬王堆一號墓遣册 262）

---

① 長沙簡牘博物館等編著：《長沙走馬樓三國吳簡·竹簡〔貳〕》，文物出版社，2007 年，第 872 頁；長沙簡牘博物館等編著：《長沙走馬樓三國吳簡·竹簡〔肆〕》，文物出版社，2011 年，第 721、738、740、741 頁。

② 陳順成：《走馬樓吳簡詞語研究》，博士學位論文，北京語言大學，2010 年，第 95 頁。該論文未公開，這裏據陳榮傑《走馬樓吳簡佃田、賦税詞語彙考》第 107 頁轉引。

③ 陳榮傑：《走馬樓吳簡佃田、賦税詞語彙考》，第 108 頁。

④ 謝翠萍：《釋“秨粮”與“菣米”》，載北京師範大學文學院主辦《勵耘語言學刊》第 20 輯，學苑出版社，2014 年，第 198—201 頁；謝翠萍、王保成：《説三國吳簡中的“秨粮”與“菣米”》，《考古與文物》2017 年第 6 期。

⑤ 按，文獻中常見作爲牲口草料的“芻稿税”，但從未見過繳納“菣草”的情況，“代替菣草繳納的米”的説法没有根據。這麼大數量的米僅僅用於購買吳地多見的“蘭草”並不合理。

⑥ 第三種説法的音韻標注有誤，“秥”字的上古音爲“來談”或“匣談”，詳見陳復華、何九盈《古韻通曉》，中國社會科學出版社，1987 年，第 323、326 頁；郭錫良編著《漢字古音手册》（增訂本），商務印書館，2010 年，第 331 頁。按：“秥”“菣”兩字既非雙聲亦非疊韻，而且文獻中兩字及其聲符系列字並無通假例證，因此認爲兩字通假並不可靠。“姦”“兼”聲系字通假情況詳見白于藍編著《簡帛古書通假字大系》（福建人民出版社，2017 年）第 1220、1401—1403 頁；高亨纂著，董治安整理《古字通假會典》（齊魯書社，1989 年）第 186、255 頁。

（7）右方屨二兩、<u>麤</u>一兩。（馬王堆一號墓遣冊263）

（8）接<u>麤</u>一兩。（馬王堆三號墓遣冊373/392①）

　　朱德熙和裘錫圭指出因爲"麤"的形體過於複雜，人們書寫時會僅寫"鹿"字頭部的形似"女"的形體，寫作"姦"。舉乙本《老子》"和其光，同其塵"之"塵"爲例②，並說："《方言》四'扉、屜、麤，履也'，……《説文·艸部》：'𦮛，艸履也。'……遣策之'麤'疑指草履。"③此説甚是。相關字形，見下表。

詞	鹿	塵	麤			
字						
來源	馬王堆三號墓簽牌9	馬王堆《老子》乙本18	馬王堆一號墓遣冊262	馬王堆一號墓遣冊263	馬王堆一號墓遣冊373	五一廣場646+587

與此相關，東漢中期的五一廣場漢簡見"姦"字：

（9）有頃欲起，不知<u>姦</u>所在。（五一廣場漢簡（壹）304）

（10）<u>韋姦</u>二兩。（五一廣場漢簡（貳）409）

（11）其日，假猛於市賣<u>絲姦</u>一梁（兩），直（值）五百五十。絳直領一，直（值）千。（五一廣場漢簡（貳）646＋587④）

---

① 裘錫圭主編，湖南省博物館、復旦大學出土文獻與古文字研究中心編纂：《長沙馬王堆漢墓簡帛集成》（陸），中華書局，2014年，第212、213、261頁。

② 馬王堆簡帛文字中"姦"之構件"女""妿"上下無別，詳見劉釗主編，鄭健飛、李霜潔、程少軒協編《馬王堆漢墓簡帛文字全編》，中華書局，2020年，第1282頁。

③ 朱德熙、裘錫圭：《馬王堆一號漢墓遣策考釋補正》，載中華書局編輯部編《文史》第十輯，中華書局，1980年，第71—72頁。

④ 長沙市文物考古研究所等編：《長沙五一廣場東漢簡牘》（壹），中西書局，2018年，第233頁；長沙市文物考古研究所等編：《長沙五一廣場東漢簡牘》（貳），中西書局，2018年，第171、204頁。

　　羅小華引上文朱德熙和裘錫圭的意見，認爲"韋荔""絲荔"即"韋䕡""絲䕡"，指韋製之屐和絲製之屐，"梁"通"兩"，並疑"不知荔所在"之"荔"也是"䕡"。①從語境來看，此説可信。東漢晚期的東牌樓漢簡也見"荔"：

　　（12）蔣十五枚、荔[席]一束、莒一竉。東牌樓漢簡 110②

　　整理者認爲這裏的"荔"通"菅"③，如此則"菅席"即茅草編製的席子。陸錫興引朱德熙和裘錫圭的意見及《急就篇》"屐屩絜䕡"，顏師古注"䕡，一作薦，平表反"，認爲"荔席"即"薦席"，意爲薦草之席。④我們認爲此説可商。《急就篇》所列皆是鞋名，而"薦"無鞋義。這裏的"薦"是《説文解字·艸部》"艸履"之"䕡"字訛誤的可能性更大。《禮記·禮器》："莞簟之安，而藁秸之設。"鄭玄注："穗去實曰秸，《禹貢》：'三百里納秸服。'"孔穎達疏："莞簟，今之席也。《詩》云：'下莞上簟，乃安斯寢。'言其細精而可安人也。藁秸，除穗粒，取稭藁爲席。郊祭不用莞簟之可安，而用設藁秸之䕡席，亦脩古也。""䕡席"指用稭稈製作的席子，古代常見這種席子，《史記·范雎列傳》："應侯席藁請罪。"《漢書·郊祀志》："其牲用犢，其席藁（稾）稭。"《列女傳·賢明傳·魯黔婁妻》："枕墼席藁（稾），縕袍不表。"因此"荔席"除了可能是"菅席"，也可能是"䕡席"。

　　我們知道五一廣場漢簡、東牌樓漢簡和走馬樓吳簡的出土地相當接近⑤，而

①　羅小華：《五一廣場簡牘所見名物考釋（一）》，載李學勤主編《出土文獻》第十四輯，中西書局，2019 年，第 347 頁。

②　長沙市文物考古研究所、中國文物研究所編：《長沙東牌樓東漢簡牘》，文物出版社，2006 年，第 116 頁。

③　同上。

④　陸錫興：《東牌樓東漢名物簡考釋》，載中國文化遺產研究院編《出土文獻研究》第十七輯，中西書局，2018 年，第 322—323 頁。

⑤　從出土地來看，走馬樓三國吳簡出土點距五一廣場漢簡約 80 米，距離東牌樓漢簡 95 米。詳見長沙市文物考古研究所編《湖南長沙五一廣場漢簡簡牘發掘簡報》，《文物》2013 年第 6 期；長沙市文物考古研究所、中國文物研究所編《長沙東牌樓東漢簡牘》，文物出版社，2006 年，第 5 頁。

且它們的年代相近且連續。①三批簡牘相同的用字現象很多，不煩舉例，再加上我們後文所舉傳世文獻的用例②，綜合來看，吴簡的"蒤米"即"䉤米"很符合三國吴的用字現象。漢代文獻見"䉤米"，《漢書·食貨志》："一釀用䉤米二斛，麴一斛，得成酒六斛六斗。"居延新簡 EPT40:201："稗（粺）米七斗，䉤米一石三斗。"③"䉤米"又叫"糲米"，《史記·太史公自序》："糲粱之食。"《索隱》引服虔説"糲，䉤米也"。《詩經·大雅·召旻》："彼疏斯粺。"鄭玄箋："疏，䉤也，謂糲米也。"又"米之率，糲十，粺九，糳（鑿）八，侍御七"。《説文解字·米部》："糲（糲），粟重一秅，爲十六斗太半斗，舂爲米一斛曰糲（糲）。"鄭玄和許慎皆提到了出米率的問題，而漢簡有更爲詳細的介紹。張家山漢簡《算術書》88："禾黍一石爲粟十六斗泰（太）半斗，舂之爲糲（糲）米一石，糲（糲）米一石爲鑿米九斗，鑿米【九】斗爲毇（毇）米八斗。"④《九章算術·粟米》也有相近文字，"粟米之法：粟率五十，糲米三十，粺米二十七，鑿米二十四，禦米二十一"。前引鄭玄所言跟《九章算術》的記載相符，而跟《算術書》稍異；不過根據各類米的前後關係，我們基本可以確定"糲米"的情況。剛收穫的帶秸稈莊稼爲"禾黍"，去掉秸稈的帶殼穀米即"粟米"，"糲米"指初步處理之後的穀米，"粺米"等各類米的處理精度各有不同，因此産量各異。與此相關，漢簡和吴簡均見"白米"，敦煌漢簡 713A："唯君月十日莫（暮）到，用白米一斗，雞一。"居延漢簡 335·48："出白米八升。"走馬樓三國吴簡

---

① 從簡牘年代來看，五一廣場漢簡的時代最早的爲漢章帝章和四年，最晚爲漢安帝永初六年，時間主要爲東漢中期和帝至安帝時期。東牌樓漢簡的時代最早的爲建寧四年，最晚爲中平三年，皆爲東漢靈帝時期。走馬樓吴簡的時代問題比較複雜，應該屬於東漢中平二年至孫吴嘉禾六年這五十多年間的簡牘。詳見長沙市文物考古研究所等編《長沙五一廣場東漢簡牘（貳）》前言，中西書局，2018 年；長沙市文物考古研究所、中國文物研究所編《長沙東牌樓東漢簡牘》前言；王素《長沙走馬樓三國吴簡時代特徵新論》，《文物》2015 年第 12 期。

② 尤其是三國時期吴國的僧人翻譯的《六度集經》多見記〈䉤〉之"蒤"，詳見下文。

③ 楊眉：《居延新簡集釋（二）》，載張德芳主編《甘肅秦漢簡牘集釋》，甘肅文化出版社，2016 年，第 329 頁。

④ 張家山二四七號漢墓竹簡整理小組編著：《張家山漢墓竹簡［二四七號墓］》（釋文修訂本），文物出版社，2006 年，第 144 頁。

(壹)1776："其三百七十二斛二升白米。"①根據傳世文獻記載,《宋書·休佑傳》："田登,就求白米一斛,米粒皆令徹白,若碎折者惡不受。""白米"是處理精度很大,質量很好的米,如此其數量也不會大;而剛收穫的粟米,經過初步處理就變成了作爲其他各類米的原材料的"糲米",因此其數量必然是很大的。綜上所述,我們認爲走馬樓三國吴簡中的"蓋米"即"糲米",也就是文獻中常見的"糲米"。用"蓋"記〔糲〕的用字現象不僅見於漢簡和吴簡,還見於傳世文獻。但因爲該用字現象比較特殊,所以在傳世文獻中一直被誤釋。下面我們逐例來校讀。

二

【菥糒】

（13）故飯菥糒者不可以言孝,妻子飢寒者不可以言慈,緒業不脩者不可以言理。《鹽鐵論·論誹》

（14）無者,褐衣皮冠,窮居陋巷,有旦無暮,食菥糒葷茹,腥臊而後見肉……夫菥糒,乞者所不取,而子以養親,雖欲以禮,非其貴也。《鹽鐵論·孝養》②

王利器將"菥"改作"蔬",並注："'蔬'原作'菥',今據洪頤煊説校改。盧文弨曰:'"菥"當作"蓋"。下同。'案:蓋,香草。與此文義不符,盧説不可從。洪云:'"菥"是"蔬"字之僞。《説文》:"延,通也。从爻从疋,疋亦聲。"蔬菜之"蔬"或作"莚",故又僞爲"菥"字,俗本音奸,非也。'明初本、華氏本作'茹'。"③郭

①　張德芳:《敦煌馬圈灣漢簡集釋》,載《甘肅秦漢簡牘集釋》,甘肅文化出版社,2013年,第564頁;簡牘整理小組編:《居延漢簡》(肆),"中研院"史語所,2017年,第34頁;走馬樓簡牘整理組編著:《長沙走馬樓三國吴簡·竹簡〔壹〕》,文物出版社,2003年,第930頁。

②　例13、14本同屬《孝養》篇,詳見王利器《鹽鐵論校注》,中華書局,1992年,第307頁。

③　王利器:《鹽鐵論校注》,第307頁。

沫若①、陳直②、盧烈紅和黄志民③、陳桐生④皆同該説,白兆麟按草義之"葇"解釋。⑤首先,草義之"葇"明顯於義不合;其次,"莛"字本就不常見,而且説"荶"跟"莛"相訛是缺乏相關例證的。漢代文獻未見"蔬糲"而常見"糲糲"一詞。《史記·刺客列傳》:"將用爲大人麤糲之費。"《正義》:"糲,猶麤米也,脱粟也。"《春秋繁露·俞序》:"始於麤糲,終於精微。"時代稍後的文獻又見"食麤糲"。《後漢書·伏湛列傳》:"謂妻子曰:'夫一穀不登,國君徹膳;今民皆飢,奈何獨飽?'乃共食麤糲,悉分奉禄以賑鄉里。"李賢注:"糲,麤米也。"《論語·憲問》:"奪伯氏駢邑三百,飯疏食,没齒無怨言。"皇侃義疏:"飯,猶食也。蔬,猶麤也……奪邑之後,至死而貧,但食麤糲以終餘年,不敢有怨言也。"《南齊書·劉繪列傳》:"有至性,持喪墓下三年,食麤糲。"《玉篇·米部》:"糲,麤糲也。""麤糲"本指麤米,又引申爲麤糧、麤糙等義。綜上所述,我們認爲《鹽鐵論》的"荶糲"本爲"葇(麤)糲"。《鹽鐵論》"飯荶糲""食荶糲"跟"食麤糲"應該是一回事,義爲吃麤糧。後人不識"葇(麤)",誤將"葇"看作形聲字。《玉篇·女部》:"姦,姦邪。奸,俗。"把聲符"姦"誤換爲"奸",寫作"荶",該字於義不合,因此後人又改作"茹"或"蔬"。

【葇服】

(15)干將曰:"昔吾師作冶,金鐵之類不銷,夫妻俱入冶爐中,然後成物。至今後世,即山作冶,麻絰葇服,然後敢鑄金於山。今吾作劍不變化者,其若斯耶?"莫耶曰:"師知爍身以成物,吾何難哉!"

——《吴越春秋·閭闔内傳》

(16)道士誨之,太子則焉。柴草爲屋,結髮<u>葇服</u>,食果飲泉。男名

① 郭沫若:《鹽鐵論》,載《郭沫若全集·歷史編》(第8卷),人民出版社,1985年,第545頁。
② 陳直:《鹽鐵論解要》,載《摹盧叢著七種》,齊魯書社,1981年,第185頁。
③ 盧烈紅、黄志民:《新譯鹽鐵論》,三民書局,2006年,第216頁。
④ 陳桐生:《鹽鐵論》,中華書局,2015年,第253頁。
⑤ 白兆麟:《鹽鐵論注譯》,安徽大學出版社,2012年,第117頁。

耶利，衣小草服，從父出入。女名屬孥延，著鹿皮衣，從母出入。

　　　　——三國吳·康僧會譯《六度集經·須大挐經》(T3p9a)①

　　例 15 是干將莫邪鑄劍的故事。對於"蓁服"，周生春無注②，黃仁生和李振興③、張覺④、崔治皆認爲是茅草衣。⑤從常理來看，鑄劍時身穿易燃的茅草衣並不合理；從語境來看，古代爲鑄劍成功，可能以人的生命爲代價，因此鑄劍時穿着喪服，而茅草衣跟喪服無關。"麻絰蓁服"之"麻絰"是喪禮所用，《説文解字·糸部》："絰，喪首戴也。"《玉篇·糸部》："絰，麻帶也。"《儀禮·喪服》："喪服，斬衰裳，苴絰，杖，絞帶。"鄭玄注："麻在首在要（腰）皆曰絰。""麻絰"是穿喪服時繫在頭或腰的麻帶。"麻絰"常跟喪服"衰裳"搭配，《白虎通義·喪服》："喪禮必製衰麻何？……布衰裳、麻絰、箭笄、繩纓、苴杖。"《禮記·喪服》："疏衰裳齊，牡麻絰，冠布纓，削杖，布帶，疏屨。"喪服"衰裳"是用粗麻布製成的衣服，或稱作"衰黷""黷服"，《漢書·王莽傳》："時武王崩，繰黷未除。"《漢書·師丹傳》："時天下衰黷，委政於丹。"顏師古注："言新有成帝之喪，斬衰黷服，故天子不親政事也。"《後漢書·禮儀志下》介紹喪禮禮儀時，記載"皇帝、皇后以下皆去黷服，服大紅，還宮反廬，立主如禮"。綜上所述，我們認爲《吳越春秋》"蓁服"並非茅草衣，而应是"蓁（黷）服"，指喪服，這跟"麻絰"剛好對應，於義也解釋得通。

――――――――――

① 該段佛經有異譯本，不過未提供關鍵信息，西秦聖堅譯《太子須大挐經》："道人即指，語太子所止處，太子則法道人結頭編髮。以泉水果蓏爲飲食。即取柴薪作小草屋。並爲曼坁及二小兒，各作一草屋，凡作三草屋。男名耶利年七歲，着草衣隨父出入。女名屬孥延年六歲，著鹿皮衣從母出入。"(T3p421a)本文引用佛經文獻標格式：T 指《大正新脩大藏經》（简称《大正藏》）、C 指《中華大藏經》，p 前爲册數，後爲頁碼，a、b、c 指上、中、下欄。相關釋文來自中華大藏經編輯局《中華大藏經》（漢文部分），中華書局，1984 年；《大正新脩大藏經》，新文豐出版公司，1983 年。

② 周生春：《吳越春秋輯校彙考》，上海古籍出版社，1997 年，第 40 頁。

③ 黃仁生、李振興：《新譯吳越春秋》，三民書局，2009 年，第 72 頁。

④ 張覺：《吳越春秋校證注疏》，知識産權出版社，2013 年，第 70 頁。

⑤ 崔治：《吳越春秋》，中華書局，2019 年，第 58 頁。

　　例 16 來自三國時期吳國的康僧會翻譯的《六度集經》。①對於"菆服"，蒲正信認爲跟上文《吳越春秋》"菆服"的意義相同，皆爲茅草衣。②上面我們已經論證《吳越春秋》"菆服"應爲"麤服"，這裏的"菆服"釋作"茅草衣"恐怕也不合適。因爲後文明確記載兒子穿草服，女兒穿鹿皮衣。"茅草衣"跟"草服"是一致的，但跟"鹿皮衣"明顯不符。這裏的"菆服"也應是"麤服"，指的是麤糙、簡陋的衣服，包括兒子的草服和女兒的鹿皮衣。《世説新語·容止》："裴令公有儁容儀，脱冠冕，麤服亂頭皆好，時人以爲'玉人'。""麤服"本義即麤惡之衣，因爲常用於喪禮，所以又成爲喪服的專稱。《六度集經》是值得注意的，其譯者康僧會是三國時期吳國的僧人，因此這部佛經跟走馬樓吳簡大體屬於共時材料。與"菆服"相關，中古佛經還見"衣菅""菥衣"。

【衣菅】【菥衣】

　　(17) 齋戒省約，食節<u>衣菅</u>。樹葉爲器，茅草爲席。不畜遺除〈餘〉，無所藏積……須賴復言："我自有<u>菥衣</u>，著之甚悦，當用是憂衣爲？"

　　　　　　　　　　——曹魏白延譯《佛説須賴經》(T12p52b、55b)

　　(18) 食節<u>衣麤</u>，又致供者讓而不受。樹葉爲器，茅草爲席。衣食之餘，輒以轉施，無所藏積……彼不肯受，而説是言："止！止！大王！是王所服。所以者何？我自有<u>弊服補納之衣</u>。"

　　　　　　　　　　——前涼支施崙譯《佛説須賴經》(T12p57b、61b)③

　　上兩段文字是來自同一佛經的異譯本。例 17"食節衣菅"跟例 18"食節

---

① 關於《六度集經》的翻譯情況需要特別説明，小野玄妙《佛教經典總論》(新文豐出版社，1983 年，第 37 頁)指出："六度集經乃僧會從諸經中集録有關布施，持戒等六度行之本生經，並非原有六度集之梵本而加以翻譯者……此經可謂是一種抄譯經，以其内容一部九十一章而言，小經典乃全文翻譯，其他則似由大部經典抄出翻譯而成，當然無列舉出典。"據此，《六度集經》是康僧會抄譯而成。

② 蒲正信：《六度集經》，巴蜀書社，2012 年，第 81—82 頁。

③ 小野玄妙《佛教經典總論》(第 37、66 頁)認爲曹魏白延應爲東晉帛延，根據《首楞嚴經》後記，該經實爲"支施崙手持胡本，龜兹王世子帛延傳言"而成。

衣廃"正相對應。《玉篇·鹿部》:"廃,疏也。本作麤。""衣廃(麤)"義爲穿麤衣。根據兩種異譯本"衣菅"對應"衣麤",若將"衣菅"看成穿茅草衣,這跟"穿麤衣"在意義上的聯繫還是不那麼直接。我們認爲這裏的例17"衣菅"本爲"衣䖏(麤)",這跟例18"衣廃(麤)"剛好對應。後人不識"衣䖏(麤)"而誤將"䖏"看成形聲字,換聲符寫作"菅",也就是"麤→䖏→菅"的情況。

例17"莽衣"對應例18"弊服補納之衣",若將"莽衣"解釋作"茅草衣"兩者明顯是不能對應的。我們認爲例17"莽"跟《鹽鐵論》"莽"字的情況應該是一樣的,也是"麤→䖏→莽"的情況。這裏的"莽(麤)衣"的意義跟例16"麤服"相同,皆指麤惡之衣,這跟"弊服補納之衣"剛好對應。

同時,例17"莽衣"之"莽"有異文,中華本作"菅"(C20p583b),《大正藏》下校勘記:元、明本作"管"(T12p55)。中華本之"菅"即"麤→䖏→菅"的情況。又構件"艹""竹"形近,所以"菅"又寫作"管";元明本之"管"即"麤→䖏→菅→管"的情況。例18"廃"也有異文,南宋資福藏作"姦",南宋磧砂藏、元普寧藏、明永樂南藏、清藏作"䖏"(C20p575a)。這裏的"䖏"即"麤"。關於"姦"字,從文獻記載來看,西漢早期馬王堆遣册"麤"省作"姦",東漢及之後的文獻皆用"䖏"。中古佛經文獻應該是用"䖏"而不會繼續使用早先的"姦",因此這裏應該是當時人們不識其讀,將"䖏"看作形聲字,"姦"是"䖏"的形近訛字或據音借字。

【䖏薄】

(19) 眼色、耳聽、鼻香、口味,身服上衣,心皆欣懌,不懼乏無也;若施䖏薄,心又不悦……衣常䖏薄,食未嘗甘。《六度集經·佛說四姓經》(T3p12a)

這裏的"䖏薄",趙璇釋作"奸計"[①],這於文義明顯不合。《論語·述而》:"子曰:飯疏食飲水,曲肱而枕之,樂亦在其中矣。"皇侃義疏:"孔子麤食薄寢而歡樂怡暢,自在麤薄之中也。""麤薄"意爲粗糙、簡陋。例19"䖏薄"

---

① 趙璇:《〈六度集經〉複音詞研究》,碩士學位論文,西南科技大學,2014年,第115頁。

跟《論語義疏》"麤薄"的語境正相關,意義應該相同,因此這裏的"菳薄"應即"麤薄"。

小 結

文獻中實際有記{菳}和{麤}兩個"菳"字。前者爲本字本用的形聲字。關於後者的性質,從字形來看,西漢早期馬王堆簡帛中的"麤"字省寫似"姦"字,但是其中的"女"跟當時一般的"女"形體還是有差異的①,東漢中期五一廣場漢簡中的"女"已經寫得跟一般的"女"沒有差別了。②據此,我們認爲一開始的"似'姦'字"可以看作"麤"的省形異體字,而由於其形體近"姦"字,人們後來使用時就有可能直接寫作"姦"。那麼爲什麼又寫作"菳"呢? 我們推測有可能是因爲"姦"是常用字,因此後來又綴加"艸"寫作不常用的"菳",而且後來這一用字現象固定下來,最終"菳"成了記{麤}的專字。

這一用字現象具有地域性的特徵。從出土文獻來看,馬王堆漢墓遣册、五一廣場漢簡、東牌樓漢簡和走馬樓吳簡皆集中在湖南長沙。可做比較的是西漢中晚期西北屯戍漢簡中的{麤},該詞共 8 見,皆作"麤"而未見其他字形。③據此,可以説起碼在漢代以"菳"記{麤}是流行在楚地的用字現象。從文獻分布來看,佛經文獻多見這一用字現象,這應該跟佛經文獻的俗用性相關。相對於其他文獻,佛經文獻更接近社會底層民衆,更能反映當時民間用字現象。本文研討的啓示,正如裘錫圭先生所言:"簡帛古籍的用字方法,在傳世先秦秦漢古籍的校讀方面,是具有很重要的作用的。它們能幫助我們

---

① 馬王堆簡帛文字構件"女"相關形體詳見劉釗主編,鄭健飛、李霜潔、程少軒協編《馬王堆漢墓簡帛文字全編》,第 1268 頁。

② 五一廣場漢簡構件"女"相關形體詳見長沙市文物考古研究所等編《長沙五一廣場東漢簡牘(貳)》,中西書局,2018 年,第 310—311 頁。

③ 居延新簡 3 例,居延漢簡 2 例,敦煌漢簡、肩水金關漢簡、懸泉漢簡(壹)各 1 例。敦煌漢簡 822 有"粗"字,但該字原圖不清,這裏不做統計。該字詳見張德芳《敦煌馬圈灣漢簡集釋》,載《甘肅秦漢簡牘集釋》,甘肅文化出版社,2013 年,第 306 頁。

解決古書中很多本來難以解決，甚至難以覺察的文字訓詁方面的問題。而且一種用字方法的啓發，有時能幫助我們解決一系列問題。所以在校讀傳世先秦秦漢古籍的工作中，對簡帛古籍的用字方法必須給予充分的重視。"①除此之外，我們認爲秦漢簡帛文獻和中古佛經文獻雖然時代和性質不同，但語言文字具有歷時延續性。秦漢簡帛文獻可能有後世用字現象的源頭。通過溯本求源，簡帛文獻對中古佛經文獻的正確釋讀也具有不可忽視的作用。

【補記】

劉釗先生《讀書叢劄》(《出土簡帛文字叢考》，台灣古籍出版有限公司，2004 年，第 230—231 頁)早已指出《吴越春秋》"薮服"當爲"纑服"，並釋爲"纑布之衣"。本文相關論證未引此説，實屬嚴重過失。不過，劉先生未將"纑服"跟"喪服"相聯繫，本文相關論證大概可以看作劉先生意見的補證。另外，伊强先生在 2020 年 12 月 13 日的訪談中也提到吴簡"薮米"和《六度集經》的"薮薄"之"薮"應爲"纑"的問題(微信公衆號"古文字微刊"之"出土文獻與古文字研究青年學者訪談 059：伊强")。本文在 2019 年 10 月 26 日投稿，2020 年 11 月 26 日定稿，跟伊先生的意見大概算是偶然重合。

---

① 裘錫圭：《簡帛古籍的用字方法是校讀傳世先秦秦漢古籍的重要根據》，《兩岸古籍整理學術研討會論文集》，江蘇古籍出版社，1998 年。後收入裘錫圭《裘錫圭學術文集・語言文字與古文獻卷》，復旦大學出版社，2015 年，第 467—468 頁。

語義場視角的研究

秦漢簡帛文獻中病愈義字詞計量考察 *

劉艷娟　王斯泓　張再興

引　言

　　文獻典籍中"病愈"義用詞豐富多樣,如"瘳""瘥""痊""愈""已""止"等。學者對此已有不少的研究。袁仁智、沈澍農《知、瘥、蠲、除、慧、間、瘳、已之"愈"義源流考》以中醫古籍中病愈義詞爲研究對象,簡單考察了各詞病愈義的産生源流。①陳貽庭《古籍中表示"病愈"意義的詞》考察了古籍中表示病愈義詞的産生時代以及使用差異。②周蓉等《醫古文中病愈意義詞語探析》通過分析醫古文中常用的病愈類詞語的意義,揭示這些詞語的演變規律及對現代醫用術語的影響。③史慧超《〈三國志·華佗傳〉中表示病愈詞的探討》以《三國志·華佗傳》中表示病愈義的詞爲研究對象,探討其使用情況及發展規律。④姜燕《從表示病愈

＊　原載《中國文字研究》第二十九輯,上海書店出版社,2019 年。

①　袁仁智、沈澍農:《知、瘥、蠲、除、慧、間、瘳、已之"愈"義源流考》,《南京中醫藥大學學報》(社會科學版)2008 年第 3 期。

②　陳貽庭:《古籍中表示"病愈"意義的詞》,《福建中醫學院學報》1994 年第 4 期。

③　周蓉、楊繼紅等:《醫古文中病愈意義詞語探析》,《山西中醫》2012 年第 9 期。

④　史慧超:《〈三國志·華佗傳〉中表示病愈詞的探討》,《山西中醫學院學報》2010 年第 2 期。

的詞語更替看詞彙的發展規律》①和姜黎黎《中古時期"病愈"概念場詞彙系統研究》從語義場、認知語言學等角度考察了病愈義詞的發展演變規律。②

　　上述研究都以傳世文獻爲材料依據,由於傳世文獻歷經傳抄,字詞使用已非原貌,抄寫時代也已模糊不清,因此在字詞使用研究方面具有很大的局限性。而出土的秦漢簡帛文獻時代明確,未經後世改動,能夠比較真實地反映當時的字詞使用面貌。本文基於我們開發的"秦漢簡帛語料庫",通過窮盡性的定量統計,系統考察了秦漢簡帛文獻中病愈義字詞的發展變化,展現其與傳世文獻不一樣的面貌。

一、 秦漢簡帛文獻中病愈義詞考察

　　秦簡牘文獻中病愈義詞使用情況見表 1。

表 1

詞	總計	睡虎地秦簡	周家臺秦簡	王家臺秦簡	嶽麓秦簡	放馬灘秦簡	北大秦簡	里耶秦簡
〔瘳〕	42	24	1	3	5	5	2	2
〔已〕	38		22			7		9③
〔瘥〕	15	15						
〔間〕	15	10				5		
〔起〕	1	1						

　　從使用頻率上看,秦簡牘文獻材料中〔瘳〕〔已〕的出現次數最高,數量大致相當,可見〔瘳〕〔已〕是當時表示病愈義的最常用詞。〔瘥〕〔間〕使用次數居中,〔起〕僅一例,是偶見現象。

　　從文獻分布來看,表病愈義的詞集出現在日書與醫方等文獻中。〔瘳〕的分布範圍最廣,見於多種秦簡牘文獻中。其中,睡虎地秦簡《日書》乙種

---

① 姜燕:《從表示病愈的詞語更替看詞彙的發展規律》,《勵耘學刊》(語言卷)第一輯,2007 年。

② 姜黎黎:《中古時期"病愈"概念場詞彙系統研究》,《沈陽大學學報》(社會科學版)2016 年第 6 期。

③ 里耶秦簡中有人名"疾已"8 例,根據秦漢人起名的習慣,"疾已"表示除去疾病,"已"義爲病愈。

24 例，周家臺秦簡《病方及其他》1 例，王家臺秦簡《日書》3 例，嶽麓秦簡秦律令文獻 5 例，放馬灘秦簡《日書》甲種 2 例，《日書》乙種 3 例，北大秦簡《魯久次問數於陳起》2 例。{已}見於周家臺秦簡《日書》8 例，《病方及其他》14 例，放馬灘秦簡《日書》乙種之《問病》7 例。{間}見於睡虎地秦簡《日書》甲種之《病》4 例，《日書》乙種之《有疾》6 例，放馬灘秦簡《日書》乙種之《黃鐘》1 例，《自天將令》1 例，《占疾》3 例。{瘥}則僅見於睡虎地秦簡《日書》甲種之《病》9 例，《日書》乙種之《有疾》6 例。{起}亦僅見於睡虎地秦簡《日書》甲種之《秦除》。

在用法上，{瘥}既可以表示疾病好轉，也可以表示疾病痊愈，如日書中，常見"少瘥""疾病有瘥"等。{已}表示疾病痊愈，周家臺秦簡《日書》中見"占病者，已"。病方中"已"用於"已 + 病名""令某 + 病名 + 已"。睡虎地秦簡中{瘥}{間}常出現在同一條簡文中對舉，作"干支病 + 干支間 + 干支酢"，可見兩者在病愈程度上有所區別。{間}在睡虎地秦簡中表示病情好轉，在放馬灘秦簡中表示病愈。{起}表示痊愈。在這些病愈義詞中，{瘥}{間}有兩種用法，表示疾病好轉或痊愈，{已}{瘥}{起}表示疾病痊愈。

從時間上看，睡虎地秦簡大致屬於戰國末期文獻，比其他秦簡牘文獻略早。這一文獻中的"已"字有 71 例，也有表示停止的用法，如《日書》甲種 32-52 背的"則已矣"，但是未見表示病愈的用法。"已"表病愈見於楚簡材料中，如上海博物館藏戰國楚竹書《競公瘧》1："齊競公瘧虐瘥，戔戲不已。"可見，"已"表病愈義出現較早，但秦早期材料中未見，中晚期材料中大量使用。

西漢早期簡帛文獻中病愈義詞使用情況見表 2。

表 2

詞	總計	馬王堆漢墓帛書	張家山漢簡	孔家坡漢簡
{瘥}	17	12	2	3
{已}	16	15	1	
{愈}	4	4		

與秦簡牘文獻材料中病愈義詞相比，雖然西漢早期簡帛文獻中所見病愈義詞總頻率大幅降低，但{瘥}{已}出現頻率依然較高，是常用詞。同時，新出現了病愈義詞{愈}，頻率尚低，共出現 4 次，且只見於馬王堆漢墓帛書中。

在文獻分布上，病愈義詞常出現在醫書、日書、律令等文獻中。{瘥}的分布依然最廣，見於馬王堆漢墓簡帛《五十二病方》12 例，張家山漢簡《二年律令《引書》各 1 例，孔家坡漢簡《日書》中的《有疾》3 例。〔已〕見於馬王堆漢墓帛書《五十二病方》12 例、《雜療方》1 例、《陰陽十一脈灸經》甲、乙本各 1 例，張家山漢簡《脈書》1 例。〔愈〕僅見於馬王堆漢墓簡帛《五十二病方》。

　　在用法上，〔瘳〕〔已〕都是表示疾病痊愈。馬王堆漢墓簡帛中〔瘳〕〔已〕均見於《五十二病方》中，〔瘳〕見於《犬噬人》《蛭食》《癩》等篇中，〔已〕見於《白虒方》《癃病》《蚖》等篇中，二者未在同一篇目中同現過。〔已〕〔愈〕同見於《白虒方》《癃病》這兩篇中，《白虒方》中二者用法相同，而在《癃病》中“病愈”表示疾病好轉，“病已”表示疾病痊愈。總之，在西漢早期簡帛中，〔瘳〕〔已〕均表示病愈，〔愈〕既可表示病情好轉，也可表示疾病痊愈。

　　從時間上看，《五十二病方》的抄寫時間較早。①因此〔愈〕的使用時間也是比較早的，在時代上稍晚於〔瘳〕〔已〕。

　　西漢中晚期及東漢簡帛文獻中病愈義詞使用情況見表 3。

表 3

詞	總計	定縣漢簡	北大漢簡	紀莊木牘②	居延漢簡	居延新簡	敦煌漢簡	額濟納漢簡	肩水金關漢簡	水泉子漢簡	尹灣漢簡	武威醫簡
〔瘳〕	8		4		3③						1	
〔已〕	6				4		1	1				
〔愈〕	50		1	3	13	6	4	1	7	1		14
〔知〕	5											5
〔間〕	3	1				1					1	

---

① 關於馬王堆漢墓帛書《五十二病方》的成書年代，尚無定論，並且內部各篇的成書時間也有先後，大體來說，《五十二病方》不晚於西漢初期，因此〔愈〕的出現也較早。

② 安徽天長市紀莊西漢墓出土簡牘，無明確紀年。據簡報爲西漢中期偏早。陳剛、李則斌認爲該墓葬相對時代接近於公元前 127 年至前 70 年的中間時段，也即西漢中晚期，此處從此說。見天長市文物管理所、天長市博物館《安徽天長西漢墓發掘簡報》，《文物》2006 年第 11 期。陳剛、李則斌《關於安徽天長紀莊漢墓年代學的考察——以出土陶器的類型學爲綫索》，《簡帛研究二〇一〇》，廣西師範大學出版社，2012 年，第 76—81 頁。

③ 居延漢簡中有 2 例“廖”，應是“瘳”的省寫形式。秦漢簡中常見從“疒”之字省作從“广”，如龍崗秦簡 119“疾”從广，地灣漢簡 86EDT1：3 簡“病”從广等。

西漢中晚期材料中,病愈義詞與西漢早期所用詞相同,{瘳}{已}出現頻率較西漢初期大幅度減少,{愈}的使用頻率最高,是西漢中晚期材料中的常見用詞。

在文獻分布及用法方面,西漢中晚期簡帛表示病愈義的詞常出現在行政文書中。{瘳}{已}均是表示疾病痊愈。{瘳}見於北大漢簡《節》4 例,其中“有瘳”3 例,“毋瘳”1 例。居延漢簡、尹灣漢簡中作“有瘳”。{已}常與“病”連用,作“病已”。{愈}有兩種用法,表病情好轉或痊愈。{間}常出現在與疾病相關的語境中,如定縣漢簡作“病間”,居延新簡作“病少間”等,均是指病情好轉。

東漢石刻材料中,表示病愈義既見{愈},如“況忽不愈”(薌他君石祠堂石柱題記),也見用{瘳},如“咸蒙瘳悛”(曹全碑)。可見這兩個詞的使用延續時間較長。

武威醫簡中還有一個“知”,共 5 例。68 簡:“卅日知愈(愈)。”整理者注:“知愈,生效痊愈。”這個“知”應該也是疾病好轉的意思。30 簡:“六十日知,百日已。”[1]木牘 83 乙:“服藥十日,知,小便數多,廿日愈(愈)。”86 乙:“卅日知,六十日愈(愈)。”以上三例中,六十/十/卅日後“知”,百/廿/六十日後“愈”,可知兩者應該有程度上的區別。雖然揚雄《方言》卷三謂“知”是“愈”之“通語也”,但是于鬯已經指出“知”與“已”有別。[2]從武威醫簡來看,“知”與“愈”有一定的差別,整理者解作生效、起效應該是合乎實際的。

二、 秦漢簡帛文獻中病愈義詞的用字考察

秦漢簡帛文獻中表示病愈義的詞中,用字複雜的是{瘳}{愈}等詞。以下着重從用字頻率、詞語搭配等角度考察這些詞在不同時期的用字情況。

---

① 簡末“日已”合書。
② 于鬯:《香草續校書》,中華書局,1963 年,第 89 頁。

1. {瘳} 的用字情況考察

{瘳} 的用字情況在秦簡牘文獻中較爲複雜，我們專門考察秦簡牘中 {瘳} 的用字情況，見表 4。

表 4

用字	總計	睡虎地秦簡	周家臺秦簡	王家臺秦簡	嶽麓秦簡	放馬灘秦簡	北大秦簡	里耶秦簡
翏	23	23						
瘳	19	1	1	3	5	5	2	2

"翏"字僅見於抄寫時代較早的睡虎地秦簡中。其他秦簡牘均作"瘳"。戰國時期的九店楚簡中也常見 {瘳} 用"翏"，作"干支少翏，干支大翏"，睡虎地秦簡《日書》中"翏"出現的語境與之相同。"翏""瘳"二字，應是假借字與後起本字的關係。戰國時期記 {瘳} 時假借"翏"表示，後爲明確字義加"疒"作"瘳"，成爲後起本字。從睡虎地秦簡中"瘳"尚只有 1 例來看，這種分化剛剛開始。稍後的其他秦簡牘中已經普遍使用。可見從"翏"到"瘳"的轉型十分快速。"翏""瘳"的用例如下：

（1）以有疾，申少翏，亥大翏，死生在寅。（睡虎地秦簡《日書》乙種之《十二支占》168）

（2）以有疾，子少翏，卯大翏，【死】生在寅。（睡虎地秦簡《日書》乙種之《十二支占》171）

（3）以女子日病，病瘳，必復之。（睡虎地秦簡《日書》乙種之《人日》108）

（4）其疾病有瘳、已葬、劾已而遣往拾日于署。（嶽麓秦簡四冊二組186 正）

（5）以女日病，以女日瘳，必女日復之。（放馬灘秦簡《日書》甲種之《剛柔日（一）》2 貳）

（6）病有瘳。（里耶秦簡第九出土層 2115 正）

秦簡牘材料中，"翏""瘳"二字同見於睡虎地秦簡《日書》乙種中，"翏"見於《十二支占》，常見用例如例（1）（2），"瘥"見於《人日》，如例（3）。秦簡中記｛瘥｝時，二者在用法上略有不同："瘳"見於"以有疾，地支＋少瘳，地支＋大瘳"的語境中，"少瘳"12 例，"大瘳"11 例，表示病情康復的程度；"瘥"則表示疾病痊愈義。"瘥"字在秦簡中分布較廣，如例（4）（5）（6）等。秦中晚期簡牘至漢代簡帛中，｛瘥｝則只用"瘥"字，表示疾病痊愈。

2. ｛愈｝的用字情況考察

秦簡牘中未見｛愈｝。漢代簡帛文獻中｛愈｝的用字情況見表 5。

表 5

用字	總計	馬王堆漢簡	北大漢簡①	居延漢簡	居延新簡	敦煌漢簡	額濟納漢簡	肩水金關漢簡	水泉子漢簡	紀莊木牘	武威醫簡
偷	18			8②	3	1③		4④	1		1
傯	22			2	2⑤	2	1	3⑥			12
俞	8	4	1	2⑦	1						
愈	5			1		1				2	1
諭	1									1	

漢代簡帛材料中，｛愈｝共 54 例，用字比較豐富。從使用頻率上看，"偷"和"傯"的數量最多，兩者的使用頻率大致相當。其次是"俞"和"愈"。"諭"僅 1 例。漢代傳世文獻中表病愈義時常用的"愈"字，在漢代簡帛中少見。漢簡帛材料中的｛愈｝常見用例如下：

---

① 北大漢簡《老子上經》122 簡有兩例"俞（愈）"，表示程度深。

② 居延漢簡 52.12 簡有一字形殘，僅存"俞"行，整理者作"偷"，從整理者釋讀。另 285.19"僑偷"指直裾短衣，不作統計。

③ 敦煌漢簡 2337 背有"偷"1 例，表示病愈。秦漢簡帛文獻中常見從彳與從亻之字不別，此處或爲"偷"。簡 1256 有"步偷隧"，是隧名，不作統計。

④ 肩水金關漢簡 73EJT28：18 整理者作"愉"者，據圖版當是"偷"。

⑤ 居延新簡 EPT9：15 字形殘泐，暫不作統計。

⑥ 肩水金關漢簡中 F3：428 作"逾"者，T24：65A 作"愈"者，從字形上看，均當作"傯"。

⑦ 居延漢簡 516.25"分乙酉俞"，上端殘。據 582.12"癸巳俞（愈）"，此簡中也最有可能讀作"愈"。

（7）病年月日,署所,病偷不偷,報名籍候官,如律令。（居延漢簡 58.26）

（8）病偷。（居延新簡 EPT4∶51B）

（9）幸少偷。（肩水金關漢簡 73EJT28∶18）

（10）三月旦病兩胠箭急,少愈。（居延漢簡 4.4B）

（11）飲藥五齊,不愈。（居延新簡 EPT59∶269）

（12）病立愈。（武威醫簡 10）

（13）雖俞而毋去其藥。（馬王堆《五十二病方·白虎方》122）

（14）□腸中痛,治飲藥,□各一未,癸巳俞。（居延漢簡 582.12）

（15）☑□酉卒夏同予藥二齎,少俞。（居延新簡 EPT52∶228）

（16）三月廿日病兩胠箭急,未愈。（居延漢簡 4.4B）

（17）病愈。①（敦煌漢簡 360B）

（18）賴幼功病少愈。（紀莊木牘 18 正）

（19）孟脾不安善,少諭。（紀莊木牘 12 正）

（20）病愈。（武威醫簡 33）

　　從時間上看,"俞"表病愈的使用時間最早,見於馬王堆《五十二病方》中,如例（13）,偶見於西北簡中,如例（14）（15）。西漢中晚期開始出現"愈""偷""愈"等形式。其中,"偷"和"愈"的總量雖然相當,但是其時間分布有明顯的差異。"偷"主要分布在西漢中晚期的西北簡中,如例（7）至例（9）,"愈"集中見於東漢時期的武威醫簡中,共 12 例②,也見於其他西北簡中,如例（10）至例（12）。此外,武威醫簡中〈愈〉還見用"偷"1 例③,"愈"2 例,如例（19）。

---

① "病"後有一"今"字,"愈"後有一"念"字,似爲二次書寫。見張德芳《敦煌馬圈灣漢簡集釋》,載《甘肅秦漢簡牘集釋》,甘肅文化出版社,2013 年,第 473 頁。

② 木牘 80 乙"不過三四日愈","愈"字不太清晰,整理者摹作𫝹,釋作"逾",用作"愈"。（甘肅省博物館、武威縣文化館編:《武威漢代醫簡》,文物出版社,1975 年,第 13 頁）由於西北屯戍漢簡中"心"字底常常草寫成一略帶波磔的弧筆,如肩水金關漢簡 73EJF3∶428 病愈字即作𫝹。因此這個字不大可能是"逾"字,很有可能就是"愈"或"愈"字。這裏作爲"愈"統計。

③ 此例見於 86 乙木牘。整理者摹作"偷"。但是原圖版右側構件"俞"下模糊不清,也不能否定下有"心"的可能。

從詞語搭配及用法上來看，{愈}用"偷"常與程度副詞搭配，作"不偷""未偷""已偷""少偷""立偷"等，也見與"疾""病"二字連用作"疾偷""病偷"，表示疾病康復的程度或疾病痊愈。"愉"的用法與"偷"相同，用於"少愉""不愉""未愉""病愉"。"俞"見於"病俞""少俞"，有兩種用法，馬王堆漢墓簡帛中"病俞"表示疾病好轉，北大漢簡《反淫》中"病俞"表示痊愈。"愈"見於安徽天長市紀莊西漢墓 12 號木牘、18 號木牘各 1 例，如例（18）。"諭"見於安徽天長市紀莊西漢墓 12 號木牘，如例（20）。"愈""諭"同見於 12 號木牘中，内容爲書信，"諭"表示病情緩解，"愈"表示病愈。西北簡中"愈"用於"未愈""今愈"等。總之，{愈}用"偷""愉""俞""諭"四字時，或表病情好轉，或表病情痊愈，並無意義差別。

"愉"作爲新出現的字形，在應用性文獻中大量使用，反映了當時的用字習慣。用"偷"表示病愈也是西漢中晚期的用字特色，這一現象也保存於璽印材料中，如西漢時期有一方印作"妾痤偷"（三-sy-0319）①，"痤偷"是人名，據當時人起名的習慣，應是表示個人希冀。"痤偷"表示痤瘡痊愈，"偷"即痊愈義。

關於{愈}所用字"俞""偷""愉""愈""諭"的關係，秦漢簡帛材料中"俞"用法廣泛，可用來記{愉}{逾}{偷}{喻}{愈}等，記病愈之{愈}是其用法之一，俞、愈同屬餘母侯部，古音相近可通假。"偷"集中在西北簡中，並且常表示病愈。這一意義不見於傳世文獻中，或認爲"偷"是"愈"之省②，或認爲"偷"通"愈"③。"偷"表病愈集中在西漢晚期至東漢初期，這一時期"俞"的使用較少，僅 3 例。"偷"從俞得聲，可借用來表病愈之義。"愈"出現較早，見於《魯伯愈父匜》，作人名，表病愈義出現較晚，見於西漢中晚期簡牘材料中，"愈"從俞得聲，同"偷"一樣，被借用來記{愈}。"愉"見於西漢中晚期至東漢時期，是"俞"加心旁人旁而形成。"諭"僅一例，與"俞"古音相近，因此可用來記{愈}。

---

① 周曉陸主編《二十世紀出土璽印集成》，中華書局，2010 年，第 200 頁。

② 孫占宇：《居延新簡集釋》（一），載張德芳主編《甘肅秦漢簡牘集釋》，甘肅文化出版社，2016 年，第 278 頁。

③ 李迎春：《居延新簡集釋》（三），載張德芳主編《甘肅秦漢簡牘集釋》，甘肅文化出版社，2016 年，第 391 頁。

3. {瘥} 的用字情況考察

　　秦簡牘文獻中{瘥}只出現在睡虎地秦簡《日書》中，並且均用"酢"字。如下：

　　　　(21) 庚辛病，壬有間，癸酢。（睡虎地秦簡《日書》甲種之《病》70 貳）
　　　　(22) 甲乙病，丙有間，丁酢。（睡虎地秦簡《日書》甲種之《病》74 貳）
　　　　(23) 庚辛病，壬間，癸酢。（睡虎地秦簡《日書》乙種之《有疾》183）
　　　　(24) 丙丁病，戊有間，己酢。（睡虎地秦簡《日書》乙種之《有疾》187）

　　整理者將《日書》甲種中的"酢"字釋爲報祭，《日書》乙種中的"酢"讀"作"，義爲起床。①彭浩、劉樂賢等將《日書》甲種之《病》釋文逕作"酢"，《日書》乙種之《有疾》釋文作"酢（作）"。②朱德熙、裘錫圭將望山楚簡中的"瘥"與《病》中"酢"對照，指出古代"盧""乍""差"音近可通，因此二字都應讀爲"瘥"。③所以《日書》甲種中的 9 例"酢"讀爲"瘥"是沒有問題的。例（21）（22）是《病》的部分內容，"酢"用於"干支病 + 干支間 + 干支酢"，例（23）（24）內容爲《有疾》，"酢"所見語境與《病》一樣，並且這兩篇均是與疾病相關，內容相似，因此這 6 例"酢"也應該讀爲"瘥"，表示疾病痊愈。

結　論

　　學者關於傳世文獻中病愈義詞的研究較爲成熟，秦漢時期傳世文獻中

① 睡虎地秦墓竹簡整理小組編：《睡虎地秦墓竹簡》，文物出版社，1990 年，第 193—194、246—247 頁。
② 陳偉主編，彭浩、劉樂賢等撰著：《秦簡牘合集·釋文注釋修訂本（貳）》，武漢大學出版社，2016 年，第 368、516 頁。
③ 湖北省文物考古研究所、北京大學中文系編：《望山楚簡》，中華書局，1995 年，第 105 頁。

病愈義詞語較多，揚雄《方言》卷三："差、間、知，愈也。南楚病愈者謂之差，或謂之間，或謂之知，知，通語也。或謂之慧，或謂之憭，或謂之瘳，或謂之蠲，或謂之除。"可見當時表示病愈義的詞有"差""間""知""愈""慧""憭""瘳""蠲""除"。此外，文獻中還見使用"已""衰""安""靜""快"等①。秦漢簡帛材料與傳世文獻材料中病愈義詞語相比，有以下不同：

首先在用詞方面，傳世文獻中病愈義用詞豐富，有十餘個，秦漢簡帛材料中病愈義詞有四個，尚未見到傳世文獻中表病愈義的"瘳""慧""憭""蠲"等。

其次在病愈義詞用字方面，傳世文獻中字與詞爲一對一的關係，秦漢簡牘材料中一個詞常用多個字記錄，如｛瘳｝用兩個字形，｛愈｝用五個字形。

另外，通過考察秦漢簡帛材料中病愈義詞語的情況，我們還可以就秦漢簡帛文獻中病愈義的用詞和用字得出若干結論。

1. 用詞方面

（1）秦漢簡帛文獻中表示病愈義的詞中，｛瘳｝｛已｝是使用頻率較高、使用時間較長的兩個詞，從秦一直延續到漢代。相對而言，｛瘳｝的文獻分布範圍要略廣一些。

（2）｛愈｝出現較早，在馬王堆《五十二病方》中已經使用，從總體使用頻率上看，｛愈｝的使用呈現出增長趨勢，而｛瘳｝則呈現逐漸減少的趨勢。｛愈｝在西漢中晚期以後較爲盛行。

（3）秦簡牘中表示病愈義的｛瘥｝｛間｝二詞，均見於睡虎地秦簡《日書》文獻，所表示病愈的程度有所不同，｛間｝表病情好轉，｛瘥｝表病愈。｛瘥｝未見於目前所見的漢代簡帛，｛間｝則到西漢中晚期尚偶見用例。

（4）從語境對比中來看，部分詞之間存在着程度上的差異，如｛間｝和｛瘥｝、｛知｝和｛愈｝。

---

① 姜燕對秦漢時期傳世文獻中的病愈義詞語進行了詳細描述，見姜燕《從表示病愈的詞語更替看詞彙的發展規律》，《勵耘學刊》（語言卷）第一輯，學苑出版社，2007 年。

2. 用字方面

　　（1）在用字選擇上，記{瘳}時，秦簡牘材料中"翏""瘳"並見，"翏"僅見於睡虎地秦簡《日書》文獻中。秦中晚期至漢代簡帛則均用"瘳"字，是專表{瘳}的後起本字。

　　（2）{愈}的用字形式較爲豐富，主要有"俞""愈""愈""愈"等形式。從使用時間上看，"俞"字的開始使用時間最早，見於馬王堆漢墓帛書《五十二病方》。西漢中晚期文獻則多用"愈""愈""愈"，東漢武威醫簡主要使用"愈"。

　　（3）漢代簡帛中，記病愈義時最常用的用字形式是"愈""愈"，且集中在西漢中晚期以後簡牘中。從西漢中晚期到東漢武威醫簡，"愈"字的使用不斷增加，有替代"愈"的趨勢。但是很明顯這種最常見的用字形式並未被後世繼承，倒是數量並不算太多的"愈"字被後世繼承了。徐鉉"今別作愈"、徐鍇"今作愈字"等説法反映了當時"愈"已是最通用的用字形式。

　　（4）"愈"和"愈"記錄病愈義可能都是借用。對於前者，由於傳世文獻未見此種用法，秦漢簡帛中"愈"的用法又比較複雜[1]，看作借用應該沒有多大問題。而對於後者，則有些認識上的分歧。傳世文獻中的"瘉""愈"字除了病愈義外，在勝過、更加等意義上也常互相通用。因此，段玉裁"瘉"字注："瘉即愈字也。"《漢語大字典》"瘉"字下所用術語是"同'愈'"。可見他們都將"瘉""愈"看作異體關係。但是秦漢簡帛材料中未見《説文解字》釋作"病瘳也"的"瘉"字，而"愈"表病愈義則有多例。且"愈"字早見於兩周金文，用作人名。楚簡材料中"愈"字用例豐富，但常作副詞，表示更加。[2]秦漢簡帛材料中"愈"12例，表示病愈者5例。因此，根據先秦兩漢的用字情況，我們認爲"愈"記錄病愈義應該是一種借用。《集韻·嘆韻》的"癒"字可能是這種借用基礎上增加義符而產生的字。常見於西北屯戍漢簡和武威醫簡的"愈"

---

① 秦漢簡帛材料中的"愈"25例；表病愈義者18例；表專名者4例；意義不明者2例；表苟且義者1例，即銀雀山漢簡1001："十八日：令數變，衆愈，可敗也。"

② 據"華東師範大學中國文字研究與應用中心戰國楚簡帛文字數據庫"統計，楚簡材料中"愈"15例，記副詞{愈}8例，記{愈}4例，記{渝}2例，記{瑜}1例。

字則可能是糅合了"偷"和"愈"這兩種用字形式的雙義符叠加字,是表示病愈義的專字。

（5）記｛瘥｝時,僅見用"酢",是睡虎地秦簡《日書》中的特色用字。

【校記】

西漢早期簡帛材料中病愈義詞還有｛知｝｛間｝。具體來説,｛知｝用"智"7例,集中在馬王堆漢墓簡帛中,其中《養生方》1 例,即 22/22—23/23 行:"重【□□□□□□□□□□□□□□□】不智（知）,即取籥中樂（藥）大如黍,□"。《房内記》3 例,18—19 行、21 行、23 行皆作"智（知）而出之"。《五十二病方》2 例,如 207/194"壹（一）用,智（知）",272/259"不智（知）益一",醫方文獻中的｛知｝表奏效義。《春秋事語·觸龍見於太后章》1 例,即 190 行"智（知）於身",即有益於身體。西漢中晚期玉門關漢簡｛知｝用"知"2 例,即Ⅱ98DYT5:81"吞十丸,不知,稍益,以知爲度,身毒使人界（痹）、煩,時欲嘔,至十五丸服百日。絶字十三歲,八歲已"。

西漢早期簡牘材料中｛間｝用"汗"21 例,集中在孔家坡漢簡《日書》文獻中,《有疾》篇 5 例,《死》篇 15 例,附録中未編聯簡 1 例。《死》篇"汗"常用於"地支＋有疾,數字＋日＋小汗,數字＋日＋大汗",如簡 352:"子有疾,四日小汗,七日大汗。"副詞"小""大"表示疾病痊愈的程度。該批簡牘同一篇目中也見不同的病愈義詞,《有疾》篇中｛間｝｛瘥｝並見,該篇｛間｝4 例,｛瘥｝3例,用於"天干＋有瘥,地支＋汗",如簡 350.1"丙有瘥,丁汗",｛瘥｝｛間｝對言,也是表示疾病康復的程度。"汗"記｛間｝是孔家坡漢簡《日書》中的特色用字。

附　録

本書引用秦漢簡帛文獻出處及簡稱對照表

文獻名稱	本書所用簡稱	語料庫所據基礎釋文底本
北京大學藏秦簡	北大秦簡/北/北大	北京大學出土文獻研究所:《北京大學藏秦簡牘概述》,《文物》2012 年第 6 期;朱鳳瀚:《北大藏秦簡〈從政之經〉述要》,《文物》2012 年第 6 期;李零:《北大秦牘〈泰原有死者〉簡介》,《文物》2012 年第 6 期;韓巍:《北大秦簡中的數學文獻》,《文物》2012 年第 6 期;陳侃理:《北大秦簡中的方術書》,《文物》2012 年第 6 期;朱鳳瀚:《北大秦簡〈公子從軍〉的編連與初讀》,《簡帛》第八輯,上海古籍出版社,2013 年;李零:《隱書》,《簡帛》第八輯,上海古籍出版社,2013 年;辛德勇:《北京大學藏秦水陸里程簡册的性質和擬名問題》,《簡帛》第八輯,上海古籍出版社,2013 年;韓巍:《北大秦簡〈算書〉土地面積類算題初識》,《簡帛》第八輯,上海古籍出版社,2013 年;田天:《北大秦簡〈祓除〉初識》,《簡帛》第八輯,上海古籍出版社,2013 年;陳侃理:《秦簡牘復生故事與移風易俗》,《簡帛》第八輯,上海古籍出版社,2013 年;劉國勝:《北大藏秦簡讀後記》,《簡帛》第八輯,上海古籍出版社,2013 年;朱鳳瀚:《北大藏秦簡〈教女〉初識》,《北京大學學報》(哲學社會科學版)2015 年第 2 期;李零:《北大藏秦簡〈酒令〉》,《北京大學學報》(哲學社會科學版)2015 年第 2 期;辛德勇:《北大藏秦水陸里程簡册與戰國以迄秦末的陽暨陽城問題》,《北京大學學報》(哲學社會科學版)2015 年第 2 期;韓巍:《北大藏秦簡〈魯久次問數于陳起〉初讀》,《北京大學學報》(哲學社會科學版)2015 年第 2 期;田天:《北大藏秦簡〈祠祝之道〉初探》,《北京大學學報》(哲學社會科學版)2015 年第 2 期;劉麗:《北大藏秦簡〈製衣〉簡介》,《北京大學學報》(哲學社會科學版)2015 年第 2 期;朱鳳瀚:《三種"爲吏之

文獻名稱	本書所用簡稱	語料庫所據基礎釋文底本
北京大學藏秦簡	北大秦簡/北/北大	道"題材之秦簡部分簡文對讀》,《出土文獻研究》第十四輯,中西書局,2015 年;陳侃理:《北京大學藏秦代傭作文書初釋》,《出土文獻研究》第十四輯,中西書局,2015 年;田天:《北大藏秦簡〈雜祝方〉簡介》,《出土文獻研究》第十四輯,中西書局,2015 年;劉麗:《淺談上古服裝的斜裁法》,《出土文獻研究》第十四輯,中西書局,2015 年;朱鳳瀚:《北大藏秦簡〈公子從軍〉再探》,《北京大學學報》(哲學社會科學版)2017 年第 5 期;李零:《北大藏秦簡〈禹九策〉》,《北京大學學報》(哲學社會科學版)2017 年第 5 期;田天:《北大藏秦簡〈醫方雜抄〉初識》,《北京大學學報》(哲學社會科學版)2017 年第 5 期;劉麗:《北大藏秦簡〈製衣〉釋文注釋》,《北京大學學報》(哲學社會科學版)2017 年第 5 期;楊博:《北大藏秦簡〈田書〉初識》,《北京大學學報》(哲學社會科學版)2017 年第 5 期;北京大學出土文獻研究所編:《北京大學藏秦代簡牘書迹選粹》,人民美術出版社,2014 年
北京大學藏西漢竹書	北大漢簡/北大/北大簡/北大竹書	北京大學出土文獻研究所:《北京大學藏西漢竹書》(壹—伍),上海古籍出版社,2012 年、2014 年、2015 年
長沙漁陽王后墓木楬	漁陽/長沙王后墓木楬	長沙市文物考古研究所、長沙簡牘博物館:《湖南長沙望城坡西漢漁陽墓發掘簡報》,《文物》2010 年第 4 期;宋少華:《長沙西漢漁陽墓相關問題芻議》,《文物》2010 年第 4 期
地灣漢簡	地灣簡/地灣	甘肅簡牘博物館、甘肅省文物考古研究所、出土文獻與中國古代文明研究協同創新中心中國人民大學分中心編:《地灣漢簡》,中西書局,2017 年
定州漢簡	定縣/定縣漢簡/定州	國家文物局古文獻研究室、河北省博物館、河北省文物研究所、定縣漢墓竹簡整理組:《〈儒家者言〉釋文》,《文物》1981 年第 8 期;何直剛:《〈儒家者言〉略説》,《文物》1981 年第 8 期;河北省文物研究所定州漢簡整理小組:《定州西漢中山懷王墓竹簡〈文子〉釋文》,《文物》1995 年第 12 期;河北省文物研究所定州漢簡整理小組:《定州西漢中山懷王墓竹簡〈文子〉校勘記》,《文物》1995 年第 12 期;河北省文物研究所定州漢墓竹簡整理小組:《定州西漢中山懷王墓竹簡〈論語〉釋文選》,《文物》1997 年第 5 期;河北省文物研究所定州漢墓竹簡整理小組:《定州西漢中山懷王墓竹簡〈論語〉選校注》,《文物》1997 年第 5 期;河北省文物研究所定州漢墓竹簡整理小組:《定州西漢中山懷王墓竹簡〈論語〉介紹》,《文物》1997 年第 5 期;河北省文物研究所定州漢墓竹簡整理小組:《定州漢墓竹簡〈論語〉》,文物出版社,1997 年;河北省文物研究所定州漢墓竹簡整理小組:《定州西漢中山懷王墓竹簡〈六韜〉釋文及校注》,《文物》2001 年第 5 期

續表

文獻名稱	本書所用簡稱	語料庫所據基礎釋文底本
東牌樓東漢簡牘	東牌樓/東牌樓漢簡	長沙市文物考古研究所、中國文物研究所編:《長沙東牌樓東漢簡牘》,文物出版社,2006 年
敦煌漢簡	敦煌簡/敦煌	甘肅省文物考古研究所編:《敦煌漢簡》,中華書局,1991 年;張德芳:《敦煌馬圈灣漢簡集釋》,載《甘肅秦漢簡牘集釋》,甘肅文化出版社,2013 年
額濟納漢簡	額濟納簡/額濟納	魏堅主編《額濟納漢簡》,廣西師範大學出版社,2005 年
放馬灘秦墓簡牘	放馬灘秦簡/放/放馬灘簡/放馬灘	甘肅省文物考古研究所編:《天水放馬灘秦簡》,中華書局,2009 年;陳偉主編《秦簡牘合集:釋文注釋修訂本(肆)》,武漢大學出版社,2016 年
鳳凰山西漢簡牘	鳳凰山漢簡/鳳凰山	湖北省文物考古研究所編:《江陵鳳凰山西漢簡牘》,中華書局,2012 年
阜陽漢簡	阜陽	阜陽漢簡整理組:《阜陽漢簡〈楚辭〉》,《中國韻文學刊》1987 年第 0 期(總第 1 期);文化部古文獻研究室、安徽阜陽地區博物館、阜陽漢簡整理組:《阜陽漢簡〈萬物〉》,《文物》1988 年第 4 期;韓自強:《阜陽漢簡〈莊子〉》,《文物研究》第六輯,黃山書社,1990 年;胡平生:《阜陽漢簡〈年表〉整理札記》,《文物研究》第七輯,黃山書社,1991 年;胡平生:《阜陽雙古堆漢簡數術書簡論》,《出土文獻研究》第四輯,中華書局,1998 年;胡平生:《阜陽雙古堆漢簡與〈孔子家語〉》,載袁行霈主編《國學研究》(第 7 卷),北京大學出版社,2000 年;胡平生、韓自強:《阜陽漢簡詩經研究》,上海古籍出版社,1988 年;韓自强編著:《阜陽漢簡〈周易〉研究》(附:《儒家者言》章題、《春秋事語》章題及相關竹簡),上海古籍出版社,2004 年;中國文物研究所、阜陽地區博物館、阜陽漢簡整理組:《阜陽雙古堆漢簡〈莊子〉》,《出土文獻研究》第十二輯,中西書局,2013 年
貴縣羅泊灣漢墓簡牘	羅泊灣	廣西壯族自治區博物館編:《廣西貴縣羅泊灣漢墓》,文物出版社,1988 年;中國簡牘集成編輯委員會編:《中國簡牘集成》(第 17 冊),敦煌文藝出版社,2005 年
虎溪山漢簡	虎溪山	湖南省文物考古研究所編著:《沅陵虎溪山一號漢墓》(上、下),文物出版社,2020 年
肩水金關漢簡	金關簡/金關漢簡/肩水金關/金關	甘肅簡牘保護研究中心、甘肅省文物考古研究所、甘肅省博物館、中國文化遺產研究院古文獻研究室、中國社會科學院簡帛研究中心編:《肩水金關漢簡》(壹、貳),中西書局,2011 年、2012 年。甘肅簡牘博物館、甘肅省文物考古研究所、甘肅省博物館、中國文化遺產研究院古文獻研究室、中國社會科學院簡帛研究中心編:《肩水金關漢簡》(叁、肆、伍),中西書局,2013 年、2015 年、2016 年

文獻名稱	本書所用簡稱	語料庫所據基礎釋文底本
荆州高臺漢墓簡牘	江陵高臺漢簡	湖北省荆州地區博物館:《江陵高臺 18 號墓發掘簡報》,《文物》1993 年第 8 期;湖北省荆州博物館編著:《荆州高臺秦漢墓——宜黄公路荆州段田野考古報告之一》,科學出版社,2000 年;荆州博物館:《湖北荆州高臺墓地 M46 發掘簡報》,《江漢考古》2014 年第 5 期
荆州紀南松柏漢墓簡牘	荆州松柏簡牘	荆州博物館:《湖北荆州紀南松柏漢墓發掘簡報》,《文物》2008 年第 4 期;朱江松:《罕見的松柏漢代木牘》,載荆州博物館編著《荆州重要考古發現》,文物出版社,2009 年
荆州蕭家草場漢簡	蕭家草場	湖北省荆州市周梁玉橋遺址博物館:《關沮秦漢墓簡牘》,中華書局,2001 年
居延漢簡	居延	簡牘整理小組:《居延漢簡補編》,"中研院"歷史語言研究所,1998 年;簡牘整理小組編:《居延漢簡》(壹—肆),"中研院"歷史語言研究所,2014—2017 年
居延新簡	居新	甘肅省文物考古研究所、甘肅省博物館、中國文物研究所、中國社會科學院歷史研究所:《居延新簡——甲渠候官》,中華書局,1994 年;孫占宇:《居延新簡集釋(一)》,載張德芳主編《甘肅秦漢簡牘集釋》,甘肅文化出版社,2016 年;楊眉:《居延新簡集釋(二)》,載張德芳主編《甘肅秦漢簡牘集釋》,甘肅文化出版社,2016 年;李迎春:《居延新簡集釋(三)》,載張德芳主編《甘肅秦漢簡牘集釋》,甘肅文化出版社,2016 年;馬智全:《居延新簡集釋(四)》,載張德芳主編《甘肅秦漢簡牘集釋》,甘肅文化出版社,2016 年;肖從禮:《居延新簡集釋(五)》,載張德芳主編《甘肅秦漢簡牘集釋》,甘肅文化出版社,2016 年;張德芳主編,張德芳、韓華:《居延新簡集釋(六)》,載《甘肅秦漢簡牘集釋》,甘肅文化出版社,2016 年;張德芳:《居延新簡集釋(七)》,載《甘肅秦漢簡牘集釋》,甘肅文化出版社,2016 年
孔家坡漢墓簡牘	孔家坡漢簡/孔家坡	湖北省文物考古研究所、隨州市考古隊編著:《隨州孔家坡漢墓簡牘》,文物出版社,2006 年
里耶秦簡	里耶/里/里耶簡	湖南省文物考古研究所編著:《里耶秦簡》(壹、貳),文物出版社,2012 年、2017 年;鄭曙斌、張春龍、宋少華、黄樸華編著:《湖南出土簡牘選編》,嶽麓書社,2013 年;陳偉主編《里耶秦簡牘校釋》(第一、二卷),武漢大學出版社,2012 年、2018 年

續表

文獻名稱	本書所用簡稱	語料庫所據基礎釋文底本
龍崗秦墓簡牘	龍崗秦簡/龍/龍崗簡/龍崗	中國文物研究所、湖北省文物考古研究所編：《龍崗秦簡》，中華書局，2001 年；陳偉主編《秦簡牘合集：釋文注釋修訂本（叁）》，武漢大學出版社，2016 年
馬王堆漢墓簡帛	馬王堆帛書/馬王堆簡帛/帛書/馬王堆/馬王堆書	國家文物局古文獻研究室編：《馬王堆漢墓帛書〔壹〕》，文物出版社，1980 年；馬王堆漢墓帛書整理小組編：《馬王堆漢墓帛書》〔叁〕、〔肆〕，文物出版社，1983 年、1985 年；裘錫圭主編，湖南省博物館、復旦大學出土文獻與古文字研究中心編纂：《長沙馬王堆漢墓簡帛集成》壹至柒，中華書局，2014 年
上孫家寨漢簡	上孫家寨	青海省文物考古研究所：《上孫家寨漢晉墓》，文物出版社，1993 年
尚德街東漢簡牘	尚德街	長沙市文物考古研究所編：《長沙尚德街東漢簡牘》，嶽麓書社，2016 年
水泉子漢簡	水泉子	甘肅省文物考古研究所：《甘肅永昌水泉子漢墓發掘簡報》，《文物》2009 年第 10 期；張存良、吳荭：《水泉子漢簡初識》，《文物》2009 年第 10 期；張存良：《水泉子漢簡〈蒼頡篇〉整理與研究》，博士學位論文，蘭州大學，2015 年
睡虎地 4 號秦墓木牘	睡虎地四號木牘	陳偉主編：《秦簡牘合集：釋文注釋修訂本（貳）》，武漢大學出版社，2016 年
睡虎地 77 號漢墓簡牘	睡虎地漢簡	湖北省文物考古研究所、雲夢縣博物館：《湖北雲夢睡虎地 M77 發掘簡報》，《江漢考古》2008 年第 4 期；熊北生：《雲夢睡虎地 77 號西漢墓出土簡牘的清理與編聯》，《出土文獻研究》第九輯，中華書局，2010 年；熊北生、陳偉、蔡丹：《湖北雲夢睡虎地 77 號西漢墓出土簡牘概述》，《文物》2018 年第 3 期；蔡丹、陳偉、熊北生：《睡虎地漢簡中的質日簡册》，《文物》2018 年第 3 期；陳偉、熊北生：《睡虎地漢簡中的功次文書》，《文物》2018 年第 3 期；陳偉、熊北生：《睡虎地漢簡中的券與相關文書》，《文物》2019 年第 12 期；蔡丹、譚競男：《睡虎地漢簡中的〈算術〉簡册》，《文物》2019 年第 12 期；譚競男、蔡丹：《睡虎地漢簡〈算術〉"田"類算題》，《文物》2019 年第 12 期
睡虎地秦墓竹簡	睡虎地秦簡/睡虎地/睡/睡虎地簡/睡虎地秦簡牘	睡虎地秦墓竹簡整理小組編：《睡虎地秦墓竹簡》，文物出版社，1990 年；陳偉主編《秦簡牘合集：釋文注釋修訂本（壹）》，武漢大學出版社，2016 年；陳偉主編《秦簡牘合集：釋文注釋修訂本（貳）》，武漢大學出版社，2016 年

文獻名稱	本書所用簡稱	語料庫所據基礎釋文底本
天長紀莊西漢墓木牘	紀莊木牘	天長市文物管理所、天長市博物館：《安徽天長西漢墓發掘簡報》,《文物》2006 年第 11 期
王家臺秦簡	王/王家臺	荆州地區博物館：《江陵王家臺 15 號秦墓》,《文物》1995 年第 1 期；王明欽：《王家臺秦墓竹簡概述》,艾蘭、邢文編：《新出簡帛研究——新出簡帛國際學術研討會文集》,文物出版社,2004 年
未央宮漢簡	未央宮	中國社會科學院考古研究所編著：《漢長安城未央宮》,中國大百科全書出版社,1996 年
五一廣場東漢簡牘	五一廣場漢簡/五一廣場	長沙市文物考古研究所、清華大學出土文獻研究與保護中心、中國文化遺産研究院、湖南大學嶽麓書院：《長沙五一廣場東漢簡牘選釋》,中西書局,2015 年；長沙市文物考古研究所、清華大學出土文獻研究與保護中心、中國文化遺産研究院、湖南大學嶽麓書院編：《長沙五一廣場東漢簡牘》(壹一陸),中西書局,2018 年、2019 年、2020 年
武威漢簡	武威/武威醫簡	甘肅省博物館、中國科學院考古研究所編著：《武威漢簡》,文物出版社,1964 年；武威地區博物館：《甘肅武威旱灘坡東漢墓》,《文物》1993 年第 10 期；張德芳主編,田河著：《武威漢簡集釋》,甘肅文化出版社,2020 年
香港中文大學文物館藏漢簡	香港中文大學藏/港中文/港藏簡牘/港藏簡	陳松長編著：《香港中文大學文物館藏簡牘》,香港中文大學文物館,2001 年
懸泉漢簡	懸泉	胡平生、張德芳撰：《敦煌懸泉漢簡釋粹》,上海古籍出版社,2001 年；中國文物研究所、甘肅省文物考古研究所編：《敦煌懸泉月令詔條》,中華書局,2001 年；甘肅簡牘博物館、甘肅省文物考古研究所、陝西師範大學人文社會科學高等研究院、清華大學出土文獻研究與保護中心編：《懸泉漢簡》(壹、貳),中西書局,2019 年、2020 年
銀雀山漢墓竹簡	銀雀山漢簡/銀雀山	銀雀山漢墓竹簡整理小組編：《銀雀山漢墓竹簡[壹]》;《銀雀山漢墓竹簡[貳]》,文物出版社,1985 年、2010 年
尹灣漢簡	尹灣	連雲港市博物館、東海縣博物館、中國社會科學院簡帛研究中心、中國文物研究所：《尹灣漢墓簡牘》,中華書局,1997 年；張顯成、周群麗：《尹灣漢墓簡牘校理》,天津古籍出版社,2011 年
英國國家圖書館藏漢簡	英藏漢簡/英藏/英圖藏	[英]汪濤、胡平生、[英]吳芳思編著：《英國國家圖書館藏斯坦因所獲未刊漢文簡牘》,上海辭書出版社,2007 年

續表

文獻名稱	本書所用簡稱	語料庫所據基礎釋文底本
嶽麓書院藏秦簡	嶽麓秦簡/嶽/嶽麓簡/嶽麓	朱漢民、陳松長主編《嶽麓書院藏秦簡》（壹、貳、叁），上海辭書出版社，2010 年、2011 年、2013 年；陳松長主編《嶽麓書院藏秦簡》（肆、伍），上海辭書出版社，2015 年、2017 年；陳松長主編《嶽麓書院藏秦簡（壹—叁）》釋文修訂本，上海辭書出版社，2018 年
嶽山木牘	嶽山	湖北省江陵縣文物局、荆州地區博物館：《江陵嶽山秦漢墓》，《考古學報》2000 年第 4 期；陳偉主編《秦簡牘合集：釋文注釋修訂本（叁）》，武漢大學出版社，2016 年
雲夢大墳頭漢簡	大墳頭木牘/大墳頭	湖北省博物館：《雲夢大墳頭一號漢墓》，文物編輯委員會編：《文物資料叢刊 4》，文物出版社，1981 年
張家界漢簡	張家界	湖南省文物考古研究所、中國文物研究所：《湖南張家界古人堤遺址與出土簡牘概述》，《中國歷史文物》2003 年第 2 期；湖南省文物考古研究所、中國文物研究所：《湖南張家界古人堤簡釋文與簡注》，《中國歷史文物》2003 年第 2 期
張家山漢墓竹簡	張家山漢簡/張家山	張家山二四七號漢墓竹簡整理小組編：《張家山漢墓竹簡[二四七號墓]》，文物出版社，2001 年；張家山二四七號漢墓竹簡整理小組編著：《張家山漢墓竹簡[二四七號墓]》（釋文修訂本），文物出版社，2006 年
周家臺秦墓簡牘	周家臺秦簡/周/周家臺簡/周家臺	湖北省荆州市周梁玉橋遺址博物館編：《關沮秦漢墓簡牘》，中華書局，2001 年；陳偉主編《秦簡牘合集：釋文注釋修訂本（叁）》，武漢大學出版社，2016 年

後　記

在"秦漢簡語料庫"項目開展的過程中，深切地感受到文字處理問題的複雜性，包括文字單位的認定、字際關係以及字詞關係的處理等。因此，在"秦漢簡語料庫"初具規模之後，即考慮以當前學術界的研究熱點之一字詞關係問題中的用字習慣問題作爲進一步研究的切入點。爲此，我們做了兩個方面的相關工作。一方面，對各斷代和某些文獻進行了專題研究，形成了多篇學位論文。另一方面，在完善數據庫和編纂大型工具書《秦漢簡帛文獻斷代用字譜》的同時，選擇部分用字習慣進行了系統的梳理。這個論文集就是後一方面研究部分成果的結集。其中的論文大部分已經正式發表。在論文撰寫過程中，我們一起討論，互相啓發，共同享受學習和研究的樂趣。在解決問題的同時，也看到同學們的成長，這是一件十分快樂的事情。

論文集所收論文對秦漢簡帛用字的研究分文獻視角、詞視角、字視角、字際關係視角、語義場視角等多個視角進行。研究基於數據庫，利用定量統計、斷代系統分析等方法，基本反映了我們的研究方法和特點。

論文的完成要感謝爲數據庫建設付出辛勤勞動的歷屆同學。沒有數據庫的支持，這樣的研究工作是無法開展的。還要感謝劉艷娟、陳怡彬兩位女史爲論文集的整理校訂付出的許多辛苦。感謝責任編輯劉孝霞女史認真負責的編輯工作。

此次結集出版，除了格式方面的統一之外，也修正了論文發表時由於種種原因造成的一些舛誤。另外,這些論文的撰寫歷經數載,其間數據庫在不斷的完善,隨着新材料的不斷發表,數據也在不斷的更新。因此,不同時間發表的論文的數據並不完全一致。一般情況下,這些不一致大多不影響論文所得出的結論。因此爲了保持原貌,我們不再更新論文中的數據。某些數據的遺漏或變化對結論有或大或小的影響者,則在文中或文末以校記形式加以補充和説明。若干觀點有了變化,但不方便在文中加以修改者,也以校記形式加以説明。

我們對秦漢簡帛用字研究開展的時間尚短,方法尚待進一步完善。隨着新材料的不斷發表,某些結論也有待進一步的驗證。論文中也一定存在不少其他的問題,敬祈方家批評指正。

張再興

2022 年 1 月

圖書在版編目（CIP）數據

基於語料庫的秦漢簡帛用字研究／張再興等著.—桂林：廣西師範大學出版社，2023.12
ISBN 978－7－5598－6566－3

Ⅰ.①基…　Ⅱ.①張…　Ⅲ.①簡（考古）－古文字－研究－中國－秦漢時代②帛書－古文字－研究－中國－秦漢時代　Ⅳ.①K877.54　②K877.94

中國國家版本館 CIP 數據核字（2023）第 226574 號

基於語料庫的秦漢簡帛用字研究
JIYU YULIAOKU DE QINHAN JIANBO YONGZI YANJIU

出 品 人：劉廣漢
責任編輯：劉孝霞
裝幀設計：李婷婷
廣西師範大學出版社出版發行

（廣西桂林市五里店路 9 號　　　郵政編碼：541004）
（網址：http://www.bbtpress.com）

出版人：黃軒莊
全國新華書店經銷
銷售熱綫：021－65200318　021－31260822－898
山東韻傑文化科技有限公司印刷
（山東省淄博市桓台縣桓台大道西首　郵政編碼：256401）
開本：690 mm×960 mm　1/16
印張：21　　　　　　字數：322 千
2023 年 12 月第 1 版　　2023 年 12 月第 1 次印刷
定价：78.00 圓

如發現印裝品質問題，影響閱讀，請與出版社發行部門聯繫調換。